Die Schiedsfähigkeit
gesellschaftsrechtlicher Streitigkeiten

Studien zum Europäischen und Internationalen Wirtschaftsrecht

Studies in European and International Economic Law

Herausgegeben von/eds.
Peter Hay, Meinhard Hilf, Herbert Kronke, Wolfgang Oehler

Band/Volume 13

PETER LANG
Frankfurt am Main · Berlin · Bern · Bruxelles · New York · Oxford · Wien

Markus A. Papmehl

Die Schiedsfähigkeit gesellschaftsrechtlicher Streitigkeiten

PETER LANG
Europäischer Verlag der Wissenschaften

Die Deutsche Bibliothek - CIP-Einheitsaufnahme

Papmehl, Markus A.:

Die Schiedsfähigkeit gesellschaftsrechtlicher Streitigkeiten / Markus A. Papmehl. - Frankfurt am Main ; Berlin ; Bern ; Bruxelles ; New York ; Oxford ; Wien : Lang, 2001
(Studien zum europäischen und internationalen Wirtschaftsrecht ; Bd. 13)
Zugl.: Heidelberg, Univ., Diss., 2000
ISBN 3-631-37893-9

D 16
ISSN 0941-3650
ISBN 3-631-37893-9

www.peterlang.de

„There will hardly exist a body of men permanently united by any common interest that will not make for itself a court of justice if it be left alone for a few years."

Pollock / Maitland, The History of English Law, S. 667
zur Schiedsgerichtsbarkeit innerhalb mittelalterlicher Gilden.

Vorwort

Diese Arbeit ist die ergänzte und überarbeitete Fassung meiner Dissertation, die nach dreijähriger Entstehungszeit im Wintersemester 1999 / 2000 von der juristischen Fakultät der Ruprecht-Karls-Universität Heidelberg als Dissertation angenommen wurde. Deutsche Rechtsprechung und Literatur befinden sich auf dem Stand von Juli 2000. Ausländische Quellen wurden auf den neuesten erreichbaren Stand gebracht.

Zu großem Dank verpflichtet bin ich meinem verehrten Lehrer und Doktorvater Herrn Prof. Dr. Herbert Kronke, an dessen Lehrstuhl im Heidelberger Institut für Ausländisches und Internationales Privat- und Wirtschaftsrecht ich einige Jahre tätig sein durfte. Er hat nicht nur mein Interesse am Internationalen Privatrecht und der Rechtsvergleichung gefördert, sondern auch jenes am Wirtschafts- und Schiedsrecht geweckt. Zudem hat er die Arbeit angeregt und engagiert betreut. Prof. Kronke und seinen Mitherausgebern danke ich auch für die Aufnahme in die Reihe. Dem Zweitgutachter Herrn Prof. Dr. Fritz Nicklisch danke ich für die Erstattung des Zweitgutachtens und wertvolle Verbesserungsvorschläge. Dank sagen möchte ich auch den Professoren des Heidelberger Graduiertenkollegs „Unternehmensorganisation und unternehmerisches Handeln nach deutschem, europäischem und internationalem Recht“, und hier besonders Herrn Prof. Dr. Peter Hommelhoff. Das Kolleg hat die Arbeit durch ein Stipendium und verschiedene Auslandsforschungsaufenthalte unterstützt.

Der U.S.-amerikanische Teil entstand während meines LL.M.-Studiums am Georgetown University Law Center 1997/1998 in Washington, D.C. Danken möchte ich in diesem Zusammenhang dem Deutschen Akademischen Austauschdienst für ein Jahresstipendium. Von unschätzbarem Wert waren auch die vielen Gespräche mit den Professoren des Law Centers, insbesondere mit Prof. Dory Mayer, sowie die freundliche und unkomplizierte Literaturbeschaffung durch die Bibliothek.

Daniela und den Heidelberger Freunden schulde ich Dank für vielfältige Hilfe, besonders Dr. Michael Arnold und Dr. Patrick Fiedler für die Mühen des Korrekturlesens. Schließlich bedanke ich mich bei meiner Mutter und bei meinen Großeltern für ihre - nicht nur finanzielle - Unterstützung während des Studiums und der Entstehungszeit dieser Arbeit.

Heidelberg, im November 2000 — Markus A. Papmehl

Inhaltsverzeichnis

2. Teil - Die Schiedsfähigkeit gesellschaftsrechtlicher Streitigkeiten

Verzeichnis ausländischer Abkürzungen[1]

A.	Atlantic Reporter
ABGB	Allgemeines Bürgerliches Gesetzbuch
All E. R.	All England Law Reports
AppG	Appellationsgericht
Arb. J.	Arbitration Journal
AS	Amtliche Sammlung
ASA	Association Suisse de l´Arbitrage
BCL	Business Corporation Law (New York), McKinney´s Consolidated Laws of New York Annotated, Book 6: Business Corporation Law, §§ 101-800, 801-End, New York 2000
BezG	Bezirksgericht
BG	Bundesgericht
BGE	Entscheidungen des schweizerischen Bundesgerichtes
BJM	Basler Juristische Mitteilungen
BlZüRspr.	Blätter für Zürcherische Rechtsprechung
Brooklyn L. Rev.	Brooklyn Law Review
Bull. civ.	Bulletin des arrêts de la Cour de Cassation, Chambres civiles
Cass.	Cour des Cassation
Cardozo L. Rev.	Cardozo Law Review
C. civ.	Code civil
C. com.	Code de commerce
Ch.	Law Reports, Chancery Division (seit 1891)
Ch.D.	Law Reports, Chancery Division (1875-1890)
Cir.	Circuit
Colum. L. Rev.	Columbia Law Review
CPLR	New York Civil Practice Law and Rules, McKinney´s Consolidated Laws of New York Annotated, Book 7B: Civil Practice Law and Rules, §§ 7001-7700, New York 2000
D.	Recueil Dalloz de doctrine, de jurisprudence et de législation (1945-1964); Recueil Dalloz et Sirey de doctrine, de jurisprudence et de législation (ab 1965)
Dep´t.	Department
DIP	Droit International Privé

[1] Zu den deutschen Abkürzungen siehe *Kirchner, Hildebert*, Abkürzungsverzeichnis der Rechtssprache, 4. Aufl. Berlin/New York 1993.

D.P.	Dalloz, Recueil périodique et critique de jurisprudence
DSC	Décret sur les Sociétés Commerciales
ecolex	ecolex (Fachzeitschrift für Wirtschaftsrecht)
EvBl.	Evidenzblatt der Rechtsmittelentscheidungen
F.	Federal Reporter
FAA	Federal Arbitration Act, 9 U.S.C. §§ 1-16 (1993)
F. Supp.	Federal Supplement
Gaz. Pal.	Gazette du Palais
GesRZ	Der Gesellschafter
Harv. L. Rev.	Harvard Law Review
Int. Bus. Lawyer	International Business Lawyer
Iowa L. Rev.	Iowa Law Review
IPRG	Bundesgesetz über das Internationale Privatrecht
IRÄG	Insolvenzrechtsänderungsgesetz
JBl.	Juristische Blätter
J.C.P. (éd. C.I., éd. E.)	Juris-Classeur Périodique, La Semaine juridique (édition Commerce et Industrie, édition Entreprise)
JdT	Journal des Tribuneaux
JN	Jurisdiktionsnorm
J.O. Déb. Ass. Nat.	Journal Officiel des Débats de l´Assemblée Nationale
Journ. soc.	Journal des sociétés
L.J.Ch.	Law Journal Reports, Chancery Division
L.R.Eq.	Law Reports, Equity cases
LSC	Loi No. 66-537 vom 24.7.1966, Sur les Sociétés Commerciales
L.T.	Law Times Reports
MittIzivVerf	Mitteilungen aus dem Institut für zivilgerichtliche Verfahren in Zürich
N.C. L. Rev.	North Carolina Law Review
N.C.P.C.	Nouveau Code de Procédure Civil
N.E.	Northeastern Reporter
N.W.	Northwestern Reporter
N.Y.	New York Reports
N.Y.L.J.	New York Law Journal
N.Y.S.	New York Supplement
NZ	Notarzeitschrift

OberG	Obergericht
öAktG	Österreichisches Aktiengesetz
öASGG	Österreichisches Arbeits- und Sozialgerichtsgesetz
öGmbHG	Österreichisches GmbH-Gesetz
öHGB	Österreichisches Handelsgesetzbuch
ÖJZ	Österreichische Juristen-Zeitschrift
öKartG	Österreichisches Kartellgesetz
öZPO	Österreichische Zivilprozeßordnung
OG	Bundesgesetz über die Organisation der Bundesrechtspflege
OGH	Oberster Gerichtshof
O.H.	Outer House
OR	Obligationenrecht
PL	Partnership Law (New York), McKinney's Consolidated Laws of New York Annotated, Book 38: Partnership Law, New York 2000
RdW	Österreichisches Recht der Wirtschaft
Rev. arb.	Revue de l'arbitrage
Rev. soc.	Revue des sociétés
Rev. trim. dr. com.	Revue trimestrielle de droit commercial et de droit économique
Riv. arb.	Rivista dell'arbitrato
RJN	Recueil de Jurisprudence Neuchâteloise
S.	Sirey
SA	Société Anonyme
SAG	Die Schweizerische Aktiengesellschaft
SARL	Société à Responsabilité Limitée
SchwK	Schweizerisches Konkordat über die Schiedsgerichtsbarkeit
SchwKartG	Schweizerisches Kartellgesetz
SCS	Société en Commandite Simple
S.Ct.	Supreme Court Reporter
Sem. Jud.	Semaine Judiciaire
SJZ	Schweizerische Juristen-Zeitung
S.L.T.	Scots Law Times
SNC	Société en Nom Collectif
St. John's L. Rev.	St. John's Law Review
Sup. Ct.	Supreme Court
S.W.	Southwestern Reporter
SZ	Entscheidungen des österreichischen Obersten Gerichtshofes in Zivil- und Justizverwaltungssachen

T.G.I.	Tribunal de Grande Instance
Trib.	Tribunal
Trib. cant.	Tribunal cantonal
Trib. civ.	Tribunal civil
UNCITRAL	United Nations Commission on International Trade Law
U.S.	United States Supreme Court Reports
U.S.C.	United States Code
Va. L. Rev.	Virginia Law Review
Wake Forest L. Rev.	Wake Forest Law Review
Wayne L. Rev.	Wayne Law Review
WBl.	Wirtschaftsrechtliche Blätter
W.L.R.	Weekly Law Reports
W.N.	The Weekly Notes
Yale L. J.	Yale Law Journal
Y.C.A.	Yearbook Commercial Arbitration
ZBJV	Zeitschrift des Bernischen Juristenvereins
ZBl.	Zentralblatt für die juristische Praxis
ZfRV	Zeitschrift für Rechtsvergleichung
ZGB	Zivilgesetzbuch
ZSR	Zeitschrift für Schweizerisches Recht

§ 1 Einleitung

Die Bedeutung der Schiedsgerichtsbarkeit als privater Streitschlichtungsmechanismus kann heute niemand mehr bestreiten. Überall in der Welt anerkannt, ist sie aus dem modernen Wirtschaftsleben nicht mehr wegzudenken. Für Dispute aus dem Bereich des internationalen Handelsverkehrs haben sie namhafte Autoren mangels einer übergeordneten internationalen Instanz für Handelssachen zur „normalen“ Art der Konfliktlösung erhoben[1]. Neuere Untersuchungen haben dabei gezeigt, daß bei Verträgen mit internationalem Bezug eine Schiedsklausel je eher vereinbart wird, je größer das Unternehmen und je stärker seine Geschäftstätigkeit international ausgerichtet ist[2].

A. Schiedsgerichtsbarkeit im Gesellschaftsrecht

Beschränkt man den Blick auf die nationale Ebene, muß man feststellen, daß der Schiedsgerichtsbarkeit - zumindest in Europa - auf vielen Rechtsgebieten nicht ganz so große Sympathie entgegengebracht wird[3]. Das mag zum einen daran liegen, daß sie hier in tatsächlichen Wettbewerb mit der staatlichen Justiz tritt, die den Parteien alle Gestaltungsmöglichkeiten zur Verfügung stellt. Zum anderen nehmen die verschiedenen nationalen Prozeßrechte bezüglich nationaler Schiedsverfahren einen oft erheblich restriktiveren Standpunkt ein als bezüglich internationaler Verfahren[4]. Eine der wesentlichen Ausnahmen hierzu bildet das Schiedsverfahren zur Beilegung gesellschaftsrechtlicher Streitigkeiten. Hierunter sind Streitigkeiten aus dem Bereich des sog. Innenrechts der Personen- und Kapitalgesellschaft zu verstehen, also Binnenauseinandersetzungen unter den Gesellschaftern bzw. zwischen den Gesellschaftern sowie der Gesellschaft und ihre Organen[5].

---

[1] Zur Bedeutung der internationalen Handelschiedsgerichtsbarkeit in Deutschland näher *Schlosser*, Das Recht der internationalen privaten Schiedsgerichtsbarkeit, 26ff; in Frankreich *David*, L´arbitrage dans le commerce international, RZ 6; in den USA *Born*, International Commercial Arbitration in the United States, 1ff.

[2] *Schmidt-Diemitz*, Internationale Schiedsgerichtsbarkeit - eine empirische Untersuchung, DB 1999, 369, 372.

[3] In den USA hat sich die Schiedsgerichtsbarkeit dagegen auch auf nationaler Ebene zum konkurrenzfähigen Streitschlichtungsmechanismus für die Bereiche des Bauvertrags-, Handelsvertreter-, Individualarbeits-, Lizenz-, Miet-, und Grundstücksrechts entwickelt sowie für öffentlichrechtliche Verträge, Kapitalmarkt- und Versicherungsrecht. Neuerdings erfreut sie sich auch im Bereich des Straßenverkehrs- und Arzthaftungsrechts zunehmender Beliebtheit, vgl. *Domke*, The Law and Practice of Commercial Arbitration, § 1:01.

[4] Vgl. etwa die Restriktionen des Schweizerischen Konkordats über die Schiedsgerichtsbarkeit für nationale Schiedsverfahren mit der Liberalität der Art. 176ff des Schweizerischen IPRG für internationale Schiedsverfahren.

[5] Allgemein und auch rechtsvergleichend dazu in neuerer Zeit *Lutter*, Die Funktion der Gerichte im Binnenstreit von Kapitalgesellschaften - ein rechtsvergleichender Überblick, ZGR 1998, 191.

I. Die Verbreitung gesellschaftsrechtlicher Schiedsgerichte

Zwar läßt sich die Tradition des gesellschaftsrechtlichen Schiedsverfahrens bis ins alte Rom zurückverfolgen, wo man es etwa zur Bestimmung von Geschäftsanteilen der Gesellschafter einsetzte[6]. Seine Verbreitung ist jedoch auch heute noch nicht zahlenmäßig exakt zu belegen. Das ist einerseits darauf zurückzuführen, daß neuere rechtstatsächliche Untersuchungen fehlen. In *Deutschland* liegt lediglich eine Dissertation aus dem Jahre 1966 vor, die seinerzeit insgesamt 90 Unternehmen verschiedener Branchen aus dem Frankfurter Raum untersuchte. Bei 55 von ihnen stieß sie auf die regelmäßige Vereinbarung von Schiedsklauseln im Rahmen ihrer Geschäftsbeziehungen, wozu aber auch die vielfältigen nationalen und internationalen Außenrechtsverhältnisse zählten[7]. Von diesen 55 Unternehmen gehörten 49 Handel und Industrie an[8]. Der Schluß von der Zahl der Klauseln auf die tatsächliche Durchführung von Schiedsverfahren ist jedoch nicht zwingend. Andererseits werden nur die wenigsten Schiedssprüche publiziert. An die Öffentlichkeit gerät die Tätigkeit von Schiedsgerichten nur im Rahmen von Aufhebungs-, Anerkennungs- und Vollstreckungsverfahren vor staatlichen Gerichten. Solche Verfahren sind im Bereich der handelsrechtlichen Schiedsverfahren ausgesprochen selten, da die Parteien den Entscheidungen des Schiedsgerichts meist vertrauen und den Schiedsspruch freiwillig erfüllen[9].

So bleibt nur übrig, basierend auf Erfahrungen von betroffenen Parteien und Schiedsrichtern einige nähere Aussagen zu treffen. Allgemein wird das schiedsrichterliche Verfahren zur Schlichtung gesellschaftsrechtlicher Dispute als häufig, wenn nicht gar üblich bezeichnet[10]. Etwa ein Drittel der innerdeutschen Schiedsverfahren seien im Bereich des Gesellschaftsrechts anzusiedeln[11]. Die Beilegung von Streitigkeiten im Zusammenhang mit Gesellschaftsverhältnissen wird von manchen Autoren gar als eine „Domäne des Schiedsgerichtswesens in der Wirtschaft" angesehen[12]. Nicht verwunderlich ist es deshalb, wenn eine namhafte Stimme aus der Literatur die Rechtsprechung der Schiedsgerichte unter die Quellen des Gesellschaftsrechts einordnet[13].

Im einzelnen hängt die Verbreitung von Schiedsklauseln in Gesellschaftsverträgen jedoch ganz erheblich von der betreffenden Gesellschaftsform und der Größe der Gesellschaft ab.

---

[6] *David* (oben FN 1), RZ 106.

[7] *Kohler*, Die moderne Praxis des Schiedsgerichtswesens in der Wirtschaft, 18.

[8] *Kohler* (oben FN 7), 21.

[9] *Kohler* (oben FN 7), 60f.

[10] Wieczorek-*Schütze*, § 1025 RZ 22; *Habscheid*, Aus der höchstrichterlichen Rechtsprechung zur Schiedsgerichtsbarkeit, KTS 1963, 1, 2; *H. Westermann*, Gesellschaftsrechtliche Schiedsgerichte, FS Fischer, 853; *Timm*, Beschlußanfechtung und Schiedsfähigkeit im Recht der personalistisch strukturierten Gesellschaften, FS Fleck, 365; *G. Roth*, Schiedsklauseln in Gesellschaftsverträgen, FS Nagel, 318.

[11] *Böckstiegel*, Vorwort und Einführung, DIS Band 11, 1.

[12] *Kohler* (oben FN 7), 25.

[13] *K. Schmidt*, Gesellschaftsrecht, 32.

So bestätigen Kautelarjuristen, daß eine satzungsmäßige Schiedsklausel bei Personenhandelsgesellschaften die Regel, bei der GmbH sehr häufig, bei der AG in Form der Publikumsgesellschaft dagegen eher selten anzutreffen sei[14].

Ein Blick ins Ausland bestätigt diese Feststellungen. In *Österreich* ist die Bedeutung gesellschaftsrechtlicher Schiedsgerichte ebenfalls nicht zahlenmäßig nachzuweisen, ihr häufiges Vorkommen vor allem bei der GmbH und den Personengesellschaften aber unbestritten[15]. Auch in der *Schweiz* finden sich Schiedsklauseln verbreitet bei Personenhandelsgesellschaften und GmbH, oft bei Familien-Aktiengesellschaften und nicht selten auch bei Publikumsgesellschaften: Eine rechtstatsächliche Arbeit aus dem Jahre 1976 untersuchte 36 Statuten von Publikumsaktiengesellschaften. Von den 20 Statuten, die überhaupt Gerichtsstandsbestimmungen enthielten, sahen immerhin neun eine Schiedsklausel in der einen oder anderen Form vor[16]. Besonderer Beliebtheit erfreuen sie sich aber auch in der Schweiz im Bereich der Familien-Aktiengesellschaften[17]. In *Frankreich* werden Schiedsgerichte ebenfalls bei allen Gesellschaftsformen häufig vereinbart[18]. Bis ins letzte Jahrhundert kannte man dort mit der „Arbitrage forcé" gar eine zwingende schiedsgerichtliche Zuständigkeit für gesellschaftsrechtliche Streitigkeiten[19]. Nähere Untersuchungen ergeben, daß sie auch in Frankreich heute vor allem bei den Personenhandelsgesellschaften und der SARL anzutreffen sind[20].

In den *USA* dominieren gesellschaftsrechtliche Schiedsklauseln bei den kleineren Aktiengesellschaften, den sog. „Close corporations", und den Personengesellschaften, den sog. „Partnerships"[21]. Manche Stimmen sprechen sich neuerdings auch für

---

[14] *Kohler* (oben FN 7), 25; *Kornmeier*, Die Schiedsfähigkeit GmbH-rechtlicher Nichtigkeits- und Anfechtungsklagen, 7 FN 29; *H. Westermann* (oben FN 10), FS Fischer, 853; *Hennerkes/Schiffer*, Schiedsgerichtsbarkeit und mittelständische Unternehmen, BB 1992, 1439, 1442; *Bork*, Zur Schiedsfähigkeit von Beschlußmängelstreitigkeiten, ZHR 160 (1996), 374; *D. Weber*, Die praxisgerechte inhaltliche Ausgestaltung von Schiedsklauseln in Gesellschaftsverträgen, DIS Band 11, 49.

[15] *Backhausen*, Schiedsgerichtsbarkeit unter besonderer Berücksichtigung des Schiedsvertragsrechts, 185; *Schönherr*, Streitigkeiten aus dem Gesellschaftsverhältnis und Schiedsgericht, GesRZ 1980, 184.

[16] *Brunner*, Streifzug durch die Statuten schweizerischer Publikumsaktiengesellschaften, 135.

[17] *Forstmoser/Meyer-Hayoz*, Schweizerisches Aktienrecht, § 8 RZ 85 u. § 25 RZ 68; *Böckli*, Schweizer Aktienrecht, RZ 2278; *Suter*, Der Schiedsvertrag nach schweizerischem Zivilprozeßrecht, ZSR 47 (1928), 8, 41; *Steiner*, Aktiengesellschaft und Schiedsgericht, SAG 1944, 58; *Habscheid*, Statutarische Schiedsgerichte und Schiedskonkordat, SAG 1985, 157; *Forstmoser*, Vom alten zum neuen Aktienrecht, SJZ 1992, 157, 168.

[18] *Hémard/Terré/Mabilat*, Sociétés Commerciales, Tome III, RZ 691; *Cohen*, Arbitrage et Société, RZ 27.

[19] Siehe unten III 2.

[20] Näher dazu im Rahmen der Erörterung der verschiedenen gesellschaftsrechtlichen Streitigkeiten im Zweiten Teil.

[21] *Domke* (oben FN 1), § 13:01 u. § 13:03; *O'Neal/Thompson*, Close Corporations, Volume 2, § 9:11 u. § 9:17; *Hornstein*, Stockholder Agreements in the Closely Held Corporation, 59 Yale L. J. 1040, 1051 (1950); *O'Neal*, Resolving Disputes in Closely Held Corporations: Intra-Institutional Arbitration, 67 Harv. L. Rev. 786, 793 (1954); *Kessler*, Arbitration of Intra-Corporate Disputes under New York Laws, 19 Arb. J. 1 (1964); *Leffler*, Dispute Settlement Within Close Corporations, 31 Arb. J. 254, 257 (1976); *Shell*, Arbitration and Corporate Governance, 67 N.C. L. Rev. 517, 526ff (1989).

Schiedsgerichte bei den sog. „Public corporations" aus[22]. Setzte der Aufschwung gesellschaftsrechtlicher Schiedsgerichtsbarkeit in den Sechziger Jahren des 20. Jahrhunderts ein[23], so registrierte die American Arbitration Association zwischen 1984 und 1988 schon über 1000 Klagen allein im Zusammenhang mit „Close corporations"[24]. Schiedsklauseln finden sich dabei eher in anläßlich der Gründung getroffenen Gesellschaftervereinbarungen als in der Satzung; verschiedene Autoren plädieren jedoch schon seit längerer Zeit für eine satzungsmäßige Ausgestaltung[25].

Auch den in dieser Arbeit nicht näher erörterten Ländern sind gesellschaftsrechtliche Schiedsgerichte durchaus bekannt[26]. So sticht aus dem romanischen Rechtskreis besonders *Italien* hervor, das das „arbitrato rituale" und das „arbitrato irrituale" bei Personen- und Kapitalgesellschaften kennt: Eine rechtstatsächliche Untersuchung aus dem Jahre 1979 stieß hier in 673 von insgesamt 1321 untersuchten Statuten von Kapitalgesellschaften auf Schiedsklauseln[27]. Daneben sind *Belgien*[28] und die *Niederlande*[29] zu nennen. Im Rechtskreis des Common Law machen *England*[30], *Kanada*[31], und *Israel*[32] von gesellschaftsrechtlicher Schiedsgerichtsbarkeit Gebrauch, sowie die von diesem Rechtskreis teilweise beeinflußten Länder *Schottland*[33] und *Südafrika*[34]. Aber auch andere Staaten, deren Namen man nicht unmittelbar mit einer bedeutenden Schiedstradition verbindet, kennen diese spezielle Form privater Streitschlichtung, so etwa *Finnland*[35], *Brasilien*[36], die *Elfenbeinküste*[37], *Marokko* und *Tunesien*[38], *Saudi-Arabien*[39] und *Neuseeland*[40].

---

22 *Coffee*, No Exit ?: Opting Out, the Contractual Theory of the Corporation, and the Special Case of Remedies, 53 Brooklyn L. Rev. 919, 953ff (1988); *Shell* (oben FN 21), 67 N.C. L. Rev. 517, 541ff (1989); *Note*, The Rise of „Shareholder Derivative Arbitration" in Public Corporations: In Re Salomon Inc. Shareholders' Derivative Litigation, 31 Wake Forest L. Rev. 337 (1996).

23 *O'Neal/Thompson* (oben FN 21), § 9:11 u. § 9:17.

24 *Shell* (oben FN 21), 67 N.C. L. Rev. 517, 526ff (1989).

25 *Hornstein* (oben FN 21), 59 Yale L. J. 1040, 1054 (1950); *Kessler* (oben FN 21), 19 Arb. J. 1, 19 (1964).

26 Die folgende Einteilung nach Rechtskreisen folgt *Zweigert/Kötz*, Einführung in die Rechtsvergleichung, 62ff.

27 *Silingardi*, Il compromesso in arbitri nelle società di capitali, 8ff; ebenso *Teti*, L'arbitrato nelle società, Riv. arb. 1993, 297.

28 *Keutgen*, L'arbitrage en droit belge et international, RZ 105; ausführlich zu gesellschaftsrechtlichen Streitigkeiten *Benoit-Moury/Matray*, L'arbitrage et le droit des sociétés, Rev. arb. 1978, 130.

29 *van den Berg/van Delden/Snijders*, Netherlands Arbitration Law, 38.

30 *Walton/Vitoria*, Russell On the Law of Arbitration, 94; *Pennington*, Company Law, 67.

31 *Kos-Rabcewicz-Zubkowski*, Report Canada, Y.C.A. 1977, 16, 18.

32 *Ottolenghi*, Report Israel, Y.C.A. 1977, 47, 51.

33 *Hunter*, The Law of Arbitration in Scotland, 92; *Miller/Brough*, The Law of Partnership in Scotland, 500ff.

34 *Butler/Finsen*, Arbitration in South Africa - Law and Practice, 43

35 *Kurkela/Voti*, Arbitration in Finland, 14.

36 *Marotta Rangel*, Report Brazil, Y.C.A. 1978, 31, 34.

37 Vgl. die Entscheidungen der Cour Suprême der Elfenbeinküste vom 29.4.1986 und 4.4.1989 sowie der Cour d'appel de Bouaké vom 25.11.1987, Rev. arb. 1989, 530ff.

38 *El-Ahdab*, L'arbitrage dans les pays arabes, 623 (Marokko), 751 (Tunesien).

39 *El-Ahdab* (oben FN 38), 274.

40 *Kennedy-Grant*, Report New Zealand, Y.C.A. 1983, 34, 35.

Insgesamt wird man *H. Westermann* darin zustimmen können, daß je kleiner der Kreis der am Vertragswerk Beteiligten ist, je eher danach die Möglichkeit besteht, daß Streitigkeiten in personelle Beziehungen der Betroffenen hineinreichen, um so größer die Neigung sein wird, ein Schiedsgericht an Stelle der ordentlichen Gerichte zu setzen[41]. Gesellschaftsrechtliche Schiedsklauseln haben ihre größte Bedeutung daher bei personenbezogenen Gesellschaften, also kleineren und mittleren Unternehmen und Handwerksbetrieben in der Form von Personengesellschaften und GmbH. Bei Publikumsgesellschaften spielen sie dagegen eine eher untergeordnete Rolle. Diese Art der Verbreitung steht in engem Zusammenhang mit den Gründen, die dazu führen, im Bereich des Gesellschaftsrechts Schiedsgerichte den staatlichen Gerichten vorzuziehen.

II. Die Gründe für die Einsetzung gesellschaftsrechtlicher Schiedsgerichte

Vielfach werden die der Schiedsgerichtsbarkeit allgemein zugeschriebenen Vorteile schlicht auf Verfahren im Bereich des Gesellschaftsrechts übertragen. Eine nähere Analyse zeigt, daß dies einer differenzierten Betrachtung nicht ohne weiteres standhält.

So betonen viele Autoren zunächst die Schnelligkeit des Schiedsverfahrens im Gegensatz zur langen Verfahrensdauer staatlicher Gerichtsbarkeit[42]. Dem ist zuzugeben, daß im Schiedsverfahren zwar mehr Zeit für die intensive Erörterung des Sachverhalts und der Einzelprobleme bleiben mag, weshalb häufig auch nichtjuristische Fragen besser aufgeklärt werden können. Zudem ist regelmäßig ein Instanzenzug nicht vorhanden. Praktiker beklagen aber das oft langwierige Verfahren der Schiedsrichterbenennung und die schwierige Festsetzung von Terminen für Besprechungen und Verhandlungen. Schiedsrichter, die gesellschaftsrechtliche Dispute entscheiden, sind meist führende Persönlichkeiten aus Wirtschaft, Rechtswissenschaft oder Rechtsprechung, deren Terminkalender langfristige Planungen erfordern. Bezeichnenderweise halten manche Autoren daher gerade die Terminfestsetzung für einen der schwierigsten Punkte im Bereich gesellschaftsrechtlicher Schiedsverfahren überhaupt[43].

---

[41] *Kornmeier* (oben FN 14), 6; *H. Westermann*, (oben FN 10), FS Fischer, 853.

[42] *Kornmeier* (oben FN 14), 10; *ders.*, Die Schiedsgerichtsvereinbarung in der GmbH-Satzung, DB 1980, 193; *Reichert*, Gesellschaftsrecht im Prozeß, in: Hommelhoff/Müller-Graff/Ulmer, Die Praxis der rechtsberatenden Berufe, 109, 112; *Vogel*, Schiedsgerichtsvereinbarungen in GmbH-Satzungen, GmbHR 1952, 33; *Sudhoff*, Schiedsklausel und Gesellschaftsstatut, GmbHR 1963, 229, 231; *H. Westermann* (oben FN 10), FS Fischer, 853, 859; *Lindacher*, Schiedsgerichtliche Kompetenz zur vorläufigen Entziehung der Geschäftsführungs- und Vertretungsbefugnis bei Personengesellschaften, ZGR 1979, 201, 203; *Stangier/Bork*, Das Informationserzwingungsverfahren nach dem neuen GmbH-Gesetz, GmbHR 1982, 169, 170; *G. Roth* (oben FN. 10), FS Nagel, 318; *de Lousanoff*, Schiedsklauseln in Gesellschaftsverträgen, ASA Special Series Nr. 8 (1994), 89; *Petermann*, Die Schiedsfähigkeit von Beschlüssen im GmbH-Recht, BB 1996, 277; *Bork* (oben FN 14), ZHR 160 (1996), 374, 375; *Ebbing*, Schiedsvereinbarungen in Gesellschaftsverträgen, NZG 1998, 281; *Zilles*, Vereinbarung des Schiedsverfahrens über Beschlüsse von GmbH-Gesellschaftern, BB 1999, Beil. 4, 2; *Trittmann*, Die Auswirkungen des Schiedsverfahrens-Neuregelungsgesetzes auf gesellschaftsrechtliche Streitigkeiten, ZGR 1999, 340.

[43] *H. Westermann* (oben FN 10), FS Fischer, 853, 859. Ebenso in der Schweiz *Brunner* (oben FN 16) 145 und in Frankreich *Cohen* (oben FN 18), RZ 18.

Desweiteren wird hervorgehoben, das Schiedsverfahren sei kostengünstiger als das staatliche Gerichtsverfahren[44]. Die Kostenfrage hängt selbstverständlich eng mit der Komplexität des Streitgegenstandes zusammen. Der Streitwert wird aber bei der Mehrheit der gesellschaftsrechtlichen Streitigkeiten erheblich sein. Zu den normalen Anwaltskosten der Parteien addieren sich dann die Honorare der Schiedsrichter und die Verfahrenskosten. Ist das Schiedsgerichts mit Professoren oder Wirtschaftsfachleuten besetzt, wird die Kostenbelastung beachtliche Höhen erreichen.

Oft weist man auch auf die Möglichkeit hin, auf die Auswahl der Schiedsrichter Einfluß auszuüben, das Gericht also nach dem jeweils zu lösenden Problem zusammensetzen zu können. So sei es etwa möglich, speziell mit wirtschaftlichen Fragen vertraute Personen auszuwählen, die gegenüber dem staatlichen Richter eine besondere Sachkunde aufwiesen[45]. Dem ist zuzugeben, daß sich im Gesellschaftsrecht häufig eine „Gemengelage von Rechts- und Wirtschaftsfragen"[46] findet. Es ist daher ein verständlicher Wunsch der Parteien, diese Probleme von Personen entscheiden zu lassen, die subjektiv Personen des Vertrauens und objektiv besonders qualifiziert sind. Andererseits sollte man dem Richter der Kammer für Handelssachen, zu dessen täglichem Brot gem. §§ 94, 95 Abs. 1 Nr. 4 a) GVG auch gesellschaftsrechtliche Streitigkeiten gehören, nicht vorschnell Inkompetenz unterstellen. Außerdem geht es bei den meisten gesellschaftsrechtlichen Streitigkeiten um erhebliche Streitwerte, die schnell vor die Obergerichte führen können. Interessanterweise zeigt die Praxis, daß eine Vielzahl gesellschaftsrechtlicher Schiedsklauseln gerade staatliche Höchstrichter als Schiedsrichter vorsieht. Schließlich ist es dem staatlichen Richter unbenommen, bei hochspezifischen Problemen Sachverständige zu Rate zu ziehen.

Die vorgenannten Gesichtspunkte können nicht ohne weiteres die Überlegenheit des gesellschaftsrechtlichen Schiedsverfahrens demonstrieren. Seine tatsächlichen Anreize liegen vielmehr in anderen Faktoren, namentlich in der Diskretion des Verfahrens und in atmosphärischen Vorteilen. Daß ein Schiedsverfahren generell in vertraulichem Rahmen stattfindet, ist in Anbetracht der dem staatlichen Verfahren inhärenten Öffentlichkeit das vielleicht gewichtigste Argument[47]. In der Regel ist keiner der betroffenen

---

[44] *Vogel* (oben FN 42), GmbHR 1952, 33; *Lindacher*, (oben FN 42), ZGR 1979, 201, 203; *Stangier/Bork* (oben FN 42), GmbHR 1982, 169, 170; *Hennerkes/Schiffer* (oben FN 14), BB 1992, 1439, 1442; *de Lousanoff* (oben FN 42), ASA Special Series Nr. 8 (1994), 89; *Petermann* (oben FN 42), BB 1996, 277; *D. Weber* (oben FN 14), DIS Band 11, 49; *Trittmann* (oben FN 42), ZGR 1999, 340, 343.

[45] *Vogel* (oben FN 42), GmbHR 1952, 33; *Sudhoff* (oben FN 42), GmbHR 1963, 22, 231; *H. Westermann* (oben FN 10), FS Fischer, 853, 856f; *Lindacher* (oben FN 42), ZGR 1979, 201, 203; *Hommelhoff*, Der aktienrechtliche Organstreit, ZHR 143 (1979), 288, 312; *Kornmeier* (oben FN 42), DB 1980, 193; *Stangier/Bork* (oben FN 42), GmbHR 1982, 169, 170; *Hennerkes/Schiffer* (oben FN 14), BB 1992, 1439, 1442; *de Lousanoff* (oben FN 42), ASA Special Series Nr. 8 (1994), 89; *Bork* (oben FN 14), ZHR 160 (1996), 374, 375; *Petermann* (oben FN 42), BB 1996, 277; *Zilles* (oben FN 42), BB 1999, Beil. 4, 2; *Trittmann* (oben FN 42), ZGR 1999, 340, 343.

[46] *H. Westermann* (oben FN 10), FS Fischer, 853, 856.

[47] *Kornmeier* (oben FN 14), 10; *ders.* (oben FN 42), DB 1980, 193; *Reichert* (oben FN 42), in Hommelhoff/Müller-Graff/Ulmer, Die Praxis der rechtsberatenden Berufe, 109, 112; *Vogel* (oben FN 42), GmbHR 1952, 33; *Sudhoff* (oben FN 42), GmbHR 1963, 229, 231; *H. Westermann* (oben FN 10), FS Fischer, 853, 859; *Lindacher* (oben FN 42), ZGR 1979, 201, 203; *Hommelhoff* (oben FN 45), ZHR 143 (1979), 288, 312; *Stangier/Bork* (oben FN 42), GmbHR 1982, 169, 170; *Timm* (oben FN 10), FS

Parteien daran gelegen, innergesellschaftliche Streitigkeiten nach außen dringen zu lassen, damit sie im ungünstigsten Falle etwa Wettbewerbern bekannt werden. Bei Streitigkeiten um Ersatzansprüche gegen Leitungsorgane hat die Gesellschaft beispielsweise ein erhebliches Interesse daran, die öffentliche Aufmerksamkeit nicht durch einen Prozeß auf das Schadensereignis zu lenken und so Ansehensverlust zu riskieren[48]. Das Schiedsverfahren erweist sich also gerade im Zeitalter der Stärkung gesellschaftsrechtlicher Informationsansprüche und Bemühungen um erhöhte Publizität als Ort, an dem ein Mindestmaß an Intimität gewahrt bleiben kann.

Neben der Diskretion des Verfahrens spielen atmosphärische Vorteile ein erhebliche Rolle[49]. Die Innenbeziehungen der Gesellschaft weisen die Merkmale eines langfristigen Dauerrechtsverhältnisses von hoher Komplexität und starker Kohäsion auf. Konflikte werden hier weniger häufig gelöst, indem der konkrete Streit durch Schiedsspruch entschieden wird, als mittels allseitiger Bemühungen, den gesellschaftsrechtlichen Rahmen rechtsschöpferisch fortzuentwickeln und anzupassen[50]. Unter dem Deckmantel der Vertragsauslegung betreiben die Schiedsrichter Vertragsfortschreibung, da die Parteien nicht in der Lage waren, alle zukünftigen Konfliktfälle zu antizipieren. Es bedarf in vielen Fällen also einer schlichtenden oder kompromißgestaltenden Instanz, und für diese Aufgabe ist die Schiedsgerichtsbarkeit geradezu prädestiniert[51].

Diese Art der Konfliktlösung bringt zudem nicht selten einen gewissen Befriedigungseffekt mit sich, der den Parteien ermöglichen soll, etwa durch Abschluß eines Schiedsvergleichs die Grundlage für eine weitere fruchtbare Zusammenarbeit legen zu können. Die in der Regel sensible Zusammenarbeit verschiedener Gesellschafter verträgt die Konfrontation in einem öffentlich geführten Verfahren vor einem ordentlichen Gericht häufig nur schwer. Ein solches Verfahren birgt die Gefahr, statt zu einer konstruktiven Einigung zu kommen, lediglich das bestehende Zerwürfnis zu zementieren. Bei einem Schiedsvergleich kann es dagegen gelingen, die Ursache des Streits grundlegend zu beseitigen und für das Zusammenwirken problematische Regelungen des Gesellschaftsvertrages durch zeitgemäße und zweckmäßigere Vorschriften zu ersetzen, so daß das „Tuch" zwischen den Gesellschaftern nicht völlig zerschnitten wird[52].

Fleck, 365, 366; *G. Roth* (oben FN 10), FS Nagel, 318; *Hennerkes/Schiffer* (oben FN 14), BB 1992, 1442; *de Lousanoff* (oben FN 42), ASA Special Series, Nr. 8 (1994), 89, 90; *Bork* (oben FN 14), ZHR 160 (1996), 374, 375; *Petermann* (oben FN 42), BB 1996, 277; *Böckstiegel* (oben FN 11), DIS Band 11, 1; *D. Weber* (oben FN 14), DIS Band 11, 49; *Ebbing* (oben FN 42), NZG 1998, 281; *Zilles* (oben FN 42), BB 1999, Beil. 4, 2; *Trittmann* (oben FN 42), ZGR 1999, 340, 341.

48 A.A. LG Düsseldorf, 14.3.1994, ZIP 1994, 628, 631, das anscheinend meint, die Verfolgung der Ersatzansprüche erhöhe im Gegenteil das Ansehen der Gesellschaft.

49 *Reichert* (oben FN 42), in Hommelhoff/Müller-Graff/Ulmer, Die Praxis der rechtsberatenden Berufe, 109, 112; *Kornmeier* (oben FN 42), DB 1980, 183; *G. Roth* (oben FN 10), FS Nagel, 318; *Hennerkes/Schiffer* (oben FN 14), BB 1992, 1439, 1442; *de Lousanoff* (oben FN 42), ASA Special Series Nr. 8 (1994), 89, 90; *Ebbing* (oben FN 42), NZG 1998, 281; *Trittmann* (oben FN 42), ZGR 1999, 340, 341.

50 *Lutter* (oben FN 5), ZGR 1998, 191, 211.

51 *G. Roth* (oben FN 10), FS Nagel, 318f.

52 *Reichert* (oben FN 42), in Hommelhoff/Müller-Graff/Ulmer, Die Praxis der rechtsberatenden Berufe 109, 112; *Hennerkes/Schiffer* (oben FN 14), BB 1992, 1439, 1442f; *Trittmann* (oben FN 42), ZGR 1999, 340, 343.

Die letzten beiden Gesichtspunkte geben den Ausschlag, sich für ein gesellschaftsrechtliches Schiedsverfahren zu entscheiden. Die Gesellschaft stellt sich hier als Mikrokosmos dar, der die Suche nach für alle Parteien akzeptablen Lösungen in den Vordergrund rückt und danach verlangt, Einzelinteressen hinter Gesellschaftsinteressen zurückzustellen. Der Gang an die Öffentlichkeit kann dabei nur störend wirken. Da es oftmals für alle Parteien notwendig ist, später das Unternehmen gemeinsam weiterzuführen, ist ihnen häufig nicht mit strikter Rechtsdurchsetzung gedient, sondern mit umfassenden Erörterungen über die Kontinuität der Beziehungen. So kann es schließlich nicht überraschen, wenn die *Schweiz* und *Frankreich* in zwei aus diesen Gründen für besonders sensibel gehaltenen Bereichen zwingende Zuweisungen von Streitigkeiten an Schiedsgerichte kannten, die sog. „arbitrage forcé“: Der eine Bereich umfaßte innerfamiliäre Streitigkeiten, der andere innergesellschaftliche[53]. Bezeichnend ist auch, daß in den *USA* manche Autoren neuerdings sogar von der Schiedsgerichtsbarkeit im Gesellschaftsrecht abraten und Verfahren wie Mediation und Negotiation empfehlen, die einen „even less adjudicative character“ besäßen[54].

Auch im Ausland sieht man die eben erörterten Aspekte als ausschlaggebend für die Vereinbarung gesellschaftsrechtlicher Schiedsgerichte an[55]. In der *Schweiz* beklagt ein Autor gar ihre große Bedeutung, habe dies doch zur leidigen Folge, daß innergesellschaftliche Fragen hinter verschlossenen Türen verhandelt würden und so nur zum kleinsten Teil ins wissenschaftliche Gespräch dringen könnten[56]. In *Frankreich* bezeichnet man die gesellschaftsrechtliche Schiedsgerichtsbarkeit als Luxusjustiz, die

---

[53] Näher unten III. 2.

[54] *Solomon/Solomon*, Using Alternative Dispute Resolution Techniques to Settle Conflicts Among Shareholders of Closely Held Corporations, 22 Wake Forest L. Rev. 105, 117f. (1987). Zur ADR in gesellschaftsrechtlichen Streitigkeiten in Deutschland neuerdings auch *Elsing*, Alternative Dispute Resolution - geeignet zur Streitbeilegung in Gesellschaften ?, FS Sandrock, 267 und *Casper/Risse*, Mediation von Beschlußmängelstreitigkeiten, ZIP 2000, 437.

[55] Österreich: *Reich-Rohrwig*, Das österreichische GmbH-Recht, 459 u. 547; *Schönherr* (oben FN 15), GesRZ 1980, 184; *Kurschel/Thiery*, Rechtsgestaltungs- und Feststellungsklage bei Auflösung und Ausschluß aus OHG, KG, EEG und GesbR, GesRZ 1990, 141, 142 FN 7; *Deimbacher*, Schiedsverträge und Schiedsklauseln in anderen Verträgen und in allgemeinen Geschäftsbedingungen, GesRZ 1995, 12, 24. Schweiz: *Kummer*, Grundzüge des Zivilprozeßrechts, 284; *Steiner*, Aktiengesellschaft und Schiedsgericht, SAG 1950, 138, 139; *Patry*, L'action en annulation des decisions de l'assemblé générale, Mémoires publiés par la Faculté de Droit de Genève No. 19, 15, 17 u. 27; *Habscheid* (oben FN 17), SAG 1985, 157, 160; kritisch *Brunner* (oben FN 16), 144ff. Frankreich: *Guyon*, Droit des affaires, Tome 1: Droit commercial général et sociétés, RZ 792; ausführlich *Cohen* (oben FN 18), RZ 28ff. USA: *O'Neal/Thompson* (oben FN 21), § 9:11; *O'Neal* (oben FN 21), 67 Harv. L. Rev. 786, 790 (1954); *Note*, Arbitration as a Means of Settling Disputes Within Close Corporations, 63 Colum. L. Rev. 267, 286 (1963); *Kessler* (oben FN 21), 19 Arb. J. 1, 2 (1964); *Note*, Mandatory Arbitration as a Remedy for Intra-Close Corporate Disputes, 56 Va. L. Rev. 271, 279 (1970); *Leffler* (oben FN 21), 31 Arb. J. 254, 257 (1976); *Suckewer/Heftler*, Disputes Among Shareholders and Directors in Closely Held Corporations in Arbitration: Commecial Disputes, Insurance and Tort Claims, 11, 14f (1979); *Solomon/Solomon* (oben FN 54), 22 Wake Forest L. Rev. 105, 117f (1987); *Coffee* (oben FN 22), 53 Brooklyn L. Rev. 919, 957 (1988); *Shell* (oben FN 21), 67 N.C. L. Rev. 517, 521 (1989); *Makens/Young*, War and Pieces: The Impact of Deadlock in the Michigan Closely Held Corporation, 42 Wayne L. Rev. 1863, 1887 (1996).

[56] *Kummer* (oben FN 55), 284.

wenigen Glücklichen vorbehalten sei, die die staatliche Justiz vermeiden könnten, wie manche Kranke Privatkliniken staatlichen Krankenhäusern vorzögen[57]. Und in den *USA* findet sich gar ein Gericht, das betont, die staatliche Gerichtsbarkeit solle schiedsgerichtliche Erledigung gesellschaftsrechtlicher Streitigkeiten ermutigen, um zu einer raschen Streitentscheidung zu kommen und die staatlichen Gerichte von zeitaufwendigen Verfahren zu entlasten[58].

III. Die Problematik gesellschaftsrechtlicher Schiedsgerichte

Stellen statutarische Schiedsklauseln aus diesen Gründen eine beliebte Form der gesellschaftsrechtlichen Satzungsgestaltung dar, so werfen sie Einzelfragen ganz unterschiedlicher Natur auf. Schon ein erster kurzer Streifzug durch in- und ausländische Schiedsverfahrensrechte unterstreicht ihre Sonderrolle, die sich in zahlreichen Spezialregelungen und historischen Eigenheiten ausdrückt.

1. Formfragen

In *Deutschland* stellt sich die Regelung des § 1066 ZPO, welche im alten Schiedsverfahrensrecht unter § 1048 ZPO firmierte, als problematisches Beispiel der Schnittstelle von Prozeß- und Verbandsrecht dar. § 1066 ZPO sieht die entsprechende Geltung des ZPO-Schiedsverfahrensrechts für Schiedsgerichte vor, die durch „nicht auf Vereinbarung beruhende Verfügung" angeordnet werden. Personengesellschaftsrechtliche Schiedsklauseln fallen nach - in neuerer Zeit allerdings bestrittener - herrschender Meinung nicht unter die Vorschrift, da es sich bei Personengesellschaftsverträgen um „Vereinbarungen" i.S.d. Vorschrift handele[59]. Ob dagegen Schiedsklauseln in Satzungen juristischer Personen, hier also etwa Kapitalgesellschaften, „nicht auf Vereinbarung beruhende Verfügungen" sind, hat schon das Reichsgericht gleich mehrmals beschäftigt[60] und auch den BGH immer wieder vor Probleme gestellt[61]. Auf europäischer

---

[57] *Guyon* (oben FN 55), RZ 792. Noch krasser ist in dieser Hinsicht die Empfehlung *Flumes*, „Hinauskündigung" aus der Personengesellschaft und Abfindung, DB 1986, 629, 635, man solle in Personengesellschaftsverträgen Schiedsklauseln vereinbaren, um so später der „verfehlten Rechtsprechung des gesellschaftsrechtlichen Senates des BGH entgehen zu können". Eine Lanze für die (schweizerische) ordentliche Rechtsprechung auf dem Gebiet des Gesellschaftsrecht bricht dagegen *Brunner* (oben FN 16), 145.

[58] *Siegel v. Ribak*, 249 N.Y.S.2d 903, 909 (Sup. Ct. 1964).

[59] BGH, 2.6.1966, BGHZ 45, 282, 286; 11.10.1979, NJW 1980, 1049; 2.10.1997, NJW 1998, 371; 2.4.2000, BB 2000, 1059; OLG Düsseldorf, 23.2.1996, BB 1997 Beil. 3, 21, 22; Stein/Jonas-*Schlosser*, § 1048 RZ 9 ff; Wieczorek-*Schütze*, § 1048 RZ 5, 6; a.A. Zöller-*Geimer*, 20. Aufl., § 1048 RZ 1 und *K. Schmidt*, Die Bindung von Personengesellschaften an vertragliche Schiedsklauseln, DB 1989, 2315, 2316f, die auch personengesellschaftsrechtliche Schiedsklauseln unter § 1048 ZPO a.F. fassen wollen.

[60] RG, 9.3.1934, RGZ 144, 96, 99f; 27.10.1933, RGZ 146, 52, 56; 15.3.1935, RGZ 147, 213, 216; 5.2.1937, RGZ 153, 267, 270; 2.11.1937, RGZ 156, 101, 104f; 29.10.1940, RGZ 165, 140, 143.

Ebene hat in einer parallelen Fragestellung der EuGH zur Qualifikation einer Gerichtsstandsvereinbarung nach Art. 17 EuGVÜ Stellung nehmen müssen[62]. Den Kern der Problematik all dieser Entscheidungen bildet der alte Streit zwischen Norm- und Vertragstheorie, wie eine Satzung zu qualifizieren ist[63].

Erscheint diese Diskussion heute in manchen Bereichen nur noch von theoretischem Reiz, so ist sie im Schiedsverfahrensrecht von erheblicher praktischer Bedeutung: Vor Inkrafttreten des neuen Rechts haben sowohl die Rechtsprechung als auch die herrschende Auffassung im Schrifttum § 1048 ZPO a.F. auf durch Satzung eingesetzte kapitalgesellschaftsrechtliche Schiedsgerichte angewandt mit der Folge, daß die statutarische Schiedsklausel nicht der strengen Form des § 1027 ZPO a.F. unterliegen sollte. Die Formvorschrift sei nicht entsprechend anwendbar, da § 1048 ZPO a.F. die Anordnung des Schiedsgerichts voraussetze und nur hinsichtlich des in statthafter Weise angeordneten Schiedsgerichts die allgemeinen Vorschriften für anwendbar erkläre. Dem Bedürfnis nach Rechtssicherheit, dem im Bereich vertraglicher Schiedsabreden § 1027 ZPO a.F. Rechnung tragen soll, sei durch die satzungsmäßige Form im Regelfall ausreichend Genüge getan. Sie gewährleiste im Allgemeinen ebenso wie die Form des § 1027 ZPO a.F. die Nachprüfbarkeit des Gegenstandes der Schiedsgerichtsbarkeit, ihrer näheren Ausgestaltung, der Personen der Beteiligten und der Ernsthaftigkeit des Willens zur Unterwerfung unter die Entscheidung des Schiedsgerichts. Sowohl die Gründung der Gesellschaft als auch der Beitritt zu ihr sollten sich folglich allein nach gesellschaftsrechtlichen Formvorschriften richten[64].

Im Rahmen der Reform des Schiedsverfahrens hat sich die Kommission zur Neuordnung interessanterweise einigen Stimmen in der Literatur angeschlossen, die satzungsmäßige Schiedsklauseln nicht unter die Vorschrift des § 1048 ZPO a.F. bzw. § 1066 ZPO fassen möchte. Die Kommission wollte jedoch die Qualifizierung satzungsmäßiger Schiedsklauseln als Schiedsvereinbarungen nicht gesetzlich festschreiben, um die Rechtsentwicklung im Anschluß an die zitierte Entscheidung des EuGH nicht zu präjudizieren[65]. Es bleibt daher zu fragen, ob sich die Form kapitalgesellschaftsrechtlicher Schiedsklauseln künftig nach der neuen Formvorschrift des § 1031 ZPO beurteilt, was beträchtliche Folgeprobleme aufwirft[66].

---

[61] BGH, 25.10.1962, BGHZ 38, 155, 158ff; 4.7.1951, MDR 1951, 674; 22.5.1967, BGHZ 48, 35, 43f; 25.10.1983, NJW 1984, 1355; 13.1.1993, NJW-RR 1993, 1535, 1536; 2.10.1997, NJW 1998, 371.

[62] EuGH, 10.3.1992 - Rs. C 214/89 *(Powell Duffryn plc / Petereit)*, IPRax 1993, 32 m. Anm. *Koch*, 19.

[63] Ausführlich *Schütte*, Die Einsetzung von Schiedsgerichten durch die Satzungen juristischer Personen des Privatrechts, 38ff (allgemein) und 108ff (gesellschaftsrechtliche Schiedsgerichte).

[64] Zuletzt BGH, 3.4.2000, BB 2000, 1059 zu einer vereinsrechtlichen Schiedsklausel; weitere Rechtsprechung in FN 60 u. 61. Aus der Literatur Wieczorek-*Schütze*, § 1048 RZ 17; MK-*Maier*, ZPO, § 1048 RZ 11; Zöller-*Geimer*, 20. Aufl., § 1048 RZ 8; Baumbach-*Albers*, ZPO, 56. Aufl., § 1048 RZ 5; a.A. Stein/Jonas-*Schlosser*, § 1048 RZ 9: Kapitalgesellschaftsrechtliche Schiedsklauseln fallen nicht unter § 1048 ZPO a.F.

[65] RefE, 226f; RegE, BT-Drucks. 13/5274, 66. Dies ist wohl wesentlich auf den Einfluß *Schlossers* auf die Reform des Schiedsverfahrensrechts zurückzuführen.

[66] Vgl. *de Lousanoff* (oben FN 42), ASA Special Series Nr. 8 (1994), 89, 90ff; *ders.*, Die Wirksamkeit von Schiedsklauseln in Gesellschaftsverträgen, DIS Band 11, 7ff; *K. Schmidt*, Neues Schiedsverfahrensrecht und Gesellschaftsrechtspraxis, ZHR 162 (1998), 265, 271ff; *Trittmann* (oben FN 42), ZGR 1999, 340, 345ff. Erste Kommentatoren des neuen Rechts verneinen dies, vgl. Zöller-*Geimer*, § 1031 RZ 14;

Im Schiedsverfahrensrecht *Österreichs* findet sich mit § 599 öZPO eine dem § 1066 ZPO entsprechende Vorschrift. Abs. 1 ordnet zunächst die sinngemäße Anwendung der öZPO auf nicht auf Vereinbarung beruhende Schiedsgerichte an; dann bezieht sie im Gegensatz zur deutschen ZPO ausdrücklich jedoch auch statutarische Schiedsklauseln ein. Eine Ausnahme macht Abs. 2 für Schiedsgerichte zur Schlichtung von Streitigkeiten aus dem Vereinsverhältnis. Die Formvorschrift des § 577 Abs. 3 öZPO wird daher allgemein für auf Schiedsklauseln in AG- und GmbH-Satzungen unanwendbar gehalten[67].

Im *Schweizerischen* Konkordat über die Schiedsgerichtsbarkeit stößt man auf die vielfach kritisierte Sonderregelung des Art. 6 Abs. 2. Während Art. 6 Abs. 1 SchwK generell Schriftform für die Schiedsvereinbarung verlangt, bestimmt Abs. 2, daß sich diese aus der schriftlichen Erklärung des Beitritts zu einer juristischen Person ergeben kann, sofern diese Erklärung ausdrücklich auf die in den Statuten oder in einem sich darauf stützenden Reglement enthaltene Schiedsklausel Bezug nimmt. Diese Regelung bereitet der gesellschaftsrechtlichen Vertragsgestaltung kaum lösbare praktische Probleme: Besonders im Rahmen der Veräußerung von Inhaberaktien einer Publikumsaktiengesellschaft erscheint es nämlich unmöglich, von jedem Erwerber eine derartige ausdrückliche Zustimmung zu erhalten[68].

Selbst das Bundesgericht gibt daher zu, daß die Zweckmäßigkeit der Vorschrift umstritten ist[69]. Die neuere Literatur rät verständlicherweise nicht ganz zu Unrecht für Publikumsgesellschaften von der Vereinbarung einer Schiedsklausel gänzlich ab[70]. Das schweizerische IPRG hat dagegen auf eine entsprechende Vorschrift verzichtet. Für Schiedsklauseln in seinem Anwendungsbereich wird allgemein vertreten, daß sich der Beitretende mit der formgültigen Zustimmung zu den Statuten auch der Schiedsklausel unterwerfe. Ansonsten gehe mit dem Veräußerungsgeschäft, etwa dem Erwerb der Aktie, die gesamte Rechtsstellung auf den Erwerber über, so auch die Schiedsklausel[71].

Besondere Formvorschriften für eine Schiedsklausel in den Statuten einer Gesellschaft normieren auch das *niederländische* Recht in Art. 1020 Abs. 5 des Wetbook van burgerlijke rechtsvordering, das *finnische* Recht in § 4 des Schiedsverfahrensgesetzes[72] und das *ungarische* Recht in § 52 des Gesetzes über die Wirtschaftsgesellschaften[73].

Baumbach-*Albers*, ZPO, § 1066 RZ 5; Musielak-*Voit*, § 1066 RZ 7; *Thomas/Putzo*, § 1066 RZ 1; *Schütze*, Schiedsgericht und Schiedsverfahren, RZ 292.

67 *Fasching*, Schiedsgericht und Schiedsverfahren im österreichischen und im internationalen Recht, 50; *ders.*, Lehrbuch des österreichischen Zivilprozeßrechts, RZ 2238.

68 Zu den einzelnen Konsequenzen der Vorschrift *Lalive/Poudret/Reymond*, Le droit de l'arbitrage interne et internationale en Suisse, Art. 6 RZ 2; *Forstmoser/Meyer-Hayoz* (oben FN 17), § 25 RZ 69; *Hinderling*, Probleme der privaten Schiedsgerichtsbarkeit, SJZ 1979, 321, 328; *Habscheid* (oben FN 17), SAG 1985, 157, 159; *Forstmoser* (oben FN 17), SJZ 1992, 157, 169.

69 BG, 3.7.1984, BGE 110 Ia 106, 109.

70 *Forstmoser/Meyer-Hayoz* (oben FN 17), § 36 RZ 119; *Böckli* (oben FN 17), RZ 1919 u. 2278; *Forstmoser*(oben FN 17), SJZ 1997, 86, 88.

71 IPRG-*Wenger*, Art. 178 RZ 63; *ders.*, Die internationale Schiedsgerichtsbarkeit, BJM 1989, 337, 344; *Bucher*, Die neue internationale Schiedsgerichtsbarkeit in der Schweiz, RZ 126.

72 *Kurkela/Voti* (oben FN 35), 14.

73 Abgedruckt in Mitteilungen des Ungarisch-Deutschen Juristenvereins, Nr. 1, Jahrgang 2, Juni 1998, 39.

2. „Clause compromissoire" und „Arbitrage forcé"

In *Frankreich* ist die Problematik der Schiedsklausel im Gesellschaftsstatut eng mit jener der sog. „Clause compromissoire" verknüpft. Die „Clause compromissoire", also die Schiedsklausel zur Beilegung künftiger Streitigkeiten, war und ist nach Art. 2061 C. civ. grundsätzlich unwirksam. Das zöge grundsätzlich auch die Unwirksamkeit der meisten gesellschaftsvertraglichen Schiedsklauseln nach sich, was in Frankreich über einen gewissen Zeitraum tatsächlich so gesehen wurde[74].

Heute trifft man aber mit der auf den ersten Blick unscheinbaren Zuständigkeitsregelung des Art. 631 C. com. auf eine ungewöhnliche Kombination von ausschließlicher staatlicher und privater Gerichtsbarkeit: Art. 631 Abs. 1 C. com. führt unter Nr. 1-3 verschiedene Streitgegenstände auf, die der ausschließlichen Zuständigkeit des Handelsgerichts unterliegen; darunter befinden sich in Nr. 2 auch Streitigkeiten aus dem Bereich des Gesellschaftsrechts. Bedeutsamer ist nun aber, daß Abs. 2 der Vorschrift hinzufügt, daß für die Streitigkeiten des Abs. 1 Nr. 1-3 die Vereinbarung eines Schiedsgerichts möglich ist. Die Vorschrift normiert damit nicht nur eine wesentliche Ausnahme vom Verbot der Schiedsklausel, sondern begrenzt gleichzeitig auch den Anwendungsbereich gesellschaftsrechtlicher Schiedsgerichtsbarkeit. Die schiedsgerichtliche Erledigung von Streitigkeiten aus dem Gesellschaftsverhältnis steht und fällt in Frankreich deshalb heute mit der Auslegung des Art. 631 Abs. 1 Nr. 2 C. com[75].

Zudem kannte Frankreich, wie bereits angeklungen, lange Zeit die „Arbitrage forcé" für gesellschaftsrechtliche Auseinandersetzungen. Sie wurde im Jahre 1560 durch Edikt für Streitigkeiten zwischen werdenden Eltern um die Erbfolge der Kinder und für Streitigkeiten zwischen Kaufleuten anläßlich ihrer Handelsgeschäfte eingeführt. Darunter verstand man seinerzeit auch Dispute unter Gesellschaftern[76]. Da es die Publikums-AG zu jener Zeit noch nicht gab, erscheint die Angleichung der Familie an die Gesellschaft nicht sehr verwunderlich: In beiden Fällen sollte eine Konfliktlösung „ohne Kosten, ohne Verzögerung und ohne Lärm"[77] erreicht werden. Die „Arbitrage forcé" auf dem Gebiet des Gesellschaftsrechts beherrschte außerdem noch die vom napoleonischen C. civ. beeinflußten Kantone der Schweiz, den Waadt (1852-1913) und Genf (bis 1864)[78].

Interessanterweise findet sich auch in den *USA* eine Stimme, die vorschlägt, per Gesetz jegliche innergesellschaftliche Streitigkeit einem Schiedsgericht zuzuweisen[79], was im Ergebnis auf eine „Arbitrage forcé" hinausliefe. Diesem Vorstoß war, soweit ersichtlich, jedoch kein durchschlagender Erfolg beschert.

---

[74] Näher unten 2. Teil § 4 C.

[75] Ausführlich unten 2. Teil § 4 C.

[76] *Cohen* (oben FN 18), RZ 14.

[77] *Rigaud*, Rapport fait au nom de la Commission chargeé d'examiner le projet de loi relatif à l'arbitrage forcé, D.P. 1856 IV 113.

[78] Zur weiteren Entwicklung der „Arbitrage forcé" unten 2. Teil § 4 C.

[79] Sie den Titel von *Note* (oben FN 55), 56 Va. L. Rev. 271: „Mandatory arbitration as a remedy for intra-close corporate disputes".

In den „Corporation laws“ einiger Bundesstaaten trifft man aber immerhin auf Vorschriften, die ein Schiedsgericht ausdrücklich als Möglichkeit vorsehen, um bei scheinbar unlösbaren Zerwürfnissen innerhalb der Gesellschaft einer Auflösung zu entgehen[80].

3. Schiedsfähigkeit

Diese Ausführungen können nur einen Bruchteil der Probleme widerspiegeln, die die gesellschaftsrechtliche Schiedsgerichtsbarkeit aufwirft[81]. Sichtet man in- und ausländische Rechtsprechung und Literatur zu diesem Thema, so ist aber festzustellen, daß das Problem der Schiedsfähigkeit in diesem Zusammenhang immer wiederkehrt und durchweg kontrovers diskutiert wird. Die Schiedsfähigkeit steht bereits für sich genommen an exponierter Stelle im Schiedsverfahrensrecht. In allen Rechtsordnungen ist sie Voraussetzung für die Wirksamkeit des Schiedsvertrages und damit für die Zuständigkeit des Schiedsgerichts und die Anerkennung und Vollstreckung des Schiedsspruchs. Das neue deutsche Schiedsverfahrensrechts erwähnt die mangelnde Schiedsfähigkeit erstmals ausdrücklich als Aufhebungsgrund in § 1059 Abs. 2 Nr. 2a) ZPO.

Daneben hat die Diskussion um eine praktikable Definition der Schiedsfähigkeit die Schiedsgerichtsbarkeit in den letzten Jahren wie wenig andere Themen geprägt. Allein in Deutschland waren die Gerichte, beeinflußt durch vielfältige und kontroverse literarische Äußerungen, immer wieder mit der ganzen Tragweite des Kriteriums der „Vergleichsbefugnis“ konfrontiert. Schließlich haben sie sich immer weiter vom Wortlaut der Regelung des § 1025 ZPO a.F. entfernt. Das neue Schiedsverfahrensrecht hat sich nun für „vermögensrechtliche Ansprüche“ ganz von diesem Kriterium verabschiedet.

Diese „Wandlungen der Schiedsfähigkeit“[82] hatten erheblichen Einfluß auf die Schiedsfähigkeit gesellschaftsrechtlicher Streitigkeiten. Zu einem Großteil vollzogen sie sich sogar gerade anhand von Fragestellungen aus diesem Bereich, etwa Beschlußmängelstreitigkeiten. Es ist jener Schnittpunkt von Prozeß- und Gesellschaftsrecht, der eine Fülle theoretischer Probleme aufwirft. Dieser theoretische Reiz korrespondiert mit dem dringenden Bedürfnis der Praxis, auf die Frage nach der Schiedsfähigkeit gesellschaftsrechtlicher Streitigkeiten eine fundierte Antwort zu erhalten. Die Verbreitung statutarischer Schiedsklauseln und die jüngeren Äußerungen der Praxis auf diesem Gebiet[83] sprechen eine deutliche Sprache.

---

[80] So insbesondere für den Fall des sog. „deadlock“ die Corporation Laws von Alabama, Arizona, Connecticut, Illinois, Minnesota, North Carolina und Ohio.

[81] Zu einzelnen Problemen vgl. zuletzt Band 11 der Schriftenreihe des DIS: Schiedsgerichtsbarkeit in gesellschaftsrechtlichen und erbrechtlichen Angelegenheiten.

[82] *Schwab*, Wandlungen der Schiedsfähigkeit, FS Henckel, 803.

[83] Die DIS hat der gesellschaftsrechtlichen Schiedsgerichtsbarkeit mit Nr. 11 ihrer Schriftenreihe einen eigenen Band gewidmet.

Diese Problematik hat sich auch unter neuem Recht nicht erledigt. Die Schiedsfähigkeit gesellschaftsrechtlicher Streitigkeiten bleibt „ein heißes Eisen, das der Gesetzgeber in der Begründung nur kurz angefaßt und mit schiedsgerichtsbarkeitsfreundlichen Worten umschrieben, nicht aber geschmiedet hat“[84].

B. Rechtsvergleichung

Bereits an dem kurzen rechtsvergleichenden Überblick im Rahmen dieser Einführung war die länderübergreifende Problematik gesellschaftsrechtlicher Schiedsgerichte zu erkennen. Eine rechtsvergleichende Betrachtung drängt sich deshalb geradezu auf. *Zweigert* und *Kötz* sehen in der Erkenntnis das primäre Ziel der Rechtsvergleichung: Verstehe man unter Rechtswissenschaft auch die Erforschung von Modellen für die Verhinderung und Lösung sozialer Konflikte, so werde klar, daß die Rechtsvergleichung als Methode eine breitere Palette von Lösungsmodellen anbieten könne als eine national beschränkte Rechtsordnung. Notwendigerweise seien anderen Rechtssystemen andere Lösungen oder ähnliche Lösungen mit verschiedener Ausgestaltung eingefallen. Die Rechtsvergleichung könne also den Horizont des kritischen Beobachters über seine eigene nationale Ebene hinaus erweitern und ihm die Chance geben, die jeweils „bessere“ Lösung zu erkennen[85].

Diese Ziele stehen auch beim Problem der Schiedsfähigkeit gesellschaftsrechtlicher Streitigkeiten im Vordergrund. Zwar variiert die allgemeine Anknüpfung der Schiedsfähigkeit in den einzelnen nationalen Prozeßrechten erheblich. Gleichwohl beschleicht die Skeptiker der Schiedsgerichtsbarkeit länderübergreifend bei denselben Streitigkeiten ein ungutes Gefühl, wenn ihre Verhandlung vor einem Schiedsgericht naht: Die schiedsgerichtliche Beurteilung von Anfechtungs-, Verantwortlichkeits-, Abberufungs- und Auflösungsklagen wird durchweg als problematisch empfunden. Da manche ausländische Rechtsordnungen die Schiedsfähigkeit teilweise durchaus großzügiger als in Deutschland bejahen, besteht hier ein nicht zu leugnender Klärungsbedarf[86].

Zum anderen erscheint die Rechtsvergleichung gerade auf dem Gebiet des Schiedsverfahrensrechts von besonderem Reiz. Wie wenig andere Rechtsgebiete zeichnet es sich durch stark internationale Prägung aus: Zwischenstaatlich dominieren etwa mit dem New Yorker Übereinkommen Abkommen, die die Anerkennung und Vollstrekkung ausländischer Schiedssprüche gewährleisten sollen. Auf der Ebene des Einheitsrechts bemüht sich das UNCITRAL-Modellgesetz über die internationale Handelsschiedsgerichtsbarkeit um Rechtsangleichung. Schließlich haben viele nationale Gesetzgeber im Rahmen ihrer Reformbestrebungen hinsichtlich des nationalen Schiedsrechts intensiv rechtsvergleichend geforscht[87].

---

[84] *Kronke*, Internationale Schiedsverfahren nach der Reform, RIW 1998, 257, 259; ähnlich *K. Schmidt* (oben FN 66), ZHR 162 (1998), 265, 267, der dem neuen Recht „kaum einen nennenswerten Ertrag“ hinsichtlich der gesellschaftsrechtlichen Schiedspraxis bescheinigt.

[85] *Zweigert/Kötz* (oben FN 26), 14.

[86] *Kronke* (oben FN 84), RIW 1998, 257, 259.

[87] Vgl. für Deutschland RefE, 9ff; für die Schweiz Botschaft IPRG, 194ff.

Neben dem Ausgangspunkt Deutschland sollen daher einige Lösungsmodelle anderer Länder näher untersucht werden.

Zunächst bot sich *Österreich* an, das zwar ein recht ähnliches Schiedsverfahrens- und Gesellschaftsrecht aufweist, im Bereich der Schiedsfähigkeit gesellschaftsrechtlicher Streitigkeiten aber zum Teil erheblich abweichende Lösungen gefunden hat. Gleichlautende Regelungen können also durchaus zu anderen Lösungen führen, vermeintlich unterschiedliche Regeln hingegen gleiche oder ähnliche Lösungen hervorbringen[88].

Daneben drängt sich das *schweizerische* Recht auf, welches in mancher Hinsicht sogar einen Schwerpunkt bildet. Dies wird leicht verständlich, wenn man das neue deutsche Schiedsrecht betrachtet, das teilweise stark am schweizerischen IPRG orientiert ist. Die neue Regelung der Schiedsfähigkeit hat sich gar Art. 177 Abs. 1 IPRG zum Vorbild genommen. Zusätzlich kann die Schweiz mit dem IPRG von 1987 eine moderne und beispielhaft liberale Kodifizierung des Schiedsverfahrensrechts vorweisen.

Als Vertreter des romanischen Rechtskreises ist *Frankreich* gewählt worden. Es bezieht seinen Reiz einerseits aus der sonstigen europäischen Rechtsordnungen fremden Anknüpfung der Schiedsfähigkeit an den „ordre public". Andererseits bietet es, ähnlich wie Deutschland, eine starke und fortgeschrittene wissenschaftliche Diskussion um die Schiedsfähigkeit allgemein und im Bereich des Gesellschaftsrechts im Besonderen.

Aus dem anglo-amerikanischen Rechtskreis boten sich - auch angesichts begrenzter Diskussion in England - die *Vereinigten Staaten von Amerika* an. Bekanntlich fallen in den USA das Gesellschafts- und - in gewissem Umfang - auch das Prozeßrecht in die Gesetzgebungskompetenz der einzelnen Bundesstaaten, so daß sich durchaus unterschiedliche Standpunkte hinsichtlich gesellschaftsrechtlicher Schiedsgerichte finden. Eine Auswahl fällt aber leicht, da die gesamte wesentliche Rechtsprechung und Literatur zur gesellschaftsrechtlichen Schiedsgerichtsbarkeit zum Recht des Bundesstaates New York ergangen ist. Dieser bildet demzufolge den Schwerpunkt der folgenden Ausführungen.

C. Gang der Darstellung

Der erste Teil der Arbeit beleuchtet die Schiedsfähigkeit allgemein. Nach Klärung des Begriffes und ihrer Funktion wird sie unter Zugrundelegung des § 1025 ZPO a.F. untersucht, wobei die wissenschaftliche Diskussion bis zur heutigen neuen Anknüpfung nachvollzogen und überprüft wird. Daran schließt sich die Erörterung der intensiver rechtsvergleichend herangezogenen ausländischen Prozeßrechte an.

Der zweite Teil beschäftigt sich mit der Schiedsfähigkeit speziell im Bereich des Gesellschaftsrechts und unterzieht ausgewählte Streitigkeiten aus dem Binnenbereich von Personen- und Kapitalgesellschaften einer Prüfung. Dabei stellt er die bisher ergangene Rechtsprechung und Literatur rechtsvergleichend zusammen, ordnet und hinterfragt sie, wobei die im ersten Teil gewonnenen Erkenntnisse einfließen.

---

[88] *Kronke*, Stiftungstypus und Unternehmensträgerstiftung, eine rechtsvergleichende Untersuchung, 3.

Der dritte Teil geht auf die Änderungen ein, die die Neuregelung des Schiedsverfahrensrecht für die Schiedsfähigkeit gesellschaftsrechtlicher Streitigkeiten bedeutet. Neben einer ausführlichen Diskussion des neuen § 1030 ZPO besteht ein Schwerpunkt in den schweizerischen Erfahrungen mit Art. 177 IPRG. Anschließend werden die im zweiten Teil untersuchten Streitigkeiten an den Grundsätzen der neuen Anknüpfung gemessen. Am Schluß werden die Ergebnisse in Thesen zusammengefaßt.

1. Teil - Die Schiedsfähigkeit im System des Schiedsverfahrensrechts

§ 2 Begriff und Funktion der Schiedsfähigkeit

Anfang der achtziger Jahre dieses Jahrhunderts begannen die europäischen Staaten, ihr Schiedsverfahrensrecht zu reformieren. Gestalteten sich diese Reformen in Einzelfragen durchaus unterschiedlich, so ähnelten sie sich im Motiv: Die Attraktivität des eigenen Landes als Ort der Austragung von Schiedsverfahren - insbesondere aus dem Bereich des internationalen Handelsverkehrs - sollte erhöht werden[1]. Ein erklärtes Ziel der Reformgesetze bestand deshalb darin, staatliche Interventionsbefugnisse hinsichtlich eines laufenden oder abgeschlossenen Schiedsverfahrens zurückzudrängen[2].

A. Schiedsgerichtsbarkeit und staatliche Kontrolle

Daß ein Staat seine Eingriffsmöglichkeiten reduziert, um sein Schiedsverfahrensrecht attraktiver zu gestalten, erscheint einleuchtend. Laufen die Parteien Gefahr, daß ein staatliches Gericht ihnen die Früchte eines noch laufenden Schiedsverfahrens oder gar den nach oft mühevollen und langwierigen Auseinandersetzungen erzielten Schiedsspruch leicht aus der Hand schlägt, werden sie ihr Schiedsverfahren nicht an der Lex fori dieses Gerichts ausrichten. Vielmehr werden sie sich einen Ort suchen, an dem die Eingriffsmöglichkeiten der staatlichen Richter in das Schiedsverfahren möglichst gering ausgestaltet und optimale Anerkennung und Vollstreckung des Schiedsspruchs gewährleistet sind. Leidvolle Erfahrungen hat in dieser Hinsicht der *Schiedsplatz London* gemacht. Trotz auf den ersten Blick bester Voraussetzungen für die Durchführung internationaler Schiedsverfahren rieten große amerikanische Anwaltsfirmen zeitweise eindringlich von London als Austragungsort ab und rückten die Vereinbarung eines englischen Schiedsforums gar in die Nähe eines anwaltlichen Kunstfehlers[3]. Der Grund dafür lag darin, daß englische Gerichte das Schiedsverfahren in weitem Umfang auf tatsächliche und rechtliche „Richtigkeit“ überprüfen konnten, und dies nicht nur nach Erlaß des Schiedsspruchs, sondern auch schon während des Verfahrens[4].

---

[1] Überblick bei *Raeschke-Kessler*, Neuere Entwicklungen der deutschen internationalen Schiedsgerichtsbarkeit, AnwBl 1993, 141; deutlich in dieser Hinsicht werden der deutsche RefE, 3 und die Botschaft zum schweizerischen IPRG, 194ff.

[2] *Zerbe*, Die Reform des deutschen Schiedsverfahrensrechts auf der Grundlage des UNCITRAL Modellgesetzes über die internationale Handelsschiedsgerichtsbarkeit, 83.

[3] *Lord Hacking*, UK Arbitration Act (1979) and UK State Immunity Act (1978), Int. Bus. Lawyer 8 (1980), 161:„I do think that the partner in the distinguished Wall Street firm was going a little far when he claimed to a colleague of mine that it was an act of professional negligence, in his firm, to allow an English arbitration clause“.

[4] Näher *Triebel/Lange*, Reform des englischen Schiedsgerichtsrechts, RIW 1980, 616, 617.

Gleichwohl bestreitet niemand, daß man gegenüber Schiedssprüchen nicht gänzlich auf jegliche staatliche Kontrolle verzichten kann. Eine gesunde Autonomie der Schiedsgerichtsbarkeit bleibt langfristig nur gewährleistet, wenn evidente Mißbräuche verfahrensmäßiger und materieller Art mit Hilfe der staatlichen Gerichtsbarkeit beanstandet werden können, die Parteien ihren Schiedsrichtern also nicht unbegrenzt „ausgeliefert" sind[5]. Die positive Einstellung, die der Staat grundsätzlich gegenüber Schiedsgerichten einnehmen sollte, berechtigt ihn nicht, sich jeder Kontrolle über sie zu entsagen. Die Einstellung des „laisser faire, laisser aller" gehört nicht nur im Wirtschaftsleben der Vergangenheit an[6]. Die notwendige Balance zwischen Autonomie und Kontrolle hängt maßgeblich davon ab, welche Stellung man Schiedsgerichten im Rahmen der allgemeinen Gerichtsbarkeit einräumt. Manche Autoren sehen in ihr einen Teil der staatlichen Gerichtsorganisation[7], andere stellen sie als parteiautonome Alternative der staatlichen Justiz gegenüber[8]. Im ersten Fall wird man die Rechtsbindung der Schiedsgerichte sehr ernst nehmen und sie tendenziell stärkerer staatlicher Kontrolle aussetzen. Im zweiten Fall wird man Schiedssprüche dagegen durch die Ermächtigung der Schiedsrichter zur Streitentscheidung vollständig legitimieren und das Schiedsverfahren einer eher oberflächlichen Kontrolle unterziehen. Die liberalere letztgenannte Ansicht hat sich in den Reformbewegungen seit Anfang der achtziger Jahre durchgesetzt[9].

Das Prozeßrecht kennt regelmäßig zwei methodisch verschiedene Wege der Überprüfung des Schiedsverfahrens, welche sich aber nicht ausschließen, sondern gegenseitig ergänzen. Manchmal beschränkt es sich auf eine Inhaltskontrolle des Schiedsspruchs im Aufhebungs- oder Anerkennungsverfahren, wirkt also repressiv. Dieser Weg wird meist eingeschlagen, wenn es um private Gerichtsbarkeit auf Gebieten geht, auf denen die Staaten kein besonderes Interesse an „richtiger" Streitentscheidung hegen. Sie lassen die Schiedsgerichte arbeiten, behalten sich aber - etwa über den Hebel des „ordre public" - die Kontrolle des erlassenen Schiedsspruchs auf diverse Verstöße vor[10]. Dabei verzichten sie auf ihr Rechtsprechungsmonopol und nehmen es hin, daß beliebige, möglicherweise gar ungeeignete Privatpersonen Recht sprechen[11].

Auf anderen Gebieten ist die Staatsgewalt besonders skeptisch gegenüber der Schiedsgerichtsbarkeit und erachtet etwaige Fehlentscheidungen für so gravierend, daß sie private Streiterledigung von vornherein ablehnt. Die Hypothese eines Schiedsspruchs erscheint hier derart suspekt, daß sie gar nicht erst abwartet, ob „richtig" entschieden wird, sondern der Schiedsgerichtsbarkeit schon auf der Ebene der Schiedsvereinbarung präventiv die Anerkennung versagt. An dieser Stelle setzt die Frage nach

---

[5] *Schlosser*, Das Recht der internationalen privaten Schiedsgerichtsbarkeit, RZ 285; *Lionnet*, Handbuch der internationalen und nationalen Schiedsgerichtsbarkeit, 44; *Gottwald*, Die sachliche Kontrolle internationaler Schiedssprüche durch staatliche Gerichte, FS Nagel, 54, 69.

[6] *Habscheid*, Schiedsgerichtsbarkeit und Staatsaufsicht, KTS 1959, 113, 114.

[7] So *Habscheid*, Droit judiciaire privé suisse, § 82 II.

[8] So *v. Hoffmann*, Internationale Handelsschiedsgerichtsbarkeit - die Bestimmung des maßgeblichen Rechts, 35ff.

[9] Ausführlich *Gottwald* (oben FN 5), FS Nagel, 54.

[10] Stein/Jonas-*Schlosser*, § 1025 RZ 26; *ders.* (oben FN 5), RZ 285.

[11] MK-*Maier*, ZPO, § 1025 RZ 1.

der Schiedsfähigkeit des Streitgegenstands an[12]. Der Staat will hier verhindern, daß sich die Parteien mittelbar über Schiedsrichter eine ihnen nicht zustehende Verfügungsmacht über den Streitgegenstand verschaffen. Er wahrt insoweit sein Rechtsprechungsmonopol als wesentliches staatliches Vorrecht[13].

Weil das Erfordernis der Schiedsfähigkeit auf diese Weise die private Gerichtsbarkeit kontrolliert, geht es im Kern also darum, das staatliche Interesse an einem Rechtsprechungsmonopol festzulegen und zu begrenzen. Zwischen Schiedsfähigkeit und Ordre public-Kontrolle besteht eine Wechselwirkung: Eine großzügige Beurteilung der Schiedsfähigkeit kann einhergehen mit einer strengeren Überprüfung des Schiedsspruchs im Aufhebungs- oder Anerkennungsverfahren[14]. Das neue deutsche Recht hat sich für eine Doppelkontrolle entschieden, da es die fehlende objektive Schiedsfähigkeit nach § 1030 ZPO n.F. nun in § 1059 Abs. 2 Nr. 2a) ZPO n.F. ausdrücklich auch als Aufhebungsgrund eines Schiedsspruchs geregelt hat.

Selbstverständlich kann das Interesse des Staates an einem Rechtsprechungsmonopol sehr variieren. Zu den Rechtsgebieten, auf denen Staaten sich herkömmlicherweise um ihr Rechtsprechungsmonopol sorgen, zählen neben dem Verwaltungs- und Strafrecht etwa das Personenstands-, Familien-, Zwangsvollstreckungs- und Konkursrecht. Aus dem Wirtschaftsrecht rücken - mit Unterschieden zwischen den einzelnen Ländern - Patentsachen, Technologietransfer, Urheber-, Kartell- und Wettbewerbsrecht in die kritische Zone[15]. Stellt der Staat Vorschriften zum „Schutz der schwächeren Partei“ vor der Schiedsgerichtsbarkeit auf, bemerkt ein Autor gar, daß jedes Land seine eigene schützenswerte Gruppe hat, so etwa *Frankreich* die Handelsvertreter, *Deutschland* die Börsenspekulanten, die *USA* die Kapitalanleger und *Österreich* die Arbeitnehmer[16].

Diese Bereiche, in denen tatsächliche oder vermutete schützenswerte staatliche Interessen bestehen, werden oft weniger durch rechtliche Erwägungen als durch politische und sozio-ökonomische Vorstellungen definiert und überwacht. Der Staat kann in Übereinstimmung mit seinen politischen, wirtschaftlichen und sozialen Zielsetzungen entscheiden, welche Bereiche er zur privaten Streitentscheidung freigibt. Trotz dieses heterogenen Ausgangspunkts lassen sich drei verschiedene Interessen unterscheiden, deren Wertung das staatliche Rechtsprechungsmonopol dominiert. Den Ausgangspunkt bildet das Prinzip der Privatautonomie: Das Tätigkeitsgebiet der Schiedsgerichtsbarkeit liegt naturgemäß dort, wo das Recht die Parteidisposition zuläßt[17]. Hier ergeben sich Parallelen zur Vertragsfreiheit des materiellen Privatrechts, zur Dispositionsmaxime des Zivilprozeßrechts und zur Parteiautonomie des Internationalen Privatrechts. Da die private Schiedsgerichtsbarkeit auf der Privatautonomie beruht, kann sie nicht weiter reichen als diese. Eine Rechtsordnung, deren Zivilrecht auf der Privatautonomie aufbaut, würde ihren eigenen Prinzipien untreu, wenn sie der Rechtsprechung durch private Schiedsgerichte grundsätzliche Schwierigkeiten bereitete. Denn wo das Zivilrecht dem Bürger erlaubt, über seine Rechte frei zu verfügen, dort kann der Staat keine Ein-

---

[12] Stein/Jonas-*Schlosser*, § 1025 RZ 26; *ders.* (oben FN 5), Rn 285.

[13] MK-*Maier*, ZPO, § 1025 RZ 1.

[14] *Schlosser* (oben FN 5), RZ 285.

[15] *Schlosser* (oben FN 5), RZ 317ff.

[16] Nachweise bei *Schlosser* (oben FN 5), RZ 323.

[17] *Stober*, Staatsgerichtsbarkeit und Schiedsgerichtsbarkeit, NJW 1979, 2001, 2002.

wendungen dagegen erheben, daß die Beteiligten diese Disposition einverständlich in die Hände eines Schiedsgerichts legen. *Habscheid* sagt deshalb zutreffend, daß die Privatautonomie der Schiedsgerichtsbarkeit „wie ein Schatten" nachfolge[18]. Fragt man nach den Schranken der Schiedsfähigkeit, so stellt man deshalb auch die Frage nach den Grenzen der Privatautonomie[19].

Der Privatautonomie stehen zwei Kategorien staatlicher Interessen gegenüber, die es erfordern können, das staatliche Rechtsprechungsmonopol durchzusetzen. Die erste faßt man herkömmlich unter den unklaren Begriff „Schutz öffentlicher Interessen". Beispielhaft seien hier etwa das Verwaltungs- und Strafrecht genannt, aber auch das Gebiet der Ordnungspolitik mit ihren sogenannten Eingriffsnormen. Dabei handelt es sich um politische wie wirtschaftspolitische Normen, die nicht der Gerechtigkeit zwischen Privaten, sondern den Interessen des Staates dienen[20]. Solche Eingriffsnormen hat man anfänglich hauptsächlich im Bereich des Internationalen Privatrechts diskutiert, wo sie auch heute noch ihren festen Platz haben[21]. Sie spielen jedoch auch im Rahmen schiedsgerichtlicher Beurteilung insbesondere der oben angesprochenen wirtschaftsrechtlichen Bereiche eine wichtige Rolle[22].

Zur zweiten Kategorie zählen jene Interessen, die den staatlichen Schutz privater Drittinteressen verfolgen. Dabei handelt es sich um Drittinteressen von Personen, die durch ein bestehendes Rechtsverhältnis bzw. dessen gerichtliche Beurteilung unmittelbar oder mittelbar in ihrer Rechtsposition berührt sind[23]. Hierzu rechnen etwa „klassisch" der Schiedsgerichtsbarkeit entzogene Rechtsverhältnisse auf den Gebieten des Personenstands-, Familien-, Zwangsvollstreckungs- und Konkursrechts. Aber auch die - in Europa - erst in neuerer Zeit vor Schiedsgerichten verhandelten Fragen des Arbeits- und Mietrechts lassen sich hierunter fassen.

Im letzten Bereich sind die Probleme der Schiedsfähigkeit von Streitigkeiten aus dem Gesellschaftsrecht angesiedelt: Zum einen sind die Gesellschafter unmittelbar am Gesellschaftsvertrag beteiligt. Sieht dieser zur Erledigung von Streitigkeiten aus dem Gesellschaftsverhältnis eine Schiedsklausel vor, so sind die Gesellschafter ihr unterworfen. Eine Schiedsklausel berührt daher unmittelbar ihr Recht auf den ordentlichen Richter. Und ein Schiedsspruch kann ihr Rechtsverhältnis zur Gesellschaft oder untereinander gestalten. Zum anderen können Dritte durch den Gesellschaftsvertrag mittelbar betroffen sein, falls sie mit der Gesellschaft kontrahieren. Ihre Dispute mit der Gesellschaft entziehen sich zwar gesellschaftsvertraglicher Schiedsgerichtsbarkeit, da sie in der Regel nicht Parteien der statutarischen Schiedsabrede sind. Allerdings kann sich schiedsgerichtliche Beurteilung von Innenrechtsverhältnissen der Gesellschaft auf ihre

---

[18] *Habscheid* (oben FN 6), KTS 1959, 113, 114.

[19] MK-*Maier*, ZPO, § 1025 RZ 1; *Habscheid* (oben FN 6), KTS 1959, 113, 114; *Stober* (oben FN 17), NJW 1979, 2001, 2002; *Voit*, Privatisierung der Gerichtsbarkeit, JZ 1997, 120, 124.

[20] *Firsching/v. Hoffmann*, Internationales Privatrecht, § 10 RZ 93; *Kropholler*, Internationales Privatrecht, 442.

[21] *Firsching/v. Hoffmann* (oben FN 20), § 10 RZ 92ff; *Kropholler* (oben FN 20), 441ff.

[22] *Schlosser* (oben FN 5), RZ 317ff.

[23] *Nuber*, Die objektive Schiedsfähigkeit im Zusammenhang mit der Gültigkeit der Schiedsvereinbarung (anwendbares Recht) und mit der Vollstreckung (ordre public), 126. Für das Internationale Privatrecht vgl. auch *Firsching/v. Hoffmann* (oben FN 20), § 10 RZ 95 und *Kropholler* (oben FN 20), 443.

Rechtspositionen auswirken. Man denke nur an Ansprüche aus dem Gesellschaftsverhältnis, die mittelbar auch Gläubigerinteressen betreffen, wie Streitigkeiten um die Erbringung der Einlage und Verantwortlichkeitsklagen gegen Leitungsorgane.

B. Lösungsmodelle

Um schiedsfähige von den nicht schiedsfähigen Materien sachgerecht abzugrenzen, bieten die Rechtsordnungen ganz verschiedene Kriterien an. Weit verbreitet ist etwa die Anknüpfung an die Vergleichsbefugnis, also die Möglichkeit der Parteien, über den Streitgegenstand einen *materiellrechtlichen Vergleich* zu schließen. Derartige Regelungen finden sich etwa in § 1025 ZPO a.F. ZPO, § 577 der österreichischen ZPO, Art. 1676 des belgischen Code judiciaire und Art. 806 des italienischen Codice di procedura civile.

Dieser Anknüpfung ähneln, aber nicht gleichen[24], Gesetze, die auf die *freie Verfügungsbefugnis* der Parteien über den Streitgegenstand abstellen, wie es z.B. eine große Anzahl schweizerischer Kantonsprozeßrechte und später dann das Schweizerische Konkordat über die Schiedsgerichtsbarkeit in Art. 5 tun. Ebenso grenzen das niederländische Weetbok van burgerlijke rechtsvordering in Art. 1020 Abs. 3[25], das spanische Schiedsverfahrensgesetz in Art. 1[26], die griechische ZPO in Art. 867 Abs. 1[27], das ungarische Gesetz über die Schiedsgerichtsbarkeit in § 3 Abs. 1[28], das israelische Schiedsverfahrensgesetz in § 3[29] und die slowenische ZPO in § 469[30] ab.

In Schottland fehlt es an einer allgemeinen Definition der Schiedsfähigkeit. Man betont aber, daß der Kreis nicht schiedsfähiger Streitigkeiten recht klein sei[31] und verweist ebenfalls auf die freie Verfügungsbefugnis als Kriterium[32]. Ähnlich grenzt auch das finnische Recht ab, das in § 2 des Schiedsverfahrensgesetzes schiedsgerichtliche Erledigung einer Streitigkeit erlaubt, die die Parteien auch durch Vereinbarung unter sich hätten beilegen können[33]. Frankreich legt auf den ersten Blick gar einen doppelten Maßstab an. Art. 2059 des Code civil fordert zunächst freie Verfügungsbefugnis der Parteien über den Streitgegenstand.

---

[24] Mißverständlich *Schlosser* (oben FN 5), der von „Vergleichs- bzw. Verfügungsbefugnis" spricht, z.B. in RZ 290.

[25] Näher *van den Berg/van Delden/Snijders*, Netherlands Arbitration Law, 32ff.

[26] Zusätzlich schließt Art. 2 bestimmte Streitigkeiten von schiedsgerichtlicher Erledigung aus, vgl. umfassend *Cremades*, Arbitration in Spain, 20ff.

[27] *Kerameus/Kozyris*, Introduction to Greek Law, 292.

[28] *Pikò*, Schiedsgerichtsbarkeit in Ungarn, 259.

[29] *Ottolenghi*, Report Israel, Y.C.A. 1977, 47, 50.

[30] *Ude/Wedam-Lukic*, Schiedsgerichtsbarkeit in Slowenien, 115.

[31] *Davidson*, International Commercial Arbitration - Scotland and the UNCITRAL Model Law, 24 u. 207 mit dem Hinweis, daß man auch über das Kriterium der „public policy" nachdachte.

[32] *Hunter*, The Law of Arbitration in Scotland, 125 und *Davidson* (oben FN 31), 208, die auf *Bankton*, Inst. I.23.17 verweisen: „Whatever can be transacted, may be determined by arbitrament".

[33] Ausführlich *Kurkela/Voti*, Arbitration in Finland, 5ff.

Und im Anschluß normiert Art. 2060 C. civ. bestimmte nicht schiedsfähige Streitigkeiten und nimmt schließlich noch eine „ordre public"-Kontrolle vor.

Das schweizerische IPRG und das neue deutsche Recht knüpfen in Art. 177 IPRG bzw. § 1030 ZPO an den *vermögensrechtlichen Charakter* des streitigen Anspruchs an[34]. Der deutsche Gesetzgeber hat mit § 1030 Abs. 1 S. 2 ZPO freilich das Kriterium der Vergleichsbefugnis für nichtvermögensrechtliche Ansprüche gleichfalls ins neue Recht hinübergerettet. Auch das neue brasilianische Schiedsrecht verknüpft Verfügungsbefugnis und vermögensrechtlichen Anspruch. Danach können die Parteien sich in verfügbaren vermögensrechtlichen Streitigkeiten einem Schiedsgericht unterwerfen[35]. Ebenso erlaubt § 2 des tschechischen Gesetzes über die Schiedsgerichtsbarkeit eine Schiedsvereinbarung über eine vermögensrechtliche Streitigkeit, verlangt aber zusätzlich die Vergleichsfähigkeit des Streitgegenstandes[36].

In den meisten Ländern des anglo-amerikanischen Rechtskreises existieren derartige ausdrücklich normierte Kriterien der Schiedsfähigkeit nicht. So stellen in den Vereinigten Staaten die Prozeßrechte der meisten Bundesstaaten Listen auf, die bestimmte Rechtsgebiete normieren, welche unter keinen Umständen einem Schiedsverfahren zugänglich sein sollen[37]. An einem gesetzlich definierten allgemeinen Abgrenzungsmerkmal fehlt es aber. Der Federal Arbitration Act verzichtet auf Bundesebene gar sowohl auf derartige Listen als auch auf eine allgemeine Regel der Schiedsfähigkeit. Staatliche- und Bundesgerichte arbeiten deshalb mit dem Kriterium der „*public policy*", wenn sie die Zulässigkeit schiedsgerichtlicher Erledigung prüfen[38]. Lediglich nicht schiedsfähige Streitigkeiten zählen auch Art. 3 des chinesischen Schiedsverfahrensgesetzes[39] und Art. 5 des irischen Arbitration Act auf.

Schließlich sucht man in England vergeblich nach einer Bestimmung über die Schiedsfähigkeit. Ein führender Kommentar zum Schiedsverfahrensrecht erklärt: „English law has never arrived at a general theory for distinguishing those disputes which may be settled by arbitration from those which are not"[40]. Auch der neue Arbitration Act von 1996 enthält sich einer Definition der Schiedsfähigkeit. Daß bestimmte Materien nicht schiedsfähig sind, erkennt zwar § 81 an, der in Abs. 1 (a) klarstellt, daß das neue Gesetz Rechtsregeln, nach denen bestimmte Materien nicht schiedsgerichtli-

---

[34] Dies bezeichnen *Gottwald/Adolphsen*, Das neue deutsche Schiedsverfahrensrecht, DStR 1998, 1017, 1018 schon als „in den Industriestaaten wohl herrschende Tendenz".

[35] Dazu *v. Schlabrendorff/Rützel*, Das neue brasilianische Schiedsverfahrensgesetz, IPRax 1998, 376 mit Abdruck des Gesetzes 399ff.

[36] *Verny*, Schiedsgerichtsbarkeit in der Tschechischen Republik, 74.

[37] Arkansas, Georgia, Idaho, Indiana, Iowa, Kansas, Kentucky, Maryland, Massachusets, Michigan, Missouri, Mississippi, Montana, New Hampshire, North Carolina, Oklahoma, Oregon, South Carolina, South Dakota, Tennessee, Vermont, Washington, Wisconsin, Texas.

[38] Allgemein *Domke*, The Law and Practice of Commercial Arbitration, § 19:09; für New York *Weinstein/Korn/Miller*, New York Civil Practice, § 7501.15; 23 *Carmody-Wait*, Cyclopedia of New York Civil Practice, § 141.29.

[39] Vorher erlaubt Art. 2 schiedsgerichtliche Erledigung von vertraglichen Streitigkeiten und Streitigkeiten über Rechte und Interessen an Eigentum zwischen Bürgern, juristischen Personen und anderen ähnlichen Organisationen; näher *Legislative Affairs Commission*, Arbitration Law of the People's Republic of China, 29ff.

[40] *Mustill/Boyd*, The Law and Practice of Commercial Arbitration in England, 149.

cher Erledigung zugänglich sind, nicht ausschließt. Um welche Materien es sich dabei handelt, haben die Verfasser des Gesetzes jedoch bewußt offengelassen, um eine Entwicklung durch die Gerichte nicht zu hindern und weil sie eine erschöpfende Liste für unmöglich hielten. Statt dessen wollten sie die Lösung dem „commercial good sense" und dem „case law" überlassen[41]. Die englische Rechtsprechung stützt sich, wie in den Vereinigten Staaten, von jeher ebenfalls auf den Begriff der „public policy", wenn sie die Schiedsfähigkeit einer Streitigkeit prüfen muß[42].

C. Die Schiedsfähigkeit im engeren und im weiteren Sinne

Diese Arbeit unterscheidet im folgenden zwischen der Schiedsfähigkeit im engeren Sinne und der Schiedsfähigkeit im weiteren Sinne[43]. Unter der *Schiedsfähigkeit im engeren Sinne* ist die objektive Schiedsfähigkeit des Streitgegenstandes in der Form zu verstehen, wie sie eine stattliche Anzahl von staatlichen Prozeßrechten regelt. In Deutschland entspricht sie also der objektiven Vergleichsbefugnis bzw. dem vermögensrechtlichen Charakter des streitigen Anspruchs.

Darüber hinaus werden herkömmlicherweise ein bunter Strauß weiterer Gesichtspunkte erörtert, die der „Schiedsfähigkeit" unter bestimmten Umständen entgegenstehen sollen oder können. Dazu zählen etwa Vorschriften, die ausschließliche Zuständigkeiten staatlicher Gerichte anordnen, bestimmte verfahrensrechtliche Fragen ansprechen oder die Wirkungen des Schiedsspruchs regeln. Aus der gesetzlichen Anknüpfung der Schiedsfähigkeit - im engeren Sinne - lassen sich derartige Kriterien nicht unmittelbar ableiten. Sie spielen bei der Möglichkeit schiedsgerichtlicher Beurteilung aber eine oft entscheidende Rolle. Es erscheint aus Klarstellungsgesichtspunkten deshalb zutreffend, sie unter den Begriff der *Schiedsfähigkeit im weiteren Sinne* zu fassen.

---

[41] *Harris/Planterose/Tecks*, The Arbitration Act 1996 - A Commentary, 287.

[42] *Mustill/Boyd* (oben FN 40), 149.

[43] So im Ansatz auch *Schwab/Walter*, Schiedsgerichtsbarkeit Kommentar, 5. Aufl., Kap. 4 RZ 2, die lediglich die objektive Vergleichsbefugnis als Schiedsfähigkeit im engeren Sinne bezeichnen, ihr aber keine Schiedsfähigkeit im weiteren Sinne gegenüberstellen.

§ 3 Die objektive Schiedsfähigkeit des Streitgegenstandes und die Vergleichsbefugnis

Die objektive Schiedsfähigkeit des Streitgegenstandes ist „durch echte, dogmatische Probleme, viel Kasuistik und zeitgebundene rechtspolitische Erwägungen ein unüberschaubarer Bereich geworden“[1].

A. Die Regelung des § 1025 Abs. 1 ZPO a.F.

Lange Zeit knüpfte die deutsche ZPO in § 1025 Abs. 1 an die Vergleichsbefugnis der Parteien als Kriterium der objektiven Schiedsfähigkeit an: „Die Vereinbarung, daß die Entscheidung einer Rechtsstreitigkeit durch einen oder mehrere Schiedsrichter erfolgen solle, hat insoweit rechtliche Wirkung, als die Parteien berechtigt sind, über den Gegenstand des Streites einen Vergleich zu schließen“. Die Vorschrift kann keine besonders bewegte Gesetzgebungsgeschichte vorweisen: Der Entwurf zur deutschen Zivilprozeßordnung von 1872 enthielt sie in nahezu unveränderter Fassung als § 792. In den Beratungen diskutierte man sie lediglich auf der 47. Sitzung am 13.1.1872, bevor sie in die ZPO als § 851 Eingang fand. Die Novelle zur Anpassung der Reichsjustizgesetze vom 17.5.1898 verwandelte sie dann in § 1025 ZPO, dem das Gesetz vom 27.10.1933 noch einen zweiten Absatz hinzufügte[2].

Die Begründung speziell zu § 792 des Entwurfs erfreut den Rechtsvergleicher: „§ 792 stimmt mit dem preußischen Entwurf § 1361, dem belgischen Entwurf und dem norddeutschen Entwurf § 1155 überein und rechtfertigt sich durch die Verwandtschaft, welche zwischen Vergleich und Schiedsvertrag obwaltet. Streitigkeiten, über welche nach dem in einzelnen Rechtsgebieten geltenden materiellen Rechte ein Vergleich geschlossen werden darf, können Gegenstand eines Schiedsvertrags sein. Eine Aufzählung der Fälle, in denen der Schiedsvertrag ausgeschlossen ist - in ähnlicher Weise wie sie der Code de proc. art. 1004 und die Prozeßordnungen von Baden §§ 1063, 1064 und Bayern enthalten, - erschien daher weder nothwendig, noch ausführbar“[3]. Die Vergleichsbefugnis als Kriterium der Schiedsfähigkeit hatte lange Bestand. Auch das neue deutsche Schiedsverfahrensrecht hat sie in § 1030 Abs. 1 S. 2 ZPO als Maßstab der Schiedsfähigkeit nichtvermögensrechtlicher Ansprüche beibehalten. Daher verdient die Auslegung des Begriffs nähere Beachtung.

---

[1] *Kronke*, Internationale Schiedsverfahren nach der Reform, RIW 1998, 257, 258.

[2] Zur Gesetzgebungsgeschichte ausführlich *Schubert*, Entstehung und Quellen der Civilprozeßordnung von 1877, 1. Halbband, 424.

[3] *Hahn/Mugdan*, Die gesamten Reichsjustizgesetze, Band 2, 490.

B. Die Anknüpfung der Schiedsfähigkeit im Wandel

Man könnte meinen, mit § 1025 Abs. 1 ZPO a.F. und seiner Anknüpfung an die Vergleichsbefugnis ein hinreichendes Kriterium der Schiedsfähigkeit gefunden zu haben, dessen Grenzen durch Rechtsprechung und Literatur zur Vergleichsregelung des BGB in § 779 klar gesteckt schienen. Im Laufe der Zeit hat man sich aber immer weiter vom Wortlaut der Vorschrift entfernt, bevor sich der deutsche Reformgesetzgeber schließlich einem gänzlich anderen Kriterium zugewandt hat. Verschiedene Ansätze einer Definition sind bis dahin zu verzeichnen.

I. Die Theorie der materiellrechtlichen Vergleichsbefugnis

Über einen langen Zeitraum machten die Gerichte mit dem Wortlaut des § 1025 Abs. 1 ZPO a.F. Ernst und stellten auf die Befugnis der Parteien ab, über den Streitgegenstand einen Vergleich i.S.d. § 779 BGB zu schließen[4]. Die Grenzen des § 779 BGB stellten also gleichzeitig jene des § 1025 ZPO a.F. dar und seine Wirksamkeitserfordernisse die eines Schiedsvertrages[5]. Allerdings normiert § 779 BGB keine ausdrücklichen Schranken der Vergleichsbefugnis, sondern gibt nur eine Legaldefinition des Vergleichs. Das führte dazu, daß man teilweise einen Vergleich und damit auch eine Schiedsvereinbarung für ausgeschlossen hielt, wenn zwingendes Recht einer abweichenden materiellen Lösung entgegenstand[6]. Viele Autoren sahen konsequenterweise auch in Vergleichsverboten des materiellen Rechts Hindernisse eines Schiedsvertrages[7].

---

[4] RG, 21.9.1916, RGZ 88, 395, 398; BGH, 4.7.1951, MDR 1951, 674; 11.7.1966, WM 1966, 1632, 1633; 3.12.1986, BGHZ 99, 143, 147; OLG Hamm, 8.12.1986, AG 1988, 80; OLG Koblenz, 21.12.1989, WM 1990, 1992, 1993; OLG Hamm, 29.4.1992, DB 1992, 2180; eine Renaissance hat sie in einem Urteil des OLG Köln vom 28.2.1997, GmbHR 1998, 143, 144 gefeiert: Die Theorie der objektiven Verfügbarkeit sei danach ein „bedenkenswerter, mit dem Gesetzeswortlaut indes nicht in Einklang zu bringender Ansatz".

[5] Aus der Lit. Wieczorek-*Schütze*, § 1025 RZ 37; *ders.*, Schiedsgericht und Schiedsverfahren, 1. Aufl., RZ 68; MK-*Maier*, ZPO, § 1025 RZ 4f; *ders.*, Handbuch der Schiedsgerichtsbarkeit, RZ 23; *Henn*, Schiedsverfahrensrecht Handbuch, 2. Aufl., 9f; *Raeschke-Kessler/Berger/Lehne*, Schiedsverfahrensrecht, 1. Aufl., RZ 177; *Schütze/Tscherning/Wais*, Handbuch des Schiedsverfahrens, RZ 41; *Rosenberg/Schwab/Gottwald*, Zivilprozeßrecht, § 172 II 1; *Bärmann*, Schiedsfähigkeit, FS Weber, 1, 2ff; in neuerer Zeit wieder *Smid*, Schiedsgericht und Rechterkenntnis, Zur Kritik der Reform des 10. Buches der ZPO, DZWiR 1995, 397, 402; Musielak-*Voit*, § 1025aF RZ 20; *ders.*, Privatisierung der Gerichtsbarkeit, JZ 1997, 120, 124.

[6] *Bärmann* (oben FN 5), FS Weber, 1, 3.

[7] MK-*Maier*, ZPO, § 1025 RZ 5; *ders.* (oben FN 5), RZ 22; *Henn* (oben FN 5), 2. Aufl., 10; *Raeschke-Kessler/Berger/Lehne* (oben FN 5), 1. Aufl., RZ 178; *Rosenberg/Schwab/Gottwald* (oben FN 5), § 172 II 1 a).

Es ist das Verdienst *Kornmeiers*, diese Auffassung erstmals eingehend überprüft zu haben[8]. Seine Kritik setzt zum einen an der Gleichstellung Vergleich-Schiedsvertrag an. Dies könne nur vertreten, wer der Schiedsvereinbarung den dem Vergleich eigenen Verfügungscharakter beimesse. Eine solche Wirkung komme ihr aber nicht zu, da eine Schiedsvereinbarung das materielle Rechtsverhältnis nicht verändere. Durch die Festlegung einer bestimmten prozessualen Geltendmachung eines Rechts werde das Recht selbst in keiner Weise berührt. Die Parteien seien nur gezwungen, seine Durchsetzung vor einem Schiedsgericht zu suchen. Wie dies im Einzelfall geschehe, lasse sich aber bei Abschluß der Schiedsvereinbarung noch gar nicht vorhersehen[9].

Außerdem zeige ein Vergleich von § 1041 Abs. 1 Nr. 1 mit Abs. 1 Nr. 2 ZPO a.F., daß der Gesetzgeber bei Abfassung dieser Normen von der Existenz solcher Streitgegenstände ausgegangen sei, die durch zwingendes materielles Recht geprägt seien, aber trotzdem von einem Schiedsgericht entschieden werden könnten. Wenn nach § 1041 Abs. 1 Nr. 1 ZPO a.F. ein Aufhebungsgrund darin bestehe, daß es an einem objektiven Schiedsvertrag fehle, so erfasse diese Ziffer auch solche Schiedsvereinbarungen, die wegen fehlender Schiedsfähigkeit des betreffenden Streitgegenstands ungültig seien. Wäre das nun bei all denjenigen Streitgegenständen der Fall, die durch zwingende Normen gekennzeichnet seien, müßte ein Schiedsspruch wegen Verstoßes gegen zwingendes Recht nach § 1041 Abs. 1 Nr. 1 ZPO a.F. aufgehoben werden. Dadurch verurteilte man aber den in erster Linie für Verstöße gegen zwingendes Recht geschaffenen Ordre public-Aufhebungsgrund des § 1041 Abs. 1 Nr. 2 ZPO a.F. zur Bedeutungslosigkeit[10].

Desweiteren spreche gegen eine materiellrechtliche Anknüpfung, daß der Gesetzgeber überall dort, wo ihm die Einhaltung bestimmter zwingender Vorschriften besonders am Herzen gelegen habe, die Schiedsfähigkeit einschränkende Paragraphen geschaffen habe, was ein Pauschalargument verbiete[11]. Und schließlich komme es zu einer unerfreulichen Rechtsunsicherheit, wenn eine Partei im Verlaufe eines Schiedsverfahrens, das einen an sich schiedsfähigen Streitgegenstand betreffe, eine zwingende Norm ins Spiel bringe, die dann einer weiteren Entscheidungsfindung des Schiedsgerichts entgegenstehe[12].

Diese Kritik haben nicht nur weite Teile des Schrifttums aufgegriffen[13], sondern auch die Rechtsprechung hat sich von der materiellrechtlichen Auffassung schrittweise abgewandt. So definierte der BGH im Jahre 1991[14] erstmals die Schiedsfähigkeit anders,

---

[8] *Kornmeier*, Die Schiedsfähigkeit GmbH-rechtlicher Nichtigkeits- und Anfechtungsklagen, 54ff; *ders.*, Schiedsfähigkeit und materielle Vergleichsbefugnis - Überlegungen zur Auslegung des Merkmals „Vergleich" in § 1025 Abs. 1 ZPO, ZZP 94 (1981), 27ff.

[9] *Kornmeier* (oben FN 8), 55ff; *ders.* (oben FN 8), ZZP 94 (1981), 27, 31f.

[10] *Kornmeier* (oben FN 8), 58ff; *ders.* (oben FN 8), ZZP 94 (1981), 27, 34f.

[11] *Kornmeier* (oben FN 8), 60; *ders.* (oben FN 8), ZZP 94 (1981), 27, 36.

[12] *Kornmeier* (oben FN 8), 61; *ders.* (oben FN 8), ZZP 94 (1981), 27, 36.

[13] Zöller-*Geimer*, 20. Aufl., § 1025 RZ 37; *Schlosser*, Das Recht der internationalen privaten Schiedsgerichtsbarkeit, RZ 288; *Schwab/Walter*, Schiedsgerichtsbarkeit Kommentar, 5. Aufl., Kap. 4 RZ 2; *Bork*, Der Begriff der objektiven Schiedsfähigkeit, ZZP 100 (1987), 249, 253ff; *Schwab*, Wandlungen der Schiedsfähigkeit, FS Henckel, 803, 810; *H.P. Westermann*, Schiedsfähigkeit von gesellschaftsrechtlichen Fragen, DIS Band 11, 31, 35.

[14] BGH, 6.6.1991, NJW 1991, 2215, 2216.

und das OLG Karlsruhe folgte im Jahre 1995[15]. Beide Urteile diskutieren den materiell-rechtlichen Ansatz allerdings nicht. Ausdrücklich greift ihn erst der BGH in seiner Revisionsentscheidung zur GmbH-rechtlichen Anfechtungsklage aus dem Jahre 1996 auf, welche ihn mit dem Argument aus § 1041 ZPO a.F. verwirft[16].

II. Die Theorie der verfahrensrechtlichen Verfügungsbefugnis

Kornmeier schlägt im Anschluß an seine Kritik an der materiellen Auffassung eine eigene, an prozessualen Elementen orientierte Lösung vor. Danach soll es darauf ankommen, ob die Parteien verfahrensrechtliche Verfügungsbefugnis über den Streitgegenstand besäßen, welche dann fehle, wenn der Staat ein verfahrensrechtlich motiviertes Interesse an einem Rechtsprechungsmonopol habe. Dies sei dort der Fall, wo die prozessuale Untersuchungs- bzw. die Offizialmaxime gelte, wo der fragliche Streitgegenstand sonst ein von Amts wegen einzuleitendes oder durchzuführendes Verfahren berühre, oder wo es um die Beseitigung bzw. die Einwirkung auf einen Hoheitsakt gehe[17].

Außer im ZPO-Kommentar von *Baumbach*[18] hat diese Auffassung keine weitere Gefolgschaft gefunden. An ihr wird zum einen kritisiert, daß sie mit den Gesetzesmaterialien nur schwer in Einklang zu bringen sei, die - wie oben gesehen - Schiedsvertrag und Vergleich gleichsetzten und ausdrücklich auf das materielle Recht abstellten. Die Schiedsfähigkeit korrespondiere daher nicht mit den Verfahrensgrundsätzen[19]. Zum anderen verkenne sie, daß das Prozeßrecht gegenüber dem materiellen Recht nur eine dienende Funktion habe: Die verfahrensrechtlichen Grundentscheidungen seien insoweit nur Folge und konsequenter Ausdruck materiell bereits getroffener Wertungen, eine „Verlängerung“ der materiellen Grundsätze in das Prozeßrecht hinein. Ein Rechtsprechungsmonopol werde also nicht erst verfahrensrechtlich, sondern schon materiell-rechtlich begründet. Die prozessuale Auffassung knüpfe daher nicht an den Ursachen, sondern an den Symptomen an[20].

Schließlich nehme sie wegen des in § 12 FGG zwingend vorgeschriebenen Untersuchungsgrundsatzes den Bereich der Freiwilligen Gerichtsbarkeit von schiedsgerichtlicher Beurteilung aus. Dies könne man heute aber nicht mehr vertreten, weise der Gesetzgeber doch immer häufiger sog. echte Streitsachen dem Verfahren der Freiwilligen Gerichtsbarkeit zu, welche unstreitig schiedsfähig seien[21].

---

[15] OLG Karlsruhe, 16.2.1995, ZIP 1995, 915, 916.

[16] BGH, 29.3.1996, BGHZ 132, 278, 282f.

[17] *Kornmeier* (oben FN 8), 71; *ders.* (oben FN 8), ZZP 94 (1981), 27, 45.

[18] Baumbach-*Albers*, ZPO, bis zur 56. Aufl., § 1025 RZ 29 und auch zum neuen Recht § 1030 RZ 3.

[19] *Bork* (oben FN 13), ZZP 100 (1987), 249, 251; *Schwab* (oben FN 13), FS Henckel, 803, 808f.

[20] Stein/Jonas-*Schlosser*, § 1025 RZ 26; *ders.* (oben FN 13), RZ 288; *Bork* (oben FN 13), ZZP 100 (1987), 249, 251f.

[21] *Schwab/Walter* (oben FN 13), 5. Aufl., Kap. 4 RZ 3; *Bork* (oben FN 13), ZZP 100 (1987), 249, 252f; *H.P. Westermann* (oben FN 13), DIS Band 11, 31, 35.

Auch in der Judikatur hat der verfahrensrechtliche Ansatz keine Zustimmung erfahren. Das OLG Karlsruhe lehnte sie in der angesprochenen Entscheidung von 1995 ausdrücklich ab, da sie mit dem Wortlaut des § 1025 ZPO a.F. nicht zu vereinbaren sei[22].

III. Die Theorie der objektiven Verfügbarkeit des Rechtsverhältnisses

In neuerer Zeit hat sich die Theorie der objektiven Verfügbarkeit des Rechtsverhältnisses durchgesetzt. Diese Auffassung hat *Bork* begründet, und sie und besagt, daß Schiedsfähigkeit dort fehle, wo das streitige Rechtsverhältnis objektiv nicht verfügbar sei. Maßgeblich dafür sei, ob sich der Staat für das konkret begehrte Ergebnis im Interesse besonders schutzwürdiger Rechtsgüter ein Rechtsprechungsmonopol derart vorbehalten habe, daß niemand abgesehen vom staatlichen Richter in der Lage sein soll, den angestrebten Rechtszustand herbeizuführen; weder die Parteien durch einen (Vergleichs-) Vertrag noch ein Schiedsgericht durch Schiedsspruch[23]. Ein solches Rechtsprechungsmonopol müsse man dann verneinen, wenn die Parteien das mit der Klage erstrebte Ziel auch durch eine rechtsgeschäftliche Vereinbarung erreichen könnten[24].

Diese Ansicht hat im Schrifttum großen Anklang gefunden[25], man kann sie mittlerweile entgegen manchen Autoren[26] wohl als herrschend bezeichnen. Auch die Gerichte haben sich ihr in neueren Entscheidungen angeschlossen. Erstmals wandte sie der BGH im Jahre 1991 in einer Entscheidung zu Börsentermingeschäften an[27], es folgten das OLG Karlsruhe im Jahre 1995[28] und nochmals der BGH im Jahre 1996[29] jeweils in Entscheidungen zur GmbH-rechtlichen Anfechtungsklage. In jüngster Zeit haben sie das BayObLG[30] und das OLG Hamm[31] bestätigt. Schließlich sieht auch die Begründung des neuen Schiedsverfahrensrechts als maßgeblich für die Abgrenzung zwischen schiedsfähigen und nicht schiedsfähigen Materien an, ob der Staat sich im Interesse

---

[22] OLG Karlsruhe, 16.2.1995, ZIP 1996, 915, 916.
[23] *Bork* (oben FN 13), ZZP 100 (1987), 249, 272.
[24] *Bork* (oben FN 13), ZZP 100 (1987), 249, 269.
[25] Stein/Jonas-*Schlosser*, § 1025 RZ 26; Zöller-*Geimer*, 20. Aufl., § 1025 RZ 37; *Schwab/Walter* (oben FN 13), 5. Aufl., Kap. 4 RZ 4; *Berger*, Wirtschaftsschiedsgerichtsbarkeit, 130; *Lachmann*, Handbuch für die Schiedsgerichtspraxis, RZ 106; *K. Schmidt*, Schiedsfähigkeit von GmbH-Beschlüssen, ZGR 1988, 523, 528; *Hausmann*, Einheitliche Anknüpfung für Gerichtsstands- und Schiedsvereinbarungen, FS Lorenz, 359, 371; *Ebenroth/Müller*, Anfechtung von GmbH-Gesellschafterbeschlüssen, DB 1992, 361, 363; *Schwab* (oben FN 13), FS Henckel, 803, 815; *Bork* (oben FN 13), ZHR 160 (1996), 374, 378; *H.P. Westermann* (oben FN 13), DIS Band 11, 31, 36; *Lüke/Blenske*, Die Schiedsfähigkeit von Beschlußmängelstreitigkeiten - Möglichkeiten und Grenzen der Rechtsgestaltung, ZGR 1998, 253, 261f.
[26] *Schwab/Walter* (oben FN 13), 5. Aufl., Kap. 4 RZ 2; *Henn* (oben FN 5), 2. Aufl., 9.
[27] BGH, 6.6.1991, NJW 1991, 2215, 2216.
[28] OLG Karlsruhe, 16.2.1995, ZIP 1995, 915, 916.
[29] BGH, 29.3.1996, BGHZ 132, 278, 283.
[30] BayObLG, 9.9. 1999, BB 2000, 16, 19 zur Schiedsfähigkeit eines Antrages auf Ersetzung der Einwilligung zur Eheschließung eines Familienmitglieds nach dem fürstlichen Hausgesetz.
[31] OLG Hamm, 7.3.2000, GmbHR 2000, 676, 677 zur Schiedsfähigkeit eines GmbH-rechtlichen Informationsanspruches.

besonders schutzwürdiger Rechtsgüter ein Entscheidungsmonopol vorbehalten habe. Die Reformkommission empfand diesen Gesichtspunkt allerdings für eine Verankerung im Gesetz als „zu vage“ und bevorzugten ein klares Abgrenzungskriterium, das sie in der Anknüpfung an den „vermögensrechtlichen Anspruch“ sah[32].

C. Stellungnahme

Das neue deutsche Schiedsverfahrensrecht knüpft nur noch in den Fällen an die Vergleichsbefugnis an, in denen die Schiedsfähigkeit nichtvermögensrechtlicher Ansprüche zur Diskussion steht. Zudem geht man heute ganz überwiegend von der Theorie der objektiven Verfügbarkeit des Rechtsverhältnisses aus. Diese Arbeit verzichtet deshalb darauf, erneut[33] umfassend das Für und Wider der einzelnen Meinungen zu erörtern, sondern begnügt sich mit einer kurzen Stellungnahme und einigen neuen Argumenten.

I. Die Theorie der materiellrechtlichen Vergleichsbefugnis

Neben den allgemein erörterten Kritikpunkten sprechen grundsätzliche dogmatische Bedenken gegen die Theorie der materiellrechtlichen Vergleichsbefugnis. Sie scheint zum einen Erbschaft einer rein vertraglichen Konzeption der Schiedsgerichtsbarkeit und des Schiedsvertrages zu sein, die seine prozessualen Elemente vernachlässigt und heute als überholt gilt. Das hat die internationalprivatrechtliche Diskussion um die Anknüpfung des Schiedsvertrages gezeigt, dessen prozessuale Wirkungen heute niemand mehr leugnet[34].

Zum anderen ist zu erkennen, daß die Parteien beim Vergleichsschluß bis zuletzt die Streitentscheidung in der Hand haben, was bei der Übertragung der Entscheidungsbefugnis auf einen Dritten, also das Schiedsgericht, nicht ohne weiteres der Fall ist. Die Entscheidung, der Schiedsspruch, stellt sich hier als Werk eines Dritten dar, während die beim Vergleichsschluß erzielte Lösung unter Federführung der Parteien bis zuletzt von ihnen selbst ausgehandelt wird. Dabei wird nicht verkannt, daß die Parteien selbstverständlich in erheblichem Maß auf den Gang des Schiedsverfahrens Einfluß nehmen können. Eine pauschale Gleichstellung erscheint jedoch nicht geboten. Übertragen auf die Ebene Vergleich-Schiedsvertrag bedeutet dies, daß die Parteien beim Vergleich ihre Streitigkeit effektiv und abschließend selbst beigelegt haben. Beim Schiedsvertrag ha-

---

32 RefE, 130; ebenso RegE, BT-Drucks. 13/5274, 34.

33 Vgl. neben der Monographie von *Kornmeier* (oben FN 8), auch jene von *Schick*, Die Schiedsfähigkeit von Rechtsstreitigkeiten über Gesellschafterbeschlüsse im GmbH-Recht, 54ff; ausführlich auch *Bork* (oben FN 13), ZHR 160 (1996), 374ff.

34 Näher zur internationalprivatrechtlichen Konstruktion *Schwab/Walter* (oben FN 13), 5. Aufl., Kap. 7 RZ 28; Reithmann/Martiny-*Hausmann*, Internationales Vertragsrecht, RZ 2297ff; *ders.* (oben FN 25), FS Lorenz, 359, 361; *Basedow*, Vertragsstatut und Arbitrage nach neuem IPR, Jahrbuch der Schiedsgerichtsbarkeit 1 (1987), 3, 5ff.

ben sie hingegen nur die Voraussetzungen geschaffen, unter denen ein Dritter ihre Streitigkeit mit ihnen ausräumen soll. Dies wird noch deutlicher, wenn man sieht, daß für den Vergleich nach § 779 BGB ein gegenseitiges Nachgeben charakteristisch ist. Das muß im Schiedsverfahren keineswegs so sein, kann doch die eine oder andere Partei auf ganzer Linie obsiegen.

II. Die Theorie der verfahrensrechtlichen Verfügungsbefugnis

Auch die Theorie der prozessualen Verfügungsbefugnis kann nicht überzeugen, obwohl ihr Ausgangspunkt zutreffend erscheint: Bei der Schiedsfähigkeit geht es darum festzustellen, ob sich der Staat für einen bestimmten Problemkreis ein Rechtsprechungsmonopol vorbehalten hat. Damit ist allerdings noch nichts darüber gesagt, wie dieses Monopol zu ermitteln ist. Eine allein an Verfahrensgrundsätzen orientierte Lösung beruht auf einer überkommenen rein prozessualen Konzeption der Schiedsgerichtsbarkeit und des Schiedsvertrages. Blickt man ein weiteres Mal auf die Diskussionen im Internationalen Privatrecht, so ist zwar festzustellen, daß sich die prozessuale Qualifikation des Schiedsvertrages heute durchgesetzt hat. Niemand leugnet aber, daß etwa auf sein Zustandekommen materielle Vorschriften des bürgerlichen Rechts anwendbar sind, er also auch materiellrechtliche Elemente enthält[35]. Man wird daher auch bei der Beurteilung der Schiedsfähigkeit das materielle Recht nicht gänzlich zur Seite schieben können. Darüber hinaus kann man nicht ohne weiteres großen Teilen jener Streitigkeiten, die im Verfahren der Freiwilligen Gerichtsbarkeit entschieden werden, pauschal Schiedsfähigkeit absprechen[36].

III. Die Theorie der objektiven Verfügbarkeit des Rechtsverhältnisses

Die Anknüpfung an ein Rechtsprechungsmonopol, das sich aus fehlender objektiver Verfügbarkeit des Rechtsverhältnisses ergibt, ist aus diesen Gründen im Rahmen des § 1025 Abs. 1 ZPO a.F. und auch des § 1030 Abs. 1 S. 2 ZPO grundsätzlich überzeugend. Sie geht zunächst von einem richtigen Ausgangspunkt aus, indem sie berücksichtigt, daß die Schiedsfähigkeit die Grenzen des staatlichen Rechtsprechungsmonopols definiert. Dabei können weder allein materiellrechtliche noch ausschließlich prozessuale Grundsätze den Ausschlag geben. Das ergibt sich aus der modernen Konzeption von Schiedsgerichtsbarkeit und Schiedsvertrag, der sowohl durch materiellrechtliche als auch prozessuale Elemente geprägt wird. Die Schiedsfähigkeit als Voraussetzung eines

---

[35] *Schwab/Walter* (oben FN 13), 5. Aufl., Kap. 7 RZ 28; *Schütze/Tscherning/Wais* (oben FN 5), RZ 559; Reithmann/Martiny-*Hausmann* (oben FN 34), RZ 2298; *ders.* (oben FN 25), FS Lorenz, 359, 361; *Basedow* (oben FN 34), Jahrbuch der Schiedsgerichtsbarkeit 1 (1987), 3, 6.

[36] Zur Schiedsfähigkeit von Streitigkeiten der Freiwilligen Gerichtsbarkeit ausführlich im zweiten Teil bei den gesellschaftsrechtlichen Informationsansprüchen, § 7.

wirksamen Schiedsvertrages ist daher ebenfalls nicht einseitig zu beurteilen. Vielmehr kann Schiedsfähigkeit aufgrund materiellen Rechts und aufgrund Prozeßrechts fehlen.

Die Theorie der objektiven Verfügbarkeit trägt außerdem den oben herausgearbeiteten Interessen Rechnung, die bei der Beurteilung der Schiedsfähigkeit eine Rolle spielen. Indem sie fragt, ob die Parteien über ein Rechtsverhältnis eine private Disposition treffen können, spart sie die Probleme des engeren Begriffs des Vergleichs aus. Im Unterschied dazu reicht bereits eine rechtsgeschäftliche Einigung aus, ohne daß die zusätzlichen Voraussetzungen des Vergleichs erfüllt sein müssen. In der rechtsgeschäftlichen Einigung kommt die Parteiautonomie als wesentliches Charakteristikum des Abschlusses einer Schiedsvereinbarung zum Ausdruck. Vorbehalten bleibt dem Staat ein Rechtsprechungsmonopol in jenen Bereichen, in denen er ein Interesse an „besonders schutzwürdigen, der Parteidisposition entzogenen Rechtsgütern" hat. Hiermit trägt man den der Parteiautonomie widerstreitenden Interessen Rechnung, nämlich öffentlichen Interessen und dem staatlichen Schutz privater Drittinteressen.

Bei näherer Betrachtung zeigt sich jedoch, daß das staatliche Rechtsprechungsmonopol in vielen kritischen Fällen nicht allein deshalb verneint werden kann, weil die Parteien mittels einer rechtsgeschäftlichen Vereinbarung den erstrebten Rechtszustand erreichen können. Bei der Lektüre einschlägiger Rechtsprechung und Literatur trifft man nämlich vielfach auf Auffassungen, die die Möglichkeit schiedsgerichtlicher Beurteilung aufgrund der „allgemeinen Bedeutung" der jeweiligen Streitigkeit bzw. der zur Diskussion stehenden Interessen in Frage stellen. So sind etwa bestimmte gesellschaftsrechtliche Dispute unstreitig einer rechtsgeschäftlichen Vereinbarung der Gesellschafter zugänglich. Ob ihre Verhandlung vor einem Schiedsgericht zulässig ist, erscheint gleichwohl aufgrund prinzipieller Erwägungen wie etwa Gläubiger- oder Minderheitenschutz zweifelhaft.

Um dem Ausgangspunkt des Rechtsprechungsmonopols Rechnung zu tragen und zugleich diese Erwägungen zu berücksichtigen, ist die Theorie der objektiven Verfügbarkeit dahingehend zu präzisieren, daß die rechtsgeschäftliche Verfügungsbefugnis der Parteien über eine Streitigkeit die Schiedsfähigkeit lediglich indiziert. Es bleibt jedoch darüber hinaus zu prüfen, ob der Staat sich aus anderen beachtenswerten Gründen ein Rechtsprechungsmonopol vorbehalten hat. Dieses Monopol kann sich konkret aus den Interessen ergeben, deren Verwirklichung der in Frage stehende Anspruch dient bzw. die durch ihn geschützt werden sollen. Es bleibt daher über die objektive Verfügungsbefugnis hinaus zu untersuchen, ob schiedsgerichtliche Erledigung diesen Interessen im Einzelfall gerecht werden kann.

IV. Ergebnis

Für die objektive Schiedsfähigkeit unter § 1025 Abs. 1 ZPO a.F. bzw. § 1030 Abs. 1 S. 2 ZPO ist grundsätzlich von der Theorie der objektiven Verfügbarkeit des Rechtsverhältnisses auszugehen. Danach müssen die Parteien in der Lage sein, den angestrebten Rechtszustand durch rechtsgeschäftliche Vereinbarung zu erreichen.

Zusätzlich ist zu prüfen, ob sich ein staatliches Rechtsprechungsmonopol aus den durch die jeweiligen Ansprüche geschützten Interessen ergibt.

§ 4 Die Schiedsfähigkeit des Streitgegenstandes in der Rechtsvergleichung

Bevor man die Schiedsfähigkeit gesellschaftsrechtlicher Streitigkeiten rechtsvergleichend untersuchen kann, ist zunächst darauf einzugehen, wie die einzelnen Länder die Schiedsfähigkeit allgemein ausgestalten. Daher sollen nun einige ausländische Schiedsfähigkeitsmodelle näher vorgestellt werden. Die neue deutsche Regelung und das Vorbild des Art. 177 des schweizerischen IPRG werden bis zum dritten Teil zurückgestellt.

A. Österreich

Das österreichische Schiedsverfahrensrecht ist in der öZPO vom 1.1.1898 einheitlich für nationale und internationale Verfahren geregelt. Dort findet sich mit § 577 öZPO auch eine Bestimmung über die Schiedsfähigkeit. Die Vorschrift lautet: „Die Vereinbarung, daß die Entscheidung einer Rechtsstreitigkeit durch einen oder mehrere Schiedsrichter erfolgen solle (Schiedsvertrag), hat insoweit rechtliche Wirkung, als die Parteien über den Gegenstand des Streites einen Vergleich abzuschließen fähig sind.“ Abs. 2 des § 577 öZPO normiert die Wirksamkeit einer Schiedsklausel und Abs. 3 die Form der Schiedsvereinbarung. Diese Regelung entspricht fast wörtlich § 1025 ZPO a.F. Aus der Tatsache, daß die deutsche ZPO von der Berechtigung statt von der Fähigkeit zum Vergleichsschluß spricht, läßt sich kein sachlicher Unterschied ableiten.

Die Ähnlichkeit zum deutschen Recht ist kein Zufall, hat sich das österreichische Prozeßrecht doch auch insgesamt recht stark an der deutschen ZPO orientiert. Betrachtet man seine Geschichte jedoch näher, zeigt sich, daß es vorschnell wäre zu sagen, sie habe das deutsche Recht schlicht übernommen[1]. Zwar erfolgten teilweise wörtliche, inhaltliche und systematische Normenrezeption, der deutsche Prozeß erfuhr aber im österreichischen Modell eine grundlegende Weiterentwicklung[2]. Die öZPO wurde im Laufe der Zeit in einigen Punkten überarbeitet. Das Schiedsverfahrensrecht wurde aber erst durch die Zivilverfahrensnovelle vom 1.5.1983 einer Teilrevision unterzogen, die die seit 1898 unveränderten Bestimmungen der internationalen Entwicklung auf diesem Gebiet anpassen und eine Reihe von Änderungen bringen sollte[3].

---

[1] Vgl. *Fasching*, Lehrbuch des österreichischen Zivilprozeßrechts, RZ 35 und *Stürner*, Das deutsche Zivilprozeßrecht und seine Ausstrahlung auf andere Rechtsordnungen - von Deutschland aus gesehen, 18ff.

[2] Ausführlich *Stürner* (oben FN 1), 19.

[3] Näher zu den Änderungen der Reform von 1983 *Schönherr*, Neuerungen im Schiedsverfahren nach österreichischem Recht, RIW 1983, 745; *Reiner*, Die internationale Schiedsgerichtsbarkeit nach österreichischem und französischem Recht, ZfRV 1986, 162; *Krilyszyn/Bajons*, Zur Internationalisierung des österreichischen Schiedsrechts, Jahrbuch für die Praxis der Schiedsgerichtsbarkeit 1 (1987), 234; *Melis*, La réforme autrichienne de l'arbitrage, Rev. arb. 1987, 451.

Der Motivation der meisten Reformen jener Zeit folgend war ihr Ziel, „unter Berücksichtigung der internationalen Rechtslage eine Verbesserung der Vorschriften zu erzielen, um Österreich als Austragungsort internationaler Schiedsverfahren attraktiver zu machen“[4]. Dementsprechend hatte der österreicische Gesetzgeber in erster Linie die internationale Handelsschiedsgerichtsbarkeit im Auge, was sich etwa in der Reformierung der Formvorschrift des § 577 Abs. 3 öZPO und der Anfechtungsgründe des § 595 öZPO ausdrückte. Man sah hingegen keine Notwendigkeit einer Gesamtreform, sondern hielt das alte Schiedsverfahrensrecht ganz im Gegenteil nach wie vor für eine gelungene und moderne Kodifikation[5]. Deshalb blieb auch die Vorschrift des § 577 Abs. 1 öZPO unverändert.

Haben sich die deutsche Rechtsprechung und Literatur mittlerweile weitgehend vom Wortlaut der § 1025 Abs. 1 ZPO a.F. bzw. § 1030 ZPO verabschiedet, so ist trotz einiger neuerer gegenläufiger Tendenzen die Anknüpfung an die materiellrechtliche Vergleichsbefugnis in Österreich durchaus noch herrschend. Verbreitet nimmt man daher § 577 Abs. 1 öZPO wörtlich und fragt, ob die Parteien über den Streitgegenstand einen materiellen Vergleich i.S.d. § 1382 ABGB schließen können[6]. Die Vergleichsfähigkeit richtet sich also nach materiellem Recht, wobei das österreichische Recht nur wenige ausdrückliche Vergleichsverbote kennt[7]. Zweifel an dieser Anknüpfung meldete erstmals eine Dissertation von 1990 an, die die deutsche Theorie der prozessualen Verfügungsbefugnis aufgreift und einen eigenständigen prozeßrechtlichen Begriff der Vergleichsbefugnis befürwortet, der an sich an Verfahrensmaßstäben orientiert[8]. Diese Anknüpfung hat aber weder in der österreichischen Judikatur noch im Schrifttum Zustimmung erfahren. Vielmehr scheint sie weitgehend unbeachtet geblieben zu sein. Neuerdings hat ein weiterer Autor versucht, in ausdrücklicher Bezugnahme auf die deutsche Entwicklung die Theorie der objektiven Verfügbarkeit des Rechtsverhältnisses in Österreich durchzusetzen[9]. Mangels neuerer Rechtsprechung ist der Erfolg dieses Ansatzes nicht abzusehen. Die Anknüpfung an den „vermögensrechtlichen Anspruch“ diskutiert man im übrigen in Österreich nicht. Lediglich ein Autor legt die Vergleichsbefugnis des § 577 Abs. 1 öZPO dahingehend aus, daß der Schiedsvertrag nur vermögensrechtliche Verhältnisse betreffen dürfe[10].

---

[4] *Krilyszyn/Bajons* (oben FN 3), Jahrbuch für die Praxis der Schiedsgerichtsbarkeit 1 (1987), 234.

[5] *Reiner* (oben FN 3), ZfRV 1986, 162, 167.

[6] OGH, 3.6.1950, SZ 23, Nr. 184; Urt. v. 6.9.1984, EvBl 1985, 242, 243; 14.7.1993, GesRZ 1994, 138, 139; OLG Innsbruck, 22.11.1988, EvBl 1989, 624; *Fasching*, § 577 RZ 9; *ders.*, Schiedsgericht und Schiedsverfahren im österreichischem und im internationalen Recht, 15ff; *ders.* (oben FN 1), RZ 2173ff; *Rechberger*, § 577 RZ 5; *Rechberger/Simotta*, Grundriß des österreichischen Zivilprozeßrechts, RZ 957; *Holzhammer*, Österreichisches Zivilprozeßrecht, 364; *Wünsch*, Schiedsgerichtsbarkeit in Handelssachen, 85; *Matscher*, Probleme der Schiedsgerichtsbarkeit im österreichischen Recht, JBl 1975, 412, 414; *Schönherr*, Besonderheiten des Schiedsverfahrens in Österreich im Vergleich mit der Bundesrepublik Deutschland, RIW 1980, 813; *Deimbacher*, Schiedsverträge und Schiedsklauseln in anderen Verträgen und in Allgemeinen Geschäftsbedingungen, GesRZ 1995, 12, 14.

[7] Ausführlich *Fasching* (oben FN 6), 17ff; *ders.* (oben FN 1), RZ 2176; *Holzhammer* (oben FN 6), 363.

[8] *Backhausen*, Schiedsgerichtsbarkeit unter besonderer Berücksichtigung des Schiedsvertragsrechts, 113.

[9] *Thöni*, Zur Schiedsfähigkeit des GmbH-rechtlichen Anfechtungsstreits, WBl 1994, 298, 301.

[10] *Holzhammer* (oben FN 6), 364.

In Österreich hält man heute für nicht schiedsfähig Streitigkeiten über Bestand und Auflösung einer Ehe, Bestreitung der ehelichen Geburt, Anfechtung eines Vaterschaftsanerkenntnisses und Feststellung der ehelichen Vaterschaft. Aber auch das Exekutionsrecht (Zwangsvollstreckung) und Landpachtsachen können mangels Vergleichsbefugnis nicht schiedsgerichtlich geregelt werden[11]. Daneben ordnen einige Gesetze ausdrückliche Verbote und Einschränkungen der Schiedsgerichtsbarkeit an. So hielt man Arbeitsrechtssachen nach früherer Gesetzeslage allgemein für schiedsfähig[12]. Nunmehr erklärt § 9 Abs. 2 öASGG einen Schiedsvertrag in Arbeitsrechtssachen im Sinne von § 50 Abs. 2 öASGG und in Sozialrechtssachen für unwirksam. In Arbeitsrechtssachen im Sinne von § 50 Abs. 1 öASGG ist eine solche Vereinbarung dagegen für bereits entstandene Streitigkeiten gültig. Manche Autoren spreche daher von einer Zäsur, die erwarten lasse, daß Schiedsgerichte in diesen Rechtsgebieten künftig eine zu vernachlässigende Größe darstellen werden[13]. Schließlich sind Streitigkeiten aus Kartellverträgen zwar grundsätzlich schiedsfähig. § 116 Abs. 1 öKartG eröffnet aber die Möglichkeit, trotz gültiger Schiedsvereinbarung in jedem Fall die Entscheidung durch ein ordentliches Gericht zu begehren.

B. Schweiz

In der Schweiz werden nationale Schiedsverfahren durch das Schweizerische Konkordat über die Schiedsgerichtsbarkeit von 1969 geregelt, das in Art. 5 SchwK eine Vorschrift über die Schiedsfähigkeit enthält. Die Schiedsgerichtsbarkeit fällt als Teil des Prozeßrechts nach Art. 64 Abs. 3 der schweizerischen Bundesverfassung in den Kompetenzbereich der Kantone. Art. 7 Abs. 2 der Bundesverfassung berechtigt diese aber, Vereinbarungen über Gegenstände des Gerichtswesens abzuschließen. Davon haben sie mit dem Konkordat über die Schiedsgerichtsbarkeit Gebrauch gemacht, um die Schwierigkeiten, die in den verschiedenen Einzelgesetzgebungen im Bereich der Schiedsgerichtsbarkeit begründet waren, zu beseitigen[14]. Dem Konkordat sind mittlerweile alle Kantone beigetreten[15].

Art. 5 SchwK bestimmt: „Gegenstand eines Schiedsverfahrens kann jeder Anspruch sein, welcher der freien Verfügung der Parteien unterliegt, sofern nicht ein staatliches Gericht nach einer zwingenden Gesetzesbestimmung in der Sache ausschließlich zuständig ist.“ Das Konkordat hat mit der Anknüpfung an die freie Verfügbarkeit ein in der Schweiz durchaus bekanntes Kriterium der Schiedsfähigkeit eingeführt. Dabei hat es hat sich an einzelnen Kantonsrechten orientiert, so insbesondere an § 238 Abs. 1 S. 1 der Zürcher, § 356 der Aargauer und Art. 380 der Bernischen ZPO.

---

[11] Weitere Beispiele bei *Fasching* (oben FN 1), RZ 2176.

[12] *Fasching* (oben FN 6), 20; *Holzhammer* (oben FN 6), 363.

[13] Diese Voraussage stammt von *Backhausen* (oben FN 8), 120.

[14] *Rüede/Hadenfeldt*, Schweizerisches Schiedsgerichtsrecht, 6; *Lalive/Poudret/Reymond*, Le droit de l'arbitrage interne et internationale en Suisse, Art. 1 RZ 1.

[15] Zu seiner Entstehungsgeschichte näher *Bratschi/Briner*, Bemerkungen zum Konkordat über die Schiedsgerichtsbarkeit, SJZ 1976, 101.

Andere kantonale Prozeßrechte verwendeten hingegen das Merkmal der Vergleichsbefugnis, wie z.B. Art. 371 der Genfer, Art. 624 der Freiburger und § 364 der Luzerner ZPO. Offenbar sah man zwischen Vergleichs- und Verfügungsbefugnis aber keinen Unterschied[16]. Und im Tessin knüpfte man inspiriert vom Code civil in Art. 426 der Zivilprozeßordnung an den „ordine pubblico" an. Zur Illustration stellten manche Kantonsrechte den allgemeinen Vorschriften noch einen Katalog nicht schiedsfähiger Streitigkeiten zur Seite, so etwa Aargau in § 356 Abs. 2 ZPO (Vaterschafts-, Ehestands- und Zivilstandsfragen) und Waadt in Art. 500 ZPO (Delikte und Ordnungswidrigkeiten). Mit der Ratifikation des Konkordats haben diese Vorschriften ihre Bedeutung zwar verloren, da der Beitritt gem. Art. 46 SchwK die kantonalen Schiedsgerichtsnormen aufhob. Es ist aber festzuhalten, daß die Anknüpfung an die freie Verfügungsbefugnis im Rahmen der Schiedsfähigkeit einem allgemeinen Rechtsgrundsatz in der Schweiz und diversen kantonalen Regelungen entspricht. Die zu den Kantonsrechten ergangene Judikatur wird aus diesem Grunde auch heute noch zur Auslegung des Art. 5 SchwK herangezogen[17].

Bei genauerer Betrachtung der Vorschrift, fällt auf, daß die deutsche und die italienische Fassung von „Anspruch" („pretesa") sprechen, die französische dagegen von „Recht" („droit"). Daraus werden aber materiell keine unterschiedlichen Folgen hergeleitet. Allgemein hält man einen Anspruch für frei verfügbar, wenn es sich um Rechte handelt, auf die der Träger verzichten kann in dem Sinne, daß es ihm nicht nur möglich ist, sie aufzugeben oder anzuerkennen, sondern auch, über sie einen gerichtlichen oder außergerichtlichen Vergleich zu schließen[18]. Verfügungsbefugnis ist dagegen dort zu verneinen, wo ein Anspruch auch öffentliche Interessen betrifft, welche die Parteiinteressen überwiegen und für einen Vorrang der staatlichen Gerichtsbarkeit sprechen[19]. Und außerdem soll Verfügungsbefugnis auch dort fehlen, wo Interessen privater Dritter betroffen sind, deren Schutz den Ausschluß der Schiedsgerichtsbarkeit erfordert[20]. Mit diesen Anforderungen schließt man weite Teile des Familien- und Personenrechts von schiedsgerichtlicher Erledigung aus, wie etwa Statusklagen, Klagen auf Aufhebung einer Adoption, Scheidungsklagen und Fragen der Kinderzuteilung sowie Begehren auf Anordnung der Gütertrennung[21]. Im Bereich des Zwangsvollstreckungsrecht sind beitreibungs- und konkursrechtliche Klagen nicht schiedsfähig, weil solche Maßnahmen der Zwangsvollstreckung auch Interessen Dritter berühren könnten[22].

---

[16] *Suter*, Der Schiedsvertrag nach schweizerischem Zivilprozeßrecht, ZSR 47 (1928), 8, 34.

[17] *Riemer*, Schiedsfähigkeit von Klagen des ZGB, FS Walder, 371, 372.

[18] BG, 18.2.1942, BGE 69 II 118, 121; 11.7.1945, BGE 71 II 176, 181; BezG Bülach, 28.7.1988, SJZ 1989, 212, 213; *Rüede/Hadenfeldt* (oben FN 14), 49; *Lalive/Poudret/Reymond* (oben FN 14), Art. 5 RZ 3; *Jolidon*, Commentaire du Concordat suisse sur l'arbitrage, 153.

[19] BG, 18.2.1943, BGE 69 II 118, 121; 1.9.1952, BGE 78 II 393, 396; AppG Bern, 2.12.1942, ZBJV 79 (1943), 565, 568; OberG Solothurn, 25.10.1963, ZBJV 101 (1965), 61, 63; BezG Bülach, 28.7.1988, SJZ 1989, 212, 213; *Rüede/Hadenfeldt* (oben FN 14) 49; *Jolidon* (oben FN 18), 154;

[20] BG, 26.10.1907, BGE 33 II 648, 655; 13.11.1930, BGE 56 II 233, 235; 18.2.1943, BGE 69 II 118, 121; Cour de Genève, 23.1.1959, Sem. Jud. 1960, 121, 126; *Rüede/Hadenfeldt* (oben FN 14), 49.

[21] *Rüede/Hadenfeldt* (oben FN 14), 49; *Lalive/Poudret/Reymond* (oben FN 14), Art. 5 RZ 3; *Jolidon* (oben FN 18), 155.

[22] *Rüede/Hadenfeldt* (oben FN 14), 51; *Lalive/Poudret/Reymond* (oben FN 14), Art. 5 RZ 3; *Jolidon* (oben FN 18), 156.

Dagegen kann in der Schweiz in immaterialgüterrechtlichen und wettbewerbsrechtlichen Streitigkeiten uneingeschränkt ein Schiedsgericht vereinbart werden; gleiches gilt auch für die Klage auf Feststellung der Nichtigkeit von Patenten[23].

Schiedsgerichtliche Erledigung ist nach Art. 5 SchwK außerdem nicht möglich, wenn eine zwingende Gesetzesbestimmung die ausschließliche Zuständigkeit eines staatlichen Gerichts anordnet. Darunter fallen nach schweizerischer Auffassung sowohl Vorschriften, die ausdrücklich ein staatliches Gericht zur ausschließlichen Entscheidung der Streitigkeit vorsehen, als auch Normen, die schiedsrichterliche Erledigung gänzlich ausschließen[24]. Dabei kann sich der Ausschluß der Schiedsgerichtsbarkeit auch erst aus dem Sinn und Zweck der Bestimmung ergeben, was durch Auslegung im Einzelfall zu ermitteln ist[25]. Maßgeblich ist, ob die Vorschrift nicht nur private, sondern auch öffentliche Interessen schützt, oder ob der Gesetzgeber die Partei, für die eine Schiedsvereinbarung einseitig nachteilig ist, im Hinblick auf Natur und Wirkung der Entscheidung jedenfalls vor schiedsgerichtlicher Erledigung bewahren wollte[26]. Diese ausschließliche Zuständigkeit folgt aber nicht schon daraus, daß das Gesetz die Zuständigkeit eines „Richters" anordnet, denn damit kann selbstverständlich auch ein Schiedsrichter gemeint sein[27]. Zwingend ist die Zuständigkeitsbestimmung nur, wenn sie die Schiedsgerichtsbarkeit völlig ausschließt und den Parteien keine Wahlmöglichkeit läßt. Insbesondere eine Gerichtsstandsvereinbarung darf nach der in Frage stehenden Vorschrift ebenfalls nicht möglich sein[28].

So verbietet das schweizerische Recht Schiedsvereinbarungen etwa beim Abzahlungskauf (Art. 226 lit. l OR) und bei der Miete (Art. 274c OR). Hingegen soll aus Art. 343 OR (Gerichtsstand und Verfahren für Streitigkeiten aus dem Arbeitsverhältnis) kein Ausschluß der schiedsgerichtlichen Erledigung von Arbeitsstreitigkeiten folgen[29]. Zu beachten sind in dieser Hinsicht lediglich vereinzelte kantonale Regelungen[30]. Art. 11 des Gesetzes über die Handelsreisenden ordnet dagegen an, daß Schiedsabreden mit Kleinreisenden, die beim Aufsuchen von Bestellungen abgeschlossen wurden, nichtig sind. Und Art. 27 Abs. 2 des Anlagenfondsgesetzes sieht vor, daß die Beurteilung von Streitigkeiten aus einem Kollektivanlagevertrag nicht im voraus einem Schiedsgericht übertragen werden kann. Schließlich sind nach Art. 18 Abs. 1 schwKartG Verträge oder Beschlüsse, welche die Beurteilung künftiger Streitigkeiten über Kartellverpflichtungen einem Schiedsgericht übertragen, nichtig, wenn sie nicht jedem Beteiligten das Recht geben, im Einzelfall beim ordentlichen Richter zu klagen.

---

23 *Rüede/Hadenfeldt* (oben FN 14), 51; *Jolidon* (oben FN 18), 156.

24 *Rüede/Hadenfeldt* (oben FN 14), 53; *Jolidon* (oben FN 18), 163; *Habscheid*, Statutarische Schiedsgerichte und Schiedskonkordat, SAG 1985, 157, 158.

25 BezG Bülach, 28.7.1988, SJZ 1989, 212, 213; *Rüede/Hadenfeldt* (oben FN 14), 53; *Lalive/Poudret/Reymond* (oben FN 14), Art. 5 RZ 4; *Jolidon* (oben FN 18), 165.

26 BG, 18.2.1943, BGE 69 II 118, 119; 11.7.1945, BGE 71 II 176, 180; *Jolidon* (oben FN 18), 165.

27 BG, 18.2.1943, BGE 69 II 118, 119; 11.7.1945, 71 II 176, 180; AppG Bern, 2.12.1942, ZBJV 79 (1943), 565, 569; Cour de Genève, 23.1.1959, Sem. Jud. 1960, 121, 124; OberG Solothurn, 25.10.1963, ZBJV 101 (1965), 61, 63; *Rüede/Hadenfeldt* (oben FN 14), 53; *Jolidon* (oben FN 18), 164.

28 *Jolidon* (oben FN 14), 163; *Habscheid* (oben FN 24), SAG 1985, 157, 158.

29 *Rüede/Hadenfeldt* (oben FN 14), 55; *Jolidon* (oben FN 18), 165.

30 Nachweise bei *Rüede/Hadenfeldt* (oben FN 14), 55 und *Jolidon* (oben FN 18), 166.

C. Frankreich

Das Schiedsverfahrensrecht Frankreichs ist heute im vierten Buch des Nouveau Code de Procédure Civil normiert. Die Art. 1442-1491 N.C.P.C betreffen nationale und die Art. 1492-1507 N.C.P.C. internationale Schiedsverfahren. Für die Schiedsfähigkeit muß man jedoch auf den Code civil zurückgreifen.

I. Die Regelung der Art. 2059, 2060 C. civ.

In Frankreich war die Schiedsgerichtsbarkeit ursprünglich einheitlich in Art. 1003-1028 des alten Code de Procédure Civil von 1806 geregelt. Nachdem sich ganz erhebliche Mängel dieser Regelung herausgestellt hatten[31], erfolgte eine Reform des Schiedsverfahrensrechts in zwei Etappen. Zunächst erließ der Gesetzgeber das Dekret vom 14.5.1980, welches relativ detailliert und umfangreich eine Reihe zwingender Regelungen aufstellt, ohne zwischen nationaler und internationaler Schiedsgerichtsbarkeit zu unterscheiden. Daher schloß sich die Frage an, ob die bisherige Rechtsprechung, die begonnen hatte, ein eigenes Recht der internationalen Schiedsgerichtsbarkeit zu schaffen, aufrechterhalten werden konnte. Nach kurzer Diskussion über die Notwendigkeit bzw. die Vor- und Nachteile einer eigenen Kodifikation eines internationalen Schiedsverfahrensrechts entschloß man sich, ihr einen eigenen Text zu widmen[32]. Es folgte das Dekret vom 12.5.1981 über die internationale Schiedsgerichtsbarkeit, das klarstellte, daß das Dekret von 1980 nur nationale Verfahren erfaßte. Beide Dekrete hat der französische Gesetzgeber später in den Nouveau Code de Procédure Civile eingegliedert.

Die Schiedsfähigkeit ist dagegen heute im Code civil normiert, der sich im 16. Titel des dritten Buches unter der Überschrift „Du compromis" in den Art. 2059, 2060 C. civ. mit ihr beschäftigt. Art. 2059 C. civ. stellt zunächst fest, daß jedermann einen Schiedsvertrag über Rechte abschließen kann, über die er freie Verfügungsbefugnis besitzt[33]. Nach Art. 2060 C. civ. kann man jedoch keinen Schiedsvertrag abschließen über Fragen des Personenstands und der Geschäftsfähigkeit, über Ehescheidung und Trennung der ehelichen Lebensgemeinschaft, über die Gebietskörperschaften oder juristische Personen des öffentlichen Rechts angehenden Streitfälle oder allgemein in allen den „ordre public" berührenden Angelegenheiten[34].

---

[31] Näher *Mezger*, Überblick über das französische Recht der Schiedsgerichtsbarkeit nach dem reformdekret vom 14.5.1980, ZZP 94 (1981), 117, 118f; *Reiner* (oben FN 3), ZfRV 1986, 162, 164f.

[32] Zu den Diskussionen *Mezger* (oben FN 31), ZZP 94 (1981), 117; *Reiner* (oben FN 3) ZfRV 1986, 162, 166.

[33] „Toutes personnes peuvent compromettre sur les droits dont elles ont la libre disposition."

[34] „On ne peut compromettre sur les questions d'état et de capacité des personnes, sur celles relatives au divorce et à la séparation de corps ou sur les contestations intéressant les collectivités publiques et les établissements publics et plus généralement dans toutes les matières qui interessent l'ordre public."

Ursprünglich enthielten Art. 1003, 1004 des alten Code de Procédure Civile diese Vorschriften. Das Gesetz vom 5.7.1972 entfernte sie dann aus dem Prozeßrecht und übertrug sie nur leicht verändert in Art. 2059, 2060 C. civ.

Bei unbefangener Betrachtung könnte man denken, es käme bei der Prüfung der Schiedsfähigkeit auf die freie Verfügungsbefugnis i.S.d. Art. 2059 C. civ. an[35]. Tatsächlich stellen die französischen Gerichte aber fast ausschließlich auf den „ordre public" nach Art. 2060 C. civ. ab. Die Literatur mißt dem Kriterium des Art. 2059 C. civ., soweit sie die Norm überhaupt kommentiert, eine doppelte Bedeutung bei. Zunächst regele die Vorschrift die persönliche Fähigkeit, eine Schiedsvereinbarung abzuschließen, den sog. Anwendungsbereich „ratione personae". Damit erfaßt man die Probleme, die andere Länder unter dem Stichwort der subjektiven Schiedsfähigkeit behandeln[36]. Desweiteren enthalte Art. 2059 C. civ. auch den Anwendungsbereich „ratione materiae", der sich in dem Begriff der freien Verfügbarkeit ausdrücke. Die wenigen Autoren, die den Begriff ansprechen, definieren frei verfügbare Rechte als Rechte, über die der Inhaber gänzliche Herrschaft habe, so daß er nach seinem Belieben mit ihnen verfahren, sie also übertragen oder auf sie verzichten könne[37]. Zwei Kommentatoren stellen einige nicht verfügbare Streitigkeiten zusammen, führen aber keine Judikatur dafür an[38]. Die Gerichte gehen vielmehr auf direktem Wege zur Interpretation des „ordre public" nach Art. 2060 C. civ. über[39]. Manche Stimmen stellen deshalb klar, daß eigentlich Art. 2060 C. civ. bestimme, was frei verfügbar sei. Sie schlagen vor, die Vorschrift bei einer Gesetzesreform abzuschaffen und über eine Anknüpfung an die Vergleichsbefugnis nachzudenken, da der Begriff des Vergleichs durch Rechtsprechung und Literatur klar umrissen sei[40].

Diese Arbeit ist nicht der Ort, grundsätzliche Überlegungen über den französischen „ordre public" anzustellen. So gibt man auch in Frankreich zu, den Versuch einer Definition zu unternehmen, hieße, sich „in den Treibsand zu wagen"[41]. Ein Autor stellt fest, daß nicht weniger als 30 verschiedene Definitionen des „ordre public" existieren, was ihn allerdings nicht hindert, eine weitere hinzuzufügen[42]. Gerade im Bereich des französischen Wirtschaftsrecht ist die Auslegung des „ordre public" einer ständigen Evolution unterworfen. Sein Anwendungsbereich verändert sich kontinuierlich, er wechselt mit den politischen, gesellschaftlichen und wirtschaftlichen Anschauungen. Ebenso ist sein Inhalt kaum festzulegen, ist er doch gezeichnet von erheblicher Vielschichtigkeit möglicher Quellen und Variabilität seines Durchsetzungswillens[43].

---

[35] So wohl *Lionnet*, Handbuch der internationalen und nationalen Schiedsgerichtsbarkeit, 40, der meint, die französische Regelung entspreche der deutschen des § 1025 ZPO a.F.

[36] *de Boisséson*, Le droit français de l'arbitrage interne et international, RZ 26; *Robert/Moreau*, Arbitrage, RZ 7ff; *Fouchard/Gaillard/Goldman*, Traité de l'arbitrage commercial international, RZ 534ff.

[37] *de Boisséson* (oben FN 36), RZ 26; *Level*, L'arbitrabilité, Rev. arb. 1992, 213, 219.

[38] *de Boisséson* (oben FN 36), RZ 587ff; *Fouchard/Gaillard/Goldman* (oben FN 36), RZ 534ff.

[39] Vgl. die Darstellungen bei *de Boisséson* (oben FN 36), RZ 26 und *Robert/Moreau* (oben FN 36), RZ 30ff.

[40] *Robert/Moreau* (oben FN 36), 5. Aufl., RZ 35; kritisch auch *Fouchard/Gaillard/Goldman*, (oben FN 36), RZ 573.

[41] *Pilon*, Anm. zu Cass., 21.4.1931, S. 1931 I 377.

[42] *Malaurie*, Ordre public et le contrat, RZ 99.

[43] *Cohen*, Arbitrage et société, RZ 215f.

Es kann daher nicht überraschen, wenn die Kommentatoren auf eine generelle Klärung des Begriffs des „ordre public" verzichten und sich mit einer Zusammenstellung von Fällen begnügen, in denen er eingreifen kann[44]. Als problematisch empfindet man heute in Frankreich die schiedsgerichtliche Entscheidung von Personenstandsstreitigkeiten und das Familienrecht, verschiedene Gebiete, auf denen eine Partei aufgrund ihrer strukturell unterlegenen Stellung speziell schutzbedürftig ist, Teile des Konkurs- und Wettbewerbsrechts sowie den gewerblichen Rechtsschutz[45]. Diese Arbeit beschränkt sich im folgenden darauf, den „ordre public" und seine Ausformung durch die Gerichte im zweiten Teil hinsichtlich der einzelnen gesellschaftsrechtlichen Streitigkeit zu prüfen, also den sog. „ordre public sociétaire".

Das französische Recht ist ein gutes Beispiel für die zunehmende Liberalität in der Frage der Schiedsfähigkeit und die Tendenz, schiedsgerichtliche Entscheidung nicht von vornherein zu verbieten, sondern die nachträgliche staatliche Kontrolle zu favorisieren. Zum Verständnis des Art. 2060 C. civ. ist nämlich zu beachten, daß man anfangs mit dem Wortlaut der Vorschrift („intéressent") tatsächlich Ernst machte und die Schiedsfähigkeit bereits ablehnte, wenn der „ordre public" berührt war, die Schiedsrichter also Normen anzuwenden hatten, die zum „ordre public" zählten[46]. Die praktischen Unannehmlichkeiten dieser Lösung sind evident. So erschien es nicht nur kaum möglich, die Rechtsgebiete zu konkretisieren, die den „ordre public" berührten. Außerdem mußte sich nur eine Partei auf eine vermeintlich zum „ordre public" gehörige Norm berufen, um das Schiedsverfahren zum Stillstand zu bringen[47]. Die Cour de Cassation hat daher im berühmten „Arrêt Tissot" festgestellt, daß allein die Existenz einer zum „ordre public" zählenden Regelung, die auf den Streitgegenstand anwendbar sei, nicht ausreiche, um die Nichtigkeit der Schiedsvereinbarung zu bewirken[48]. Dem schloß sich die Cour d`appel von Paris an und erklärte, daß eine tatsächliche Verletzung des „ordre public" festgestellt werden müsse, um schiedsgerichtliche Erledigung zu verhindern[49]. In der Folgezeit hat sich daraus - hauptsächlich auf dem Gebiet des Wettbewerbsrechts - eine ständige Rechtsprechung entwickelt[50], die auch im Schrifttum auf breite Zustimmung gestoßen ist[51]. Im Bereich der internationalen Schiedsgerichtsbarkeit entschied die Cour d`appel von Paris schließlich, daß Schiedsgerichte

---

[44] *de Boisséson* (oben FN 36), RZ 26ff; *Robert/Moreau* (oben FN 36), RZ 33ff; *Moreau/Bernard*, Droit interne et droit international de l'arbitrage, 28.

[45] *de Boisséson* (oben FN 36), RZ 587ff

[46] Cour d'Appel Paris, 9.2.1954, J.C.P. 1955 II 8483; Cour d'Appel Orléans, 15.4.1961, J.C.P. 61 II 12356 (zwei Urteile).

[47] Ausführlich *Mezger*, L'arbitrage commercial et l'ordre public, Rev. trim. dr. com. 1948, 611.

[48] Cass., 29.11.1950, S. 1951 I 120, 121.

[49] Cour d'Appel Paris, 15.6.1950, D. 1957, 587 (zwei Urteile).

[50] Cass., 27.6.1956, Rev. arb. 1957, 15; 2.12.1964, Rev. arb. 1965, 13; 18.5.1971, Rev. arb. 1972, 2; 21.11.1981, Rev. arb. 1982, 271, 272; Cour d'Appel Paris, 12.2.1963, J.C.P. 1963 II 13281; 22.9.1980, Rev. arb. 1982, 264, 267; 20.1.1989, Rev. arb. 1989, 280; 16.2.1989, Rev. arb. 1989, 711; 7.7.1989, Rev. arb. 1990, 115, 124; 25.5.1990, Rev. arb. 1991, 129; 15.3.1996, Rev. trim. dr. com. 1996, 450; Cour d'Appel Rennes, 26.9.1984, Rev. arb. 1986, 441, 445; Trib. Colmar, 29.11.1968, J.C.P. 1970 II 16246.

[51] *de Boisséson*, (oben FN 36), RZ 27f; *Robert/Moreau*, (oben FN 36), RZ 33; *Fouchard/Gaillard/Goldman* (oben FN 36), RZ 565.

auch über zum „ordre public“ zählende Vorschriften entscheiden könnten und es Aufgabe der Schiedsrichter sei, die Wahrung des „ordre public international“ sicherzustellen, was staatliche Gerichte dann später kontrollieren könnten[52]. Eine namhafte Stimme hat empfohlen, diese Grundsätze auch für nationale Verfahren zu übernehmen[53].

II. Die Problematik der „Clause compromissoire“

Fragt man nach der schiedsgerichtlichen Beurteilung gesellschaftsrechtlicher Streitigkeiten in Frankreich, so kann man sich nicht mit den Regelungen der Art. 2059, 2060 C. civ. begnügen. Vielmehr ist außerdem kurz ein Blick auf die Problematik der „Clause compromissoire“ zu werfen. Die Diskussion um die Wirksamkeit der sog. „Clause compromissoire“ beschäftigt sich mit der Frage, ob und auf welchen Gebieten man Schiedsklauseln, also Schiedsvereinbarungen für künftige Streitigkeiten, wirksam abschließen kann. Für die Schiedsgerichtsbarkeit allgemein und gerade auch im Bereich des Gesellschaftsrechts in Frankreich ist dies von überragender Bedeutung.

Die Einführung stellte oben[54] bereits das Institut der „Arbitrage forcé“ vor, welches in Frankreich den Ausgangspunkt der gesellschaftsrechtlichen Schiedsgerichtsbarkeit bedeutete[55]. *Colbert* schaffte die „Arbitrage forcé“ 1673 für Familiensachen ab, normierte sie aber ausdrücklich für Personengesellschaften. Die Revolution von 1789 verstärkte ihre Bedeutung noch, bezeichnet das Gesetz vom 16. und 24. August 1790 die Schiedsgerichtsbarkeit auf dem Gebiet des Gesellschaftsrechts doch als „vernünftigstes Mittel, um Streitigkeiten zwischen Bürgern beizulegen“[56]. Im Rahmen des Code de commerce von 1807 fand die „arbitrage forcé“ durch Art. 51 C. com. Eingang ins Handelsrecht und erstreckte ihren Anwendungsbereich zudem auf Kapitalgesellschaften.

In der Folgezeit wuchs allerdings die Kritik an der Schiedsgerichtsbarkeit[57], was 1843 zu einem Urteil der Cour de Cassation führte, das Frankreichs Schiedsgerichtsbarkeit bis heute beeinflußt: In einem Prozeß zwischen einer Versicherungsgesellschaft und einem Versicherten erklärte das Gericht eine „Clause compromissoire“ im Statut der Gesellschaft für nichtig, da sie nicht den Streitgegenstand und die Parteien festlegte, wie Art. 1006 des alten Code de Procédure Civile es verlangte[58]. Heutzutage nimmt man an, daß dem Urteil eine andere Motivation zugrundelag, nämlich das allgemeine Mißtrauen gegenüber Schiedsgerichten und Zweifel an der Qualität der Schiedsrich-

---

[52] Cour d'Appel Paris, 29.3.1991, Rev. arb. 1991, 478; 19.05.1993, Rev. arb. 1993, 645; 7.12.1994, Rev. arb. 1996, 67.

[53] *Jarosson*, L'arbitre et le droit de la concurrence: ordre public et indivisibilité du litige, Rev. arb. 1993, 658.

[54] Vgl. § 1 A. III. 2.

[55] Zur Geschichte der „Clause compromissoire“ ausführlich *Robert/Moreau* (oben FN 36), RZ 58ff und *Cohen* (oben FN 43), RZ 14ff.

[56] Vgl. *Clère*, L'arbitrage révolutionnaire: apogeé et déclin d'une institution (1790-1806), Rev. arb. 1981, 3.

[57] Zu dieser Kritik *Cohen* (oben FN 43), RZ 16.

[58] Cass., 10.7.1943, S. 1843 I 561.

ter[59]. Derartige Ausführungen finden sich in diesem Urteil tatsächlich: „On ne trouve pas chez les arbitres les qualités qu'on est assuré de trouver chez les magistrats, la probité, l'impartialité, la compétence, la délicatesse de sentiments nécessaires pour rendre des jugements". Die in der Entscheidung geforderten Bedingungen konnte die Mehrzahl der Schiedsklauseln, deren Charakteristikum ja gerade darin bestand, eine Vielzahl unterschiedlicher zukünftiger Streitigkeiten zu erfassen, nicht erfüllen. Das Urteil traf damit sämtliche statutarische Schiedsgerichte in ihrem Kern, so daß man auch die gesellschaftsrechtliche „Arbitrage forcé" nicht länger aufrechterhalten konnte. Nachdem die Schiedsklauseln aus den Gesellschaftsstatuten mehr und mehr verschwanden, schaffte das Gesetz vom 17. und 23. Juli 1856 sie gänzlich ab. Gleichzeitig führte es die besondere Zuständigkeit des Handelsgerichts nach Art. 631 Abs. 1 Nr. 1 bis 3 C. com. ein. Art. 631 Abs. 1 Nr. 2 C. com. erklärte nun das Handelsgericht zuständig für Streitigkeiten zwischen Gesellschaftern mit Beziehung zu einer Handelsgesellschaft[60].

Damit hatte sich das Blatt gewendet: Die zwingende Zuweisung an Schiedsgerichte verwandelte sich in eine ausschließliche Zuständigkeit der Handelsgerichte. Dieser Artikel ist noch immer in Kraft, ihm fügte aber das Gesetz vom 31. Dezember 1925 einen zweiten Absatz hinzu, mit dem gesellschaftsrechtliche Schiedsverfahren in Frankreich heute stehen und fallen. Danach können die Parteien die in Art. 631 Abs. 1 Nr.1 bis 3 C. com. aufgeführten Streitigkeiten auch einem Schiedsgericht vorlegen[61]. Die Vorschrift legt nicht nur den Anwendungsbereich gesellschaftsrechtlicher Schiedsgerichtsbarkeit fest, sondern stellt auch die einzige wesentliche Ausnahme des Prinzips der Nichtigkeit der Schiedsklausel dar, welches heute Art. 2061 C. civ. festschreibt[62]. Die Reform des Schiedsverfahrensrechts 1980/1981 hat an diesen Grundsätzen nicht gerüttelt. Lediglich das Gesetz vom 31.12.1990 stellte durch Art. 631.1 C. com. klar, daß Schiedsklauseln auch im Statut einer Gesellschaft von Freiberuflern gültig sind. Es bleibt daher festzuhalten, daß der Entscheidung, ob eine Streitigkeit schiedsfähig ist, die Frage vorgelagert ist, ob die Parteien für den Bereich, aus dem sie stammt, überhaupt eine Schiedsklausel vereinbaren können.

Art. 631 Abs. 1 Nr. 2 C. com. läßt die gesellschaftsvertragliche Schiedsklausel zu für „Streitigkeiten unter Gesellschaftern mit Bezug zu einer Handelsgesellschaft". Die Begriffe der „Handelsgesellschaft" und der „Gesellschafter", interpretiert man in Frankreich großzügig, während das Merkmal der erfaßten Streitigkeiten durchaus restriktiv gehandhabt wird:

Unter Handelsgesellschaften i.S.d. Art. 631 Abs. 1 Nr. 2 C. com. versteht man danach nicht nur die klassischen Handelsgesellschaften, die dies schon aufgrund ihrer Rechtsform sind, also die Société en Nom Collectif (SNC), die Société en Commandite Simple (SCS), die Société à Responsabilité Limitée (SARL) und die Société Anonyme (SA). Vielmehr fallen auch jene Gesellschaften unter die Vorschrift, die nicht handels-

---

[59] *Robert/Moreau* (oben FN 36), RZ 59.

[60] „Les tribuneaux de commerce connaîtront...des contestations entre associés, pour raison d'une société de commerce".

[61] „Toutesfois, les parties pourront, au moment où elles contractent, convenir de soumettre à des arbitres les contestations ci-dessus énuméeres, lorsqu'elles viendront à se produire".

[62] „La clause compromissoire est nulle s'il n'est disposé autrement par la loi".

rechtlicher, sondern bürgerlichrechtlicher Natur sind, sofern sie einen handelsrechtlichen Gegenstand haben, der sich aus dem Gesellschaftsvertrag oder aus den Aktivitäten der Gesellschaft ergeben kann[63]. Desweiteren spricht Art. 631 Abs. 1 Nr. 2 C. com. zwar nur von den „Gesellschaftern". Die Gerichte haben jedoch schon sehr früh entschieden, daß auch Streitigkeiten zwischen der Gesellschaft und den Gesellschaftern unter die Vorschrift fallen[64], was das Schrifttum ebenso sieht[65]. Damit ist noch nicht geklärt, ob sie auch Gesellschaftsorgane erfaßt, die keine Gesellschafterstellung innehaben. So ist etwa an Streitigkeiten zu denken, an denen Leitungsorgane beteiligt sind, die nicht selbst Gesellschafter sind, sog. Fremdgeschäftsführer. Diese Frage wird bei der schiedsgerichtlichen Beurteilung von Verantwortlichkeits- und Abberufungsklagen relevant und deshalb im zweiten Teil behandelt.

Für eine „Streitigkeit zwischen den Gesellschaftern mit Bezug zu einer Handelsgesellschaft" ist schließlich erforderlich, daß der Disput die Existenz, den Wortlaut oder die Anwendung des Gesellschaftsvertrages selbst betrifft[66]. Art. 631 Abs. 1 Nr. 2 C. com. soll jene Streitigkeiten erfassen, welche anläßlich Gründung, Betrieb oder Auflösung der Gesellschaft entstehen und die Gesellschaftsinteressen bzw. die Tätigkeit der Gesellschaft selbst zur Frage haben. Ausgeschlossen sind dagegen Streitigkeiten, deren Ursprung außerhalb des Gesellschaftsverhältnisses liegt, die also persönlichen Beziehungen der Gesellschafter untereinander entspringen[67]. Das Schrifttum hat sich diesem einschränkenden Kriterium angeschlossen[68] und faßt zusammen, daß die Streitigkeit direkte Wirkung auf das Gesellschaftsverhältnis zeitigen müsse[69].

D. Vereinigte Staaten von Amerika

Im US-amerikanischen Prozeßrecht sucht man sowohl auf Bundes- als auch auf Staatenebene vergeblich nach einem allgemeinen Kriterium der „arbitrability"[70]. Um zu

[63] *de Boisséson* (oben FN 36), RZ 44; *Robert/Moreau* (oben FN 36), RZ 73.

[64] Cass., 25.7.1895, D. 1896 I 180, 181; 20.10.1982, Rev. arb. 1983, 59, 60; Cour d'Appel Paris, 16.6.1922, D. 1923 II 179, 180; 26.6.1961, D. 1962, 39; Trib. Aix, 4.7.1934, D. 1937 II 9; Trib. Rennes, 13.2.1935, D. 1937 II 9, 12.

[65] *de Boisséson* (oben FN 36), RZ 45; *Robert/Moreau* (oben FN 36), RZ 73; *Cozian/Viandier*, Droit des sociétés, RZ 301; *Mercadal/Janin*, Sociétés commerciales, RZ 418.

[66] Cass., 6.12.1966, D. 1967, 267; Cour d'Appel Paris, 11.5.1957, Rev. trim. dr. com. 1958, 81, 82; 26.6.1961, D. 1962, 39; Cour d'Appel Amiens, 18.2.1959, D. 59, 321; Cour d'Appel Aix, 29.9.1967, Rev. arb. 1971, 10, 12; Trib. Lyon, 17.9.1948, D. 1948, 588; Diese Definition wurde im wesentlichen entwickelt zur Frage, ob die Abtretung von Geschäftsanteilen unter Art. 631 C. com. fällt.

[67] T.G.I. Seine, 29.11.1960, D. 1961, 104; Cour d'Appel Aix, 29.9.1967, Rev. arb. 1971, 10, 12.

[68] *de Boisséson* (oben FN 36), RZ 45; *Robert/Moreau* (oben FN 36), RZ 73; *Ripert/Roblot*, Traité de droit commercial, Tome 1: Sociétés commerciales, RZ 126; *Cozian/Viandier* (oben FN 65), RZ 301; *Mercadal/Janin*, (oben FN 65), RZ 418.

[69] *de Boisséson* (oben FN 36), RZ 45; *Cohen* (oben FN 43), RZ 140ff.

[70] Zu beachten ist, daß US-amerikanische Konzept der „arbitrability" nicht nur die Schiedsfähigkeit behandelt, sondern darüber hinaus auch die Frage, ob der jeweilige Disput von der der Reichweite der betreffenden Schiedsklauel erfaßt wird, vgl. ausführlich *Note*, Arbitrability of Disputes under the Federal Arbitration Act, 71 Iowa L. Rev. 1137 (1986).

beurteilen, ob eine Streitigkeit einem Schiedsgericht vorlegt werden kann, muß man vielmehr die zahlreichen Listen nicht schiedsfähiger Streitigkeiten in den Gesetzen der einzelnen Bundesstaaten konsultieren und danach den Begriff der „public policy" erörtern.

Bis auf Vermont haben alle Bundesstaaten der USA eigene „Arbitration Acts" erlassen, die sich meist jedoch nur mit verfahrensrechtlichen Fragen beschäftigen[71]. Viele dieser Gesetze nehmen darüber hinaus bestimmte Rechtsgebiete von schiedsgerichtlicher Erledigung aus, so etwa ganz oder teilweise das Deliktsrecht[72], verschiedene arbeitsrechtliche Streitigkeiten[73] oder das Versicherungsrecht[74]. Andere Staaten verbieten Schiedsgerichte im Grundstücksrecht[75], bei bestimmten Verbrauchergeschäften[76] oder in Arzt-Patient- und Anwalt-Mandant-Verhältnissen[77]. Zwei Staaten erlauben ein Schiedsverfahren gar nur für die Beilegung von Streitigkeiten aus Bauverträgen[78]. Ein generelles Kriterium der Schiedsfähigkeit fehlt jedoch sowohl in den Gesetzen der einzelnen Bundesstaaten als auch im Federal Arbitration Act. So erklärt das New Yorker CPLR in § 7501 jede schriftliche Schiedsklausel für wirksam ohne Rücksicht auf den justiziablen Charakter der in Frage stehenden Streitigkeit[79]. Und der FAA bestimmt in § 2, daß jede schriftliche Schiedsklausel wirksam, unwiderruflich und durchsetzbar ist, sofern ihr nicht Gründe entgegenstehen, die auch die Auflösung eines Vertrages nach sich ziehen könnten[80].

Um in den USA die Schiedsfähigkeit einer Streitigkeit zu bestimmen, muß man mit dem Begriff der „public policy" arbeiten: Amerikanische Gerichte nehmen traditionell solche Bereiche von schiedsgerichtlicher Beurteilung aus, welche sie für so eng an staatliche Interessen gebunden halten bzw. die solch wichtige öffentliche Interessen berühren, daß sie nur staatliche Gerichte entscheiden sollen[81]. Die Geschichte der Leh-

---

[71] Übersicht bei *Note* (oben FN 70), 71 Iowa L. Rev. 1137, 1140 (1986).

[72] Arkansas, Iowa, Kansas, Montana, South Carolina, Texas.

[73] Arkansas, Idaho, Iowa, Kansas, Kentucky, Maryland, New Hampshire, North Carolina, Oregon, South Carolina, Vermont, Washington, Wisconsin.

[74] Arkansas, Kansas, Kentucky, Missouri, Montana, Oklahoma, South Carolina, South Dakota, Vermont.

[75] Ohio, Oregon, Tennessee.

[76] Indiana, Montana, Texas.

[77] South Carolina.

[78] Georgia, Mississippi.

[79] „A written agreement to submit any controversy thereafter arising or any existing controversy to arbitration is enforceable without regard to the justiciable character of the controversy and confers jurisdiction on the courts of the state to enforce it and to enter judgment on an award".

[80] „A written provision in any maritime transaction or a contract evidencing a transaction involving commerce to settle by arbitration a controversy thereafter arising out of such contract or transaction or the refusal to perform the whole or any part thereof, or an agreement in writing to submit to arbitration an existing controversy arising out of such contract, transaction or refusal, shall be valid, irrevocable, and enforceable, save upon such grounds as exist at law or in equity for the revocation of any contract".

[81] Allgemein: *Domke*, The Law and Practice of Commercial Arbitration, § 19:09; *Born*, International Commercial Arbitration in the United States, 322ff. Für das New Yorker Recht: *Weinstein/Korn/Miller*, New York Civil Practice, § 7501.15; 23 *Carmody-Wait*, Cyclopedia of New York Civil Practice, § 141:29; anschaulich *Susquehanna Valley Central School Dist. v. Susquehanna Teacher's Ass'n*, 37

re von der „Non-Arbitrability" beginnt mit der Entscheidung *Wilko v. Swann*, in der der Supreme Court Streitigkeiten unter dem Federal Securities Act von 1933 für nicht schiedsfähig erklärte, da das Gesetz dem Schutz von Investoren diene und mithin jegliche Einschränkung ihrer Rechte verhindern wolle[82]. Später verbot er die schiedsgerichtliche Entscheidung von Schadensersatzklagen im Rahmen des Civil Rights Act von 1964[83] und des Fair Labor Standards Act[84]. Das Gericht betonte, daß in beiden Fällen wichtige öffentliche Rechte auf dem Spiel stünden und unterstellte dem Schiedsverfahren Unfähigkeit, Streitigkeiten um solche Rechte auf befriedigende Weise zu lösen.

Seit Mitte der siebziger Jahre hat sich eine grundlegend neue Bewertung der Schiedgerichtsbarkeit vollzogen, verbunden mit einer fast „dramatischen" Verlagerung der Kontrolle auf die staatlichen Gerichte[85]. Den Anfang bildete die Entscheidung *Scherk v. Alberto-Culver Co.*, in der der Supreme Court eine Klage basierend auf dem Securities Exchange Act von 1934 für schiedsfähig hielt, soweit sie einer internationalen Transaktion entspränge[86]. Unter der gleichen Voraussetzung bejahte er in *Mitsubishi Motors Corp. v. Soler Chrysler-Plymouth, Inc.* die Schiedsfähigkeit einer auf Bundeskartellrecht gestützten Klage[87]. In neuerer Zeit hat er in zwei Entscheidungen sowohl nationale als auch internationale Streitigkeiten um den RICO Act[88] und den Securities Exchange Act von 1934[89] für schiedsgerichtlicher Erledigung zugänglich erklärt. Desweiteren stellte er fest, daß mittlerweile statutarische Rechte unproblematisch Gegenstand einer Schiedsvereinbarung sein könnten und deshalb auch der Age Discrimination in Employment Act schiedsfähig sei[90]. Andere Gerichte haben in der Zwischenzeit gar rein nationale Kartellrechtsdispute für schiedsfähig erklärt[91].

Die sich daraus ergebenden Leitlinien lassen sich wie folgt zusammenfassen[92]: Quelle der „public policy" ist vorrangig das Gesetzesrecht, aber auch dem Fallrecht ist Beachtung zu schenken. Dabei ist der Begriff in Angelegenheiten, die bundesrechtliche oder internationale Materien betreffen, großzügiger auszulegen als in einzelstaatlichen

N.Y.S.2d 614, 616-617 (1975): „Public policy, whether derived from, and whether explicit or implicit in statute or decisional law, or in neither, may also restrict the freedom to arbitrate".

82 *Wilko v. Swann*, 356 U.S. 427 (1953).

83 *Alexander v. Gardner-Denver Co.*, 415 U.S. 36 (1974).

84 *Barrentine v. Arkansas-Best Freight System, Inc.*, 450 U.S. 728 (1981).

85 *Schlosser*, Das Recht der internationalen privaten Schiedsgerichtsbarkeit, 285.

86 *Scherk v. Alberto-Culver Co.*, 417 U.S. 506 (1974).

87 *Mitsubishi Motors v. Corp. v. Soler Chrysler-Plymouth, Inc.* 473 U.S. 614 (1985).

88 *Shearson/American Express, Inc. v. McMahon*, 482 U.S. 220 (1987).

89 *Rodriguez de Quijas v. Shearson/American Express, Inc.*, 490 U.S. 477 (1989).

90 *Gilmer v. Interstate/Johnson Lane Corp.*, 111 S.Ct. 1647, 1652 (1991).

91 *Kowalski v. Chicago Tribune Co.*, 854 F.2d 168 (7th Cir 1988).

92 Allgemein: neben den Urteilen *Scherk* und *Mitsubishi* auch *Domke* (oben FN 81), § 19:09; *ausführlich Sterk*, Enforceability of Agreements to Arbitrate: An Examination of the Public Policy Defense, 2 Cardozo L. Rev. 481 (1981). Für das New Yorker Recht: *Matter of Knickerbocker Agency (Holz)*, 173 N.Y.S.2d 602 (1958); *In re Aimee Wholesale Corp. (Tomar Products, Inc.)*, 289 N.Y.S.2d 968, 970 (1968); *Port Jefferson Station Teacher's Ass'n v. Brookhaven-Comsewogue Union Free School Dist.*, 411 N.Y.S.2d 1 (1978); *Mineola Union Free School Dist. v. Mineola Teacher's Ass'n*, 415 N.Y.S.2d 797, 798 (1979); *Waks v. Waugh*, 463 N.Y.S.2d 425 (1983); *Maross Constr., Inc. v. Central New York Regional Transp. Authority*, 497 N.Y.S.2d 321 (1985); *Fletcher v. Kidder, Peabody & Co., Inc.*, 601 N.Y.S.2d 686 (1993); zusammenfassend *Weinstein/Korn/Miller* (oben FN 81), § 7501.15.

Fragen. Unter dem FAA etwa muß die sich auf eine „public policy“ berufende Partei die gesetzgeberische Absicht nachweisen, daß eine bestimmte Streitigkeit über ein statutarisches Recht nicht schiedsgerichtlicher Erledigung zugänglich sein soll. In den meisten Fällen reicht es für den Schutz öffentlicher Interessen unterliegender Rechtsgüter jedoch aus, wenn eine nachträgliche Kontrolle durch staatliche Gerichte gewährleistet ist.

Um Schiedsfähigkeit zu verneinen, ist jedenfalls eine wichtige und starke „public policy“ erforderlich, was die Gerichte von Fall zu Fall entscheiden. New Yorker Gerichte haben anerkannt, daß es mittlerweile nur noch sehr wenige Materien gebe, die so eng mit gewichtigen öffentlichen Interessen verbunden seien, daß man sie für nicht schiedsfähig halten müsse. Im Gegenteil soll eine Schiedsvereinbarung so lange als wirksam gelten, wie sie dergestalt ausgelegt werden könne, daß sie keine „public policy“ verletze. Dabei weigern sich die Gerichte, ein Schiedsverfahren auszusetzen, wenn sie zur Feststellung einer entgegenstehenden „public policy“ bereits tiefgehende Untersuchungen zur Hauptsache anstellen müßten[93]. Unter den Materien, die heute in den USA noch als nicht schiedsfähig diskutiert werden, sind - neben einzelnen gesellschaftsrechtlichen Streitigkeiten - bestimmte Bereiche des kollektiven Arbeitsrechts, Streitigkeiten aus dem öffentlichen Schul- und Universitätswesen, Kapitalmarkt- und Kartellrechtsstreitigkeiten sowie Dispute aus dem Bereich des Familienrechts und hier insbesondere die elterliche Sorge und Vormundschaft[94].

Die erörterten Anforderungen bestimmen auch das Schicksal der Schiedsfähigkeit gesellschaftsrechtlicher Streitigkeiten, sie verlangen folglich eine Erörterung der „corporate public policy“[95]. Dabei sind sowohl das Gesellschafts- als auch das Schiedsverfahrensrecht des betroffenen Staates zu untersuchen[96]. Allerdings gibt letztlich das Gesellschaftsrecht den Ausschlag, da die einzelnen Schiedsverfahrensgesetze die gesellschaftsrechtliche Schiedsgerichtsbarkeit nirgends einschränken oder ausschließen[97].

---

[93] *Sprinzen v. Nomberg*, 46 N.Y.S.2d 623 (1979); *Mendelsohn v. A&D Catering Corp.*, 473 N.Y.S.2d 481 (1984); *Wertlieb v. Greystone Partnerships Group Inc.*, 569 N.Y.S.2d 61 (1991).

[94] Zusammenfassend *Weinstein/Korn/Miller* (oben FN 81), § 7501.13ff.

[95] *Weinstein/Korn/Miller* (oben FN 81), § 7501.15; *Kessler*, Arbitration of Intra-Corporate Disputes under New York Laws, 19 Arb. J. 1, 6 (1964); *Suckewer/Heftler*, Disputes Among Shareholders and Directors in Closely Held Corporations, in Arbitration: Commercial Disputes, Insurance and Tort Claims, 11, 18 (1979).

[96] *O'Neal/Thompson*, Close Corporations, § 9:12 u. § 9:15; *O'Neal*, Resolving Disputes in Closely Held Corporations: Intra-Institutional Arbitration, 67 Harv. L. Rev. 786, 793 (1954); *Kessler* (oben FN 95), 19 Arb. J. 1, 5 (1964); *Suckewer/Heftler* (oben FN 95), 11, 18; *Shell*, Arbitration and Corporate Governance, N.C. L. Rev. 517, 553 (1989).

[97] *Kessler* (oben FN 95), 19 Arb. J. 1, 7 (1964).

E. Stellungnahme

Der Überblick über die Ausgestaltung der Schiedsfähigkeit in anderen Ländern ergibt zwei grundsätzliche Anknüpfungspunkte. Zu unterscheiden sind die Vergleichs- bzw. Verfügungsbefugnis und der „ordre public" bzw. die „public policy". Schließlich ist auch zur Frage der Unwirksamkeit der „Clause compromissoire" Stellung zu nehmen.

I. Vergleichs- und Verfügungsbefugnis

Aus den schon in § 3 erörterten Gründen stellt die Anknüpfung an die objektive Verfügbarkeit des Rechtsverhältnisses in nationalen Verfahren eine grundsätzlich brauchbare Regelung dar, die dem Kriterium der Vergleichsbefugnis überlegen erscheint[98]. Der österreichischen Schiedsgerichtsbarkeit bleibt deshalb zu wünschen, daß sie sich auch hier durchsetzt. Angesichts der neuen Gesetze in Deutschland und der Schweiz ist aber auch das Kriterium des vermögensrechtlichen Anspruchs eine diskussionswürdige Alternative. Art. 5 SchwK normiert die deutsche Theorie der objektiven Verfügbarkeit. Dabei ist zu beachten, daß die Regelung bestand, lange bevor man in Deutschland die Verfügbarkeitstheorie erstmals ansprach. Allgemein ist aber kein Grund ersichtlich, in der Schweiz nicht auch für nationale Schiedsverfahren die Anknüpfung an den vermögensrechtlichen Anspruch einzuführen.

Stimmen, die die Verfügungsbefugnis mit der Vergleichsbefugnis gleichsetzen, können dagegen nicht überzeugen. Einige speziell schiedsverfahrensrechtliche Unterschiede sind bereits bei der Diskussion des § 1025 Abs. 1 ZPO a.F. angeklungen. Es sprechen aber schon grundsätzliche zivilrechtliche Bedenken gegen sie. So ist, wo Verfügungen schlechthin ausgeschlossen sind, notwendigerweise auch der Vergleich nicht möglich, mit dem man im Regelfall zumindest teilweise auf ein Recht verzichtet. Das erklärt sich aus der Rechtsnatur des Vergleichs, dem regelmäßig Verfügungswirkung zukommt[99]. Dies gilt aber nicht für den umgekehrten Fall: Wo ein Vergleich unzulässig ist, sind nicht zwingend auch alle anderen Verfügungen ausgeschlossen. Es ist daher rein illustrativ zu verstehen, wenn schweizerische Autoren von der Verfügbarkeit i.S.d. Art. 5 SchwK auf die Vergleichsbefugnis verweisen.

Daß man in der Schweiz versucht, die Schiedsfähigkeit mit ausschließlicher staatlicher Gerichtszuständigkeiten einzuschränken, erscheint dies ebenfalls nicht frei von Bedenken. Die Begriffe der „zwingenden Bestimmung" und der „ausschließlichen Zuständigkeit" leisten keinesfalls einen Beitrag zur Rechtsklarheit leisten. Das hat schon der schweizerische IPRG-Gesetzgeber selbst betont[100]. Die zur Auslegung der Norm herangezogenen Kriterien sind denkbar ungenau und decken sich zum Teil gar mit den Maßstäben, die für die Frage der Verfügungsbefugnis über das materielle Rechtsver-

---

[98] Zur Kritik speziell in internationalen Verfahren und im Hinblick auf die Reform des deutschen Rechts § 13.

[99] Vgl. Staudinger-*Marburger*, § 779 RZ 41; MK-*Pecher*, BGB, § 779 RZ 35.

[100] Botschaft IPRG, 98.

hältnis ausschlaggebend sind. Es besteht also die Gefahr, sich mit der Vorschrift lediglich im Kreis zu bewegen. Andererseits sind ausschließliche Zuständigkeiten schweizerischer Gerichte in der Minderheit. Die Einschränkungen, die unter Art. 5 SchwK diskutiert werden, ordnen fast allgemein explizit den Ausschluß oder Beschränkungen der Schiedsgerichtsbarkeit an. Es wäre deshalb genauer gewesen, hätte man sich, wie etwa das neue deutsche Recht in § 1030 Abs. 3 ZPO, lediglich Vorschriften vorbehalten, die schiedsgerichtliche Erledigung von vornherein ausdrücklich ausschließen.

II. „ordre public“ und „public policy“

Der „ordre public“ und die „public policy“ eignen sich als Anknüpfungskriterien der Schiedsfähigkeit nur schlecht. Die Begriffe sind als solche zu unscharf, um schiedsfähige von nicht schiedsfähigen Streitigkeiten klar abzugrenzen. Sind sie selbst bereits kaum einer Definition zugänglich[101], so erscheint es erst recht unmöglich, aus ihnen speziell für die Frage der Schiedsfähigkeit klare Maßstäbe abzuleiten. Zudem widersprechen diese Kriterien der oben dargestellten Funktion der Schiedsfähigkeit im Rahmen der staatlichen Kontrolle des Schiedsverfahrens. Der öffentlichen Ordnung mag man ein Mitspracherecht im Rahmen der nachträglichen Kontrolle des Schiedsspruchs einräumen. Es erscheint aber unangemessen, über sie ein Schiedsverfahren vorab zu verbieten. Das staatliche Rechtsprechungsmonopol beansprucht vielfach die Entscheidung bestimmter Streitigkeiten nicht von vornherein für sich, sondern begnügt sich mit einer nachträglichen Kontrolle. Dieser Differenzierung muß man bereits Rechnung tragen, wenn man nach einem Maßstab der Schiedsfähigkeit sucht.

Es kann daher nicht verwundern, daß die Vorschrift des Art. 2060 C. civ. in der französischen Literatur starker Kritik ausgesetzt ist. So wird ausgeführt, die Anknüpfung an den „ordre public“ wiederhole lediglich das Erfordernis der freien Verfügungbefugnis, weshalb die Vorschrift mehrdeutig sei und Rechtsunsicherheit verursache. Zudem könne die blockweise Aufzählung nicht schiedsfähiger Rechtsgebiete zwar den unzweifelhaften Vorteil der Einfachheit beanspruchen. Allerdings berücksichtige eine derart pauschale Versagung der Schiedsfähigkeit niemals die Vielfalt der Streitigkeiten, die man einem Schiedsgericht übertragen könne[102]. Ein Autor plädiert deshalb dafür, die Vorschrift gänzlich abzuschaffen und die Schiedsfähigkeit allein nach Art. 2059 C. civ. zu beurteilen[103]. Ein neuer Kommentar zum französischen Schiedsrecht verzichtet gar sowohl auf eine Bestimmung des Begriffs der freien Verfügbarkeit als auch des „ordre public und teilt mögliche Streitigkeiten in vermögens- und nichtvermögensrechtliche ein[104].

---

[101] Anschaulich *Walter A. Stanley & Son, Inc. v. Trustees of Hackley School*, 397 N.Y.S.2d 985: „The range of possible definitions is virtually unlimited“.

[102] Ausführlich *Cohen* (oben FN 43), RZ 252; *Oppetit*, L'arbitrage en matière de brevets d'intervention après la loi du 13.7.1978, Rev. arb. 1979, 83; *Level* (oben FN 37), Rev. arb. 1992, 213, 232ff.

[103] *Level* (oben FN 37), Rev. arb. 1992, 213, 240.

[104] *Fouchard/Gaillard/Goldman* (oben FN 36), RZ 571ff.

Dieser Kritik ist besonders deshalb zuzustimmen, wenn man berücksichtigt, daß in Frankreich die Anknüpfung auch für die Schiedsfähigkeit internationaler Streitigkeiten maßgeblich ist. Es ist dem ausländischen Rechtsanwender noch weniger als dem inländischen zuzumuten, Studien über den französischen „ordre public" oder die „public policy" eines US-amerikanischen Bundesstaates anzustellen. Ebenso erscheint die starre Enumeration nicht schiedsfähiger Materien nicht gelungen. In Frankreich sind die meisten dieser Materien in der Tat schon nicht frei verfügbar nach Art. 2059 C. civ. Bei vielen anderen ist - zumindest für Teilgebiete - kein staatliches Rechtsprechungsmonopol zu erkennen. Es leuchtet deshalb nicht ein, bestimmte Gebiete pauschal von schiedsgerichtlicher Beurteilung auszunehmen.

III. Die Nichtigkeit der Schiedsklausel

Daß Art. 2061 C. civ. der Schiedsklausel nach wie vor grundsätzlich die Wirksamkeit abspricht, bedauert man in Frankreich einhellig[105]. Vernünftige Argumente, die Vorschrift beizubehalten, sind nicht erkennbar, so daß man die Norm allein mit dem der Schiedsgerichtsbarkeit allgemein entgegengebrachten Mißtrauen erklären muß. Die Unwirksamkeit der „Clause compromissoire" stellt in der modernen Schiedsgerichtsbarkeit eine absolute Ausnahme dar. Alle fortschrittlichen Kodifikationen erklären die Schiedsklausel zur Erledigung künftig auftretender Streitigkeiten für gültig[106]. Zudem enthalten das belgische und das italienische Prozeßrecht dem Art. 1006 A.C.P.C. bzw. dem heutigen Art. 1448 N.C.P.C. entsprechende Regelungen. Man ist in diesen Ländern aber nicht auf die Idee gekommen, daraus die generelle Unwirksamkeit von Schiedsklauseln herzuleiten. In neuerer Zeit weicht der französische Gesetzgeber daher das Prinzip der Nichtigkeit der „Clause compromissoire" zunehmend auf, indem er Einzelregelungen aufstellt, die sie wie Art. 631 Abs. 2 C. com. zulassen[107]. Und im Rahmen der internationalen Handelsschiedsgerichtsbarkeit haben die französischen Gerichte längst anerkannt, daß Schiedsklauseln wirksam sind; sie zählt das Prinzip also nicht zum „ordre public international"[108]. Man hält daher die Zeit für gekommen, sie für alle bürgerlichrechtlichen Streitigkeiten zuzulassen[109].

Auch diesem Vorschlag ist beizupflichten. Die aus einer schiedsfeindlichen Zeit stammende Rechtsprechung der Cour de Cassation kann man heute ebensowenig aufrechterhalten wie ihre Inkorporation in Art. 2061 C. civ. Die Bedenken gegen die Schiedsgerichtsbarkeit, die das Gericht bei seinem Urteil aus dem Jahre 1843 geleitet haben, sind heute nicht mehr zu rechtfertigen. Die Gesetzeslage steht ebenfalls nicht

---

[105] *de Boisséson* (oben FN 36), RZ 39ff; *Robert/Moreau* (oben FN 36), RZ 58ff.

[106] *Deutschland*: § 1029 ZPO; *Österreich*: § 577 Abs. 3 öZPO; *Schweiz*: Art. 4 SchwK bzw. Art 178 IPRG; *USA*: FAA § 2 bzw. CPLR § 7501; ebenso Art. 7 UNCITRAL-Modellgesetz.

[107] So erlauben sie heute auch das Gesetz vom 27.6.1972 für landwirtschaftliche Genossenschaften und das Gesetz vom 13.7.1978 für patentrechtliche Streitigkeiten.

[108] Cass., 21.6.1904, D. 1906 I 395; 8.12.1914, D. 1916 I 194; 18.2.1930 u. 27.1.1931, S. 1931 I 41; 3.6.1997, J.C.P. éd. com. 1997 I pan. 822; Trib. Seine, 2.8.1955, J.C.P. 1956 II 9460.

[109] *Robert/Moreau* (oben FN 36), RZ 61.

entgegen. Daß die Vorschrift des Art. 1448 N.C.P.C von der Schiedsvereinbarung verlangt, Streitgegenstand und Schiedsrichter festzulegen, führt nicht zwingend zur Nichtigkeit jeglicher Schiedsklauseln, wie das belgische und das italienische Beispiel zeigen. Ihr ist zudem durch vorausschauende Satzungsgestaltung zu begegnen.

F. Ergebnis

Weder die Anküpfung an Vergleichs- bzw. Verfügungsbefugnis noch der „ordre public“ bzw. die „public policy“ können als Kriterien der Schiedsfähigkeit überzeugen. Ob der Maßstab des vermögensrechtlichen Anspruchs vorzuziehen ist, wird im dritten Teil nach der Untersuchung der einzelnen gesellschaftsrechtlichen Streitigkeiten geprüft.

2. Teil - Die Schiedsfähigkeit gesellschaftsrechtlicher Streitigkeiten

Der zweite Teil der Arbeit untersucht verschiedene gesellschaftsrechtliche Binnenstreitigkeiten rechtsvergleichend auf ihre Schiedsfähigkeit. Aus naheliegenden Gründen ist hier eine Auswahl zu treffen. Sie orientiert sich zum einen an der gesellschaftsrechtlichen Bedeutung des jeweiligen Disputs und zum anderen daran, wie kontrovers Rechtsprechung und Literatur in den untersuchten Ländern seine Schiedsfähigkeit diskutieren. Häufig steht bei diesen Diskussionen die objektive Schiedsfähigkeit im Vordergrund. Jedenfalls der Wortlaut des neuen deutschen Schiedsverfahrensrechts hat sich zwar für viele Fallkonstellationen von der Vergleichsbefugnis der Parteien über die Streitigkeit als Kriterium verabschiedet. Es erscheint gleichwohl aus mehreren Gründen angebracht, jeweils auch auf die objektive Schiedsfähigkeit unter Zugrundelegung des § 1025 ZPO a.F. einzugehen. Einerseits entscheidet die Vergleichsbefugnis im neuen Schiedsverfahrensrecht noch immer über das Schicksal nichtvermögensrechtlicher Streitigkeiten. Andererseits kann man nur auf diese Weise einen Vergleich zur objektiven Schiedsfähigkeit gesellschaftsrechtlicher Streitigkeiten nach der Neuregelung des Schiedsrechts ziehen. Darüber hinaus stellen sich im Rahmen des Verhältnisses von materieller Vergleichsbefugnis und objektiver Schiedsfähigkeit oftmals Fragen, die über die gesellschaftsrechtliche Schiedsgerichtsbarkeit hinausgehen und daher von grundsätzlichem Interesse sind. Und schließlich wird von gewichtigen Stimmen nicht nur für das Vorbild des schweizerischen Art. 177 IPRG[1], sondern auch für den neuen deutschen § 1030 ZPO[2] vertreten, daß zur Beurteilung des vermögensrechtlichen Charakters einer Streitigkeit nach wie vor auf die Parteidisposition abzustellen sei.

§ 5 Streitigkeiten um die Erbringung der Einlage

Die schiedsgerichtliche Beurteilung kapitalgesellschaftsrechtlicher Einlagestreitigkeiten gewinnt ihren Reiz durch die Verknüpfung von materiellem Gesellschaftsrecht und Prozeßrecht. Es zeigt sich, daß materiellrechtlich feststehende Rechtsbegriffe nicht immer unbesehen auf das Prozeßrecht übertragen werden können.

---

[1] *Rüede/Hadenfeldt*, Schweizerisches Schiedsgerichtsrecht, 55; *Habscheid*, das neue schweizerische Recht der internationalen Schiedsgerichtsbarkeit nach dem Bundesgesetz über das Internationale Privatrecht, RIW 1988, 766, 768; *ders.*, Internationale Schiedsgerichtsbarkeit in der Schweiz und in Deutschland, FS Hanisch, 109, 115; *Meier*, „Vermögensrechtliche Ansprüche" - ein Schlüsselbegriff des Bundesgesetzes über das Internationale Privatrecht (IPRG) ?, MittIzivVerf 1988, 5, 13; *Wenger*, Das Kapitel 12 IPRG: Erfahrungen der ersten drei Jahre, Bulletin ASA 1992, 5, 20f; so auch *Guldener*, Schweizerisches Zivilprozeßrecht, 93 für die Gerichtsstandsvereinbarung.

[2] *Schwab*, Bemerkungen zur Rechtskraft inter omnes und zur Geltung der Grundrechte im Schiedsverfahren, FS Gaul, 729, 733; ähnlich anscheinend Musielak-*Voit*, § 1030 RZ 1; *ders.*, Privatisierung der Gerichtsbarkeit, JZ 1997, 120, 125.

A. Grundlagen

Alle untersuchten Länder kennen Vorschriften, welche die Pflicht zur Erbringung der Einlage normieren. In *Deutschland* ist sie in § 54 Abs. 1 AktG bzw. § 19 Abs. 1 GmbHG angeordnet. Das *österreichische* Recht sieht sie in § 49 Abs. 1 öAktG bzw. § 63 Abs. 1 öGmbHG vor. Das *schweizerische* OR kennt die „Liberierung" von Aktien in § 632-634a OR und die Leistung der GmbH-Einlage in Art. 798 Abs. 1 OR. In *Frankreich* sind nach Art. 75 LSC auf gezeichnete Aktien und nach Art. 38 LSC auf die Geschäftsanteile der SARL Einzahlungen zu leisten. Und das *New Yorker* BCL definiert in § 504 (a) die „consideration", die für gezeichnete Aktien zu leisten ist.

Diese Verpflichtung flankieren Regelungen, welche die tatsächliche Erbringung der Einlage absichern sollen. So verbieten § 66 Abs. 1 S. 1 AktG bzw. § 19 Abs. 2 S. 1 GmbHG die Befreiung der Gesellschafter von der Einlagepflicht, und § 66 Abs. 1 S. 2 AktG bzw. § 19 Abs. 2 S. 2 GmbHG schließen auch eine Aufrechnung des Gesellschafters gegen die Einlageforderung der Gesellschaft aus. In *Österreich* entspricht § 60 Abs. 1 öAktG dem deutschen § 66 Abs. 1 AktG, und § 63 Abs. 3 öGmbHG geht sogar weiter als § 19 Abs. 2 S. 2 GmbHG, indem er nicht nur Erlaß und Aufrechnung („Kompensation") der Einlageforderung, sondern auch ihre Stundung verbietet.

Das *schweizerische* Aktienrecht stellt in Art. 680 Abs. 2 OR fest, daß der Aktionär kein Recht hat, seinen auf die Aktien geleisteten Betrag zurückzufordern. Die Gerichte haben diese Vorschrift zu einem zweiseitigen Verbot erweitert: Sie soll dem Aktionär nicht nur ein Rückforderungsrecht versagen, sondern auch der Gesellschaft verbieten, dem Aktionär seine Einlage zurückzugewähren oder zu erlassen[3]. Die nachträgliche Leistung auf nicht voll liberierte Aktien kann gem. Art. 634a Abs. 2 OR aber durch „Verrechnung" erfolgen. Einige Autoren halten gar auch die Leistung des ursprünglichen Mindestkapitals von 20 Prozent des Nennwertes der gezeichneten Aktien (Art. 632 Abs. 1 OR) durch Verrechnung für möglich[4]. Das schweizerische GmbH-Recht verbietet in Art. 798 Abs. 2 OR ebenfalls, die Leistung der Stammeinlage zu erlassen oder zu stunden. Eine Aufrechnung soll dagegen ebenso wie im Aktienrecht zumindest hinsichtlich nachträglicher Leistungen auf die Einlage möglich sein, wenn bestimmte Schutzvorkehrungen getroffen worden seien[5].

Das *französische* LSC normiert keine ausdrücklichen Erlaß- oder Aufrechnungsverbote. Im Rahmen der Kapitalerhöhung erlaubt Art. 178 Abs. 2 LSC im Gegenteil die Aufrechnung für die Einzahlung auf neue Aktien, wenn die Gegenforderung „flüssig und fällig" ist. Diese Vorschrift findet auf die Kapitalerhöhung bei der SARL analoge

---

[3] BG, 4.6.1909, BGE 35 II 303, 308; 16.10.1922, BGE 48 II 395, 401; 3.7.1939, BGE 65 I 147, 149; ZürchKomm-*Bürgi*, Art. 680 RZ 30; OR-*Kurer*, Art. 680 RZ 17; *Guhl*, Das schweizerische Obligationenrecht, 657; *Schucany*, Kommentar zum schweizerischen Aktienrecht, Art. 680 RZ 3.

[4] *Forstmoser/Meyer-Hayoz*, Schweizerisches Aktienrecht, § 15 RZ 34; so wohl auch *Böckli*, Schweizer Aktienrecht, RZ 94 und *v. Steiger*, Das Recht der Aktiengesellschaft in der Schweiz, 97.

[5] ZürchKomm-*Becker*, Art. 798 RZ 4; OR-*Amstutz*, Art. 798 RZ 3; *Guhl* (oben FN 3), 722; näher unten B. II. 3.

Anwendung[6]. Im Gründungsstadium läßt man hingegen überwiegend die Leistung der sofort zu erbringenden Hälfte der Einlage (Art. 75 Abs. 2 LSC)[7] durch Aufrechnung nicht zu, die Leistung der zweiten Hälfte aber schon[8]. Vereinzelt wird die Aufrechnung aber auch gänzlich abgelehnt[9]. Im Unterschied zur SA sind bei der SARL nach Art. 38 Abs. 1 LSC die Geschäftsanteile nicht nur vollständig zu zeichnen, sondern auch die Einzahlungen darauf sofort vollständig zu leisten. Ob eine Aufrechnung mit der Einlageforderung zulässig ist, wird in neuerer Zeit kaum diskutiert. Eine frühe Entscheidung der Cour de Cassation ließ sie bezüglich des gesamten Kapitals zu[10], eine ebenfalls ältere Stimme lehnte sie dagegen ab[11].

Für die Frage, ob die Einlagestreitigkeit schiedsgerichtlicher Erledigung nach Art. 631 Abs. 2 i.V.m. Art. 631 C. com. zugänglich ist, hat die ältere Judikatur auf den Akt der Zeichnung der Aktien bzw. der Geschäftsanteile abgestellt und geprüft, ob dieser ein Handelsgeschäft i.S.d. Art. 631 Abs. 1 Nr. 3 C. com. darstellt, was sie uneinheitlich beurteilte[12]. Heute läßt man diese Frage überwiegend unbeantwortet, da Maß der Dinge Art. 631 Abs. 1 Nr. 2 C. com. sei, also das Erfordernis einer Streitigkeit zwischen Gesellschaftern mit Bezug zu einer Handelsgesellschaft[13]. Bei einem Disput um die Erbringung der Einlage handele es sich um eine solche Streitigkeit, da sie einen starken und unmittelbaren Bezug zum Gesellschaftsverhältnis aufweise. Die Argumente, die der Gesellschafter der Einlageforderung entgegensetzen könne, erforderten es, die Regelungen des Gesellschaftsvertrags auszulegen und anzuwenden. Daher sei grundsätzlich das Handelsgericht nach Art. 631 Abs. 1 Nr. 2 C. com. zuständig zur Streitentscheidung[14] und damit auch schiedsgerichtliche Beurteilung nach Art. 631 Abs. 2 C. com. eröffnet[15].

---

[6] Cass., 7.2.1972, Rev. soc. 1973, 297, 301; *Mercadal/Janin*, Sociétés commerciales, RZ 1008; *Hémard/Terré/Mabilat*, Sociétés commerciales, Tome I, RZ 539.

[7] Früher war ein Viertel der Einlage sofort zu erbringen, das Gesetz vom 11.2.1994 erhöhte die Einlageverpflichtung auf die Hälfte.

[8] Cass., 26.2.1904, D. 1905 I 17, 21; 17.6.1970, Rev. soc. 1971, 187, 188; Cour d'Appel Paris, 5.7.1934, Gaz. Pal. 1934 II, 628, 630; Trib. Paris, 17.6.1904 u. 22.12.1905, D. 1907 II 152, 154f; *Guyon*, Droit des affaires, Tome 1:Droit commercial et sociétés, RZ 106; *Ripert/Roblot*, Traité de droit commercial, Tome 1: Sociétés commerciales, RZ 1088 u. 1170; *Hémard/Terré/Mabilat* (oben FN 6), RZ 695 u. Sociétés commerciales, Tome II, RZ 454.

[9] Cour d'Appel Paris, 27.9.1977, Rev. soc. 1978, 728, 730f in einer vereinzelt gebliebenen Entscheidung.

[10] Cass., 27.1.1873, S. 1873, 163, 164.

[11] *Hémard/Terré/Mabilat* (oben FN 6), RZ 389.

[12] Cass., 25.10.1899, D.P. 1899 I 560; Cour d'Appel Amiens, 18.2.1959, D. 1959, 320; 7.7.1960, Gaz. Pal. 1960 II 194; Trib. Douai, 26.11.1925, Journ. soc. 1926, 483, 484; Trib. Bordeaux, 20.3.1939, Gaz. Pal. 1939 I 689; ebenso *de Boisséson*, Le droit français de l'arbitrage interne et international, RZ 49; *Ripert/Roblot* (oben FN 8), RZ 1170.

[13] *de Boisséson* (oben FN 12), RZ 49; *Robert/Moreau*, Arbitrage, RZ 74; *Cohen*, Arbitrage et Société, RZ 152; *Dardel*, Jurisclasseurs Sociétés Traité, Tome I, Fasc. 30/1, RZ 54.

[14] Trib. Paris, 7.12.1893, Journ. Soc. 1894, 125, 126; 7.10.1965, Rev. trim. dr. com. 1966, 348, 349; Trib. Limoges, 3.12.1920, S. 1921 II 126, 127; Trib. Charleville, 7.7.1920, Journ. soc. 1922, 226, 227; *Mercadal/Janin* (oben FN 6), RZ 418; *Dardel* (oben FN 13), RZ 32 u. 39 und ausführlich 52ff.

[15] *de Boisséson* (oben FN 12), RZ 49; *Robert/Moreau* (oben FN 13), RZ 74; *Cohen* (oben FN 13), RZ 152.

Das *New Yorker* Gesellschaftsrecht erlaubt den Direktoren, nach BCL § 504 (a) (2) „bis zur Grenze des Betruges" nach ihrem Ermessen bestimmen, ob für die Aktien eine entsprechende Leistung erbracht worden ist. Dieses Ermessen wird jedoch insoweit begrenzt, als man die tatsächliche Erbringung der Einlage für unabdingbar hält und diesen Grundsatz zum zwingenden Recht zählt. Deshalb können die Direktoren die Gesellschafter nicht gänzlich von der Leistung befreien[16].

B. Schiedsfähigkeit

Trotz ähnlichen Gesellschafts- und Schiedsverfahrensrechts bestehen hinsichtlich der Beurteilung der Schiedsfähigkeit auffällige Dissonanzen zwischen den untersuchten Ländern. Während man in *Deutschland* schiedsgerichtliche Erledigung von Einlagestreitigkeiten überwiegend zuläßt, wird sie in *Österreich* ausnahmslos abgelehnt. In der *Schweiz* findet sich keine Stellungnahme, während sie in *Frankreich* lediglich unter dem Gesichtspunkt des Art. 631 C. com. erörtert wird. In *New York* zählt die Erfüllung der Einlageansprüche zwar zur gesellschaftsrechtlichen „public policy", ihre Schiedsfähigkeit wird aber nicht diskutiert.

Unabhängig davon lautet die zentrale Frage, ob schiedsgerichtliche Beurteilung von Einlagestreitigkeiten mit den oben dargestellten Vorschriften zum Schutz der Kapitalaufbringung vereinbar ist. Das Einfallstor bildet die Schiedsfähigkeit im engeren Sinne, unter Zugrundelegung des § 1025 ZPO a.F. also die objektive Vergleichs- bzw. Verfügungsbefugnis: Vielfach nimmt man nämlich an, die Schutzvorschriften schlössen nicht nur Erlaß und Aufrechnung der Einlageforderung aus, sondern erstreckten sich auch auf den Abschluß eines Vergleichs. Und aus dieser angeblich fehlenden Vergleichsbefugnis folgern einige Autoren dann die mangelnde objektive Schiedsfähigkeit. Es ist deshalb jene Verknüpfung von materiellem Gesellschaftsrecht und Schiedsverfahrensrecht, die der schiedsgerichtlichen Entscheidung von Einlagestreitigkeiten entgegenstehen kann. Mithin ist in einem ersten Schritt zu überlegen, ob die gesellschaftsrechtlichen Vorschriften, die Erlaß, Befreiung oder Aufrechnung im Hinblick auf die Einlageforderung verbieten, tatsächlich auch einen Vergleich ausschließen. Im Anschluß ist zu prüfen, ob aufgrund möglicherweise fehlender Vergleichsbefugnis auch die Schiedsfähigkeit verneint werden muß. Und schließlich bleibt zu fragen, ob sich der Staat für Einlagestreitigkeiten ein Rechtsprechungsmonopol vorbehalten wollte.

---

[16] *East Lake Lumber Co. v. van Gorder*, 174 N.Y.S. 38, 44 (Sup. Ct. 1919); *Winston v. Saugerties Farms*, 21 N.Y.S.2d 841, 846 (Sup. Ct. 1940).

I. Die Vergleichsfähigkeit von Einlageforderungen

Ob und in welchem Umfang ein Vergleich über die Einlageforderung zulässig ist, wird in den untersuchten Ländern kontrovers diskutiert.

1. Die Zulässigkeit des „echten" Vergleichs

Überwiegend nimmt man an, daß die gesellschaftsrechtlichen Befreiungsverbote eine vergleichsweise Beilegung der Einlagestreitigkeit nicht prinzipiell ausschließen. Ein Vergleich sei zwar grundsätzlich unzulässig, da die Vorschriften jede Erleichterung verböten, die dem Einlageschuldner für die Erfüllung seiner Leistungspflicht rechtsgeschäftlich eingeräumt werde, also jedes Rechtsgeschäft, das die Einlageforderung im Ergebnis schmälere[17]. Eine Ausnahme müsse man aber dann machen, wenn der Vergleich nicht das Befreiungsverbot und damit die Kapitalaufbringungsvorschriften umgehe. Das sei der Fall, wenn es sich um einen sog. „echten" Vergleich handele, der auf Beseitigung einer bestehenden Rechtsunsicherheit im Wege beiderseitigen Nachgebens gerichtet sei. Über die restliche Einlageforderung müsse es beachtliche rechtliche oder tatsächliche Unklarheiten geben, so daß ein Vergleich sachlich geboten erscheine[18]. Eine solche Situation liege etwa vor, wenn Zweifel darüber bestünden, ob der Rest der Einlage bereits bezahlt oder rechtzeitig bezahlt wurde[19], oder ob eine Sacheinlage fehlerfrei war[20]. Die herrschende Ansicht in *Deutschland* und *Österreich* schließt einen Vergleich aber aus, wenn der Gesellschafter lediglich zahlungsunfähig sei oder Zweifel an seiner Zahlungsfähigkeit bestünden. Hier müsse die Gesellschaft nach den gesetzlichen Regelungen vorgehen[21].

---

[17] BayObLG, 30.10.1984, ZIP 1985, 33, 34; OLG Hamm, 16.11.1987, GmbHR 1988, 308; Geßler-*Hefermehl/Bungeroth*, § 66 RZ 12; KölnerKomm-*Lutter*, § 66 RZ 10; Hachenburg-*Ulmer*, § 19 RZ 45; Scholz-*Schneider*, § 19 RZ 39; *Lutter-Hommelhoff*, § 19 RZ 11.

[18] Deutschland: RG, 23.4.1912, RGZ 79, 271, 274; BayObLG, 30.10.1984, ZIP 1985, 33, 34; OLG Hamm, 16.11.1987, GmbHR 1988, 308; Geßler-*Hefermehl/Bungeroth*, § 66 RZ 25; KölnerKomm-*Lutter*, § 66 RZ 10; Münchener Hdb. AG-*Wiesner*, § 16 RZ 26; Scholz-*Schneider*, § 19 RZ 50; *Lutter-Hommelhoff*, § 19 RZ 11; Münchener Hdb. GmbH-*Gummert*; § 51 RZ 39; ebenso für die ähnliche Rechtslage bei § 1 GWB BGH, 22.5.1975, NJW 1976, 194, 195. Österreich: Schiemer-*Jabornegg*, § 60 RZ 6. Schweiz: OR-*Amstutz*, Art. 798 RZ 6; BernerKomm-*Becker*, Art. 798 RZ 5.

[19] Deutschland: Scholz-*Schneider*, § 19 RZ 50; Münchener Hdb. GmbH-*Gummert*, § 51 RZ 39. Schweiz: BernerKomm-*Becker*, Art. 798 RZ 5.

[20] Deutschland: OLG Köln, 28.2.1997, GmbHR 1998, 143, 144; KölnerKomm-*Lutter*, § 66 RZ 10; Münchener Hdb. AG-*Wiesner*, § 16 RZ 24; Scholz-*Schneider*, § 19 RZ 50; *Lutter-Hommelhoff*, § 19 RZ 11; Münchener Hdb. GmbH-*Gummert*, § 51 RZ 39. Schweiz: BernerKomm-*Becker*, Art. 798 RZ 5. Dies lassen auch die deutschen Autoren zu, die ansonsten einen restriktiveren Standpunkt vertreten: Hachenburg-*Ulmer*, § 19 RZ 46; Rowedder-*Rowedder*, § 19 RZ 20; Baumbach-*Hueck*, GmbHG, § 19 RZ 15.

[21] Deutschland: BayObLG, 30.10.1984, ZIP 1985, 33, 34; Geßler-*Hefermehl/Bungeroth*, § 66 RZ 25; KölnerKomm-*Lutter*, § 66 RZ 10; Scholz-*Schneider*, § 19 RZ 51; *Lutter-Hommelhoff*, § 19 RZ 11;

In der *Schweiz* erachtet man dagegen sogar die Teilnahme an einem „allgemeinen Nachlaßvertrag“ mit dem Gesellschafter für möglich, denn dabei handele es sich um eine Maßnahme zur Abwendung eines finanziellen Zusammenbruchs und damit eines vielleicht noch größeren Verlustes für die Gesellschaft[22]. In *Frankreich* weisen manche Autoren darauf hin, daß die Leistung des ersten Teils der Einlage bei der SA weder durch Aufrechnung noch durch andere Vorgänge erfolgen könne, die den Charakter einer Aufrechnung hätten[23]. Man könne kein Verfahren zulassen, das die Gesellschaft nicht auf direktem und unmittelbarem Wege in den tatsächlichen Besitz des ersten Teiles der Einlage bringe[24]. Ob der Vergleich ein solches verbotenes Verfahren darstellt, oder ob die Parteien sich über den zweiten Teil der zu leistenden Einlage vergleichen können, wird hingegen nicht erörtert.

Die bejahende Ansicht stützt sich im wesentlichen auf drei Argumente: Zunächst erscheine ein „echter“ Vergleich angesichts der Kosten eines Rechtsstreits wirtschaftlich sinnvoll, da es nicht einzusehen sei, die Parteien zu einem Prozeß zu zwingen[25]. Der Vergleich beeinträchtige außerdem als solcher das Gesellschaftsvermögens nicht, da schon das durch den Einlagestreit entstandene Prozeßrisiko den Wert der Einlageforderung mindere[26]. Und schließlich ergebe sich die Zulässigkeit eines „echten“ Vergleichs aus einem Umkehrschluß zu den gesellschaftsrechtlichen Vorschriften, die ausdrücklich Vergleichsverbote aufstellten, wie etwa § 50 AktG und § 9b Abs. 1 GmbHG. Solche Verbote habe der Gesetzgeber zum Schutze der Einlageerbringung gerade nicht angeordnet[27].

2. Befreiungsverbote als Vergleichsverbote

Erst in neuerer Zeit sind Stimmen lautgeworden, die dieser Auffassung widersprechen. So könne es zunächst nicht überzeugen, den „echten“ Vergleich zuzulassen, weil die der Gesellschaft nach § 19 Abs. 2 S. 1 GmbHG fehlende Rechtsmacht, ganz oder teilweise auf ihr zustehende Einlageansprüche zu verzichten, nicht durch eine bestehende Rechtsunsicherheit über den Vergleichsgegenstand begründet werde. Zudem habe der - ohnehin zweifelhafte - Gegenschluß zu § 9b Abs. 1 GmbHG durch die umfassend ausgestaltete Neuformulierung des § 19 Abs. 2 S. 1 GmbHG im Zuge der GmbHG-Novelle 1980 seine Grundlage verloren. Berücksichtige man überdies, daß infolge der heilenden Wirkung der Eintragung eine Unsicherheit über die Entstehung

Münchener Hdb. GmbH-*Gummert*, § 51 RZ 39; ebenso das restriktivere Schrifttum, vgl. FN 20. Österreich: Schiemer-*Jabornegg*, § 60 RZ 6.

[22] BernerKomm-*Becker*, § 798 RZ 5.

[23] Cass., 27.1.1873, S. 1873, 163, 164.

[24] Trib. Paris, 17.6.1904 u. 22.12.1905, D. 1907, 152,154f.

[25] KölnerKomm-*Lutter*, § 66 RZ 10; Scholz-*Schneider*, § 19 RZ 50; so auch noch Hachenburg-*Ulmer*, 7. Aufl., § 19 RZ 26.

[26] Scholz-*Schneider*, § 19 RZ 50; Lutter-*Hommelhoff*, § 19 RZ 11; so auch noch Hachenburg-*Ulmer*, 7. Aufl., § 19 RZ 26.

[27] RG, 23.4.1912, RGZ 79, 271, 274; ebenso noch Hachenburg-*Ulmer*, 7. Aufl., § 19 RZ 26.

der Einlageverbindlichkeit in aller Regel ausscheide, während die Beweislast für die Erfüllung der Einlageforderung bei dem sich hierauf berufenden Gesellschafter liege, so fehle es meist bereits an den Voraussetzungen des § 779 BGB. Etwas anderes könne bei Sekundäransprüchen gelten, wie im Falle des Streites um Mängel einer Sacheinlage. Unter Umständen sei die Forderung der Gesellschaft hier mit einem so erheblichen Prozeßrisiko behaftet, daß sie bei wirtschaftlicher Betrachtung bereits als entwertet gelte. Dann komme in Einschränkung von § 19 Abs. 2 S. 1 GmbHG auch eine gütliche Einigung nach § 779 BGB in Betracht[28]. Dieser Meinung haben sich Teile des Schrifttums in *Deutschland*[29] und neuerdings auch in *Österreich*[30] angeschlossen.

3. Stellungnahme

Der zweiten Ansicht ist beizupflichten. Unter Befreiung bzw. Erlaß i.S.d. Schutzvorschriften ist nicht nur jeder materiellrechtliche Erlaßvertrag zu verstehen, sondern auch jede Vereinbarung, die mit formal anderen Mitteln wirtschaftlich zum gleichen Ergebnis führt[31]. Ein Vergleich bringt in aller Regel aber auch einen teilweisen Verzicht auf die Forderung mit sich, der bei wirtschaftlicher Betrachtung einem Teilerlaß entspricht. Der Vergleich fällt deshalb grundsätzlich unter den Begriff der Befreiung bzw. des Erlasses i.S.d. Schutznormen. Wenn die Gesellschaft im Rahmen eines Vergleichs teilweise auf die Einlageforderung verzichtet, ist die Kapitalaufbringung, die durch die Regelungen gesichert werden soll, in gleichem Maße berührt wie durch einen „offenen“ (Teil-) Erlaßvertrag. Will man einen Vergleich über die Einlage entgegen Wortlaut und Schutzzweck des Gesetzes zulassen, so ist dies besonders zu rechtfertigen.

Aus schlichter Rechtsunsicherheit über die Einlageforderung folgt die Vergleichsbefugnis nicht. Dieses Argument mag aus praktischen Gründen vielleicht noch einleuchten: Für die Gesellschaft ist es unter Umständen einfacher, sich mit dem zufriedenzugeben, was der Gesellschafter nach langwierigen Verhandlungen über die Einlageforderung zu zahlen bereit ist, als es auf einen Prozeß mit ungewissem Ausgang ankommen zu lassen. Einer an rechtlichen Grundsätzen orientierten Prüfung hält der Schluß von Rechtsunsicherheit auf Vergleichsbefugnis aber nicht stand. So sind bereits die Zweifel am Vorliegen einer Situation der Rechtsunsicherheit begründet. Im Prozeß ist der Gesellschafter, der bestreitet, die Einlage nicht voll erbracht zu haben, be-

[28] Diese Ansicht ist begründet worden von Hachenburg-*Ulmer*, § 19 RZ 46, der damit seine in der 7. Aufl. vertretene Auffassung aufgibt.

[29] Rowedder-*Rowedder*, § 19 RZ 20; Baumbach-*Hueck*, GmbHG, § 19 RZ 15.

[30] *Koppensteiner*, § 63 RZ 10.

[31] Deutschland: OLG Köln, 13.10.1988, NJW-RR 1989, 354; Geßler-*Hefermehl/Bungeroth*, § 66 RZ 13; KölnerKomm-*Zöllner*, § 66 RZ 5; Hachenburg-*Ulmer*, § 19 RZ 41; Scholz-*Schneider*, § 19 RZ 39; *Lutter-Hommelhoff*, § 19 RZ 9. Österreich: *Gellis/Feil*, § 63 RZ 6; *Koppensteiner*, § 63 RZ 10. Schweiz: OR-*Amstutz*, Art. 798 RZ 6; BernerKomm-*Becker*, § 798 RZ 5; ZürchKomm-*v. Steiger*, Art. 798 RZ 5.

weispflichtig[32]. Erbringt er den Beweis nicht, so wird er zur Leistung verurteilt. Die Situation der Rechtsunsicherheit wird daher nur selten tatsächlich vorliegen.

Man muß aber noch früher anknüpfen, denn Rechtsunsicherheit verschafft auch als solche den Parteien keine Vergleichsbefugnis. Eine solche Argumentation widerspricht nämlich der von vielen Autoren vertretenen Auffassung, die einen Vergleich im Falle bloßer Zahlungsunfähigkeit des Gesellschafters ablehnt[33]. Daraus muß man schließen, daß die wirtschaftliche Entwertung der Forderung - hier begründet durch die mögliche Zahlungsunfähigkeit des Schuldners - nicht allein dazu berechtigt, einen Vergleich zu schließen. Wenn dieselben Autoren überwiegend aber einen „echten“ Vergleich zulassen, wird dies aber gerade damit begründet, daß die Einlageforderung bei wirtschaftlicher Betrachtung durch das Prozeßrisiko ohnehin entwertet sei, so daß ein Vergleich das Gesellschaftsvermögen nicht weiter schmälere. Es kann dann aber nicht darauf ankommen, wodurch die Forderung entwertet ist: Durch die Zahlungsunfähigkeit des Gesellschafters oder durch das Prozeßrisiko, das der wirtschaftlichen Entwertung der Forderung anhaftet. Konsequenterweise begründet die wirtschaftliche Entwertung der Forderung in keinem Fall die Vergleichsfähigkeit. Dies untermauert auch die Vorschrift des § 779 Abs. 2 BGB, welche die unsichere Verwirklichung des Anspruchs der Ungewißheit über sein Bestehen gleichstellt. Rechtsunsicherheit über die Einlageforderung, egal worin sie begründet sein mag, kann aus diesem Grunde in beiden Fällen die Vergleichsbefugnis der Parteien nicht rechtfertigen.

Auch der Umkehrschluß zu den Vorschriften im Rahmen der Organhaftung, die einen Vergleich ausdrücklich für unzulässig erklären, überzeugt nicht[34]. Gegen einen solchen Schluß sprechen Schutzzweck und Schutzrichtung der Vorschriften: Die Begriffe Befreiung bzw. Erlaß sind weit auszulegen[35]. Sie sollen jede rechtsgeschäftliche Verringerung der Einlagepflicht erfassen, also alle Formen quantitativer oder qualitativer Verminderung oder Beeinträchtigung der Pflicht zur Leistung der Einlage[36]. Einem Umkehrschluß müßte man entnehmen können, daß der Gesetzgeber einen Vergleich im Rahmen einer Einlagestreitigkeit im Gegensatz zur Rechtslage bei der Organhaftung nicht als Verminderung oder Beeinträchtigung in diesem Sinne ansieht. Das kann man aber im Hinblick auf die Weite der Definition und ihre extensive Auslegung und auf den von der Vorschrift bezweckten Gläubigerschutz nicht annehmen. Die Regelungen über die Organhaftung wollen die Interessen der Gesellschaftsgläubiger vor privatautonomen Verfügungen der Gesellschaft bewahren[37]. Ebenso verhält es sich bei den Normen, die zum Zwecke des Gläubigerschutzes im Rahmen der Kapitalaufbringung und

---

[32] OLG Köln, 13.10.1988, NJW-RR 1989, 354; Hachenburg-*Ulmer*, § 19 RZ 9.

[33] *Cahn*, Vergleichsverbote im Gesellschaftsrecht, 18.

[34] *Cahn* (oben FN 33), 19.

[35] OLG Köln, 13.10.1988, NJW-RR 1989, 354; Geßler-*Hefermehl/Bungeroth*, § 66 RZ 12; Hachenburg-*Ulmer*, § 19 RZ 33; Rowedder-*Rowedder*, § 19 RZ 15.

[36] Deutschland: OLG Köln, 13.10.1988, NJW-RR 1989, 354; Geßler-*Hefermehl/Bungeroth*, § 66 RZ 12; KölnerKomm-*Lutter*, § 66 RZ 5; *Hüffer*, § 66 RZ 3; Hachenburg-*Ulmer*, § 19 RZ 34; Scholz-*Schneider*, § 19 RZ 39; Baumbach-*Hueck*, GmbHG, § 19 RZ 10. Österreich: *Gellis/Feil*, § 63 RZ 6; *Koppensteiner*, § 63 RZ 10. Schweiz: OR-*Amstutz*, Art. 798 RZ 6; BernerKomm-*Becker*, § 798 RZ 5; ZürchKomm-*v. Steiger*, Art. 798 RZ 5.

[37] Deutschland: Hachenburg-*Ulmer*, § 9b RZ 2; Scholz-*Winter*, § 9b RZ 1; Hachenburg-*Ulmer*, § 43 RZ 5; Rowedder-*Koppensteiner*, § 43 RZ 4. Österreich: *Koppensteiner*, § 10 RZ 1.

Kapitalerhaltung Befreiungs- bzw. Erlaßverbote anordnen[38]. Vor diesem Hintergrund leuchtet ein Umkehrschluß nicht ein. Es erscheint im Gegenteil zutreffend, aufgrund der gleichen Stoßrichtung der Vorschriften den Vergleich unter das Befreiungs- bzw. Erlaßverbot zum Schutz der Stammeinlage zu subsumieren. Damit bleibt festzuhalten, daß Befreiungs- und Erlaßverbote auch einen Vergleich über die Einlageforderung ausschließen.

II. Die Schiedsfähigkeit im engeren Sinne

Die Schiedsfähigkeit von Einlagestreitigkeiten steht und fällt nach der obigen Untersuchung mit der Definition der Schiedsfähigkeit. Lehnt man die Vergleichsfähigkeit der Einlageforderung ab, so ist bei wörtlicher Anwendung der Vorschriften über die Schiedsfähigkeit, die auf die Vergleichsbefugnis abstellen, auch ihre schiedsgerichtliche Beurteilung unzulässig.

1. Befreiungsverbote und objektive Schiedsfähigkeit

In *Deutschland* mußte sich kürzlich das OLG Köln mit der Schiedsfähigkeit des auf Zahlung der Stammeinlage einer GmbH gerichteten Erfüllungsanspruchs - hier nach einer Kapitalerhöhung - beschäftigen. Die Parteien stritten um die Wirksamkeit einer ersten Zahlung der nach der Kapitalerhöhung zu leistenden Stammeinlage durch Scheck und die Anfechtbarkeit einer zweiten Zahlung nach Konkursvorschriften. Das Gericht lehnte zunächst die Theorie der objektiven Verfügbarkeit als „bedenkenswerten, mit dem Gesetzeswortlaut indes nicht in Einklang zu bringenden Ansatz" ab und legte seiner Entscheidung die Theorie der materiellrechtlichen Vergleichsbefugnis zugrunde. Danach sei der Anspruch auf Erfüllung der Stammeinlage nur ausnahmsweise und in engen Grenzen vergleichsfähig, etwa wenn und Wert und Beschaffenheit der zu erbringenden Sacheinlage gestritten werde. Werde aber, wie im zu entscheidenden Fall, der Vorwurf des Verstoßes gegen das Verbot der verschleierten Sacheinlage erhoben, so sei der Streit hierüber der Dispositionsbefugnis der Parteien entzogen. Die Frage, ob zwischen der Gesellschaft und dem bareinlagepflichtigen Gesellschafter auf diese Weise ein gemeinsamer Gesetzesverstoß nach § 134 BGB begangen worden sei, könne nicht im Vergleichswege von eben diesen Parteien entschieden werden, da die Sacheinlagevorschriften dem Gläubigerschutz dienten. Im übrigen sei klar, daß Dispositionen wie Aufrechnung, Stundung und Erlaß nur zulässig seien, soweit es sich dabei nicht um Umgehungsgeschäfte handele[39].

---

[38] Deutschland: Geßler-*Hefermehl/Bungeroth*, § 66 RZ 1; KölnerKomm-*Lutter*, § 66 RZ 2; Hachenburg-*Ulmer*, § 19 RZ 3; Rowedder-*Rowedder*, § 19 RZ 22. Österreich: *Koppensteiner*, § 63 RZ 1; *Gellis/Feil*, § 63 RZ 6. Schweiz: OR-*Amstutz*, Art. 798 RZ 1; BernerKomm-*Becker*, Art. 798 RZ 5; ZürchKomm-*Bürgi*, Art. 798 RZ 5.

[39] OLG Köln, 28.2.1997, GmbHR 1998, 143, 144.

Auch in *Österreich* sind nach einhelliger Auffassung Streitigkeiten über die Erbringung der Stammeinlage nicht schiedsfähig[40]. Der OGH begründet dies in einer neueren GmbH-rechtlichen Entscheidung damit, daß die Ansprüche der Gesellschaft auf Leistung der Stammeinlagen zum zwingenden Recht gehörten. Deshalb seien Vergleiche und Verzichtsleistungen der Gesellschaft unzulässig, soweit die zugrundeliegenden Ansprüche zur Befriedigung der Gesellschaftsgläubiger erforderlich seien. Aus diesem Grunde könnten Ansprüche auf die Einlage auch nicht den Gegenstand einer Schiedsvereinbarung bilden[41]. Auch das österreichische Schrifttum hält einen Schiedsvertrag nach § 577 öZPO für unzulässig, weil die Gesellschaft über die betroffenen Ansprüche keinen Vergleich schließen könne. Die Vorschriften über die Stammeinlage stellten aufgrund ihrer Bedeutung für den Gläubigerschutz zwingendes Recht dar, so daß die Gesellschaft in diesem Punkt nicht frei über ihr Vermögen verfügen könne. Naturgemäß könne es überall dort keinen Schiedsvertrag geben, wo nach Wortlaut und Sinn des Gesetzes ein Verzicht durch die Gesellschaft ausgeschlossen sei. In einem Schiedsvertrag müsse man aber schon ab initio einen partiellen Verzicht auf die Einlageforderung sehen[42].

Auch für das Aktienrecht gehen manche Autoren davon aus, daß Klagen auf Leistung der Einlage nicht vor einem Schiedsgericht verhandelt werden könnten, da ein Vergleich wegen § 66 AktG nicht möglich sei[43]. Andere halten schiedsgerichtliche Beurteilung aufgrund des § 66 AktG lediglich für „zweifelhaft"[44].

2. Dispositionsbefugnis über die Einlageforderung

Das *deutsche* Schrifttum bejaht die objektive Schiedsfähigkeit von Einlagestreitigkeiten überwiegend[45]. Es erkennt zwar an, daß in möglicherweise fehlender gesellschaftsrechtlicher Vergleichsbefugnis auch ein Problem der Schiedsfähigkeit liegen könne. Viele Autoren[46] nehmen letztere aber mit dem schlichten Hinweis auf eine Entscheidung des Reichsgerichts an, welche einen materiellrechtlichen Vergleich über die Ein-

---

[40] OGH, 14.7.1993, GesRZ 1994, 138, 139; *Rechberger*, § 577 RZ 5; *Fasching*, Lehrbuch des österreichischen Zivilprozeßrechts, RZ 2176; *ders.*, Internationale Schiedsgerichtsbarkeit in Österreich, in: Gottwald, Internationale Schiedsgerichtsbarkeit, 729, 735; *Gellis/Feil*, § 4 RZ 4 u. § 63 RZ 6; *Reich-Rohrwig*, Das österreichische GmbH-Recht, 547; *Backhausen*, Schiedsgerichtsbarkeit unter besonderer Berücksichtigung des Schiedsvertragsrechts, 129

[41] OGH, 14.7.1993, GesRZ 1994, 138, 139.

[42] *Gellis/Feil*, § 4 RZ 4; *Reich-Rohrwig* (oben FN 40), 547.

[43] KölnerKomm-*Lutter*, Vorb. § 53a RZ 21; erstaunlicherweise hält er in § 66 RZ 10 einen „echten" Vergleich aber mit der herrschenden Auffassung für möglich.

[44] *H. Westermann*, Gesellschaftsrechtliche Schiedsgerichte, FS Fischer, 853, 855.

[45] Geßler-*Hefermehl/Bungeroth*, § 66 RZ 27; *Kornmeier*, Die Schiedsfähigkeit GmbH-rechtlicher Nichtigkeits- und Anfechtungsklagen, 96; *ders.*, Die Schiedsgerichtsvereinbarung in der GmbH-Satzung, DB 1980, 193, 194; *H. Westermann* (oben FN 44), FS Fischer, 853, 855f; *H.P. Westermann*, Schiedsfähigkeit von gesellschaftsrechtlichen Fragen, DIS Band 11, 31, 43.

[46] *Kornmeier* (oben FN 45), DB 1980, 193, 194; *H. Westermann* (oben FN 44), FS Fischer, 853, 856; *H.P. Westermann* (oben FN 45), DIS Band 11, 31, 43.

lageforderung zuließ. Das Gericht entschied in einem GmbH-rechtlichen Fall, daß ein Erlaß der Einlageforderung in der Form eines Vergleichs zwar unzulässig sei, wenn lediglich der Form, nicht aber dem Inhalt nach ein Vergleich vorliege. Ein ernsthafter Vergleich über die Stammeinlage sei hingegen nicht deshalb unwirksam, weil er zu einer Ermäßigung der Einlageforderung ohne Herabsetzung des Stammkapitals führe, da § 19 Abs. 2 GmbHG eine solchen nicht ausdrücklich ausschließe und sich auch aus dem Zweck der Norm nichts anderes herleiten lasse. Erscheine die Einziehbarkeit der Einlageforderung ungewiß, so müsse die Gesellschaft in der Lage sein, einen ihr drohenden Verlust dadurch abzuwenden, daß sie vergleichsweise einen Nachlaß auf die Stammeinlage bewillige[47].

Zusätzlich weisen manche Stimmen auf die überwiegende Ansicht im Gesellschaftsrecht hin, die trotz der Befreiungsverbote einen „echten" Vergleich über die Einlage für möglich hält. Daher sei auch eine Schiedsvereinbarung nicht per se ausgeschlossen[48]. Ein Verstoß gegen die Vorschrift des § 1025 Abs. 1 ZPO a.F. scheide auch deshalb aus, weil die Befreiungsverbote die Zulässigkeit von rechtsgeschäftlichen Vergleichen über die Einlageforderung nicht gänzlich ausschlössen, sondern lediglich einschränkten[49]. Außerdem werde durch die Vereinbarung schiedsgerichtlicher Beurteilung keineswegs präjudiziert, daß die Gesellschaft auf die dem besonderen Schutz des Gesetzes unterstehenden Ansprüche inhaltlich verzichte. Ein vor dem Schiedsgericht geschlossener Vergleich und auch die Entscheidung des Schiedsgerichts hätten die materiellen Grenzen der Verzichtbarkeit der Ansprüche selbstverständlich zu berücksichtigen. Eine andere Lösung müsse schon behaupten können, bei einem Schiedsgericht seien die durch ein Verzichtsverbot geschützten Interessen nicht so gut aufgehoben wie bei einem staatlichen Gericht[50]. Schließlich sei es auch rechtspolitisch wünschenswert, die Schiedsfähigkeit von Einlagestreitigkeiten anzuerkennen. Derartige Dispute hätten nämlich die für die Einführung einer Schiedsklausel typischen Eigenschaften, weshalb man schiedsgerichtliche Erledigung zumindest bezüglich des Umfangs der Leistungspflicht und der Sachmängelhaftung zulassen solle[51].

Französische Gerichte erörtern regelmäßig nur die Problematik des Art. 631 C. com., wenn sie sich mit schiedsgerichtlicher Erledigung von Einlagestreitigkeiten befassen müssen. Daher gehen sie offensichtlich von der Verfügbarkeit der Einlagestreitigkeit aus bzw. sehen den „ordre public" als nicht dadurch verletzt an, daß ein Schiedsgericht über sie entscheidet. *New Yorker* Gerichte haben dagegen lediglich festgestellt, daß die tatsächliche Aufbringung der Stammeinlage aufgrund der Auswirkungen auf die Rechte von Gläubigern und der Öffentlichkeit Teil der gesellschaftsrechtlichen „public policy" ist[52]. Ob daraus mangelnde Schiedsfähigkeit folgt, ist jedoch nicht geklärt.

---

[47] RG, 23.4.1912, RGZ 79, 271, 274.
[48] *Kornmeier* (oben FN 45), 96.
[49] Geßler-*Hefermehl/Bungeroth*, § 66 RZ 27.
[50] *H.P. Westermann* (oben FN 45), DIS Band 11, 31, 43.
[51] *H. Westermann* (oben FN 44), FS Fischer, 853, 855.
[52] *East Lake Lumber Co. v. van Gorder*, 174 N.Y.S. 38, 44 (Sup. Ct. 1919); *Winston v. Saugerties Farms*, 21 N.Y.S.2d 841, 846 (Sup. Ct. 1940).

3. Stellungnahme

Die Diskussion um die Schiedsfähigkeit von Einlagestreitigkeiten zeigt in beispielhafter Weise, wie problematisch es ist, von fehlender materiellrechtlicher Vergleichsbefugnis auf mangelnde Schiedsfähigkeit zu schließen. So kann das Urteil des OLG Köln wertungsmäßig bereits deshalb nicht überzeugen, weil Judikatur und Schrifttum einen Schiedsvertrag in Fällen, in denen darüber gestritten wird, ob ein Vertrag sitten- oder gesetzeswidrig ist, allgemein zulassen[53]. Selbst aus der Anknüpfung an die materiellrechtliche Vergleichsbefugnis folgt jedoch nicht die fehlende Schiedsfähigkeit von Einlagestreitigkeiten: Bezeichnenderweise halten jene Stimmen, die diesen Schluß ziehen, einen materiellrechtlichen Vergleich über die Einlageforderung nämlich nicht in jedem Fall für ausgeschlossen. Wie erörtert, sind sie sich vielmehr darin einig, daß die Befreiungs- bzw. Erlaßvorschriften einen Vergleich nicht grundsätzlich hindern, sondern ein „echter" Vergleich zulässig ist. Wenn man aber die gesellschaftsrechtliche Vergleichsbefugnis nicht gänzlich ablehnt, so erscheint es inkonsequent, sich später bei der Frage der Schiedsfähigkeit auf sie zu berufen.

Konsequenterweise müßten deshalb auch die Anhänger der wörtlichen Auslegung der Vergleichsbefugnis die Schiedsfähigkeit von Einlagestreitigkeiten unter bestimmten Voraussetzungen zulassen. Ihnen stellte sich allerdings die kaum zu beantwortende Anschlußfrage, ob und wie sie bei der zu fordernden Qualität der Schiedsvereinbarung abgrenzen wollen. Ist schiedsgerichtliche Beurteilung der Einlagestreitigkeiten etwa dann möglich, wenn ihr eine „echte" Schiedsvereinbarung zugrundeliegt ? Kann man von einer solchen sprechen, wenn das Schiedsgericht „tatsächlich Zweifel" an der Erfüllung der Einlageverpflichtung ausräumen soll ? Die Anknüpfung an die gesellschaftsrechtliche Zulässigkeit des „echten Vergleichs" findet also gerade im Bereich der schiedsgerichtlichen Beurteilung von Einlagestreitigkeiten ihre Grenzen. Desgleichen sprechen auch die ablehnende österreichische Haltung und das Urteil des OLG Köln eine deutliche Sprache, wie wenig Vergleich und Schiedsvereinbarung gemein haben. Ein Vergleich über die Einlageforderung ist nicht ohne weiteres dem Abschluß eines Schiedsvertrages zur Beilegung einer Streitigkeit über diese Forderung gleichzustellen. Denn ein Schiedsvertrag bedeutet keinen Verzicht auf die Einlageforderung, sondern hat zunächst lediglich die prozessuale Konsequenz, daß er ein privates Forum für die Erledigung des Disputes festlegt. Allein dadurch beschwört er aber keineswegs die Gefahr herauf, daß die Gesellschaft die Einlageforderung des Gesellschafters erläßt.

Davon zu unterscheiden ist der Vergleichsschluß vor dem konstituierten Schiedsgericht im Laufe des Schiedsverfahrens. Hier steht außer Frage, daß Gericht und Parteien die Befreiungs- und Aufrechnungsverbote ebenso wie im staatlichen Verfahren beachten müssen. Da die Vorschriften zum Schutz der Stammeinlage richtigerweise auch einen Vergleich verbieten, gilt dies selbstverständlich auch für den vor einem Schiedsgericht abgeschlossenen Vergleich. Insofern berührt die Tatsache, daß die Vorschriften

[53] BGH, 3.4.1963, NJW 1963, 1197, 1198; Stein/Jonas-*Schlosser*, § 1025 RZ 27; MK-*Maier*, ZPO, § 1025 RZ 6.

zum Schutz der Kapitalaufbringung und -erhaltung zum „zwingenden Recht" gehören, nicht die Schiedsfähigkeit der Streitigkeit. Zwingendes Recht hindert nicht schon den Abschluß einer Schiedsvereinbarung. Schiedsgericht und Parteien haben es lediglich im laufenden Verfahren zu beachten, um nicht die Gefahr einer Aufhebung des Schiedsspruchs heraufzubeschwören[54]. Aus der fehlenden gesellschaftsrechtlichen Vergleichsbefugnis kann man - ohne die sonstigen bereits dargestellten Schwächen der Theorie der materiellrechtlichen Vergleichsbefugnis näher zu erörtern - die mangelnde Schiedsfähigkeit mithin nicht herleiten.

Legt man die Auffassung zugrunde, daß die Schiedsfähigkeit ein staatliches Rechtsprechungsmonopol kennzeichnen soll, so hat der Staat sich dieses im Hinblick auf Einlagestreitigkeiten auch aus anderen Gründen nicht vorbehalten. Ein Rechtsprechungsmonopol ist zunächst nicht durch eine etwaige mangelnde Verfügungsbefugnis der Parteien über die Streitigkeit indiziert. Wie gesehen, scheidet eine Disposition der Parteien in Form des Erlasses der Forderung zwar ebenso aus wie ein Vergleich. Daß die Vorschriften zum Schutze der Kapitalaufbringung aber nicht jegliche Verfügung über sie verbieten, zeigt die Diskussion um die Frage, ob und inwieweit bezüglich der Leistung der Einlage Aufrechnungsmöglichkeiten bestehen. Auf den ersten Blick könnte man meinen, die Aufrechnungsverbote der § 66 AktG, § 19 Abs. 2 GmbHG, bzw. der §§ 60 öAktG, 63 Abs. 3 öGmbHG verhinderten jegliche Aufrechnung im Hinblick auf die Einlageforderung. Man ist sich aber nicht nur in der *Schweiz* und in *Frankreich* darüber einig, daß die Einlageforderung unter bestimmten Voraussetzungen aufrechenbar ist[55]. Auch in *Deutschland* und *Österreich* steht fest, daß die ausdrücklichen Aufrechnungsverbote nicht schlechthin jegliche Aufrechnungsmöglichkeit ausschließen. Zunächst ergebe sich aus den Vorschriften unstreitig, daß dem Gesellschafter als Einlageschuldner keine einseitige Aufrechnungsbefugnis zustehe, da dies einem Verzicht der Gesellschaft auf die Stammeinlage gleichkomme[56]. Für möglich hält man aber einerseits die Aufrechnung seitens der Gesellschaft, wenn sie dadurch den vollen Wert der Einlage ebenso erhalte, als habe der Gesellschafter tatsächlich geleistet. Voraussetzung dafür seien Vollwertigkeit, Fälligkeit und Liquidität der Gegenforderung des Einlageschuldners[57]. Andererseits - und das ist hier von besonderem Interesse - erlauben Judikatur und Schrifttum auch einen Aufrechnungsvertrag, also die einvernehmliche Durchführung der Aufrechnung zwischen Gesellschaft und Einlageschuldner. Denn soweit die Gesellschaft nicht gehindert sei, einseitig die Aufrechnung zu er-

---

[54] Stein/Jonas-*Schlosser*, § 1025 RZ 27; MK-*Maier*, ZPO, § 1025 RZ 6f.

[55] Vgl. oben A.

[56] Deutschland: RG, 27.9.1918, RGZ 93, 326, 330; BGH, 13.10.1954, BGHZ 15, 52, 57; KölnerKomm-*Lutter*, § 66 RZ 15; Geßler-*Hefermehl/Bungeroth*, § 66 RZ 38; Hachenburg-*Ulmer*, § 19 RZ 57; *Lutter-Hommelhoff*, § 19 RZ 16. Österreich: OGH, 26.3.1981, GesRZ 1981, 230, 231; 9.3.1983, GesRZ 1984, 51, 52; 14.7.1993, GesRZ 1994, 138, 139; Schiemer-*Jabornegg*, § 60 RZ 9; *Kostner*, Die Aktiengesellschaft, 38; *Gellis/Feil*, § 63 RZ 9; *Reich-Rohrwig* (oben FN 40), 585.

[57] Deutschland: RG, 22.10.1918, RGZ 94, 61, 63; 4.12.1931, RGZ 134, 262, 268; BGH, 13.10.1954, BGHZ 15, 52, 57; 26.3.1984, BGHZ 90, 370, 373; KölnerKomm-*Lutter*, § 66 RZ 16ff; Geßler-*Hefermehl/Bungeroth*, § 66 RZ 40ff; Hachenburg-*Ulmer*, § 19 RZ 60ff; Scholz-*Schneider*, § 19 RZ 71ff; *Lutter-Hommelhoff*, § 19 RZ 18ff. Österreich: OGH, 26.3.1981, GesRZ 1981, 230, 231; 9.3.1983, GesRZ 1984, 51, 52; 14.7.1993, GesRZ 1994, 138, 139; Schiemer-*Jabornegg*, § 60 RZ 10; *Kostner* (oben FN 56), 38; *Gellis/Feil*, § 63 RZ 9; *Reich-Rohrwig* (oben FN 40), 585.

klären, sei sie auch berechtigt, die Aufrechnung in Form einer vertraglichen Vereinbarung mit der Gegenseite durchzuführen. Das erfordere ebenso wie die einseitige Aufrechnung die Vollwertigkeit der Gegenforderung i.S.d. angesprochenen Kriterien[58].

Insgesamt kann die Leistung der Einlage unter bestimmten Voraussetzungen sowohl durch Aufrechnung mit der Einlageforderung als auch im Rahmen einer Aufrechnungsvereinbarung erfolgen. Den Parteien ist es damit zwar verwehrt, völlig frei über die Einlageforderung verfügen. Die Einlagestreitigkeit ist jedoch zumindest insoweit disponibel, als die Parteien nach den Grundsätzen der Theorie der objektiven Verfügbarkeit des Rechtsverhältnisses das Ergebnis der Klage auch durch rechtsgeschäftliche Vereinbarung erreichen können.

Ein Rechtsprechungsmonopol des Staates ergibt sich schließlich auch nicht aus den durch die Normen geschützten Interessen. Zwar gehören die Befreiungs- bzw. Aufrechnungsverbote zu den zentralen Vorschriften, den „Eckpfeilern", des Aktien- bzw. GmbH-Rechts. Sie sollen die reale Kapitalaufbringung sichern und einen Haftungsfonds gegen alle Arten von Vereinbarungen zwischen Gesellschaft und Gesellschaftern zu Lasten der Gläubiger anstreben. Die Vorschriften dienen folglich dem Gläubigerschutz[59]. Eine Schiedsvereinbarung schränkt jedoch nicht als solche den Gläubigerschutz ein, da sie nicht ab initio ihren Haftungsfonds gefährdet. Zunächst unterwirft sie die streitenden Parteien lediglich einem privaten Forum. Keineswegs bringt schiedsgerichtliche Erledigung es mit sich, daß die Gesellschaft im Verfahren regelmäßig zu Lasten der Gläubiger auf Einlageforderungen verzichtet. Auch das Schiedsgericht ist im Rahmen dieses Verfahrens an zwingendes Recht gebunden, worunter unzweifelhaft auch das den Schutzvorschriften zugrundeliegende Prinzip des Gläubigerschutzes fällt. Die Schiedsrichter haben die Befreiungs- und Aufrechnungsverbote daher zu beachten, wollen sie nicht die Aufhebung des Schiedsspruchs riskieren. Allein die Vereinbarung eines Schiedsgerichts stellt den Grundsatz der realen Kapitalaufbringung und den Gläubigerschutz jedenfalls nicht in Frage.

Im übrigen sind die Gläubiger nicht Partei der statutarischen Schiedsklausel und als solche nicht an die Ergebnisse des Schiedsverfahrens und den Schiedsspruch gebunden. Ihnen steht es daher offen, sich vor staatlichen Gerichten etwa in einem Aufhebungs-

---

[58] Deutschland: BGH, 13.10.1954, BGHZ 15, 52, 60; 13.7.1964, BGHZ 42, 89, 93; 26.3.1984, BGHZ 90, 370, 373; KölnerKomm-*Lutter*, § 66 RZ 23; Geßler-*Hefermehl/Bungeroth*, § 66 RZ 53; Hachenburg-*Ulmer*, § 19 RZ 60; Scholz-*Schneider*, § 19 RZ 80ff; Rowedder-*Rowedder*, § 19 RZ 32; *Lutter-Hommelhoff*, § 19 RZ 17. Österreich: OGH, 26.3.1981, GesRZ 1981, 230, 231; 14.7.1993, GesRZ 1994, 138, 139; OLG Innsbruck, 23.3.1988, WBl. 1988, 236; Schiemer-*Jabornegg*, § 60 RZ 10; *Kostner* (oben FN 56), 38; *Gellis/Feil*, § 63 RZ 9; *Reich-Rohrwig* (oben FN 40), 585; *Kostner/Umfahrer*, Die GmbH, RZ 666.

[59] Deutschland: BGH, 10.11.1958, BGHZ 28, 314, 319; OLG Köln, 28.2.1997, GmbHR 1998, 143, 144; KölnerKomm-*Lutter*, § 66 RZ 2; Geßler-*Hefermehl/Bungeroth*, AktG, § 66 RZ 1; Hachenburg-*Ulmer*, § 19 RZ 3; Scholz-*Schneider*, § 19 RZ 3; *Lutter-Hommelhoff*, § 19 RZ 1; Österreich: Schiemer-*Jabornegg*, § 60 RZ 1; *Kostner* (oben FN 56), 38; *Gellis/Feil*, § 63 RZ 6; *Koppensteiner*, § 63 RZ 1f. Schweiz: BG, 4.6.1909, BGE 35 II 303, 308; 16.10.1922, BGE 48 II 395, 401; 3.7.1939, BGE 65 I 147, 149; OR-*Kurer*, Art. 680 RZ 2; OR-*Amstutz*, Art. 798 RZ 1. Frankreich: *Ripert/Roblot* (oben FN 8), RZ 1087; *Merle*, Sociétés commerciales, RZ 260. New York: *East Lake Lumber Co. v. van Gorder*, 174 N.Y.S. 38, 44 (Sup. Ct. 1919); *Winston v. Saugerties Farms*, 21 N.Y.S.2d 841, 846 (Sup. Ct. 1940).

verfahren zu wehren, wenn sie ihren Haftungsfonds bedroht sehen. Dieses Verfahren können sie auf die Verletzung zwingenden Rechts stützen. Insgesamt kann den Vorschriften zum Schutze der Stammeinlage keinesfalls nur ein staatliches Gericht Rechnung tragen. Ein staatliches Rechtsprechungsmonopol für Einlagestreitigkeiten ist daher zu verneinen.

III. Die Schiedsfähigkeit im weiteren Sinne

Unter den Gesichtspunkten der Schiedsfähigkeit im weiteren Sinne verdient nur die subjektive Schiedsfähigkeit Beachtung. Dabei handelt es sich um die Befugnis gerade der in Frage stehenden Parteien, über den Gegenstand des Streits zu verfügen[60]. Im Rechtsstreit um die Erbringung der Einlage stehen sich die Gesellschaft als Gläubigerin des Anspruchs und der einlagepflichtige Gesellschafter als Schuldner gegenüber[61]. Diese bilden jene Parteien, die - in den aufgezeigten Grenzen - auch subjektiv über die Forderung verfügen können, weshalb die subjektive Schiedsfähigkeit zu bejahen ist.

IV. Ergebnis

Aus den Vorschriften, die ein Erlaß- bzw. Aufrechnungsverbot bezüglich der Einlageforderung anordnen, folgt ein gesellschaftsrechtliches Vergleichsverbot. Dieses hindert jedoch die Parteien nicht, schiedsgerichtliche Zuständigkeit zu vereinbaren, da sie über Einlagestreitigkeiten grundsätzlich disponieren können und ein staatliches Rechtsprechungsmonopol nicht zu erkennen ist. Die Schiedsfähigkeit von Einlagestreitigkeiten ist aber auch nach der herrschenden gesellschaftsrechtlichen Auffassung zu bejahen, die unter bestimmten Voraussetzungen einen Vergleich über die Einlageforderung zuläßt und damit konsequenterweise auch schiedsgerichtliche Erledigung tolerieren muß.

---

[60] Deutschland: Stein/Jonas-*Schlosser*, § 1025 RZ 32; *Schwab/Walter*, Schiedsgerichtsbarkeit Kommentar, Kap. 4 RZ 3. Österreich: *Rechberger*, § 577 RZ 3; *Fasching*, Schiedsgericht und Schiedsverfahren im österreichischen und im internationalen Recht, 13f; *ders.* (oben FN 40), RZ 2172. Schweiz: *Rüede/Hadenfeldt* (oben FN 1), 57f; *Walter/Bosch/Brönnimann*, Internationale Schiedsgerichtsbarkeit in der Schweiz, 62.

[61] KölnerKomm-*Lutter*, § 66 RZ 3; Hachenburg-*Ulmer*, § 19 RZ 6.

§ 6 Beschlußmängelstreitigkeiten

Die schiedsgerichtliche Beurteilung kapitalgesellschaftsrechtlicher Beschlußmängelstreitigkeiten gehört zu den umstrittensten Fragen der gesellschaftsrechtlichen Schiedsgerichtsbarkeit. Reichhaltige in- und ausländische Rechtsprechung und Literatur[1] unterstreichen ihre große praktische Bedeutung.

A. Grundlagen

In *Deutschland* gestalten die §§ 243ff AktG die Geltendmachung aktienrechtlicher Beschlußmängel in Form der Anfechtungsklage in § 246 und der Nichtigkeitsklage in § 249 aus, während das GmbHG sich in Schweigen hüllt. Da es nicht Ziel dieser Arbeit ist, grundsätzliche gesellschaftsrechtliche Fragen zu lösen, wird hier nicht der Versuch unternommen, die von der herrschenden Auffassung befürwortete Anwendung der §§ 243ff AktG auf die GmbH[2] zu erörtern, sondern dieser Ansatz zugrundegelegt.

Das *österreichische* Recht sieht in den §§ 197ff öAktG die aktienrechtliche und in den § 41ff öGmbHG die GmbH-rechtliche Anfechtungsklage vor, deren gesetzliche Ausgestaltung nahezu identisch ist. Dabei ist man sich heute allgemein einig, daß § 41 öGmbHG trotz seines mißverständlichen Wortlauts („Nichtigkeitsklage") die Anfechtung von Beschlüssen regelt[3]. Daß Beschlüsse nichtig sein können, ist mittlerweile jedoch ebenfalls anerkannt und kann mit der Feststellungsklage nach § 228 öZPO geltendgemacht werden[4]. Für die AG hat § 201 AktG dies ausdrücklich normiert.

In der *Schweiz* regeln die Art. 706, 706a OR die aktienrechtliche Anfechtungsklage und Art. 706b die Klage auf Feststellung der Nichtigkeit von Beschlüssen. Über Art. 808 Abs. 5 OR finden diese Vorschriften auch auf die GmbH Anwendung.

Das *französische* Recht normiert in Art. 360ff LSC die „Nichtigkeit" von Beschlüssen und ihre Geltendmachung einheitlich für alle Handelsgesellschaften mit Rechtspersönlichkeit, also nicht nur für SARL und SA, sondern auch für SNC und SCS. Unter von „nullité" betroffenen Beschlüssen versteht man in Frankreich dabei sowohl anfechtbare als auch nichtige[5]. Art 360 LSC differenziert zwischen Beschlüssen, die eine

---

[1] Das übersehen *Lüke/Blenske*, Die Schiedsfähigkeit von Beschlußmängelstreitigkeiten - Möglichkeiten und Grenzen der Rechtsgestaltung, ZGR 1998, 253, 256, die erstaunlicherweise meinen, dem deutschen Recht ähnliche Diskussionen fehlten in ausländischen Rechtsordnungen.

[2] BGH, 16.12.1953, BGHZ 11, 231, 235; 14.12.1961, BGHZ 36, 207, 210f; 9. 12. 1968, BGHZ 51, 209, 210; 1.6.1987, BGHZ 101, 113, 120; Scholz-*K. Schmidt*, § 45 RZ 36; Rowedder-*Koppensteiner*, § 47 RZ 41; *Lutter-Hommelhoff*, Anh. § 47 RZ 1; a.A. etwa Hachenburg-*Raiser*, Anh. § 47 RZ 9ff; Baumbach-*Zöllner*, GmbHG, Anh. § 47 RZ 1-3; *Wiedemann*, Gesellschaftsrecht, Band 1, 152f und 466f.

[3] OGH, 31.5.1994, ecolex 1994, 684; *Gellis/Feil*, § 41 RZ 1; *Reich-Rohrwig*, Das österreichische GmbH-Recht, 378.

[4] *Koppensteiner*, § 41 RZ 18; *Gellis/Feil*, § 41 RZ 3; *Reich-Rohrwig* (oben FN 3), 385f.

[5] *Guyon*, Droit des affaites, Tome 1: Droit commercial général et sociétés, RZ 442; *Ripert/Roblot*, Traité des droit commercial, Tome 1: Sociétés commerciales, RZ 978.

Satzungsänderung betreffen (Abs. 1) und anderen (Abs. 2). Das LSC hat der Durchsetzung keine eigene Vorschrift gewidmet, sie aber in den Art. 362ff LSC vorausgesetzt: Art. 362 LSC spricht vom „klagbaren Anspruch auf Nichtigkeit“, Art. 363 LSC vom „Handelsgericht, das mit einer Nichtigkeitsklage befaßt wird“. Ob Beschlußmängelstreitigkeiten unter Art. 631 Abs. 1 Nr. 2 C. com. fallen, so daß man sie nach Art. 631 Abs. 2 C. com. auch vor einem Schiedsgericht verhandeln kann, hatte bisher nur das Trib. civ. von Nantua in einer Klage eines Geschäftsführers gegen seine Abberufung durch Gesellschafterbeschluß zu entscheiden. Das Gericht hielt die Anfechtungsklage aufgrund ihrer engen Beziehung zum Gesellschaftsverhältnis für eine „Streitigkeit zwischen Gesellschaftern mit Bezug zu einer Handelsgesellschaft“, so daß es den Streit an das Schiedsgericht verweisen konnte[6]. Dies gilt heute auch aufgrund der Zuweisung des Art. 363 LSC als unbestritten[7].

Das *New Yorker* BCL sieht im Einklang mit dem Recht anderer Bundesstaaten keine Möglichkeit vor, gegen Gesellschafterbeschlüsse vorzugehen. Gesellschafter, die sich durch sie in Rechten verletzt sehen, beschreiten i.d.R. den Weg der Klage auf Schadensersatz über die „derivative action“[8].

B. Schiedsfähigkeit

Das Unbehagen, das manche bei dem Gedanken an die schiedsgerichtliche Beurteilung gesellschaftsrechtlicher Beschlußmängelstreitigkeiten empfinden, währt mittlerweile schon ein halbes Jahrhundert[9], ohne daß angesichts neuester Entwicklungen ein Ende abzusehen ist. Daher kann man nicht von einem „ausdiskutierten Problem“[10] sprechen. In *Deutschland* blickte man lange Zeit mit großer Skepsis auf Schiedsrichter, die Beschlußmängeldispute entschieden. Anfang der 80er Jahre wandelte sich diese ablehnende Haltung in großen Teilen des Schrifttums, bis in neuerer Zeit wieder gegenläufige Tendenzen erkennbar sind. *Österreich* verzeichnet eine gegenläufige Entwicklung. Über einen langen Zeitraum bejahte man dort die Schiedsfähigkeit allerseits, einige Autoren stellen sie - oftmals unter Bezugnahme auf die deutschen Diskussionen - nun teilweise in Frage. In der *Schweiz* steht man ihr ganz überwiegend positiv gegenüber, Gegenstimmen sind größtenteils älteren Datums. Und auch in *Frankreich* bejaht man die Schiedsfähigkeit durchweg.

---

[6] Trib. Nantua, 12.1.1950, Gaz. Pal. 1950 I 164.

[7] *Robert/Moreau*, Arbitrage, RZ 73; *Mercadal/Janin*, Sociétés commerciales, RZ 419; *Cohen*, Arbitrage et Société, RZ 153.

[8] Dazu näher im Rahmen der Schiedsfähigkeit der Verantwortlichkeitsklage, § 8.

[9] Erste Rechtsprechung in Deutschland: BGH, 4.7.1951, MDR 1951, 674 (Klage auf Nichtigerklärung von Entlastungsbeschlüssen); früher noch das OLG Stuttgart, 23.12.1926, JW 1927, 1111 für die genossenschaftsrechtliche Anfechtungsklage. In Österreich: OGH, 3.6.1950, SZ 23, Nr. 184. In der Schweiz: AppG Bern, 2.12.1942, ZBJV 79 (1943), 565. In Frankreich: Trib. Nantua, 12.1.1950, Gaz. Pal. 1950 I 164.

[10] *Roth*, Schiedsklauseln in Gesellschaftsverträgen, FS Nagel, 318, 319.

Gemein ist diesen Ländern, daß sie die schiedsgerichtliche Beurteilung von Beschlußmängeldisputen unter sehr verschiedenen Aspekten behandeln. Bei näherem Hinsehen fällt aber auf, daß in neuerer Zeit lediglich die Wirkungen des den Prozeß beendenden Schiedsspruchs noch ernste Schwierigkeiten bereiten. Die Arbeit verzichtet deshalb darauf, erneut alle vielfach erörterten Gesichtspunkte[11] in voller Breite darzustellen. Die folgenden Ausführungen konzentrieren sich vielmehr auf die Situation nach der Entscheidung des BGH von 1996 zur Schiedsfähigkeit der GmbH-rechtlichen Anfechtungsklage[12] und einige rechtsvergleichende Argumente.

I. Die Schiedsfähigkeit im engeren Sinne

Die objektive Schiedsfähigkeit des Streitgegenstandes war über lange Zeit eines der gewichtigsten Argumente, das man der schiedsrichterlichen Erledigung von Beschlußmängelauseinandersetzungen entgegenhielt[13].

1. Der Vergleich über den Beschlußstreit

Der BGH hat die Schiedsfähigkeit anfangs „mangels Vergleichsbefugnis" verneint, dies aber nicht weiter präzisiert[14]. Blickte man allein auf den Wortlaut der Entscheidungen, könnte man meinen, er stützte sich dabei auf die objektive Schiedsfähigkeit[15]. Das Gericht stellte in seiner Entscheidung von 1996 jedoch klar, daß die Urteile sich auf die subjektive Schiedsfähigkeit beriefen[16].

Unter Zugrundelegung der Theorie der materiellrechtlichen Vergleichsbefugnis verneinte eine beachtliche Anzahl von Stimmen die objektive Vergleichsbefugnis über Beschlußmängelstreitigkeiten gleichwohl. So führte das OLG Hamm noch 1987 aus, daß der Streit um einen Gesellschafterbeschluß einem Vergleich schon gegenständlich entzogen sei, da er nicht geeignet sei, durch gegenseitiges Nachgeben i.S.d. § 779 Abs. 1 BGB beseitigt zu werden. Es handele sich beim Anfechtungsprozeß um ein Verfahren, in dem der angegriffene Beschluß rein objektiv auf seine Rechtmäßigkeit kontrolliert werde. Ein gegenseitiges Nachgeben komme nicht in Frage, weil über Gesetzes-

---

[11] Vgl. allein die Monographien von *Kornmeier* und *Schick*, die sich fast ausschließlich der Schiedsfähigkeit von Beschlußmängelstreitigkeiten widmen.

[12] BGH, 29.3.1996, BGHZ 132, 278 (Anfechtung eines Beschlusses über Bildung einer gemeinsamen Unternehmensleitung sowie eines Verwaltungsrates in einer Komplementär-GmbH, Revisionsentscheidung zu OLG Karlsruhe, 16.2.1995, ZIP 1995, 915).

[13] Vgl. *Kornmeier*, Die Schiedsfähigkeit GmbH-rechtlicher Nichtigkeits- und Anfechtungsklagen, 51: „schwerstes Geschütz".

[14] BGH, 4.7.1951, MDR 1951, 674; 11.7.1966, WM 1966, 1132, 1133 (Klage auf Nichtigerklärung von Beschlüssen über Bilanzgenehmigung, Tantiemenfestsetzung, Ausschüttung und Rückstellung).

[15] So etwa verstanden von *Timm*, Beschlußanfechtung und Schiedsfähigkeit im Recht der personalistisch strukturierten Gesellschaften, FS Fleck, 365, 377.

[16] BGH, 29.3.1996, BGHZ 132, 278, 284.

oder Satzungsmäßigkeit keine Kompromisse geschlossen werden könnten. Die Entscheidung sei dahin festgelegt, daß der Beschluß entweder rechtmäßig oder rechtswidrig sei; ein Spielraum für wechselseitiges Nachgeben bestehe demgemäß nicht[17].

Ein Großteil der Literatur lehnt unter schlichtem Rückgriff auf die älteren Entscheidungen des BGH „die Vergleichsbefugnis“[18] ab, so daß nicht zu erkennen ist, worauf sie sich stützt. Andere schließen sich der Meinung des OLG Hamm an und bezeichnen die Anfechtungsklage als Kontrollinstrument, mit dem ein Machtmißbrauch der Gesellschaftermehrheit ausgeschlossen und ein weitergehender Schutz der Gesellschaft und der mit ihr verbundenen und hinter ihr stehenden Interessen erreicht werden solle. Eine vergleichsweise Regelung scheide aufgrund dieses Schutzzweckes des Rechtsinstituts aus[19].

2. Die Aufhebung des Beschlusses durch actus contrarius

Mit der Theorie der objektiven Verfügbarkeit hat sich mehr und mehr die Überzeugung durchgesetzt, daß Beschlußmängelstreitigkeiten objektiv schiedsfähig sind. Das wird damit begründet, daß die Gesellschafterversammlung einen Beschluß durch actus contrarius wieder aufheben könne. Die Berechtigten könnten im Wege einer schlichten Einigung über das Schicksal des Beschlusses wirksam befinden, und diese privatrechtliche Dispositionsmöglichkeit zeige, daß sich der Staat in diesem Bereich kein Rechtsprechungsmonopol vorbehalten habe[20].

---

[17] OLG Hamm, 8.12.1988, AG 1988, 80, 81; 29.4.1992, DB 1992, 2180 (Anfechtung von Ausschließungsbeschlüssen in Komplementär-GmbH); Urt. v. 1.2.1995, GmbHR 1995, 736, 737.

[18] Wieczorek-*Schütze*, § 1025 RZ 38; MK-*Maier*, ZPO, § 1025 RZ 5; Baumbach-*Albers*, ZPO, 56. Aufl., § 1025 RZ 31; AK-*Röhl*, § 1025 RZ 4; *Thomas/Putzo*, 20. Aufl., § 1048 RZ 1; *Raeschke-Kessler/Berger/Lehne*, Schiedsverfahrensrecht, 1. Aufl., RZ 184; *Rosenberg/Schwab/Gottwald*, Zivilprozeßrecht, § 172 III 1 a); *Hüffer*, 2. Aufl., § 246 RZ 19; Münchener Hdb. AG-*Semler*, 1. Aufl., § 41 RZ 48; *Henn*, Aktienrecht, RZ 191; Rowedder-*Koppensteiner*, § 47 RZ 121; Münchener Hdb. GmbH-*Ingerl*, § 40 RZ 62; *Bärmann*, Schiedsfähigkeit, FS Weber, 1, 4; *H. Westermann*, Gesellschaftsrechtliche Schiedsgerichte, FS Fischer, 853, 854; *Engelhardt*, Aus der neueren Rechtsprechung zur Schiedsgerichtsbarkeit, JZ 1987, 227, 228; *Schütze*, Zur notariellen Beurkundung von Schiedsvereinbarungen, BB 1992, 1877.

[19] *Henze*, Zur Schiedsfähigkeit von Gesellschafterbeschlüssen im GmbH-Recht, ZGR 1988, 542, 553ff; *Petermann*, Die Schiedsfähigkeit von Beschlüssen im Recht der GmbH, BB 1996, 277, 282.

[20] OLG Karlsruhe, 16.2.1995, ZIP 1995, 915, 916; Stein/Jonas-*Schlosser*, § 1025 RZ 27f; Zöller-*Geimer*, 20. Aufl., § 1025 RZ 38; *Schwab/Walter*, Schiedsgerichtsbarkeit Kommentar, 5. Aufl., Kap. 4 RZ 6; Großkomm-*K. Schmidt*, AktG, § 246 RZ 119; *ders.* in Scholz, § 45 RZ 150; *ders.*, Schiedsfähigkeit von GmbH-Beschlüssen, ZGR 1988, 523, 529; *ders.*, Schiedsklagen gegen Hauptversammlungsbeschlüsse ?, AG 1995, 551, 552; *ders.*, Neues Schiedsverfahrensrecht und Gesellschaftsrechtspraxis, ZHR 162 (1998), 265, 268; Hachenburg-*Raiser*, Anh. § 47 RZ 207; *Bork*, Der Begriff der objektiven Schiedsfähigkeit, ZZP 100 (1987), 249, 269; *ders.*, Zur Schiedsfähigkeit von Beschlußmängelstreitigkeiten, ZHR 160 (1996), 374, 378; *Ebenroth/Müller*, Anfechtung von GmbH-Gesellschafterbeschlüssen: Effiziente Gestaltung der Beschlußüberprüfung, DB 1992, 361, 363; *de Lousanoff*, Schiedsklauseln in Gesellschaftsverträgen, ASA Special Series Nr. 8 (1994), 89, 103; *H.P. Westermann*, Schiedsfähigkeit von gesellschaftsrechtlichen Fragen, DIS Band 11, 31, 39; *Ebenroth/Bohne*, Die schiedsgerichtliche

Einige Autoren wollen allerdings dabei differenzieren und die Schiedsfähigkeit vom konkret in Frage stehenden Beschluß abhängig machen[21].

Auch der BGH sieht in seiner Entscheidung von 1996 in der objektiven Schiedsfähigkeit kein Hindernis mehr: „Dagegen können gegen die Schiedsfähigkeit von Beschlußmängelstreitigkeiten unter diesem Gesichtspunkt keine durchgreifenden Bedenken bestehen, da Gesellschafterbeschlüsse mindestens insofern der privaten Disposition unterliegen, als sie von den Gesellschaftern in ihrer Gesamtheit wieder aufgehoben werden können, und ein Interesse des Staates an einem Entscheidungsmonopol seiner Gerichte im Rechtsstreit über die angestrebte Aufhebung in ihrer Rechtmäßigkeit streitiger Gesellschafterbeschlüsse nicht erkennbar ist“[22].

In der *Schweiz* betont man ebenfalls, ein öffentliches Interesse, das die freie Verfügbarkeit des Streitgegenstandes ausschließen könne, sei nicht erkennbar. Der Staat interessiere sich nicht für die Erledigung von Anfechtungsstreitigkeiten allein durch seine Gerichte[23]. Ähnlich argumentiert die einzige *französische* Entscheidung zur Schiedsfähigkeit der Anfechtungsklage, in der die Cour d'appel von Paris über die Wirksamkeit des Ausschlusses eines Mitglieds aus einer wirtschaftlichen Interessengemeinschaft durch Beschluß zu befinden hatte. Das Gericht prüfte, ob schiedsgerichtliche Beurteilung des Ausschlusses, über den die Schiedsrichter gar als „amiables compositeurs“ entschieden, die Rechte des ausgeschlossenen Mitglieds derart beeinträchtigte, daß ein Verstoß gegen den „ordre public“ anzunehmen sei. Das Gericht lehnte dies aber ab und entschied, daß die Überprüfung der Rechtmäßigkeit des Ausschlusses durch ein Schiedsgericht den „ordre public“ nicht berühre, da die Parteien über die Recht- oder Unrechtmäßigkeit des Beschlusses disponieren könnten[24].

Überprüfung von Gesellschafterbeschlüssen in der GmbH, BB 1996, 1393, 1395; *Jähnich*, Anmerkung zu BGH, Urt. v. 29.3.1996, LM § 248 AktG 1965, Nr. 3; *G. Bredow*, Die Zukunft der Schiedsklausel für GmbH-Beschlußmängelstreitigkeiten, DStR 1996, 1653; *Geimer*, Anmerkung zu BGH, Urt. v. 29.3.1996, DZWiR 1997, 119, 120; auf diese Dispositionsmöglichkeit weist bereits *Vollmer*, Satzungsmäßige Schiedsklauseln, 70, und *ders.*, Unternehmensverfassungsrechtliche Schiedsgerichte, ZGR 1982, 15, 28 hin, ohne aber Konsequenzen daraus zu ziehen. Österreich: OGH, 10.12.1998, NZG 1999, 307, 308. In der Schweiz schon früher *Stauffer*, Dürfen Schiedsgerichte Anfechtungsklagen nach Art. 706 OR beurteilen ?, SJZ 1947, 213, 216; ebenso Schiedsgericht, 14.5./8.7.1991, BJM 1993, 198, 207. Die gegen das Urteil gerichtete Beschwerde wies das Appellationsgericht mit Urteil vom 16.12.1991 ab, vgl. BJM 1993, 198, 208. *Rohrer*, Die aktienrechtliche Anfechtungsklage, 104; *Riemer*, Anfechtungs- und Nichtigkeitsklage im schweizerischen Gesellschaftsrecht, RZ 226.

[21] Deutschland: Hachenburg-*Raiser*, Anh. § 47 RZ 206; *Kornmeier* (oben FN 13), 97ff; *ders.*, Schiedsfähigkeit und materielle Vergleichsbefugnis - Überlegungen zur Auslegung des Merkmals „Vergleich“ in § 1025 Abs. 1 ZPO, ZZP 94 (1981), 27, 44f; *Schick*, Die Schiedsfähigkeit von Rechtsstreitigkeiten über Gesellschafterbeschlüsse, 92ff; *Petermann* (oben FN 19), BB 1996, 277, 282. Österreich: *Thöni*, Zur Schiedsfähigkeit des GmbH-rechtlichen Anfechtungsstreits, WBl. 1994, 298, 301; wohl auch *Gellis/Feil*, § 41 RZ 8. Ebenso in Spanien: *Cremades*, Arbitration in Spain, 24, in den Niederlanden: *van den Berg/van Delden/Snijders*, Netherlands Arbitration Law, 38 und in Italien: *Teti*, L'arbitrato nelle società, Riv. arb. 1993, 297, 308f.

[22] BGH, 29.3.1996, BGHZ 132, 278, 283.

[23] AppG Bern, 2.12.1942, ZBJV 79 (1943), 565, 568; *Rohrer*, (oben FN 20), 104f; *Stauffer* (oben FN 20), SJZ 1947, 213, 216f; *Steiner*, Aktiengesellschaft und Schiedsgericht, SAG 1950, 138; so argumentiert auch ein mit einer Anfechtungsklage befaßtes Schiedsgericht, 14.5./8.7.1991, BJM 1993, 198, 206.

[24] Cour d'Appel Paris, 6.1.1984, Rev. arb. 1985, 279, 282.

3. Stellungnahme

Legt man die Theorie der objektiven Verfügbarkeit zugrunde, so stellt sie richtigerweise auf die Verfügungsbefugnis der Gesellschafterversammlung derart ab, daß sie einen bereits gefaßten Beschluß wieder aufheben kann. Die für die Schiedsfähigkeit geforderte Parteidisposition liegt also in der Befugnis, den Beschluß durch actus contrarius wieder aus der Welt zu schaffen. Daß es grundsätzlich möglich ist, gefaßte Beschlüsse wieder aufzuheben, steht außer Frage. Zwar gilt dies nur, solange noch keine bindende Außenwirkung eingetreten ist; Aufhebungsbeschlüsse sind jedoch prinzipiell zulässig[25]. Deshalb hat man in der Schweiz schon früher erkannt, daß ein öffentliches Interesse die freie Verfügbarkeit des Streits nach Art. 5 SchwK nicht hindert. Die Gesellschafterversammlung kann somit die Rechtsfolge von Anfechtungs- und Nichtigkeitsklage, die Aufhebung des Beschlusses, grundsätzlich auch durch Rechtsgeschäft herbeizuführen. Sie kann mithin über Beschlußmängel i.S.d. Theorie der objektiven Verfügbarkeit disponieren.

Ein Rechtsprechungsmonopol folgt zudem nicht aus dem Zweck bzw. der Funktion der Klagen. Das Reichsoberhandelsgericht erkannte bereits vor der Aktienrechtsnovelle von 1884, die erstmals Regelungen über Beschlußmängel ins ADHGB aufnahm, nach anfänglichem Zögern[26] ein klagbares Recht des Aktionärs auf gesetzes- und satzungsmäßige Betätigung der Gesellschaft an[27]. Dieses sollte in erster Linie der Begrenzung des Rechts dienen[28]. Der Zweck der gesetzlichen Regelung liegt mithin in der Gewährleistung von Rechtssicherheit: Aufgrund der Bedeutung von Gesellschafterbeschlüssen für die Gesellschaft und den Rechtsverkehr will sie verhindern, daß man die Gültigkeit der Beschlüsse in beliebiger Weise und ohne zeitliche Beschränkung angreifen kann[29].

Die bezweckte Rechtssicherheit ist auch im Schiedsverfahren erreichbar. Das Schiedsgericht muß die begrenzte Zahl der Anfechtungs- und Nichtigkeitsgründe und die gesetzliche Frist für ihre Geltendmachung ebenso beachten wie alle anderen Verfahrensaspekte. Allein deshalb, weil die Parteien die Entscheidung einem Schiedsgericht übertragen haben, ist es ihnen selbstverständlich nicht erlaubt, sich über diese Vorschriften vollends hinwegzusetzen. Andernfalls wäre der Schiedsspruch von Aufhebung bedroht. Ein Rechtsprechungsmonopol kann also nicht auf den Gesichtspunkt der Rechtssicherheit gestützt werden. Nach ihrer gesellschaftsrechtlichen Funktion stellen die Klagen zudem Kontrollrechte dar, die dazu dienen, die im Versammlungsbeschluß getroffene Regelung an Recht und Gesetz zu messen. Für den Gesellschafter

---

[25] Großkomm-*K. Schmidt*, AktG, § 246 RZ 85; *ders.* in *Scholz*, § 45 RZ 33; Geßler-*Hüffer*, § 246 RZ 14; *ders.* in Hachenburg, § 47 RZ 38; Hachenburg-*Raiser*, Anh. § 47 RZ 168; Rowedder-*Koppensteiner*, § 47 RZ 7; Baumbach-*Zöllner*, GmbHG, § 47 RZ 22.

[26] ROHG, 23.11.1875, ROHGE 19, 178, 184.

[27] ROHG, 20.12.1877, ROHGE 23, 272, 275ff; 9.9.1879, ROHGE 25, 307, 310.

[28] *Schubert/Hommelhoff*, 100 Jahre modernes Aktienrecht, 466, 469, 471; Geßler-*Hüffer*, § 243 RZ 7.

[29] Deutschland: Großkomm-*K. Schmidt*, AktG, § 243 RZ 1; Geßler-*Hüffer*, § 243 RZ 5; *ders.*, § 243 RZ 1 u. § 249 RZ 1. Österreich: *Koppensteiner*, § 41 RZ 2.

bedeuten sie aus der Mitgliedschaft folgende Verwaltungsrechte[30]. Als Bestandteil der Mitgliedschaft dienen sie dem individuellen Schutz der Rechte und Interessen des Aktionärs. Gleichzeitig haben sie aber auch eine institutionelle Basis als Instrumente der Rechtmäßigkeitskontrolle[31].

Es ist nicht zu erkennen, daß der Gesetzgeber die Entscheidung über diese Kontrollrechte seinen Gerichten vorbehalten wollte. Ein Schiedsgericht kann ebenso wie ein staatliches die Rechtmäßigkeit eines Beschlusses im einzelnen überprüfen. Schiedsgerichtliche Beurteilung schränkt diese Kontrolle oder gar den Individualschutz der Gesellschafter nicht per se ein. Geht man von einer statutarischen Schiedsklausel aus, so ist daran zu erinnern, daß sich ihr alle Gesellschafter mit dem Beitritt zur Gesellschaft unterworfen haben und sich später über das Verfahren nicht beklagen können. Das Schiedsverfahren verkürzt aber auch als solches ihre Rechte in keiner Weise, sondern legt zunächst lediglich ein privates Forum fest. Daß nur staatliche Gerichte einem möglichen Machtmißbrauch der Gesellschaftermehrheit Einhalt gebieten und die Interessen der Minderheit schützen können, ist eine bloße Unterstellung[32]. Es ist nicht erkennbar, welche Mißbrauchsmöglichkeiten die Gesellschaftermehrheit in einem Schiedsverfahren besitzt, die sie nicht auch in einem Verfahren vor einem staatlichen Gericht ausüben könnte. Zu behaupten, in einem Schiedsverfahren könne man einen Beschluß nicht rein objektiv auf seine Rechtmäßigkeit prüfen[33], grenzt daher schlicht an eine Diskriminierung der Schiedsgerichtsbarkeit. Zu recht sieht man auch in Frankreich den gesellschaftsrechtlichen „ordre public" nicht als durch schiedsgerichtliche Erledigung verletzt an.

II. Die Schiedsfähigkeit im weiteren Sinne

Die im Rahmen der Schiedsfähigkeit im weiteren Sinne untersuchten Kriterien werden einerseits zum großen Teil auch bei anderen gesellschaftsrechtlichen Streitigkeiten relevant, so daß eine ausführlichere Diskussion an dieser Stelle angezeigt ist. Außerdem sind es unter Geltung des neuen Schiedsverfahrensrechts besonders diese Gesichtspunkte, die künftig der Schiedsfähigkeit von Beschlußmängelstreitigkeiten entgegenstehen können Daher ist eine Darstellung der unter dem alten Recht vorgebrachten Argumente erforderlich, um die Auswirkungen des neuen Rechts erörtern zu können.

---

[30] Großkomm-*K. Schmidt*, AktG, § 244 RZ 11; Geßler-*Hüffer*, § 243 RZ 8; KölnerKomm-*Zöllner*, § 243 RZ 8f.

[31] Deutschland: Großkomm-*K. Schmidt*, AktG, § 245 RZ 10; Geßler-*Hüffer*, § 245 RZ 8. Österreich: *Koppensteiner*, § 41 RZ 2. Schweiz: *Forstmoser/Meyer-Hayoz*, Schweizerisches Aktienrecht, § 25 RZ 11.

[32] So auch nach der BGH-Entscheidung vom 29.3.1996 *Geimer* (oben FN 20), DZWiR 1997, 119, 120.

[33] OLG Hamm, 8.12.1986, AG 1988, 80, 81; *Henze* (oben FN 19), ZGR 1988, 542, 554f; *Petermann* (oben FN 19), BB 1996, 277, 282.

1. Die subjektive Schiedsfähigkeit

Die subjektive Schiedsfähigkeit wurde vor der Reform des Schiedsrechts wohl ebenso heftig diskutiert wie die objektive. Manche hielten sie sogar für den entscheidenden Gesichtspunkt der schiedsgerichtlichen Beurteilung[34]. So basiert die Argumentation der ablehnenden Ansicht auf dem Auseinanderfallen von Prozeß- und Schiedsvertragsparteien: Greife der Gesellschafter einen Beschluß der Gesellschafterversammlung an, so sei die Gesellschaft als sein Gegner subjektiv nicht fähig, über ihn einen Vergleich zu schließen. Ihre Stellung im Prozeß sei vielmehr durch den Beschluß zwingend vorgegeben. Es sei ihr verwehrt, Beschlüsse abzuändern, die für sie, aber nicht von ihr gefaßt seien. In die Willensbildungskompetenz der Gesellschafterversammlung könne ein Leitungsorgan, das die Gesellschaft im Prozeß vertrete, nicht eingreifen[35].

Im übrigen komme es im Rahmen der Schiedsfähigkeit nicht etwa auf die Vergleichsberechtigung derjenigen an, die die Schiedsabrede vereinbart hätten, also die Gesellschafter, sondern auf die Berechtigung der Prozeßparteien. Das ergebe sich aus § 1027a ZPO a.F., wonach Schiedsabreden nur in solchen Streitigkeiten beachtlich seien, für die *die Parteien*[36] einen Schiedsvertrag geschlossen hätten. § 1027a ZPO a.F. setze mithin voraus, daß die Parteien des Rechtsstreits identisch sein müßten mit den Parteien, die den Schiedsvertrag geschlossen hätten. So seien es letztlich doch die Parteien des Rechtsstreits, denen die Berechtigung zustehen müsse, über den Gegenstand des Streites einen Vergleich zu schließen. Als Prozeßparteien träten aber der oder die klagenden Gesellschafter auf der einen und die Gesellschaft auf der anderen Seite auf, denen die Vergleichsberechtigung fehle[37].

Die Gegenauffassung bekräftigt, daß die Parteien des Beschlußmängelstreits tatsächlich nicht die Gesellschafter seien, sondern der oder die Gesellschafter als Kläger und die Gesellschaft, vertreten durch ihre Leitung, als Beklagte. Diese Parteien könnten unstreitig den Beschluß nicht aufheben, sofern nicht alle Gesellschafter zustimmten. Damit sei aber die Frage nach der subjektiven Vergleichsbefugnis nicht beantwortet[38]. Denn für die Parteien i.S.d. § 1025 Abs. 1 ZPO a.F. sei nicht auf die Prozeßparteien, sondern auf die Parteien der Schiedsvereinbarung abzustellen, im Falle einer statutarischen Schiedsklausel also auf die Gesellschafterversammlung. Diese könne über ihre

---

[34] Großkomm-*K. Schmidt*, AktG, § 246 RZ 120; *ders.* (oben FN 20), ZGR 1988, 523, 529; *ders.* (oben FN 20), AG 1995, 551, 552.

[35] Deutschland: OLG Hamm, 8.12.1986, AG 1988, 80, 81; Geßler-*Hüffer*, § 246 RZ 68; KölnerKomm-*Zöllner*, § 246 RZ 61; Baumbach-*Hueck*, AktG, § 246 RZ 8; *Vollmer* (oben FN 20), 70; *ders.* (oben FN 20), ZGR 1982, 15, 28; *Weidemann*, Schiedsgerichtsbestimmungen bei Handelsgesellschaften, 69f. Österreich: *Koppensteiner*, § 42 RZ 6 (erstaunlicherweise läßt er in RZ 5 aber einen Vergleich über die Anfechtungsklage zu). Schweiz: *Patry*, Précis de droit suisse des sociétés, 245; *ders.*, L'action en annulation des decisions de l'assemblé générale, Mémoires publiés par la Faculté de Droit de Genève No. 19, 15, 25.

[36] Hervorhebung des Verf.

[37] OLG Hamm, 8.12.1986, AG 1988, 80, 81; ebenso *Schwab*, Bemerkungen zur Rechtskraft inter omnes und zur Geltung der Grundrechte im Schiedsverfahren, FS Gaul, 729, 733. Auch *K. Schmidt* (oben FN 20), ZGR 1988, 523, 530 akzeptiert das Argument aus § 1027a ZPO a.F.

[38] Nachweise in den folgenden FN.

eigenen Beschlüsse aber unstreitig disponieren[39]. Das ergebe sich schon aus der Vorschrift selbst, die die rechtliche Wirksamkeit von Schiedsverträgen regele und damit nur die Schiedsvertragsparteien ansprechen könne[40]. Zudem entspreche es regelmäßig dem Willen der Gesellschafter, alle mit dem Gesellschaftsverhältnis zusammenhängenden Streitigkeiten vor ein Schiedsgericht zu bringen. Diesen Willen unterlaufe die Gegenansicht, indem sie aus „rechtstechnischen Gründen"[41] die Gesellschaft selbst als Partei ansehe[42].

Besonders widersprüchlich sei es außerdem, daß die Gerichte in anderem Zusammenhang nicht nur selbst festgestellt hätten, daß § 1025 Abs. 1 ZPO a.F. die Parteien des Schiedsvertrages meine[43], sondern auch bei anderen gesellschaftsrechtlichen Streitigkeiten, bei denen sich ebenfalls die Parteien des Prozesses von jenen der Schiedsvereinbarung unterschieden, die subjektive Schiedsfähigkeit nicht bezweifelt hätten[44]. Aus § 1027a ZPO a.F. lasse sich nichts Gegenteiliges folgern. Dessen Funktion sei es, die Folgen einer Schiedsabrede für eine Klage vor einem ordentliche Gericht zu fixieren, nicht aber, die Parteien der Schiedsabrede zu bestimmen. Insofern bleibe die Vorschrift bei der Bestimmung der subjektiven Vergleichsbefugnis, die § 1025 Abs. 1 ZPO a.F. abschließend regele, außer Betracht[45].

Eine andere Auffassung will das Problem über § 1048 ZPO a.F. lösen. Diese Vorschrift begründe nicht nur ein Formprivileg gegenüber § 1027 ZPO a.F., sondern be-

---

[39] OLG Karlsruhe, 16.2.1995, ZIP 1995, 915, 917; Hachenburg-*Raiser*, Anh. § 47 RZ 205; Hachenburg-*Ulmer*, § 61 RZ 37; *Kornmeier*, (oben FN 13), 106ff; *ders.*, Die Schiedsgerichtsvereinbarung in der GmbH-Satzung, DB 1980, 193, 196; *Schick* (oben FN 21), 106ff; *Günther*, Kurzkommentar zu OLG Hamm, Urt. v. 8.12.1986, EWiR 1987, 371, 372; *Timm* (oben FN 15), FS Fleck, 365, 379; *Kraatz*, Schiedsfähigkeit von Gesellschafterbeschlüssen, Jahrbuch für die Praxis der Schiedsgerichtsbakeit 3 (1989), 47, 49; *Ebenroth/Müller* (oben FN 20), DB 1992, 361, 363; *de Lousanoff* (oben FN 20), ASA Special Series Nr. 8 (1994), 89, 105; *Petermann* (oben FN 19), BB 1996, 277 279; *H.P. Westermann* (oben FN 20), DIS Band 11, 31, 40. *Vollmer* (oben FN 20), 70 und *ders.* (oben FN 20), ZGR 1982, 15, 28 stellt ebenfalls auf die Parteien der Schiedsvereinbarung ab, verneint die subjektive Schiedsfähigkeit aber erstaunlicherweise gleichwohl.

[40] *Timm* (oben FN 15), FS Fleck, 365, 379; *K. Schmidt* (oben FN 20), ZGR 1988, 523, 529; *Petermann* (oben FN 19), BB 1996, 277, 279; *Bork*, Zur Schiedsfähigkeit von Beschlußmängelstreitigkeiten, ZHR 160 (1996), 374, 379; *Lüke/Blenske* (oben FN 1), ZGR 1998, 253, 265.

[41] *R. Fischer*, Anmerkung zu BGH, Urt. v. 4.7.1951, LM § 199 AktG 1937, Nr. 1.

[42] *Kornmeier* (oben FN 13), 111; *ders.* (oben FN 39), DB 1980, 193, 196f; *Schick* (oben FN 21), 108; *Timm* (oben FN 15), FS Fleck, 365, 380; ähnlich OLG Karlsruhe, 16.2.1995, ZIP 1995, 915, 917.

[43] *Kornmeier* (oben FN 13), 110; *ders.* (oben FN 39), DB 1980, 193, 197; *Schick* (oben FN 21), 107; *Günther* (oben FN 39), EWiR 1987, 371, 372; *Timm* (oben FN 15), FS Fleck, 365, 380; *Ebenroth/Müller* (oben FN 20), DB 1992, 361, 363; *de Lousanoff* (oben FN 20), ASA Special Series Nr. 8 (1994), 89, 105; *Petermann* (oben FN 19), BB 1996, 277, 279; *H.P. Westermann* (oben FN 20), DIS Band 11, 31, 40. Die besagte Entscheidung ist BGH, 28.5.1979, NJW 1979, 2567, in der der BGH die schiedsgerichtliche Erledigung einer Feststellungsklage zu beurteilen hatte.

[44] *Kornmeier* (oben FN 13), 112; *Schick* (oben FN 21), 107; *Timm* (oben FN 15), FS Fleck, 365, 380; *K. Schmidt* (oben FN 20), ZGR 1988, 523, 531; *Kraatz* (oben FN 39), Jahrbuch für die Praxis der Schiedsgerichtsbarkeit 3 (1989), 47, 49; *Petermann* (oben FN 19), BB 1996, 277, 279; *Ebenroth/Bohne* (oben FN 20) BB 1996, 1393, 1395. Damit nimmt man auf BayObLG, 24.2.1984, BB 1984, 746 zur schiedsgerichtlichen Entscheidung der Auflösungklage nach § 61 GmbHG Bezug.

[45] *Ebenroth/Müller* (oben FN 20), DB 1992, 361, 363; *Ebenroth/Bohne* (oben FN 20), BB 1996, 1393, 1395; *Lüke/Blenske* (oben FN 1), ZGR 1998, 253, 265.

deute eine Harmonisierung von Schiedsabrede, Schiedgerichtszuständigkeit und Verbandsverfassung. Unter den satzungsgebundenen Mitgliedern gelte, daß korporative Prozesse vor die Schiedsgerichte gehörten. Und wer Partei eines Schiedsverfahrens sei, bestimme sich nach Verbandsrecht und nicht danach, wer an der Satzungsbestimmung mitgewirkt habe. Man könne hinsichtlich der subjektiven Vergleichsbefugnis also nicht auf die Parteien des Rechtsstreits abstellen, sondern auf die für die Legitimation des Schiedsverfahrens durch Satzung maßgeblichen materiell Betroffenen. Typischerweise fielen beide zusammen. Wo sie aber, wie in weitem Umfang bei Innenprozessen auf der Basis satzungsmäßiger Schiedsklauseln, auseinanderfielen, folge daraus nicht die Unzulässigkeit des Schiedsverfahrens, sondern nur die Notwendigkeit einer Legitimation seitens derer, denen die subjektive Vergleichsfähigkeit zustehe. Diese Legitimation könne in den prozeß- und gesellschaftsrechtlich vorgegebenen Grenzen nach § 1048 ZPO a.F. zustandegebracht werden[46].

Auch der BGH erblickt in seiner Entscheidung von 1996 in der subjektiven Schiedsfähigkeit ein ernstzunehmendes Problem. Er bekräftigt zunächst, daß die Parteien des Anfechtungsprozesses und der Schiedsvereinbarung tatsächlich auseinanderfielen und wendet sich dann gegen die Auffassung, daß mit den Parteien i.S.d. § 1025 Abs. 1 ZPO a.F. die Parteien der Schiedsvereinbarung gemeint seien. § 1027 a ZPO a.F. zeige deutlich, daß dies nicht der Fall sei[47]. Danach will sich das Gericht ausdrücklich der Meinung anschließen, die die subjektive Schiedsfähigkeit über § 1048 ZPO a.F. konstruiert: Die Unterwerfung der Gesellschaft unter den Spruch des Schiedsgerichts und damit dessen Legitimation, in den Angelegenheiten der Gesellschaft zu entscheiden, folge aus verbandsrechtlichen Gesichtspunkten. Auch wenn die Gesellschaft am Abschluß der Schiedsvereinbarung nicht als Partei mitgewirkt habe, so sei sie doch an die in ihrer Satzung enthaltene Schiedsklausel für körperschaftsrechtliche Streitigkeiten ohne weiteres gebunden. Es gelte insofern im Grundsatz nichts wesentlich anderes als für sonstige korporationsrechtliche Satzungsregelungen. Keine Gesellschaft habe an ihrem Gründungsakt als Aktivbeteiligte mitgewirkt. Gleichwohl gehöre die Bindung der Gesellschaft an die körperschaftsrechtlichen Regelungen ihrer Gründungssatzung zu den elementaren Grundvoraussetzungen des Gesellschaftsrechts. Die bei rein vertragsrechtlicher oder prozessualer Betrachtung fehlende Identität der einen Partei des Schiedsgerichtsverfahrens mit den Parteien der Schiedsgerichtsvereinbarung werde mithin durch das Verbandsrecht überbrückt, so daß die subjektive Schiedsfähigkeit zu bejahen sei[48].

Blickt man auf diese Entwicklung, so kann man nach der BGH-Entscheidung das Argument der fehlenden subjektiven Schiedsfähigkeit als ausgeräumt betrachten. In Deutschland erschien es unter Geltung des § 1027a ZPO a.F. nur schwer vertretbar, im

---

[46] Deutschland: Großkomm-*K. Schmidt*, AktG, § 246 RZ 120; *ders.* in *Scholz*, § 4 RZ 150; *ders.* (oben FN 20), ZGR 1988, 523, 530f; *ders.* (oben FN 20), AG 1995, 551, 552. Ihm angeschlossen haben sich Stein/Jonas-*Schlosser*, § 1025 RZ 27f; *Petermann* (oben FN 19), BB 1996, 277, 280; *H.P. Westermann* (oben FN 20), DIS Band 11, 31, 41; ähnlich OLG Karlsruhe, 16.2.1995, ZIP 1995, 915, 917; andeutungsweise schon *Vollmer* (oben FN 20), ZGR 1982, 15, 28. Ebenso in Österreich: *Thöni* (oben FN 21), WBl. 1994, 298, 302.

[47] BGH, 29.3.1996, BGHZ 132, 278, 284.

[48] BGH, 29.3.1996, BGHZ 132, 278, 285.

Rahmen des § 1025 ZPO a.F. auf die Parteien des Schiedsvertrages abzustellen[49]. Daran kann auch der Hinweis auf die „Funktion" des § 1027a ZPO a.F. nichts ändern. Normierte die Vorschrift zwar eine Einredemöglichkeit aufgrund eines Schiedsvertrages, so kann dies nicht darüber hinwegtäuschen, daß ihr die Vorstellung der Identität von Schiedsvertrags- und Verfahrensparteien zugrundelag. Daß man auch bei anderen gesellschaftsrechtlichen Streitigkeiten das Auseinanderfallen von Vertrags- und Verfahrensparteien nicht bemängelt, entbindet ebenfalls nicht von der Lösung des Problems. Es fällt aber in der Tat auf, daß der BGH in einer Entscheidung zur Schiedsfähigkeit einer GmbH-rechtlichen Feststellungsklage ausdrücklich einen Vergleich der verschiedenen streitenden Gesellschafter über die Rechtsgültigkeit des Gesellschafterbeschlusses zugelassen hat[50].

Insgesamt erscheint es zutreffend, für die Beurteilung der Parteien auf das Verbandsrecht abzustellen, was allerdings zu präzisieren ist. Das Erfordernis der subjektiven Schiedsfähigkeit will erreichen, daß ein Schiedsgericht nur zwischen Parteien Recht spricht, die sich seiner Entscheidung im Voraus auch bindend unterworfen haben[51]. In der *Schweiz* haben die Gerichte aus diesem Grunde erkannt, daß das Vertretungsorgan der Gesellschaft und der Kläger schiedsgerichtliche Beurteilung einer Anfechtungsklage mit Wirkung gegenüber allen anderen Gesellschaftern nicht vereinbaren können[52].

Diesem Zweck der subjektiven Schiedsfähigkeit, nur Personen einem Schiedsspruch zu unterwerfen, die auch der Bindung an eine Schiedsvereinbarung unterliegen, tut man allerdings dann Genüge, wenn die Beteiligung aller Gesellschafter an der Schiedsvereinbarung sichergestellt ist. In der gesellschaftsrechtlichen Schiedsgerichtsbarkeit gewährleistet dies eine alle Gesellschafter bindende Schiedsklausel im Gesellschaftsstatut. Auch wenn die Bindung etwa neu beitretender Gesellschafter häufig nur eine Fiktion ist, da sie keine gesonderte Schiedsabrede schließen, folgt dies aus der privilegierten Stellung satzungsmäßiger Schiedsklauseln: § 1048 a.F. ZPO bzw. § 1066 ZPO privilegiert solche Schiedsklauseln dergestalt, daß mit Erwerb des Anteils eine Bindung an alle im Gesellschaftsstatut enthaltene Abreden unter Einschluß der Schiedsklausel eintritt. Macht man mit der Vorschrift Ernst, so sind auch Publikumsaktionäre mit dem Aktienerwerb der Schiedsgerichtsbarkeit unterworfen. Die Situation, daß sich Dritte, die nicht an der Schiedsvereinbarung partizipieren, plötzlich einer Gerichtsbarkeit ausgesetzt sehen, der sie sich gar nicht unterworfen haben, kann in diesem Fall also nicht auftreten. Das Verbandsrecht erfordert daher auch keine weitergehende Einbeziehungskontrolle, denn Schiedsklauseln können gegen den Willen der Minderheit nicht in die Satzung aufgenommen werden, da eine solche Aufnahme nach allgemeiner Auffas-

---

[49] So aber auch nach der BGH-Entscheidung *Bork* (oben FN 40), ZHR 160 (1996), 374, 378f und *Ebenroth/Bohne* (oben FN 20), BB 1996, 1393, 1395.

[50] BGH, 28.5.1979, NJW 1979, 2567 (Klage eines GmbH-Gesellschafters gegen einen anderen auf Feststellung der Unwirksamkeit eines Gesellschafterbeschlusses bezüglich der Übertragung von Geschäftsanteilen).

[51] Stein/Jonas-*Schlosser*, § 1025 RZ 27f; ähnlich *Schwab/Walter* (oben FN 20), 5. Aufl., Kap. 4 RZ 9.

[52] Cour de Genève, 23.1.1959, Sem. Jud. 1960, 121, 126; *Sträuli/Messmer/Wiget*, Kommentar zur Zürcherischen Zivilprozeßordnung, § 238 RZ 4; *Rüede/Hadenfeldt*, Schweizerisches Schiedsgerichtsrecht, 50; *Jolidon*, Commentaire du Concordat suisse sur l'arbitrage, 159; *Guldener*, Schweizerisches Zivilprozeßrecht, 603 FN 46; *Rohrer* (oben FN 20), 102; *Stauffer* (oben FN 20), SJZ 1947, 213, 216; *Hinderling*, Die private Schiedsgerichtsbarkeit nach Basler ZPO und Konkordat, BJM 1972, 107, 117.

sung der Zustimmung aller Gesellschafter bedarf[53]. Hält man dagegen an den Parteien des klagenden Gesellschafters auf der einen und der Gesellschaft, vertreten durch ihre jeweiligen Organe, auf der anderen Seite fest und folgert daraus fehlende subjektive Schiedsfähigkeit, so schiebt man tatsächlich nur „rechtstechnische" Gründe vor. Vielmehr kommt es darauf an, ob dem Zweck der subjektiven Schiedsfähigkeit, nur Personen einem Schiedsspruch zu unterwerfen, die auch der Bindung an eine Schiedsvereinbarung unterliegen, durch eine entsprechende Schiedsklausel Rechnung getragen wird. Und hier hilft § 1048 ZPO a.F. bzw. nach neuem Recht § 1066 ZPO, die im Falle einer statutarischen Schiedsklausel alle Gesellschafter binden.

Diesen Ansatz mißversteht der BGH, da es bei der subjektiven Schiedsfähigkeit nicht, wie das Gericht meint, um die Frage geht, ob die Gesellschaft der Schiedsvereinbarung unterworfen ist. Selbstverständlich folgt aus gesellschaftsrechtlichen Grundsätzen, daß die Gesellschaft an die in der Satzung enthaltenen korporationsrechtlichen Regelungen gebunden ist[54]. Insofern ist es zutreffend, wenn der BGH die Bindung der Gesellschaft an die Schiedsklausel aus dem Verbandsrecht herleitet. Dies ist allerdings nicht mit der Frage der subjektiven Schiedsfähigkeit zu vermischen. Hierbei geht es um die Wirksamkeit der Schiedsvereinbarung und nicht um die Frage der Bindung der Gesellschaft an eine Schiedsvereinbarung, an der sie möglicherweise selbst nicht beteiligt war[55]. Aus dem Verbandsrecht kann man also nicht, wie der BGH meint, die subjektive Schiedsfähigkeit deshalb herleiten, weil es die Gesellschaft an die Schiedsklausel bindet. Vielmehr folgt aus dem Verbandsrecht, daß für die Frage der Vergleichs- bzw. Verfügungsbefugnis und damit für die subjektive Schiedsfähigkeit auf die Verbandsmitglieder abzustellen ist, also auf ihre Unterwerfung unter die satzungsmäßigen Regelungen.

2. Die ausschließliche Zuständigkeit staatlicher Gerichte

In die Diskussion um die Schiedsfähigkeit von Beschlußmängeldisputen wurde vor allem in früherer Zeit immer wieder die ausschließliche Zuständigkeit der staatlichen Gerichte für gesellschaftsrechtliche Anfechtungs- und Nichtigkeitsklagen gebracht. So ist in *Deutschland* das Landgericht nach § 246 Abs. 3 S. 1 AktG ausschließlich zuständig. In *Österreich* normieren §§ 197 Abs. 1 AktG bzw. § 42 Abs. 2 öGmbHG eine ausschließliche örtliche Kompetenz des für den Sitz der Gesellschaft zuständigen, zur Ausübung der Gerichtsbarkeit in Handelssachen berufenen Gerichtshofes. Das *schweizerische* Recht sieht keine ausdrückliche Zuweisung eines Gerichtsstandes vor[56].

---

[53] Hachenburg-*Ulmer*, § 61 RZ 38; Hachenburg-*Raiser*, Anh. § 47 RZ 209; *Lutter-Hommelhoff*, Anh. § 47 RZ 79; *K. Schmidt* (oben FN 20), ZGR 1988, 523, 531.

[54] Anschaulich *K. Schmidt*, Gesellschaftsrecht, 79ff.

[55] *Bork* (oben FN 40), ZHR 160 (1996), 374, 379; *Schlosser*, Anmerkung zu BGH, Urt. v. 29.3.1996, JZ 1996, 1020; *Lüke/Benske* (oben FN 1), ZGR 1998, 253, 266.

[56] Interessanterweise diskutierte die ältere schweizerischen Literatur eine analoge Anwendung der deutschen ausschließlichen Zuständigkeitsbestimmung, seinerzeit § 199 AktG, die man als „sehr vernünftig und zweckmäßig" einstufte. Eine Analogie lehnte man im Ergebnis aber ab, da man nicht sagen könne,

In *Frankreich* ordnet Art. 363 LSC die - nicht exklusive - Zuständigkeit des Handelsgerichts an. Eine stattliche Anzahl vor allem älterer Stimmen vertreten, daß die ausschließliche Zuständigkeit staatlicher Gerichte auch eine Entscheidung der privaten Gerichtsbarkeit verbiete[57]. Zudem stehe ihr Sinn und Zweck der Vorschriften über die Geltendmachung von Beschlußmängeln entgegen. Der liege darin, zur Vermeidung widersprechender Entscheidungen mehrere Klagen zu verbinden und gemeinsam zu entscheiden, also einen Konzentrationseffekt der Gesellschafterklagen zu erzielen. Diesen könne man vor einem Schiedsgericht nicht erreichen, denn hier seien sowohl die Gefahr eines parallelen staatlichen Verfahrens und eines Schiedsverfahrens, als auch die Gefahr zweier parallel laufender Schiedsverfahren denkbar[58].

Nach der neueren Gegenauffassung kann sich eine ausschließliche staatliche Zuständigkeit nicht auf die Schiedsgerichtsbarkeit auswirken. Sie regele zunächst nur die Zuständigkeit zwischen verschiedenen Gerichten innerhalb der staatlichen Gerichtsbarkeit, lasse aber die private schiedsgerichtliche Erledigung, also eine ganz andere Gerichtsbarkeit, unberührt. Das belege ein Vergleich mit anderen Normen, die eine ausschließliche Zuständigkeit anordneten, in *Deutschland* etwa § 29a ZPO für Mietsachen. Hätte der Gesetzgeber mit ausschließlichen Zuständigkeitsregelungen auch den Weg vor ein Schiedsgericht versperren wollen, so sei § 1025a ZPO a.F. nicht zu erklären, der Mietsachen ausdrücklich von schiedsrichterlicher Beurteilung ausnehme[59].

Auch der Sinn und Zweck der Vorschriften stünden schiedsrichterlicher Erledigung nicht entgegenstehen. Der von § 246 Abs. 3 S. 1 AktG bezweckte „Verbindungszwang"

---

daß ohne eine solche Vorschrift „schwere Beeinträchtigungen der reibungslosen Abwicklung des Anfechtungsverfahren" zu befürchten seien, vgl. *Stauffer* (oben FN 20), SJZ 1947, 213, 214.

[57] BGH, 4.7.1951, MDR 1951, 674; BGH, 11.7.1966, WM 1966, 1132, 1133; OLG Hamm, 8.12.1986, AG 1988, 80; *Schütze/Tscherning/Wais*, Handbuch des Schiedsverfahrens, RZ 43; *Schütze*, Schiedsgericht und Schiedsverfahren, 1. Aufl., RZ 68; *Vollmer* (oben FN 20), 69; *Sudhoff*, Schiedsklausel und Gesellschaftsstatut, GmbHR 1963, 229, 230. In Österreich ordnet § 83b Abs. 1 JN einen Zwangsgerichtsstand für die Geltendmachung von Anfechtungsklagen an, von dem man nach Abs. 2 nicht durch Gerichtsstandsvereinbarung abweichen kann, vgl. *Rechberger-Mayr*, § 83b, RZ 3; *Fasching*, Lehrbuch des österreichischen Zivilprozeßrechts, RZ 268; Schiemer-*Schiemer*, § 197 RZ 4; *Koppensteiner*, § 42 RZ 5; *Reich-Rohrwig* (oben FN 3), 547. Auf die Unzulässigkeit einer Schiedsvereinbarung schließt ohne nähere Begründung aber nur Schiemer-*Schiemer*, § 197 RZ 4.

[58] OLG Hamm, 8.12.1986, AG 1988, 80; mit der Konzentrationswirkung argumentierten bereits vor der BGH-Entscheidung von 1996 *Lutter-Hommelhoff*, 14. Aufl., Anh. § 47 RZ 7; Münchener Hdb. GmbH-*Ingerl*, § 40 RZ 62; *Vollmer* (oben FN 20), 70; *Henze* (oben FN 19), ZGR 1988, 542, 555f; *de Lousanoff* (oben FN 20), ASA Special Series Nr. 8 (1994), 89, 100.

[59] In Deutschland herausgearbeitet von *Kornmeier* (oben FN 13), 27ff; *ders.* (oben FN 39), DB 1980, 193, 194f; ihm folgen u.a. OLG Karlsruhe, 16.2.1995, ZIP 1995, 915, 916; Stein/Jonas-*Schlosser*, § 1025 RZ 27d; Großkomm-*K. Schmidt*, AktG, § 246 RZ 117; *Hüffer*, 3. Aufl., § 246 RZ 19; Hachenburg-*Ulmer*, § 61 RZ 37; *Schick* (oben FN 21), Schiedsfähigkeit, 38ff. In Österreich hat dies der OGH schon 1950 erkannt, 3.6.1950, SZ 23, Nr. 184, bestätigt von OGH, 10.12.1998, NZG 1999, 307, 308. Ebenso aus dem Schrifttum *Fasching*, § 577 RZ 10; *ders.*, Schiedsgericht und Schiedsverfahren, 19; *ders.* (oben FN 57), RZ 2176; *Reich-Rohrwig* (oben FN 3), 397; *Wünsch*, Schiedsgerichtsbarkeit in Handelssachen, 84; *Matscher*, Probleme der Schiedsgerichtsbarkeit im österreichischen Recht, JBl. 1975, 412, 414, Fn. 15; *Thöni* (oben FN 21), WBl. 1994, 298, 299; anders noch OGH, 9.10.1923, SZ 5, Nr. 227 zu Wechselrechtsstreitigkeiten. Ebenso steht das Prorogationsverbot des § 83b Abs. 2 JN nach diesen Stimmen nicht entgegen.

verschiedener Klagen könne sich nämlich nur auf Prozesse beziehen, die vor ein und demselben Gericht anhängig seien, nicht aber auf Streitfälle vor verschiedenen Gerichten, wie sich aus § 147 ZPO ergebe. Die Norm gebe also keine Handhabe für gerichtsüberschreitende Prozeßverbindung[60]. Außerdem lasse sich das Ziel, alle erhobenen Klagen in einem Prozeß zusammenzufassen, durch entsprechende schiedsvertragliche Gestaltung verwirklichen. Es sei daher nicht zu befürchten, daß mehrere Schiedsgerichte nebeneinander tätig werden könnten[61].

Auch der BGH hat sich diesen Stimmen angeschlossen und vertritt nun, daß die Vorschrift des § 246 Abs. 3 S. 1 AktG lediglich die sachliche und örtliche Zuständigkeit unter den staatlichen Gerichten regele. Eine Entscheidung, ob und unter welchen Voraussetzungen der Rechtsstreit vor einem privaten Schiedsgericht ausgetragen werden könne, sei ihr nicht zu entnehmen[62]. Und in der *Schweiz* hat man die Frage aufgeworfen, ob schiedsrichterliche Erledigung deshalb unmöglich sei, weil das schweizerische Recht in Art. 706 Abs. 1 den „Richter" fordere. Nach einhelliger Ansicht ist aber damit nicht nur der staatliche, sondern auch der Schiedsrichter gemeint[63].

Daß eine ausschließliche Zuständigkeitsregelung staatlicher Gerichte per se auch die Schiedsgerichtsbarkeit verbietet, läßt sich heute nicht mehr vertreten. Solche Regelungen verfolgen lediglich den Zweck, die Zuständigkeit zwischen verschiedenen staatlichen Gerichten festzulegen. Ihnen ist jedoch nicht zu entnehmen, daß sie auch private Schiedsgerichte verhindern wollen. Ob sich etwas anderes möglicherweise aus dem Zusammenspiel der von den Vorschriften bezweckten Konzentrationswirkung mit anderen Besonderheiten ergibt, etwa der erweiterten Rechtskraftwirkung des Urteils im Beschlußstreit, wird an entsprechender Stelle untersucht.

3. Die Gestaltungswirkung des Schiedsspruchs

Die Anfechtungsklage ist eine Gestaltungsklage, das Urteil, das einen Gesellschafterbeschluß aufhebt, daher ein Gestaltungsurteil. Der rechtskräftige Richterspruch vernichtet den bisher rechtswidrigen, aber wirksamen Beschluß unmittelbar[64]. Die Nich-

---

[60] *Kornmeier* (oben FN 13), 31ff; *Henze* (oben FN 19), ZGR 1988, 542, 551; *Petermann* (oben FN 19), BB 1996, 277, 278.

[61] OLG Karlsruhe, 16.2.1995, ZIP 1995, 915, 916; *Kornmeier* (oben FN 13), 31ff; *Schick* (oben FN 21), 41ff; *Günther* (oben FN 39), EWiR 1987, 371; *Timm* (oben FN 15), FS Fleck, 365, 375; *K. Schmidt* (oben FN 20), ZGR 1988, 523, 526f; *Petermann* (oben Fn 19), BB 1996, 277, 278; *H.P. Westermann* (oben FN 20), DIS Band 11, 31, 37.

[62] BGH, 29.3.1996, BGHZ 132, 278, 281.

[63] BG, 18.2.1942, BGE 69 II 118, 119; 11.7.1945, BGE 71 II 176, 180; AppG Bern, 2.12.1942, ZBJV 79 (1943), 565, 569; Cour de Genève, 23.1.1959, Sem. Jud. 1960, 121, 124; OberG Solothurn, 25.10.1963, ZBJV 101 (1965), 61, 63; *Rüede/Hadenfeldt* (oben FN 52), 53; *Jolidon* (oben Fn 52), 164; *Rohrer* (oben FN 20), 103; *Habscheid*, Statutarische Schiedsgerichte und Schiedskonkordat, SAG 1985, 157, 159.

[64] Deutschland: Geßler-*Hüffer*, § 246 RZ 15; Großkomm-*K. Schmidt*, AktG, § 241 RZ 4. Österreich: *Reich-Rohrwig* (oben FN 3), 378. Schweiz: *Forstmoser/Meyer-Hayoz* (oben FN 31), § 25 RZ 62.

tigkeitsklage wird zwar überwiegend als Feststellungsklage behandelt[65], mittlerweile steht aber fest, daß das auf sie ergehende Urteil ebenfalls das Rechtsverhältnis der Gesellschaft gestaltet[66].

Bei genauerer Betrachtung findet sich heute keine Stimme mehr, die allein aufgrund der Gestaltungswirkung die Schiedsfähigkeit verneint[67]. Eine klare Herausarbeitung des Meinungsstandes wird aber dadurch erschwert, daß oftmals die Gestaltungs- mit der Rechtskraftwirkung des Urteils vermischt wird[68]. So stellte auch der BGH in der oben angesprochenen Entscheidung von 1979 zunächst deutlich den Unterschied zwischen einer Klage auf Feststellung der Unwirksamkeit eines Gesellschafterbeschlusses und einer Anfechtungsklage als Gestaltungsklage heraus. Das Gericht bejahte die Schiedsfähigkeit der Feststellungsklage dann aber nicht aufgrund der Gestaltungswirkung, sondern aufgrund der Tatsache ab, daß die Rechtskraft des Urteils im Feststellungsprozeß nur zwischen den Prozeßbeteiligten wirke[69]. Eine derartige Vermischung von Gestaltungs- und Rechtskraftwirkung findet sich auch an anderer Stelle[70].

Die Gestaltungswirkung ist streng von der Rechtskraftwirkung zu unterscheiden. Die Gestaltungswirkung verändert die materielle Rechtslage und trifft jedermann, was sich bereits aus der Natur von Anfechtungs- und Nichtigkeitsklage als Gestaltungsklagen ergibt. Aus ihr folgt indessen nicht, daß das Urteil in seinem Ausspruch andere Personen als die Parteien des Rechtsstreits bindet. Insoweit handelt es sich um die von der Gestaltungswirkung zu trennende verfahrensrechtliche Wirkung der Entscheidung. Die Rechtskraft wirkt ohne besondere Vorschrift nur zwischen den Parteien. Eine selbständige Bedeutung gewinnt diese Unterscheidung etwa, wenn die unterlegene Partei versucht, das Ergebnis der Beschlußmängelstreits durch Schadensersatz- oder Bereicherungsansprüche zu konterkarieren[71]. Zudem bewirkt die Rechtskraft die Unzulässigkeit weiterer Klagen der von ihr erfaßten Parteien. Klagen der von ihr nicht erfaßten Personen wären hingegen nicht unzulässig, sondern u.U. lediglich unbegründet[72].

Die Gestaltungswirkung ist jedoch nach heute einhelliger Ansicht für sich genommen kein Grund, schiedsgerichtliche Beurteilung zu verbieten. Zunächst sei zu beachten, daß der Gesetzgeber als einzige Voraussetzung der Schiedsfähigkeit die Vergleichsbe-

---

[65] Geßler-*Hüffer*, § 249 RZ 7; *ders.*, § 249 RZ 10; zur Gegenmeinung Großkomm-*K. Schmidt*, AktG, § 249 RZ 4f. (Gestaltungsklage).

[66] Geßler-*Hüffer*, § 249 RZ 22; *ders.*, § 249 RZ 17; *K. Schmidt* (oben FN 54), 451-453. Für eine Gleichsetzung jetzt auch BGH, 17.2.1997, WM 1997, 823, 824.

[67] Nachweise auf ältere Stimmen bei *Kornmeier* (oben FN 13), 42ff.

[68] Anschaulich dargestellt von *Lüke/Blenske* (oben FN 1), ZGR 1998, 253, 270.

[69] BGH, 28.5.1979, NJW 1979, 2567, 2569.

[70] Deutschland: OLG Hamm, 8.12.1986, AG 1988, 80, 82; 29.4.1992, DB 1992, 2180; AK-*Röhl*, ZPO, § 1025 RZ 4; *Schütze/Tscherning/Wais* (oben FN 57), RZ 43; *Schütze* (oben FN 57), 1. Aufl., RZ 92; *Henze* (oben FN 19), ZGR 1988, 542, 555f; *Schwab* (oben FN 37), FS Gaul, 729, 732. Österreich: *Gellis/Feil*, 2. Aufl., § 41 RZ 18.

[71] Geßler-*Hüffer*, § 248 RZ 6; *Rosenberg/Schwab/Gottwald* (oben FN 18), § 95 III 1; *Lüke/Blenske* (oben FN 1), ZGR 1998, 253, 270.

[72] Großkomm-*K. Schmidt*, AktG, § 248 RZ 14; Geßler-*Hüffer*, § 248 RZ 21; *ders.*, § 248 RZ 8; *Rosenberg/Schwab/Gottwald* (oben FN 18), § 95 III 2.

fugnis fordere, damit aber nicht Gestaltungsklagen per se ausschließen wolle[73]. Zudem stelle das deutsche Prozeßrecht Schiedssprüche einschränkungslos gerichtlichen Urteilen gleich. Es sei nicht zu erkennen, daß dies nur in Ansehung von Feststellungs- und Leistungsurteilen gelten solle, nicht aber für Gestaltungsurteile[74]. Schließlich hätten die Gerichte in einer ganzen Reihe von Fällen die Schiedsfähigkeit anderer Gestaltungsklagen anerkannt[75]. Ob ein Schiedsgericht die Gestaltungswirkung herbeiführen könne, richte sich demnach nach der Dispositionsbefugnis der Parteien über die Gestaltung des Rechtverhältnisses[76]. Auch der BGH wirft zwar die Frage auf, ob die rechtsgestaltende Wirkung des im Beschlußmängelstreits ergehenden Urteils die Schiedsfähigkeit hindert. Er verneint dies aber kurz, indem er auf verschiedene Gestaltungsprozesse hinweist, die allgemein als schiedsgerichtlicher Erledigung zugänglich angesehen werden[77].

Nach allem ist es zutreffend, in der Gestaltungswirkung kein Hindernis der Schiedsfähigkeit von Beschlußmängelstreitigkeiten zu sehen. Dabei vermag das Argument, daß auch anderen Gestaltungsklagen unstreitig Schiedsfähigkeit zukomme, zwar nicht zu überzeugen, da es nicht von einer Begründung entbindet. In allen untersuchten Ländern hat man aber erkannt, daß die Möglichkeit schiedsgerichtlicher Beurteilung nicht von dem gestaltenden Charakter der Klage bzw. der Gestaltungswirkung des Urteils abhängen darf. Die Schiedsfähigkeit beruht auf der Dispositionsbefugnis der Parteien. Wenn sie auf ihr Rechtsverhältnis gestaltend einwirken können, ist kein Grund ersichtlich, warum sie diese Gestaltung nicht auch einem Dritten, also einem Schiedsgericht, übertragen dürften. Es kommt deshalb nicht auf die Form der gerichtlichen Geltendmachung und die Wirkungen des Urteils an, sondern auf die Dispositionsbefugnis über den Streitgegenstand selbst.

---

[73] Deutschland: *Kornmeier* (oben FN 39), DB 1980, 193, 195; *Timm* (oben FN 15), FS Fleck, 365, 376; *Petermann* (oben FN 19), BB 1996, 277, 278. Österreich: OLG Innsbruck, 22.11.1988, EvBl. 1989, Nr. 159; *Thöni* (oben FN 21), WBl. 1994, 298, 299. Schweiz: *Stauffer* (oben FN 20), SJZ 1947, 213, 216.

[74] *Kornmeier* (oben FN 13), 39f; *ders.* (oben FN 39), DB 1980, 193, 195; *Henze* (oben FN 19), ZGR 1988, 542, 552; *Petermann* (oben FN 19), BB 1996, 277, 278; *Ebenroth/Bohne* (oben FN 20), BB 1996, 1393, 1394.

[75] Deutschland: Großkomm-*K. Schmidt*, AktG, § 246 RZ 118; *ders.* (oben FN 20), ZGR 1988, 523, 527; *ders.* (oben FN 20), AG 1995, 551; Hachenburg-*Raiser*, Anh. § 47 RZ 205; Hachenburg-*Ulmer*, § 61 RZ 37; *Kornmeier* (oben FN 13), 38; *ders.* (oben FN 39), DB 1980, 193, 195; *Günther* (oben FN 39), EWiR 1987, 371, 372; *Timm* (oben FN 15), FS Fleck, 365, 376; *Henze* (oben FN 19), ZGR 1988, 542, 552; *Kraatz* (oben FN 39), Jahrbuch für die Praxis der Schiedsgerichtsbarkeit 3 (1989), 47, 48; *Petermann* (oben FN 19), BB 1996, 277, 278; *Ebenroth/Bohne* (oben FN 20), BB 1996, 1393, 1394; *Bork* (oben FN 40), ZHR 160 (1996), 374, 376f; *Geimer* (oben FN 20), DZWiR 1997, 119, 120. Österreich: *Fasching*, (oben FN 57), RZ 2176 u. 2220; *Thöni* (oben FN 21), WBl. 1994, 298, 299; zu diesen Klagen ausführlich unten §§ 9-11.

[76] Deutschland: *Vollmer* (oben FN 20), ZGR 1982, 15, 40; *Bork* (oben FN 20), ZZP 100 (1987), 249, 268; *ders.* (oben FN 40), ZHR 160 (1996), 374, 377; *K. Schmidt* (oben FN 20), ZGR 1988, 523, 528; *ders.* (oben FN 20), AG 1995, 551, 552. Österreich: *Fasching* (oben FN 57), RZ 2176 u. 2220; *Thöni* (oben FN 21), WBl. 1994, 298, 299.

[77] BGH, 29.3.1996, BGHZ 132, 278, 281f.

4. Die Rechtskraftwirkung des Schiedsspruchs

Als heute schlagkräftigstes Argument gegen die schiedsgerichtliche Erledigung von Beschlußmängelstreitigkeiten gilt die Rechtskraftwirkung des den Gesellschafterbeschluß für nichtig erklärenden Urteils. Nach § 248 AktG bzw. §§ 198 Abs. 1 S. 1 öAktG, 42 Abs. 6 öGmbHG und Art. 706 Abs. 5 OR wirkt dieses Urteil nicht nur zwischen den Parteien des Prozesses, sondern auch gegenüber den Gesellschaftern und Leitungsorganen, die nicht Parteien des Schiedsverfahrens sind. Es ist nicht ohne weiteres klar, ob diese Wirkung auch einem Schiedsspruch zukommen kann. Hielten manche deutsche Autoren das Problem des § 248 AktG schon für erledigt[78], wurde im Ausland in der Rechtskraftwirkung schon länger die größte Hürde gesehen. Für den deutschen Bereich wird im Folgenden mit der herrschenden Auffassung davon ausgegangen, daß § 248 AktG die Rechtskraftwirkung des Urteils regelt und nicht die Gestaltungswirkung[79].

a) Die erweiterte Rechtskraftwirkung als Hindernis schiedsrichterlicher Entscheidung

In *Deutschland* vertraten einige Stimmen bereits vor der BGH-Entscheidung von 1996, daß der Gesetzgeber die Rechtskrafterstreckung des Urteils auf Dritte, die keinen Einfluß auf die Urteilsfindung hätten, hingenommen habe, um der Gesellschaft rasche Klarheit für ihre weiteren Dispositionen zu verschaffen; die Grundlage dieser Entscheidung bilde aber, daß der Prozeß vor dem Landgericht geführt werde. Weil hier staatliche Richter im streng förmlichen Verfahren und vor den Augen der Öffentlichkeit entschieden, könne es ausnahmsweise zugelassen werden, daß Dritte an das Urteil gebunden seien[80]. Schiedsgerichte seien dagegen weit weniger gehalten, ihre Verhandlungen im Hinblick auf öffentliche Interessen zu führen. So habe der Gesetzgeber die Anwendung des § 248 Abs. 1 S. 1 AktG für unbedenklich gehalten, weil staatliche Gerichte jeden Betroffenen zur Nebenintervention zulassen müßten. Die unbedingte Möglichkeit, das Urteil zu beeinflussen, korreliere insofern mit der Rechtskrafterstrekkung. Gerade die Nebenintervention sei aber im Schiedsverfahren nicht gesichert. Denn das Prozeßrecht lege es in die Hand der Parteien und in das Ermessen des Schiedsge-

---

[78] *Hüffer*, 2. Aufl., § 246 RZ 19; *Timm*, Vergleichs- und Schiedsfähigkeit der Anfechtungsklage im Kapitalgesellschaftsrecht, ZIP 1996, 445, 446.

[79] OLG Hamm, 8.12. 1986, AG 1988, 80, 81; OLG Karlsruhe, 16.2.1995, ZIP 1995, 915, 916; Geßler-*Hüffer*, § 248 RZ 8; *ders.*, § 248 RZ 5; *Kornmeier* (oben FN 13), 46; *Schick* (oben FN 21), 45f; *Henze* (oben FN 19), ZGR 1988, 542, 556; *Timm* (oben FN 78), ZIP 1996, 445, 447; *H.P. Westermann* (oben FN 20), DIS Band 11, 31, 38; *Bork* (oben FN 40), ZHR 160 (1996), 374, 379; a.A. Großkomm-*K. Schmidt*, AktG, § 246 RZ 118; *ders.* (oben FN 20), ZGR 1988, 523, 527: Regelung der Gestaltungswirkung; anscheinend anders aber *ders.* in Großkomm, AktG, § 248 RZ 13.

[80] OLG Hamm, 8.12.1986, AG 1988, 80, 81; ähnlich schon BGH, 28.5.1979, NJW 1979, 2567, 2569; *Lutter/Hommelhoff*, 14. Aufl., Anh. § 47 RZ 9; Münchener Hdb. GmbH-*Ingerl*, § 40 RZ 62; *Henze* (oben FN 19), ZGR 1988, 542, 556f.

richts, das Verfahren zu gestalten. Unter diesen Voraussetzungen gehe es nicht an, Schiedsurteilen ausnahmsweise auch die Wirkung des § 248 Abs. 1 S. 1 AktG beizumessen, obwohl nach § 1040 ZPO a.F. der Schiedsspruch lediglich „unter den Parteien" gelte[81].

In *Österreich* nahm der OGH[82] in seiner ersten Entscheidung zur Schiedsfähigkeit der Anfechtungsklage nicht zur Rechtskraft des Schiedsspruchs Stellung. Das OLG Innsbruck erkannte das Problem später zwar, verzichtete aber ausdrücklich auf eine Diskussion, da in concreto nur drei Gesellschafter die betroffene GmbH bildeten, die alle am Verfahren teilnahmen[83]. Soweit das österreichische Schrifttum die Schiedsfähigkeit überhaupt verneint, geschieht dies jedoch aufgrund der erweiterten Rechtskraftwirkung. Denn diese sei nicht mit § 594 Abs. 1 öZPO vereinbar, der den Schiedsspruch dem Urteil in seinen Wirkungen gleichstelle. Die Nichtigerklärung des Beschlusses mit erweiterter Rechtskraftwirkung lasse sich nicht mit einem nur inter partes wirkenden Vergleich erzielen. Und ebenso wie ein Vergleich wirke auch der Schiedsspruch nicht über die Parteien des Schiedsverfahrens hinaus. Davon abzugehen, verböten die bedeutsamen, über die Prozeßparteien hinausgehenden Auswirkungen einer solchen Klagestattgabe[84].

Auch in der *Schweiz* sieht man in der erweiterten Rechtskraftwirkung des Art. 706 Abs. 5 OR das einzig wirkliche Hindernis schiedsgerichtlicher Erledigung von Beschlußmängelstreitigkeiten. Den Ausgangspunkt der ablehnenden Ansicht bildet eine Entscheidung der Cour de Genève von 1959. Sie stellt zunächst fest, daß eine Schiedsvereinbarung über eine Anfechtungsklage zwischen anfechtendem Gesellschafter und dem jeweiligen Vertretungsorgan der Gesellschaft ausscheide, da ihnen keine freie Verfügungsbefugnis über den Streitgegenstand zukomme. Danach räumt das Gericht aber ein, daß im Falle einer statutarischen Schiedsklausel Art. 706 Abs. 5 OR grundsätzlich Genüge getan sei, da alle Gesellschafter an der Schiedsvereinbarung beteiligt seien. Allerdings reiche dies noch nicht aus, sondern es müsse zusätzlich gewährleistet sein, daß sich alle betroffenen Gesellschafter auch am Schiedsverfahren beteiligen könnten. Und dies sei ihnen im zu entscheidenden Fall unmöglich gewesen, da das Genfer Prozeßrecht keine Vorschrift enthalte, die die Nebenintervention zulasse[85].

Diese Gedanken haben andere Autoren dahingehend verallgemeinert, daß ein Schiedsverfahren über eine Anfechtungsklage nur denkbar sei, wenn entweder alle Gesellschafter am Verfahren teilnähmen oder die Statuten ein Interventionsrecht normierten[86]. Aber auch unter dem Konkordat über die Schiedsgerichtsbarkeit, das in Art. 28 die Nebenintervention im Schiedsverfahren kennt, halten einige Stimmen schiedsge-

---

[81] Nachweise siehe Fn. 75

[82] OGH, 3.6.1950, SZ 23, Nr. 184.

[83] OLG Innsbruck, 22.11.1988, EvBl. 1989, Nr. 159.

[84] Schiemer-*Schiemer*, § 197 RZ 4; *Koppensteiner*, § 42 RZ 6; *Gellis/Feil*, 2. Aufl., § 41 RZ 18; ähnlich *Fasching*, § 577 RZ 9 und *ders.* (oben FN 59), 17, der ein Schiedsverfahren aber für möglich hält, wenn sämtliche von der Rechtskraft Betroffenen an der Vereinbarung und am Verfahren beteiligt seien. *Kastner*, Grundriß des österreichischen Gesellschaftsrechts, 279 hält dies bei der AG für „strittig", bejaht dagegen die Schiedsfähigkeit ohne Diskussion bei der GmbH, 420.

[85] Cour de Genève, 23.1.1959, Sem. Jud. 1960, 121, 126ff.

[86] *Patry* (oben FN 35), Mémoires publiés par la Faculté de Droit de Genève No. 19, 15, 23f.

richtliche Erledigung für ausgeschlossen. Denn die Nebenintervention setze die Zustimmung des Schiedsgerichts und eine besondere Schiedsabrede zwischen den Parteien und dem Intervenienten voraus. Die übrigen Verbandsmitglieder bräuchten sich also auf die Intervention nicht einzulassen[87].

Die ablehnende Ansicht in der Schweiz stützt sich zudem auf ein Urteil des Bundesgerichts, das 1954 entschied, daß man über eine Anfechtungsklage keinen zivilrechtlichen Vergleich schließen könne. Das Gericht entschied hier, daß die Nichtigerklärung des Generalversammlungsbeschlusses einer AG aufgrund der Wirkung des Art. 706 Abs. 5 OR nur durch Urteil erfolgen dürfe, die Parteien dies aber nicht in einem Vergleich festlegen könnten. Ein Vergleich scheide nämlich nicht nur aus, wenn der Streitgegenstand öffentliche Interessen betreffe, sondern auch dann, wenn die durch das Urteil entstehende Rechtslage gegenüber Dritten wirke, die nicht in das Verfahren eingreifen könnten[88].

Und schließlich führt man in der Schweiz mit dem Problem der Konstituierung des Schiedsgerichts noch ein Argument ins Feld, das in Deutschland erst der BGH im Jahre 1996 entdeckte. So wird argumentiert, daß in der Regel statutarische Schiedsklauseln nicht die Schiedsrichter nominierten, sondern dies den späteren Parteien des Schiedsverfahrens überließen. Angesichts der Wirkung des Art. 706 Abs. 5 OR könne man diese einseitige Konstituierung, auf die der größte Teil der Gesellschafter keinen Einfluß habe, nicht zulassen[89]. Ein ordentliches Gerichtsverfahren mit seinem Instanzenzug und der jedenfalls bei höheren Gerichten stets mehrköpfigen Besetzung der urteilenden Kammer biete den nicht am Prozeß Beteiligten, aber von ihm Betroffenen, eine ganz andere Garantie für die Rechtsfindung als ein Schiedsgericht. Die von den Parteien ernannten Schiedsrichter seien nämlich nicht immer so über die Parteiinteressen erhaben, wie sie es sein sollten[90].

Diese Argumente sind sowohl in *Deutschland* als auch in *Österreich* und der *Schweiz* nicht ohne Widerspruch geblieben. So verweist die Gegenauffassung zum einen auf die Vorschriften des Prozeßrechts, die den Schiedsspruch in seinen Wirkungen dem Urteil gleichstellen, in Deutschland etwa § 1040 ZPO a.F. bzw. § 1055 ZPO. Diese Vorschriften lauteten nicht etwa, daß der Schiedsspruch „nur" oder „ausschließlich" unter den Parteien die Wirkungen eines rechtskräftigen Urteils habe, sie schlössen eine Rechtskrafterstreckung also nicht von vornherein aus. Eine andere Interpretation beraube den Schiedsspruch dieses gesetzlichen Gleichstellungsanspruchs und diskriminiere das Schiedsverfahren willkürlich[91].

---

[87] *Hinderling* (oben FN 53), BJM 1972, 107, 117f; *Habscheid* (oben FN 63), SAG 1985, 157, 164f.

[88] BG, 21.12.1954, BGE 80 I 385, 390; zustimmend Cour de Genève, 23.1.1959, Sem. Jud. 1960, 121, 125; OR-*Dreifuss/Lebrecht*, Art. 706 RZ 27; *Böckli*, Schweizer Aktienrecht, RZ 1918a, 1919a; *Schucany*, Art. 706 RZ 6.

[89] Cour de Genève, 23.1.1959, Sem. Jud. 1960, 121, 127; *Brunner*, Streifzug durch die Statuten schweizerischer Publikumsaktiengesellschaften, 138.

[90] *Brunner* (oben FN 89), 138.

[91] Deutschland: *Kornmeier* (oben FN 13), 49; *ders.* (oben FN 39), DB 1980, 193, 195; *Schick* (oben FN 21), 52; *Vollmer* (oben FN 20), ZGR 1982, 15, 40; *Timm* (oben FN 15), FS Fleck, 365, 376. Österreich: OGH, 10.12.1998, NZG 1999, 307, 308; *Thöni* (oben FN 21), WBl. 1994, 298, 300.

Deutsche Autoren argumentieren zudem, daß § 1040 ZPO a.F. der für die staatlichen Urteile getroffenen Regelung des § 325 Abs. 1 ZPO entspreche. Die in § 248 Abs. 1 S. 1 AktG verordnete Drittwirkung sei daher als Ausnahmevorschrift sowohl gegenüber § 1040 ZPO a.F. als auch gegenüber § 325 Abs. 1 ZPO anzuwenden[92].

Außerdem bestehe keine Gefahr, daß Personen, die nicht der Zuständigkeit eines Schiedsgerichts zugestimmt hätten, einem Schiedsspruch unterworfen würden. Denn für die Schiedsfähigkeit müsse man zwar fordern, daß alle Personen an der Schiedvereinbarung beteiligt seien; dies stelle aber eine satzungsmäßige Schiedsklausel unproblematisch sicher. Deshalb sei schon zweifelhaft, ob die durch die gesellschaftsvertragliche Schiedsklausel gebundenen Gesellschafter überhaupt „Dritte" darstellten. Das Urteil gegen die Gesellschaft wirke doch gerade deshalb gegenüber ihnen, da sie nicht Dritte seien, für die ein Individualrecht oder persönliche Verpflichtungen auf dem Spiel stünden. Indem sie sich der Schiedsklausel freiwillig unterworfen hätten, hätten sie auch der Wirkung von Schiedssprüchen gegenüber ihnen zugestimmt[93].

Die angeordnete Drittwirkung halten manche *österreichischen* Autoren im Gegenteil für eine Selbstverständlichkeit, die aus der Konstruktion der Anfechtungsklage als Gestaltungsklage folge. Der Beschluß werde durch die rechtsgestaltende Entscheidung des Schiedsgerichts beseitigt. Er existiere daher nicht mehr, undzwar mit Wirkung für und gegen alle Gesellschafter und Gesellschaftsorgane, mögen sie am Verfahren teilgenommen haben oder nicht. Das sei auch beim Verfahren vor dem ordentlichen Gericht nicht anders. Werde die Klage hingegen abgewiesen, dann wirke die Abweisung praktisch schon deshalb gegen alle Mitglieder und Organe, weil die Anfechtungsfrist nur einen Monat betrage und daher von anderen Anfechtungsberechtigten nicht mehr genützt werden könne[94]. Im übrigen könne die Gesellschaft den Beschluß auch aufheben oder durch einen inhaltlich anderen Beschluß ersetzen. Auch dies wirke unabhängig von der Zustimmung des einzelnen Gesellschafters für und gegen ihn[95].

Viele *schweizerische* Autoren folgern aus der Entscheidung des Bundesgerichts, die einen Vergleich über die Anfechtungsklage ablehnt, nicht automatisch, daß auch schiedsgerichtliche Beurteilung ausgeschlossen sei. Denn an dieser könnten Dritte im Gegensatz zum Vergleich durchaus partizipieren. Das Bundesgericht habe deshalb lediglich einen Vergleich über die Aufhebung abgelehnt und ein Urteil gefordert. Dies

---

[92] OLG Karlsruhe, 16.2.1995, ZIP 1995, 915, 917; *Ebenroth/Bohne* (oben FN 20), BB 1996, 1393, 1396.

[93] Österreich: OGH, 10.12.1998, NZG 1999, 307, 308; *Thöni* (oben FN 21), WBl. 1994, 298, 300. Schweiz: Cour de Neuchâtel, 17.6.1960, SJZ 1960, 314, 315; Trib. cant. Neuchâtel, 5.12.1977, RJN 1977, 75, 81; Schiedsgericht, 14.5./8.7.1991, BJM 1993, 198, 207; *Rüede/Hadenfeldt* (oben FN 52), 50; *Riemer* (oben FN 20), RZ 226; *ders.*, Schiedsfähigkeit von Klagen des ZGB, FS Walder, 371, 377; *Stauffer* (oben FN 20), SJZ 1947, 213, 215.

[94] *Schönherr*, Streitigkeiten aus dem Gesellschaftsverhältnis und Schiedsgericht, GesRZ 1980, 184; *Deimbacher*, Schiedsverträge und Schiedsklauseln in anderen Verträgen und in Allgemeinen Geschäftsbedingungen, GesRZ 1992, 176, 185.

[95] *Deimbacher* (oben FN 94), GesRZ 1992, 176, 185. Ebenso in der Schweiz: Schiedsgericht, 14.5./8.7.1991, BJM 1993, 198, 204; *Rohrer* (oben FN 20), 104; ähnlich *Guhl*, Das schweizerische Obligationenrecht, 683.

könne aber auch ein schiedsgerichtliches sein[96]. Außerdem bedeute das Vergleichsverbot nicht, daß den Parteien jegliche Verfügungsmöglichkeit über den Streitgegenstand entzogen sei. Wo eine Verfügung ausgeschlossen sei, da sei es zwar auch der Vergleich. Aber umgekehrt seien andere Verfügungen nicht schon dann unmöglich, wenn ein Vergleich ausscheide[97].

Bezogen sich diese Argumente auf die Beteiligung der Gesellschafter an der Schiedsvereinbarung, so wird vielfach auch die Gewährleistung des Drittschutzes im Schiedsverfahren für durchführbar gehalten. So erkennt man in *Deutschland* und *Österreich* zwar an, daß die Zulassung eines Nebenintervenienten im freien Ermessen der Parteien und der Schiedsrichter stehe. Dies könne man aber entweder durch entsprechend gestaltete Schiedsklauseln beheben[98], oder man nehme eine Ermessensreduktion „auf Null" an, wenn die Nebenintervention nicht bloß sachgerecht, sondern aus Rechtsgründen geboten sei. Im Falle nicht beteiligter Gesellschafter gebiete dies schon der verfassungsrechtlich gesicherte Anspruch auf rechtliches Gehör[99]. Im übrigen sei es Aufgabe der Geschäftsführung und nicht des Schiedsgerichts, die Mitgesellschafter auf dem Laufenden zu halten und ihnen Gelegenheit zur Nebenintervention zu geben. Erst wenn eine hinreichende Information durch die Geschäftsführung nicht gesichert erschiene, müsse das Schiedsgericht sie leisten[100].

In der *Schweiz* hat man das Argument der Nebenintervention schon früher fruchtbar gemacht[101]. So betonen verschiedene Autoren, die Entscheidung der Cour de Genève basiere lediglich darauf, daß das Genfer Prozeßrecht zum Entscheidungszeitpunkt keine Interventionsmöglichkeit gekannt habe. Schiedsgerichtliche Beurteilung sei aber denkbar, wenn das Prozeßrecht oder der Gesellschaftsvertrag allen Gesellschaftern die Möglichkeit einräume, am Verfahren teilzunehmen, etwa in Form der Nebenintervention[102]. Die Nebenintervention sei auch in jedem Fall zuzulassen: Sowohl Parteien als auch das Schiedsgericht dürften den Intervenienten nicht zurückweisen, da schon in der

---

[96] Trib. cant. Neuchâtel, 5.12.1977, RJN 1977, 75, 80; *Patry* (oben FN 35), 245; *Rohrer*, (oben FN 20), 104.

[97] Schiedsgericht, 14.5./8.7.1991, BJM 1993, 198, 203; *Böckli* (oben FN 88), RZ 1919a; *Rohrer* (oben FN 20), 104.

[98] *Schick* (oben FN 21), 50; *Günther* (oben FN 39), EWiR 1987, 371, 372; *Timm* (oben FN 15), FS Fleck, 365, 376; *de Lousanoff* (oben FN 20), ASA Special Series Nr. 8 (1994), 89, 102; *H.P. Westermann* (oben FN 20), DIS Band 11, 31, 38. Das gibt auch *Henze* (oben FN 19), ZGR 1988, 552, 555 zu.

[99] Deutschland: OLG Karlsruhe, 16.2.1995, ZIP 1995, 915, 917; *K. Schmidt* (oben FN 20), ZGR 1988, 523, 534; *Kraatz* (oben FN 39), Jahrbuch für die Praxis der Schiedsgerichtsbarkeit 3 (1989), 47, 49; *Petermann* (oben FN 19), BB 1996, 277, 279; *Ebenroth/Bohne* (oben FN20), BB 1996, 1393, 1397; *Lüke/Blenske* (oben FN 1), ZGR 1998, 253, 293. Österreich: OGH, 10.12.1998, NZG 1999, 307, 308; *Thöni* (oben FN 21), WBl. 1994, 298, 300.

[100] Deutschland: *K. Schmidt* (oben FN 20), ZGR 1988, 523, 533. Österreich: *Thöni* (oben FN 21), WBl. 1994, 298, 300.

[101] AppG Bern, 2.12.1942, ZBJV 79 (1943), 565, 568.

[102] Trib. cant. Neuchâtel, 5.12.1977, RJN 1977, 75, 81; Schiedsgericht, 14.5./8.7.1991, BJM 1993, 198, 207; *Patry* (oben FN 35), 245; *ders.* (oben FN 35), Mémoires publiés par la Faculté de Droit de Genève No. 19, 15, 24; *v. Steiger*, Das Recht der Aktiengesellschaft in der Schweiz, 209;. *Guyet*, L'arbitrage en matière de société es ses sources en droit suisse, Rev. arb. 1960, 2.

Annahme eines Mandates zu einem solchen Prozeß durch die Schiedsrichter nach Treu und Glauben auch die Bereitschaft liegen müsse, der Intervention zuzustimmen[103].

Daß unter Umständen ein Teil der Gesellschafter keine Möglichkeit habe, auf die Schiedsgerichtskonstitution Einfluß auszuüben, wird von einigen schweizerischen Stimmen als unproblematisch angesehen. Rechte der am Prozeß nicht beteiligten Minderheit seien nicht betroffen, da ein klageabweisendes Urteil ohnehin nur Wirkung gegenüber dem Kläger zeitige. Nichts hindere einen anderen Minderheitsgesellschafter, es mit Erfolg weiterzuziehen. Gesellschafter, die den Beschluß der Mehrheit verteidigen wollten, bedürften dagegen der persönlichen Teilnahme am Prozeß kaum; eine solche komme auch kaum vor. Und schließlich brauche die Majorität, die den Beschluß gefaßt und die Verwaltung gewählt habe und sie vor allem jederzeit auch wieder abberufen könne, eine Kollusion nicht fürchten. Schlimmstenfalls müsse sie den Beschluß eben neu fassen. Kollusion sei im übrigen auch im Prozeß vor dem staatlichen Richter und in Prozessen mit Dritten möglich; wer sie fürchte, könne überhaupt keine Vergleiche oder Schiedsprozesse durch Vertreter zulassen[104]. Abschließend weist man in *Deutschland* darauf hin, daß die von der Rechtskraftwirkung des § 248 AktG betroffenen Dritten die Möglichkeit besäßen, sich bei verfahrensrechtlichen Bedenken mit der Aufhebungsklage gegen den Schiedsspruch zu wehren[105].

b) Die Argumentation des BGH

Auch der BGH sieht in der Rechtskrafterstreckung nach § 248 AktG nun das entscheidende Argument, um die Schiedsfähigkeit von Beschlußmängelstreitigkeiten abzulehnen[106]. Bei der Vorschrift handele es sich um eine gesellschaftsrechtliche Sonderbestimmung, die nicht ohne weiteres aus dem Zusammenhang mit den sie ergänzenden verfahrensrechtlichen Vorschriften herausgelöst und auf den Spruch eines privaten Schiedsgerichts übertragen werden könne[107]. Die Norm beruhe auf dem Vertrauen des Gesetzgebers darauf, daß die Bindungswirkung der Entscheidung auch für Nichtverfahrensbeteiligte, aber subjektiv Betroffene hingenommen werden könne, weil die Entscheidung durch von den Parteien unabhängige, unparteiliche staatliche Richter in einem streng förmlichen, öffentlichen Verfahren ausschließlich nach Gesichtspunkten objektiver Rechtmäßigkeit des streitigen Beschlusses getroffen werde. Diese Sonderregelung finde in den gesetzlichen Bestimmungen über das Schiedsverfahren kein Gegenstück. Wie § 1040 ZPO a.F. zeige, habe der Schiedsspruch die Wirkung eines

---

[103] Schiedsgericht, 14.5./8.7.1991, BJM 1993, 198, 208.

[104] Schiedsgericht, 14.5./8.7.1991, BJM 1993, 198, 207; *Rohrer* (oben FN 20), 105.

[105] *Kornmeier* (oben FN 13), 50; *ders.* (oben FN 39), DB 1980, 193, 195; *Schick* (oben FN 21), 51; *Vollmer* (oben FN 20), ZGR 1982, 15, 40.

[106] Das übersieht *Saenger*, Minderheitenschutz und innergesellschaftliche Klagen bei der GmbH, GmbHR 1997, 112, 118f, der fälschlicherweise annimmt, der BGH habe die subjektive Schiedsfähigkeit verneint. Ohne weitere Begründung haben sich das OLG Celle, NZG 1999, 167, 168 und das OLG Dresden, 15.11.1999, GmbHR 2000, 435, 438 nun der BGH-Entscheidung angeschlossen.

[107] BGH, 29.3.1996, BGHZ 132, 278, 285.

rechtskräftigen Urteiles nur unter den Parteien. Man könne nicht darauf abstellen, daß § 1040 ZPO a.F. nicht bestimme, daß der Schiedsspruch „nur" oder „ausschließlich" unter den Parteien diese Wirkung habe. Besonderer gesetzlicher Anordnung hätte nämlich nicht die Beschränkung auf den Regelfall, sondern die Erstreckung auf den Sonderfall bedurft, wozu sich aber auch der Reformentwurf nicht habe entschließen können[108].

Das Gericht bleibt aber nicht bei dieser Argumentation stehen, sondern verdeutlicht die Problematik der Rechtskraftwirkung anhand zweier Ausprägungen des § 248 AktG. Die Grundlage der Vorschrift bilde zum einen die von § 246 Abs. 3 S. 3 AktG bezweckte Konzentration mehrerer Klagen vor einem einzigen Gericht, dem Landgericht am Sitz der Gesellschaft. Dadurch solle die Gefahr einander widersprechender Entscheidungen verschiedene Gerichte unterbunden werden. Diesem Gedanken könne man im Schiedsverfahren nicht Rechnung tragen: Denkbar sei einerseits die Konkurrenz des staatlichen Gerichts mit dem Schiedsgericht infolge unterschiedlicher Handhabung der Schiedsgerichtseinrede durch die Gesellschaft. Andererseits könnten auch verschiedene Schiedsgerichte untereinander konkurrieren, wenn mehrere Kläger getrennt voneinander von ihrem Recht auf Einleitung eines Schiedsgerichtsverfahrens Gebrauch machten, indem sie der Gegenpartei nach § 1029 Abs. 1 ZPO a.F. ihren Schiedsrichter benennten[109].

Dieser Gedanke führt das Gericht zum zweiten Argument des Drittschutzes bei der Konstituierung des Schiedsgerichts. Im Falle einer Konkurrenz zwischen mehreren Schiedsgerichten könne man zwar durchaus annehmen, das zuerst einberufene sei ausschließlich zuständig. Dann binde man aber alle späteren Kläger an die von dem ersten Kläger getroffene persönliche Schiedsrichterwahl und nehme ihnen so die Möglichkeit, mit einem Schiedsrichter eigenen Vertrauens am Schiedsgericht teilzunehmen. Angesichts der beträchtlichen und unbestrittenen Bedeutung der Auswahl der Schiedsrichter für das weitere Verfahren und des daraus folgenden Grundsatzes der Gleichbehandlung der Parteien bei der Konstituierung des Schiedsgerichts liege bereits darin eine erhebliche Beschränkung der Rechte der Kläger mindestens im Vergleich zum Verfahren vor den ordentlichen Gerichten. Überdies bringe eine solche Lösung die Gefahr eines „Wettlaufs" verschiedener Kläger um die zeitliche Priorität mit sich, deren zuverlässige Feststellung bei Erhebung der Klage gegenüber der Gesellschaft nicht in gleicher Weise gewährleistet sei wie bei Erhebung der Klage vor einem ordentlichen Gericht[110].

Der BGH weist zusätzlich darauf hin, daß bis heute die Frage nicht hinreichend geklärt sei, inwieweit mehrere auf einer Seite Beteiligte einem Einigungszwang über die Schiedsrichterauswahl unterworfen werden könnten, und nach welchen Regeln bei Nichtzustandekommen einer Einigung zu verfahren sei. Er führt danach verschiedene in der Literatur diskutierte Lösungsansätze auf und macht eine Entscheidung im Ergebnis davon abhängig, welche Bedeutung man dem Recht eines Minderheitsgesellschafters auf gleiche Mitwirkung bei der Benennung eines Schiedsrichters seiner Seite zubillige, und wie hoch man die Möglichkeit offener oder latenter Interessengegensätze

[108] BGH, 29.3.1996, BGHZ 132, 278, 286.
[109] BGH, 29.3.1996, BGHZ 132, 278, 287f.
[110] BGH, 29.3.1996, BGHZ 132, 278, 288.

unter den Gesellschaftern einschätze[111]. Das Gericht schließt seine Entscheidung mit Kritik am Gesetzgeber. Angesichts des Fehlens gesetzlicher Regelungen für die genannten Probleme bestehe kein Raum für eine analoge Anwendung des § 248 AktG auf das Schiedsverfahren. Es gehöre überdies nicht zu den Aufgaben der Rechtsprechung, diese Lücken etwa im Rahmen richterlicher Rechtsfortbildung zu schließen, deren Anwendungsbereich hierdurch gesprengt werde. Vielmehr müsse der Gesetzgeber selbst für ausreichende Regelungen sorgen[112].

c) Stellungnahme

Eine genauere Analyse filtert drei Problemkreise im Rahmen der erweiterten Rechtskraftwirkung heraus. Der erste besteht in der Beteiligung der Gesellschafter an der Abfassung der Schiedsklausel, der zweite in der Konzentrationswirkung mehrerer Klagen und der dritte in der Beteiligung der Gesellschafter an der Konstitution des Schiedsgerichts und im Schiedsverfahren.

aa) Die Beteiligung der Gesellschafter an der Schiedsklausel

Im Rahmen der Beteiligung der Gesellschafter an der Schiedsklausel kann man zunächst der Interpretation des § 1040 ZPO a.F. durch den BGH nicht folgen. Vielmehr scheinen gar einige überkommen geglaubte schiedsfeindliche Äußerungen durch. § 1040 ZPO a.F. bzw. der heutige § 1055 ZPO stellen den Schiedsspruch ausdrücklich in seinen Wirkungen unter den Parteien einem rechtskräftigen Urteil eines staatlichen Gerichts gleich. Damit hebt die Vorschrift die Gleichwertigkeit des Schiedsspruchs deutlich hervor[113]. Wer sie - wenn auch nur für bestimmte Rechtsgebiete und in Einzelpunkten - einschränken will, muß gute Gründe haben, will er sich nicht eine Diskriminierung der Schiedsgerichtsbarkeit vorhalten lassen[114].

So ist zunächst die Tatsache, daß § 1040 a.F. ZPO bzw. § 1055 ZPO die Rechtskraftwirkung „unter den Parteien" anordnet, keinesfalls ein stichhaltiges Argument gegen die Rechtskrafterstreckung eines Schiedsspruchs. Es fragt sich schon ganz schlicht, wen die Vorschrift denn sonst als von den Wirkungen Betroffenen heranziehen soll als

[111] BGH, 29.3.1996, BGHZ 132, 278, 288f.

[112] BGH, 29.3.1996, BGHZ 132, 278, 289f.

[113] Wieczorek-*Schütze*, § 1040 RZ 1; *Walter*, Die Vollstreckbarerklärung als Voraussetzung bestimmter Wirkungen des Schiedsspruchs, FS Schwab, 539, 542ff. Die betonen auch RefE, 91 und RegE, BT-Drucks. 13/5274, 34.

[114] Zu Recht betont *Berger*, Das neue Recht der Schiedsgerichtsbarkeit, 25, die Ansicht des BGH sei nicht mit der vom Gesetzgeber hervorgehobenen Gleichstellung von staatlicher Gerichtsbarkeit und Schiedsgerichtsbarkeit zu vereinbaren; ähnlich *Geimer* (oben FN 20), DZWiR 1997, 119, 120; *Ebbing*, Schiedsvereinbarungen in Gesellschaftsverträgen, NZG 1998, 281, 286.

„die Parteien". Bezeichnenderweise ordnet die Parallelnorm des § 325 Abs. 1 ZPO[115] ebenfalls zunächst lediglich die Rechtskraftwirkung „für und gegen die Parteien" an. Daraus hat aber niemand geschlossen, daß die Wirkung eines gerichtlichen Urteils nicht noch andere Personen treffen kann: Angesichts der sie bindenden statutarischen Schiedsklausel bezweifelt man in unseren Nachbarländern zu Recht gar die Qualifikation der nicht am Verfahren beteiligten Gesellschafter als „Dritte".

Dieses Auslegung bestätigt ein Blick auf die Entstehungsgeschichte, wenn man § 1040 ZPO a.F. ZPO bzw. § 1055 ZPO mit den Vorschriften kontrastiert, die ebenfalls eine Rechtskrafterstreckung anordnen. 1040 ZPO a.F. ZPO fand sich ursprünglich als § 866 in der CPO von 1877. Dieses Gesetz enthielt noch keine Regelungen über eine Rechtskrafterstreckung des Urteils eines staatlichen Gerichts auf Dritte. Die CPO von 1877 kannte also auch beim staatlichen Urteil zunächst nur die Wirkung des Urteils unter den Parteien. Vorschriften über Rechtskrafterstreckung auf Dritte beim Urteil des staatlichen Gerichts fügte erst die Novelle der CPO von 1898 ein. Ihr ist jedoch nicht zu entnehmen, daß sie sich nur auf Urteile staatlicher Gerichte bezog. Sie modifizierte § 866 CPO bzw. § 1040 ZPO a.F. daher ebenso wie die Regelung für staatliche Urteile, also den heutigen § 325 ZPO[116].

Wenn der Gesetzgeber der Vorschrift abschließenden Charakter hätte beimessen wollen, hätte er außerdem tatsächlich die Worte „nur" oder „ausschließlich" vor „unter den Parteien" setzen müssen. Da er darauf aber verzichtet hat, ist nicht zu erkennen, wie § 248 AktG die Vorschrift des § 325 Abs. 1 ZPO modifizieren kann, nicht aber die ihm entsprechenden schiedsrechtlichen Bestimmungen des § 1040 ZPO a.F. bzw. des § 1055 ZPO. Dem BGH ist vorzuwerfen, daß er selbst Regel und Ausnahme vertauscht: Als Regel gilt doch, daß die Norm den Schiedsspruch dem Urteil in seinen Wirkungen gleichstellt. Deshalb hätte die Ausnahme, dies im Hinblick auf bestimmte Vorschriften, die erweiterte Rechtskraft anordnen, nicht zu tun, besonderer Anordnung bedurft.

Schließlich dürfte man, folgte man der Argumentation des BGH, dem Schiedsspruch auch keine Wirkung gegenüber Rechtsnachfolgern beimessen[117]. Denn eine solche ergibt sich nicht aus § 1040 ZPO a.F. bzw. § 1055 ZPO („unter den Parteien"). Und eine dem § 325 Abs. 1 2. Alt ZPO entsprechende Regelung kennt das Schiedsverfahrensrecht nicht. Das zöge die absurde Folge nach sich, daß ein im Schiedsverfahren siegreicher Kläger seine Rechte aus dem Schiedsspruch bei Abtretung seiner Forderung nicht an einen Dritten weitergeben könnte. Die Wirkung des Schiedsspruchs gegenüber Rechtsnachfolgern ist im Schiedsverfahrensrecht aber allgemein anerkannt[118]. Auch wenn die meisten Autoren dafür fordern, daß der Rechtsnachfolger ebenfalls Partei der

---

[115] Zutreffend *Schlosser* (oben FN 55), JZ 1996, 1020, 1021; *K. Schmidt* (oben FN 40), ZHR 162 (1998), 265, 286.

[116] *Schwab/Walter* (oben FN 20), Kap. 21 RZ 2; ausführlich *Walter* (oben FN 113), FS Schwab, 539, 547ff.

[117] *Schlosser* (oben FN 55), JZ 1996, 1020, 1021.

[118] Stein/Jonas-*Schlosser*, § 1040 RZ 18ff und besonders RZ 21; Wieczorek-*Schütze*, § 1040 RZ 10; MK-*Maier*, ZPO, § 1040 RZ 16; Zöller-*Geimer*, 20. Aufl., § 1040 RZ 4; Baumbach-*Albers*, ZPO, 56. Aufl., § 1040 RZ 11; *Schwab/Walter* (oben FN 20), Kap. 7 RZ 21ff u. Kap. 21 RZ 2f; *Schütze/Tscherning/Wais* (oben FN 57), RZ 526; *Rosenberg/Schwab/Gottwald* (oben FN 18), § 175 III 7. So auch *Lachmann*, Handbuch für die Schiedsgerichtspraxis, 474ff und Baumbach-*Albers*, ZPO, § 1055 RZ 6 zum neuen Recht.

Schiedsvereinbarung ist[119], ergibt sich für die gesellschaftsrechtliche Schiedsgerichtsbarkeit nichts anderes: Im Kapitalgesellschaftsrecht ist ein Rechtsnachfolger in einen GmbH-Geschäftsanteil oder eine Aktie nach herrschender Auffassung über § 1048 ZPO a.F. bzw. § 1066 ZPO an die statutarische Schiedsklausel gebunden[120]. Dies ist auch der Grund, warum ein Schiedsspruch gegen ihn wirkt[121].

§ 1040 ZPO a.F. bzw. § 1055 ZPO ist mithin nicht zu entnehmen, daß die Normen abschließend im dem Sinne sind, daß der Schiedsspruch nur Rechtskraftwirkung unter den Parteien haben kann. Vielleicht erhellt die wahre Motivation des BGH eher die Aussage, daß nach § 246 AktG „die Entscheidung in einem Beschlußmängelstreit durch von den Parteien unabhängige, unparteiliche staatliche Richter in einem streng förmlichen, öffentlichen Verfahren ausschließlich nach Gesichtspunkten objektiver Rechtmäßigkeit des Beschlusses getroffen wird". Woher der BGH diese schon beim OLG Hamm zu entdeckende Überzeugung gewonnen hat, daß dies in einem Schiedsverfahren, sieht man von der Nichtöffentlichkeit ab, anders ist, erscheint auch angesichts der häufigen Teilnahme staatlicher Höchstrichter an Schiedsverfahren unklar.

bb) Die Konzentrationswirkung des § 246 Abs. 3 S. 3 AktG

Das Gericht stützt sich zudem auf die durch § 246 Abs. 3 S. 3 AktG angeordnete Konzentrationswirkung der Klagen. Dieses Argument erweist sich als nicht neu. Früher verwandte es etwa das OLG Hamm, um die Schiedsfähigkeit wegen der ausschließlichen Zuständigkeit des Landgerichts nach § 246 Abs. 3 S. 1 AktG abzulehnen[122]. Wenn der BGH es nun im Gewand der Rechtskraftwirkung des § 248 AktG bringt, verleiht ihm dies keine neue Überzeugungskraft. Die Konzentrationswirkung ist nämlich auch im Schiedsverfahren zu erreichen.

Zunächst ist eine Konkurrenz von staatlichem Gericht und Schiedsgericht nicht zu erwarten. Ruft der Kläger zunächst ein staatliches Gericht an, muß dieses die Einrede einer wirksamen Schiedsvereinbarung berücksichtigen, wenn der Beklagte des Schiedsverfahrens sich auf sie beruft.[123]. In einem Prozeß über gesellschaftsrechtliche Beschlußmängelstreitigkeiten kann es zu einer „unterschiedlichen Handhabung der Einrede des Schiedsgerichts durch die Gesellschaft" nicht kommen. Denn die Leitung, die die beklagte Gesellschaft vertritt, ist an den Gesellschaftsvertrag und damit auch an die darin enthaltene Schiedsklausel gebunden. Sie ist deshalb gezwungen, die Einrede zu

---

119 Vgl. die Nachweise in Fn. 118. Dagegen leiten *Schwab/Walter* (oben FN 20), Kap. 7 RZ 21ff u. Kap. 21 RZ 2f und Stein/Jonas-*Schlosser*, § 1040 RZ 18ff die Wirkung direkt aus § 325 ZPO ab.

120 Vgl. oben § 1 A. III. 1. zur Diskussion etwaiger Formerfordernisse für den Übergang einer Schiedsklausel.

121 So ausdrücklich Wieczorek-*Schütze*, § 1040 RZ 10.

122 OLG Hamm, 8.12.1986, AG 1988, 80. Nach der BGH-Entscheidung so auch *Schwab* (oben FN 37), FS Gaul, 729, 730.

123 Stein/Jonas-*Schlosser*, § 1027a RZ 1 u. 20; Wieczorek-*Schütze*, § 1027a RZ 11.

erheben[124]. Eine Klausel in der Satzung, die die Geschäftsführung zur Erhebung verpflichtet[125], erscheint deshalb zwar sinnvoll, aber nicht zwingend erforderlich.

Gleiches gilt, wenn bereits ein Schiedsverfahren eingeleitet ist, später aber ein Gesellschafter ein staatliches Gericht anruft. Dem staatlichen Verfahren steht nämlich der Einwand der Schiedshängigkeit entgegen. Im neuen deutschen Schiedsrecht tritt Schiedshängigkeit nach § 1044 ZPO ein, also mit dem Empfang des Antrag des Klägers durch den Beklagten, die Streitigkeit einem Schiedsgericht vorzulegen. Nach herrschender Auffassung hat dies eine von Amt wegen zu berücksichtigende Sperrwirkung entsprechend § 261 Abs. 3 Nr. 1 ZPO zwar nicht zur Folge. Die Klage wird nur dann als unzulässig abgewiesen, wenn sich der Beklagte auf die Schiedsvereinbarung beruft[126]. Aufgrund der Bindung der Leitung der Gesellschaft an die Schiedsklausel muß sie dies jedoch tun. Anzumerken bleibt, daß der Fall, daß ein Gesellschafter sich nicht an die statutarische Schiedsklausel hält und das Landgericht ihm fälschlicherweise darin auch noch folgt, eine Gefahr dar, die immer besteht, wenn mehrere Personen klagebefugt sind. Daraus läßt sich kein Argument speziell gegen die Schiedsfähigkeit herleiten[127].

Ist die Gefahr einer Konkurrenz zwischen staatlichem Gericht und Schiedsgericht gebannt, so erscheinen die Unannehmlichkeiten mehrerer konkurrierender Schiedsverfahren realistischer. Grundsätzlich muß man dem BGH jedoch die Vorschrift des § 261 Abs. 3 Nr. 1 ZPO entgegenhalten. Diese Norm gilt im Schiedsverfahrensrecht nach einhelliger Auffassung analog und hindert deshalb nicht nur ein paralleles staatliches-, sondern auch ein konkurrierendes Schiedsverfahren[128]. Einer parallelen Klage eines zweiten Gesellschafters vor einem anderen Schiedsgericht steht deshalb der Einwand der Rechtshängigkeit entgegen, da der Antrag identisch und eine Parteiidentität, geht man von der Anwendbarkeit des § 248 AktG aus, wegen der subjektiven Reichweite der Rechtskraft nicht erforderlich ist[129].

---

124 *Günther* (oben FN 39), EWiR 1987, 371, 372, *Timm/Witzorrek*, Kurzkommentar zu BGH, Urt. v. 29.3.1996, EWiR 1996, 481, 482; *Bender*, Schiedsklagen gegen Gesellschafterbeschlüsse im Recht der Kapitalgesellschaften nach der Neuregelung des Schiedsverfahrens, DB 1998, 1900, 1903.

125 *G. Bredow* (oben FN 20), DStR 1996, 1653, 1654; *Lüke/Blenske* (oben FN 1), ZGR 1998, 253, 300.

126 MK-*Maier*, ZPO, § 1027a RZ 2; Zöller-*Geimer*, § 1044 RZ 5; Stein/Jonas-*Schlosser*, § 1034 RZ 22; *ders.*, Das Recht der internationalen privaten Schiedsgerichtsbarkeit, RZ 615; *Schwab/Walter* (oben FN 20), Kap. 16 RZ 4.

127 *Bork* (oben FN 40), ZHR 160 (1996), 374, 383 FN 38.

128 Zur dieser sog. „Schiedshängigkeit" in Deutschland: Stein/Jonas-*Schlosser*, § 1034 RZ 22; *ders.* (oben FN 126), RZ 616; *Schwab/Walter* (oben FN 20), Kap. 16 RZ 4; *Schütze/Tscherning/Wais* (oben FN 57), RZ 385 FN 98; *Baur*, Rechtshängig-Schiedshängig, FS Fasching, 81, 88, der sogar annimmt, daß das später angerufene zweite Schiedsgericht die Schiedshängigkeit von Amts wegen zu beachten habe; *Bork* (oben FN 40), ZHR 160 (1996), 374, 380; mit anderer Begründung für die Unzuständigkeit des später angerufenen Schiedsgerichts auch *Bosch*, Rechtskraft und Rechtshängigkeit im Schiedsverfahren, 207ff. In Österreich: *Fasching* (oben FN 59), 35; *ders.* (oben FN 57), RZ 1190. In der Schweiz: *Rüede/Hadenfeldt* (oben FN 52), 218.

129 *Bork* (oben FN 40), ZHR 160 (1996), 374, 380; *Lüke/Blenske* (oben FN 1), ZGR 1998, 253, 283. Auch *H.P. Westermann*, Anmerkung zu BGH, Urt. v. 29.3.1996, WuB II C. § 248 AktG, 1290, 1291 und *Timm/Witzorrek* (oben FN 124), EWiR 1996, 481, 482 sehen kein Problem darin, die ausschließliche Zuständigkeit des zuerst angerufenen Schiedsgerichts anzunehmen.

Schwierigkeiten ergeben sich allerdings, wenn der zur Begründung vorgetragene Lebenssachverhalt von den im Rahmen der ersten Klage vorgetragenen Tatsachen abweicht. Dann handelt es sich um verschiedene Streitgegenstände[130], und § 261 Abs. 3 S. 1 Nr. 1 ZPO steht der zweiten Klage nicht entgegen. Dieser Fall stellt jedoch kein unüberwindbares oder nur durch den Gesetzgeber zu lösendes Problem dar. Kautelarjuristisch ist ihm durch eine entsprechende Satzungsregelung zu begegnen. Diese muß einerseits das zuerst angerufene Schiedsgericht zur ausschließlich zuständigen Instanz für später eingeleitete Verfahren erklären. Darüber hinaus ist eine Regelung vorzusehen, die später eingeleitete Verfahren verbietet und klagende Gesellschafter an das erste Verfahren verweist[131].

Bei diesen Diskussionen erscheint schließlich zweifelhaft, ob die Konkurrenz mehrerer Gerichte im Falle von Beschlußmängelstreitigkeiten tatsächlich von großer praktischer Relevanz ist[132]. Einerseits ficht regelmäßig die Minderheit der Gesellschafter einen Mehrheitsbeschluß an. Anstatt einzeln gegen den Beschluß vorzugehen, wird die Minderheit in der Regel ihre Kräfte bündeln und gemeinsam klagen, wobei aber die Möglichkeit von Interessengegensätzen innerhalb der Kläger eingeräumt werden muß. Andererseits ist die Beklagte in jedem Fall identisch, hier also die Gesellschaft, vertreten durch ihre Leitung. Weshalb sich diese auf mehrere parallele Verfahren einlassen sollte, ist nicht erkennbar. Wenn ihr ein zweiter Kläger einen Schiedsrichter benennt, so wird sie ihn vielmehr auf das erste Verfahren verweisen, dem er dann beitreten kann. Ein Autor, der sich eingehend mit Fragen der Rechtskraft von Schiedssprüchen beschäftigt, räumt daher die Möglichkeit mehrerer paralleler Schiedsklagen höchstens im Falle mehrerer ständiger Schiedsgerichte ein[133].

cc) Die Beteiligung der Gesellschafter an der Konstitutierung des Schiedsgerichts und im Schiedsverfahren

Will man alle Gesellschafter im Schiedsverfahren beteiligen, stößt man zunächst auf das Problem der Konstituierung des Schiedsgerichts im Falle mehrerer Parteien auf der

---

[130] Das bleibt offen bei *Bork* (oben FN 40), ZHR 160 (1996), 374, 380, der Identität der Streitgegenstände unterstellt. Erkannt dagegen von *Lüke/Blenske* (oben FN 1), ZGR 1998, 253, 283; *Bender* (oben FN 124), DB 1998, 1900, 1903. Zu weit geht jedoch *Ebbing* (oben FN 114), NZG 1998, 281, 286, der bereits aus der Schiedsvereinbarung eine Verpflichtung zur Unterlassung weiterer Schiedsverfahren ableiten will;

[131] *Bork* (oben FN 40), ZHR 160 (1996), 374, 383; *G. Bredow* (oben FN 20), DStR 1996, 1653, 1654; *Lüke/Blenske* (oben FN 1), ZGR 1998, 253, 300; *Bender* (oben FN 124), DB 1998, 1900, 1903; *H.P. Westermann* (oben FN 129), WuB II C. § 248 AktG, 1290, 1291; *Zilles*, Vereinbarung des Schiedsverfahrens über Beschlüsse von GmbH-Gesellschaftern, BB 1999, Beil. 4, 2, 4. Zu den dann folgenden Fragen der Konstitution des Schiedsgerichts sogleich cc).

[132] Vgl. *Ebenroth/Bohne* (oben FN 20), BB 1996, 1393, 1397; *Timm/Witzorrek* (oben FN 124), EWiR 1996, 481, 482.

[133] *Bosch* (oben FN 128), 208 mit dem Hinweis auf die Entscheidungen des Schiedsgerichtshofs bei der Außenhandelskammer der DDR vom 17.3.1982, Y.C.A. 1983, 128, 131. Dort standen verschiedene institutionalisierte Schiedsgerichte zur Wahl.

Klägerseite. Auch dieses ist keineswegs neu, sondern tauchte früher im Rahmen der ausschließlichen Zuständigkeit nach § 246 Abs. 3 S. 1 AktG auf, allerdings meist ohne präzise Begründung[134]. So hat das OLG Hamm die Einrichtung einer zentralen Schiedsstelle durch Satzung abgelehnt, da dies den Interessen der Beteiligten zuwiderlaufe und der Anfechtungsberechtigte den Schiedsrichter seines persönlichen Vertrauens verliere[135]. Andere sahen in der Bestimmung der Schiedsrichter durch die Gesellschaftermehrheit oder durch Satzung die Gefahr der parteiischen Auswahl heraufbeschworen und das Kontrollinstrument der Anfechtungsklage zunichte gemacht[136]. Der BGH bringt das Argument der Schiedsrichterauswahl nun in Zusammenhang mit der Rechtskraftwirkung des § 248 AktG.

Gesellschaftsrechtliche Schiedsklauseln äußern sich normalerweise nicht zur Frage der Konstituierung des Schiedsgerichts. Es findet dann die etwa in § 1035 Abs. 3 S. 2 ZPO normierte Grundregel Anwendung, nach der die Prozeßparteien, hier also der klagende Gesellschafter und die Gesellschaft, vertreten durch ihre Leitung, jeweils einen Schiedsrichter benennen. Diese befinden gemeinsam über einen Vorsitzenden[137]. Es scheint daher nicht von vornherein sichergestellt, daß die anderen Gesellschafter sich an der Konstituierung dieses - zuerst benannten und nach dem eben gesagten damit ausschließlich zuständigen - Schiedsgerichts unmittelbar beteiligen können. Hingegen sind sie seiner Entscheidung über die erweiterte Rechtskraftwirkung unterworfen, wenn man die Vorschrift des § 248 AktG auch im Schiedsverfahren anwenden will. Dies erscheint insbesondere im Hinblick auf den hohen Stellenwert des Grundsatzes des rechtlichen Gehörs im Schiedsverfahren[138] problematisch. Der BGH hat dem Recht auf Mitwirkung an der Schiedsrichterwahl mit Bezug auf die Entscheidung „*Dutco*“ der französischen Cour de Cassation einen quasi-grundrechtlichen Schutz eingeräumt[139].

Zunächst ist jedoch festzustellen, daß zwischen mehreren klagenden Gesellschaftern, geht man von der Anwendbarkeit des § 248 AktG aus, aufgrund der Rechtskrafterstrekkung eine notwendige Streitgenossenschaft aus prozessualen Gründen besteht. Innerhalb dieser müssen sie sich grundsätzlich über die Person des Schiedsrichters, die die Klägerseite benennen darf, einigen[140]. Die vom BGH angesprochenen Probleme treten mithin nur auf, falls sie sich nicht auf einen Schiedsrichter verständigen können. Hier ist dann in der Tat zu fragen, inwiefern sie einem „Einigungszwang“ unterworfen wer-

---

[134] OLG Hamm, 8.12.1986, AG 1988, 80; *Henze* (oben FN 19), ZGR 1988, 523, 535; *de Lousanoff* (oben FN 20), ASA Special Series Nr. 8 (1994), 89, 101. Dagegen argumentierten schon früher *Günther* (oben FN 39), EWiR 1987, 371; *Timm* (oben FN 15), FS Fleck, 365, 375; *K. Schmidt* (oben FN 20), ZGR 1988, 523, 535; *Petermann* (oben FN 19), BB 1996, 277, 278.

[135] OLG Hamm, 8.12.1986, AG 1988, 80.

[136] *Henze* (oben FN 19), ZGR 1988, 523, 535.

[137] Vgl. *Schwab/Walter* (oben FN 20), Kap. 10 RZ 14.

[138] Ausführlich *Schwab* (oben FN 37), FS Gaul, 729ff. Dies übersieht *Ebbing* (oben FN 114), NZG 1998, 218, 285f, der der erweiterten Rechtskraftwirkung des Anfechtungsurteils „praktisch wenig relevante Wirkung“ beimißt, dem Nichtigkeitsurteil aber praktische Relevanz bescheinigt.

[139] BGH, 29.3.1996, BGHZ 132, 278, 288.

[140] OLG Karlsruhe, 16.2.1995, ZIP 1995, 915, 917; *Schwab/Walter* (oben FN 20), Kap. 10 RZ 14; *Ebenroth/Bohne* (oben FN 20), BB 1996, 1393, 1397; *Petermann* (oben FN 19), BB 1996, 277, 278; *Lüke/Blenske* (oben FN 1), ZGR 1998, 253, 283.

den können, was zu den vom BGH angesprochenen ungelösten Problemen der Mehrparteienschiedsgerichtsbarkeit führt.

Da sich diese Arbeit auf die Schiedsfähigkeit speziell im Bereich des Gesellschaftsrechts konzentriert, ist sie jedoch nicht der Ort, grundsätzliche Fragen der Mehrparteienschiedsgerichtsbarkeit zu erörtern. Ohne im einzelnen auf die zahlreichen Vorschläge aus dem Bereich der Mehrparteienschiedsgerichtsbarkeit einzugehen, halten der BGH-Entscheidung jedenfalls die meisten der dort vertretenen Vorschläge nicht stand[141]. So trägt zunächst ein Einigungszwang[142] den Besonderheiten der Beschlußanfechtung nicht nur nicht Rechnung, sondern er wäre auch äußerst unpraktikabel, da die Kläger sich vor Erhebung der Klage über die Schiedsrichter einigen müßten, wobei sie die Frist des § 246 Abs. 1 zu beachten hätten. Um deren fast zwangsläufigen Ablauf zu vermeiden, müßten sie eine Klage vor einem ordentlichen Gericht erheben, wobei sich die Gesellschaft wegen der Schiedsabrede auf ein solches nicht einlassen müßte, was zu unlösbaren Konflikten und der Erschwerung der Rechtsdurchsetzung führen würde. Desgleichen scheidet auch eine Lösung durch Gruppenbildung im Sinne einer Erweiterung der Schiedsrichterbank unter den Beteiligten aus, da sie einerseits nicht zuverlässig eine zu große Anzahl von Schiedsrichtern verhindert, wenn die Zahl der Kläger mit unterschiedlichen Interessen groß ist. Zudem bestünde innerhalb der Gruppe wiederum Einigungszwang. Und schließlich wäre auch bei einer Mehrheitsentscheidung im Wege einer Abstimmung über die Schiedsrichterwahl nicht nur eine Einigung vor Klageerhebung erforderlich, sondern auch den Bedenken des BGH im Hinblick auf eine gleichmäßige Beteiligung der Gesellschafter an der Konstitution des Schiedsgerichts nicht Rechnung getragen, da sie einem Großteil der (überstimmten) Gesellschafter „ihren" Schiedsrichter nähmen.

Insgesamt läßt sich dieses Problem nur ausräumen, indem man in die Satzung eine Klausel aufnimmt, die ausdrücklich die Schiedsrichterbenennung für den Fall eines Mehrparteienverfahrens regelt. Sie sollte zunächst regeln, daß sich im Falle mehrerer Kläger diese grundsätzlich auf einen Schiedsrichter einigen müssen. Und für den Fall, daß eine Einigung nicht zustandekommt, sollte sie die Möglichkeit der Ernennung durch eine unabhängige neutrale Stelle vorsehen[143]. Alternativ ist an die schon vom BGH angesprochene Konstituierung des gesamten Schiedsgerichts durch eine neutrale Stelle zu denken[144]. Das Gericht schlägt diese Lösung interessanterweise selbst vor,

---

[141] Allg. vgl. *Schwab/Walter* (oben FN 20), Kap. 10 RZ 14ff; Stein/Jonas-*Schlosser*, § 1034 RZ 22. Ausführlich speziell zu der Problematik bei Beschlußmängelstreitigkeiten im folgenden *Lüke/Blenske* (oben FN 1), ZGR 1998, 253, 285ff; *Zilles* (oben FN 131), BB 1999, Beil. 4, 5f; *Trittmann*, Die Auswirkungen des Schiedsverfahrens-Neuregelungsgesetzes auf gesellschaftsrechtliche Streitigkeiten, ZGR 1999, 340, 355ff.

[142] *H.P. Westermann* (oben FN 129), WuB II C. § 248 AktG, 1290 und *Timm/Witzorrek* (oben FN 124), EWiR 1996, 481, 482 halten dagegen einen Einigungszwang für unbedenklich.

[143] *Schlosser* (oben FN 55), JZ 1996, 1020, 1021; *G. Bredow* (oben FN 20), DStR 1996, 1653, 1654; *Lüke/Blenske* (oben FN 1), ZGR 1998, 253, 300f; *K. Schmidt* (oben FN 40), ZHR 162 (1998), 265, 287; *Zilles* (oben FN 131), BB 1999, Beil. 4, 2, 5; *Trittmann* (oben FN 141), ZGR 1999, 340, 357.

[144] *Bork* (oben FN 40), ZHR 160 (1996), 374, 383; *H.P. Westermann* (oben FN 129), WuB II C. § 248 AktG, 1290, 1292; *Schlosser* (oben FN 55), JZ 1996, 1020, 1021; *Geimer* (oben FN 20), DZWiR 1997, 119, 120; *Lüke/Blenske* (oben FN 1), ZGR 1998, 253, 300; *K. Schmidt* (oben FN 40), ZHR 162

indem es die „Konstituierung des gesamten Schiedsgerichts durch eine von beiden Parteien unabhängige Instanz“ anspricht.

Solche Regelungen sorgten für die Neutralität des Schiedsgerichts dergestalt, daß seine Ernennung völlig außerhalb der Gesellschaftssphäre erfolgte. Daher bestünde weder für die am Verfahren nicht beteiligten Minderheits- noch für die Mehrheitsgesellschafter die Gefahr, durch die Schiedsrichterwahl der Prozeßparteien übervorteilt zu werden. Außerdem wäre die Verfahrenskonzentration gesichert. Denn falls ein- und dieselbe Stelle die Schiedsrichter nominierte, könnte es zu mehreren gleichzeitig eingeleiteten Verfahren nicht kommen, da sie alle nachfolgenden Kläger auf das zuerst eingeleitete Verfahren verweisen müßte. Manche Autoren schlagen daher eine Satzungsbestimmung vor, nach der sämtliche Schiedsrichter von der DIS, dem Präsidenten eines Gerichts oder einer Handelskammer ernannt werden[145]. Die gleiche Stelle kann auch die neutrale Stelle schon bei Fehlschlagen der Einigung auf Klägerseite bilden. Es ist anzunehmen, daß der BGH in einem solchen Fall die schiedsgerichtliche Entscheidung von Beschlußmängelstreitigkeiten zuläßt[146].

Daneben ist in allen untersuchten Ländern anerkannt, daß nicht am Verfahren beteiligte Gesellschafter nach Verfahrensbeginn einen Anspruch auf Zulassung als streitgenössischer Nebenintervenient haben[147]. Interessanterweise finden sich zwei Ansätze, das Ermessen des Schiedsgerichts bei der Zulassung des Nebenintervenienten „auf Null“ zu reduzieren. Der *österreichische* und der *deutsche* basieren auf dem verfassungsrechtlich abgesicherten Anspruch auf rechtliches Gehör, der *schweizerische* auf dem Grundsatz von Treu und Glauben. Der erste Ansatz erscheint überzeugender, weil er, anders als die Anknüpfung an Treu und Glauben, keine Auslegungsschwierigkeiten nach sich zieht. Den Anspruch zusätzlich im Gesellschaftsvertrag zu normieren, erscheint nützlich, aber nicht zwingend erforderlich.

Als solcher kann sich der streitgenössische Nebenintervenient nun zwar nicht mehr an der Schiedsrichterwahl beteiligen. Das erscheint aber nicht unangemessen, da er über das Verfahren informiert war und die Möglichkeit hatte, sich mit anderen Gesellschaftern zur Streitgenossenschaft zusammenzuschließen, um in diesem Rahmen die Zusammensetzung des Schiedsgerichts zu beeinflussen. Es erscheint zwar gewagt, in einem verspäteten Beitritt einen Verzicht auf die Bestimmung des Schiedsrichters zu sehen[148]. Jedenfalls liegt aber keine Ungleichbehandlung vor, die den Gesellschafter in seinen Rechten übermäßig einschränkt. Als Nebenintervenient kann er den gesamten Prozeßverlauf maßgeblich mitgestalten. Da er aufgrund der Rechtskrafterstreckung streitgenössischer Nebenintervenient ist, kann er nach § 69 ZPO auch gegen den Widerspruch der unterstützten Partei Angriffs- und Verteidigungsmittel vorbringen und

---

(1998), 265, 287; *Ebbing* (oben FN 114), NZG 1998, 281, 287; *Bender* (oben FN 124), DB 1998, 1900, 1901f; *Lachmann/Lachmann*, Schiedsvereinbarungen im Praxistest, BB 2000, 1633, 1634.

145 *Bork* (oben FN 40), ZHR 160 (1996), 374, 383.

146 Anders wohl das OLG Hamm, 8.12.1986, AG 1988, 80, das auch eine zentrale durch Satzung errichtete ständige Schiedsstelle ablehnt, da sie „den Interessen der Beteiligten zuwiderlaufe“. Ebenso *Schwab* (oben FN 37), FS Gaul, 729, 733 FN 14a.

147 A.A. ohne nähere Begründung *Jähnich* (oben FN 20), LM § 248 AktG 1965, Nr. 3.

148 *Ebenroth/Bohne* (oben FN 20), BB 1996, 1393, 1397.

Prozeßhandlungen vornehmen[149]. Daß er - aufgrund eigenen Entschlusses - nicht auch noch auf die Schiedsrichterbenennung Einfluß nehmen kann, wiegt nicht so schwer, als daß es die Grundsätze eines fairen Verfahrens bzw. das Prinzip des rechtlichen Gehörs verletzte[150]. Daß der beitretende Streitgenosse das Schiedsgericht in seiner Konstitution akzeptieren muß, ist schließlich auch in der internationalen Schiedsgerichtsbarkeit so anerkannt[151].

Der BGH hat sich in seiner Entscheidung lediglich auf die Probleme der Auswahl des Schiedsrichters bei mehreren Personen auf der Klägerseite gestützt. Im Schrifttum wird darauf hingewiesen, daß mehrere Parteien auf der Beklagtenseite ähnliche Fragen aufwerfen können, so daß nicht nur eine Minderheit der Gesellschafter ausmanövriert werden könne, sondern unter bestimmten Voraussetzungen gar auch die Mehrheit. Es bestehe nämlich die Möglichkeit, daß der prozeßführenden Geschäftsführung der Gesellschaft der anzufechtende Beschluß ebenfalls nicht willkommen sei und sie dasselbe Interesse wie die anfechtende Minderheit verfolge[152]. Im Ergebnis weist man damit auf die Kollusionsgefahr zwischen Geschäftsführung und anfechtendem Gesellschafter hin.

Auch diese Gefahr stellt aber kein unüberwindbares Hindernis dar. Zunächst wird es praktisch nur selten vorkommen, daß sich Gesellschafter zusammenfinden, die den Beschluß der Mehrheit in einem gerichtlichen Verfahren verteidigen wollen. Dies werden sie vielmehr der von ihnen gewählten Geschäftsführung überlassen. Zudem wird auf Beklagtenseite eine Repräsentation der Gesellschafter nach dem in § 246 Abs. 2 S. 2 AktG formulierten Leitbild grundsätzlich durch die Gesellschaft hergestellt. Um ihren gleichfalls vorhandenen Anspruch auf rechtliches Gehör zu schützen, erscheint es daher ausreichend, wenn die Gesellschafter, die ein Interesse daran haben, den Bestand des angegriffenen Beschlusses zu sichern, ihrer Geschäftsführung dies aber nicht zutrauen, ihren Anspruch auf Nebenintervention auf Beklagtenseite geltendmachen können[153].

Wie in der *Schweiz* festgestellt, kann das Kollusionsargument schließlich auch deshalb nicht vollends überzeugen, weil die Majorität eine Kollusion zwischen Geschäftsführung und anfechtender Minderheit nicht fürchten muß. Sie kann im Ernstfall die Geschäftsführung abberufen und den Beschluß neu fassen. Darüber hinaus stellt die Kollusion kein speziell im Schiedsverfahren auftretendes Problem dar, sondern kann auch im Verfahren vor staatlichen Gerichten relevant werden. Und schließlich ist parteiischen Schiedsrichtern nicht dadurch zu begegnen, daß man der in Frage stehenden

---

[149] Vgl. Zöller-*Vollkommer*, § 69 RZ 7.

[150] *Bork* (oben FN 40), ZHR 160 (1996), 374, 383; *Ebenroth/Bohne* (oben FN 20), BB 1996, 1393, 1397; *Timm/Witzorrek* (oben FN 124), EWiR 1996, 481, 482; *H.P. Westermann* (oben FN 129), WuB II C. § 248 AktG, 1290, 1292; *Bender* (oben FN 124), DB 1998, 1900, 1902; *Zilles* (oben FN 131), BB 1999, Beil. 4, 6; a.A. *Lüke/Benske* (oben FN 1), ZGR 1998, 253, 295, die auch noch nach Ablauf der Klagefrist Nebenintervenienten an der Schiedsrichterwahl beteiligen wollen; so wohl auch *Schwab* (oben FN 37), FS Gaul, 729, 731.

[151] *H.P. Westermann* (oben FN 129), WuB II C. § 248 AktG, 1290, 1292.

[152] *Schlosser* (oben FN 55), JZ 1996, 1020, 1021; *Ebbing* (oben FN 114), NZG 1998, 281, 286.

[153] Ebenso *Lüke/Blenske* (oben FN 1), ZGR 1998, 253, 294.

Streitigkeit die Schiedsfähigkeit abspricht. Für ausgewogene Entscheidungsfindung sorgt vielmehr das Institut der Schiedsrichterablehnung[154].

5. Aktienrechtliche Besonderheiten

Die bisher erörterten Gesichtspunkte betrafen GmbH-rechtliche und aktienrechtliche Beschlußmängelstreitigkeiten gleichermaßen. Bei der AG werfen einige deutsche Autoren jedoch ein weiteres Problem speziell aktienrechtlicher Natur auf, nämlich das Problem der aktienrechtlichen Satzungsstrenge.

a) § 23 Abs. 5 AktG als Hindernis schiedsgerichtlicher Entscheidung

So vertritt eine von *K. Schmidt* begründete Auffassung, daß die entscheidenden Gründe gegen die schiedsgerichtliche Beurteilung aktienrechtlicher Beschlußmängelstreitigkeiten in einer Besonderheit des Aktienrechts zu sehen seien. Das Recht der Beschlußanfechtung erschöpfe sich nämlich nicht in Formalregeln der Anfechtungsprozedur, sondern es sei Bestandteil des gesetzlich gewährleisteten Individualschutzes und damit eines der wichtigsten Minderheitenrechte. Wo das Aktiengesetz Rechtsschutz durch staatliche Gerichte verspreche, könne die Satzung hiervon nicht abweichen. Das Gesetz gewährleiste in § 246 Abs. 3 S. 1 eine Entscheidung zugunsten staatlicher Gerichte. Sie durch die Schiedsgerichtszuständigkeit zu verdrängen, stelle eine Abweichung von den Vorschriften des Aktiengesetzes dar, die als solche, da nicht ausdrücklich gesetzlich zugelassen, unwirksam gem. § 23 Abs. 5 S. 1 AktG sei. Man müsse den Anfechtungsstreit also aufgrund der gesetzlichen Verfassung der AG vor dem in § 246 Abs. 3 Abs. 1 AktG bezeichneten Gericht austragen[155].

Der BGH mußte sich in seiner Entscheidung von 1996 zu diesen speziell aktienrechtlichen Fragen eigentlich nicht äußern, hatte er doch einen GmbH-rechtlichen Fall zu entscheiden. Das Gericht diskutiert sie gleichwohl unter dem Stichwort der „Bedeutung der in Frage stehenden Rechtsstreitigkeiten“[156]. Danach sei die Anfechtungsklage zwingender Bestandteil des gesetzlich gewährleisteten Individualrechtsschutzes, welchen man im Voraus selbst bei Einverständnis aller Gesellschafter weder im Gründungsstatut noch durch spätere Satzungsänderungen abbedingen könne. Daraus

---

[154] *K. Schmidt* (oben FN 20), ZGR 1988, 523, 535; a.A. *Lüke/Blenske* (oben FN 1), ZGR 1998, 253, 268, die der Schiedsrichterablehnung die Durchschlagskraft absprechen.

[155] Großkomm-*K. Schmidt*, AktG, § 246 RZ 121; *ders.* (oben FN 20), ZGR 1988, 523, 537f; *ders.*, Statutarische Schiedsklauseln zwischen prozessualer und verbandsrechtlicher Legitimation, JZ 1989, 1077, 1083f; *ders.* (oben FN 20), AG 1995, 551, 553. Ihm stimmen zu MK-*Pentz*, AktG, § 23 RZ 156; *Hüffer*, § 246 RZ 19; *Hommelhoff*, Der aktienrechtliche Organstreit, ZHR 143 (1979), 288, 312f; *H.P. Westermann* (oben FN 20), DIS Band 11, 31; zweifelnd *Ebenroth/Bohne* (oben FN 20), BB 1996, 1393, 1396.

[156] BGH, 29.3.1996, BGHZ 132, 278, 282.

folge jedoch für das GmbH-Recht angesichts des Fehlens einer § 23 Abs. 5 S. 1 AktG entsprechenden Norm nicht zwangsläufig, daß ausschließlich staatliche Gerichte diesen Rechtsschutz gewähren müßten. Jedenfalls unter der Voraussetzung, daß das schiedsgerichtliche Verfahren gleichwertig ausgestaltet sei, also gewährleistet sei, daß der Rechtsschutz der überstimmten Minderheit keine Einschränkung erfahre, hindere dieser Gesichtspunkt die Gesellschafter mithin nicht, in der Satzung der Gesellschaft einverständlich auch für kassatorische Streitigkeiten die Zuständigkeit eines Schiedsgerichts vorzusehen[157].

Dieser Auffassung wird von anderen Autoren entgegnet, daß der Grundsatz der Satzungsstrenge nach seinem Sinn und Zweck nur bei solchen Satzungsänderungen eingreife, welche die aktienrechtliche Kompetenzordnung abweichend vom Gesetz änderten. Nur in diesen Fällen seien möglicherweise Kapitalanleger- oder Gläubigerinteressen sowie das öffentliche Interesse an einer funktionsfähigen Organisationsstruktur der AG berührt. Daß eine satzungsmäßige Schiedsklausel lediglich eine andere Art der prozessualen Streiterledigung anordne, taste entsprechende Interessen jedoch nicht an[158]. § 23 Abs. 5 S. 1 AktG meine daher materiellrechtliche Vorschriften, nicht prozessuale[159]. Im übrigen sei es widersprüchlich, die Vorschrift des § 246 Abs. 3 Abs. 1 AktG unter dem Blickwinkel des § 23 Abs. 5 S. 1 AktG anders zu interpretieren als bei isolierter Betrachtungsweise. Wie mittlerweile klargestellt sei, beziehe sich die ausschließliche Zuständigkeitsregelung nur auf die Kompetenzen zwischen verschiedenen staatlichen Gerichten, nicht aber auf die Zuständigkeitsabgrenzung zwischen staatlichen- und Schiedsgerichten. Die Verfassung der AG nehme daher gar nicht zur Frage Stellung, ob anstatt der staatlichen- auch Schiedsgerichte entscheiden könnten. Sie bestimme lediglich, welches Gericht zuständig sei, wenn die staatlichen Gerichte entscheiden sollten[160].

b) Stellungnahme

An der Diskussion fällt zunächst aus, daß der BGH, wenn er in seiner Entscheidung auf das „Fehlen einer § 23 Abs. 5 S. 1 AktG entsprechenden Norm" hinweist, sich der Meinung von *K. Schmidt* anschließen zu scheint. Es ist deshalb anzunehmen, daß das Gericht, konfrontierte man es mit einem aktienrechtlichen Beschlußmängelstreit, dessen schiedsgerichtliche Beurteilung möglicherweise auch aufgrund der aktienrechtlichen Satzungsstrenge verneinen würde. Dem muß aus verschiedenen Gründen widersprochen werden.

Zunächst verbietet § 23 Abs. 5 S. 1 AktG lediglich eine von den Vorschriften des Aktiengesetz *abweichende* Bestimmung in der Satzung. Eine Vorschrift weicht dann

---

[157] BGH, 29.3.1996, BGHZ 132, 278, 282.
[158] *Vollmer* (oben FN 20), ZGR 1982, 15, 30; *Lüke/Blenske* (oben FN 1), ZGR 1998, 253, 258.
[159] *Kraatz* (oben FN 39), Jahrbuch für die Praxis der Schiedsgerichtsbarkeit 3 (1989), 47, 50.
[160] Stein/Jonas-*Schlosser*, § 1025 RZ 27f; Zöller-*Geimer*, 20. Aufl., § 1025 RZ 38; *Bork* (oben FN 40), ZHR 160 (1996), 374, 377; *Lüke/Benske* (oben FN 1), ZGR 1998, 253, 258; ebenso ohne Begründung *Schwab/Walter* (oben FN 20), 5. Aufl., Kap. 4 RZ 6.

ab, wenn sie dem Aktiengesetz widerspricht, d.h. wenn sie etwas anderes bestimmt, als das Gesetz anordnet oder zuläßt[161]. Die aktienrechtliche Satzungsstrenge will die Organisation der AG bezüglich ihres Innenverhältnisses der Dispositionsfreiheit der Gesellschaft entziehen, also die Zuständigkeitsverteilung zwischen Organen, ihrer Zusammensetzung und ihrer inneren Organisation zwingend ausgestalten[162]. Eine satzungsmäßige Schiedsklausel stellt aber keine derartige abweichende Bestimmung dar. Von der innergesellschaftlichen Zuständigkeitsverteilung zu unterscheiden ist nämlich die Art und Weise, wie Streitigkeiten zwischen den Organen durch einen Dritten beigelegt werden sollen. Schiedsgerichtliche Erledigung des Beschlußmängelstreits berührt die Kompetenzordnung der AG nicht, da ein privates Forum weder einem Organ eine Zuständigkeit nimmt, noch einem anderen Organ eine ihm nicht zustehende überträgt. Das satzungsmäßige Schiedsgericht steht vielmehr außerhalb der zwingenden Kompetenzordnung der Gesellschaft. Es ähnelt in seiner Stellung eher einem fakultativem Gremium wie etwa einem Bei- oder Verwaltungsrat, der nach allgemeiner Auffassung nicht unter § 23 Abs. 5 S. 1 AktG fällt[163].

Zutreffend wäre die erstgenannte Auffassung nur, übertrüge man dem „Schiedsgericht“ selbst Organentscheidungen zur Letztentscheidung. Davon kann aber im Falle schiedsgerichtlicher Erledigung von Beschlußmängelstreitigkeiten keine Rede sein, da nicht ein Gesellschaftsorgan den Disput beilegt, sondern ein außerhalb der Gesellschaft stehendes Gericht. Auch das mit einem Beschlußmängelstreit konfrontierte Landgericht wird durch seine Anrufung ja nicht zu einem Organ der AG. Nach der oben erstgenannten Meinung entzöge § 23 Abs. 5 S. 1 AktG hingegen sämtliche Streitigkeiten, für die das Aktiengesetz ein staatliches Gericht vorsieht, schiedsgerichtlicher Beurteilung. Solche weitreichenden Konsequenzen sind der Vorschrift nicht zu entnehmen.

Schließlich läßt sich aus der Vorschrift des § 246 Abs. 3 Abs. 1 AktG nicht herleiten, daß man Rechtsschutz bei Beschlußmängelstreitigkeiten nur vor dem Landgericht erlangen kann. Erstaunlicherweise wollen jene Stimmen, die in der ausschließlichen staatlichen Zuständigkeit isoliert kein Hindernis privater Schiedsgerichtsbarkeit sehen, ein solches im Zusammenhang mit § 23 Abs. 5 S. 1 AktG konstruieren. Nimmt man aber an, daß § 246 Abs. 3 Abs. 1 AktG nur die Zuständigkeit staatlicher Gerichte untereinander regelt, so kann auch im Zusammenspiel mit § 23 Abs. 5 S. 1 AktG nichts anderes gelten. Keinesfalls ist § 246 Abs. 3 Abs. 1 AktG allein aufgrund des § 23 Abs. 5 S.1 AktG so auszudehnen, daß die Norm auch eine Schiedsvereinbarung über einen Beschlußmängeldisput verbietet.

Aus diesen Gründen stellt eine satzungsmäßige Schiedsklausel keine abweichende Bestimmung i.S.d. § 23 Abs. 5 S. 1 AktG dar. Es erscheint vielmehr zutreffend, in ihr eine *satzungsergänzende* Bestimmung i.S.d. § 23 Abs. 5 S. 2 AktG zu sehen[164]. Eine Ergänzung liegt danach vor, wenn die Vorschrift die gesetzlichen Bestimmungen kon-

---

[161] Großkomm-*Röhricht*, AktG, § 23 RZ 168; MK-*Pentz*, AktG, § 23 RZ 152; KölnerKomm-*Kraft*, § 23 RZ 82; *Hüffer*, § 23 RZ 35.

[162] Großkomm-*Röhricht*, AktG, § 23 RZ 167; MK-*Pentz*, AktG, § 23 RZ 155; KölnerKomm-*Kraft*, § 23 RZ 84; *Hüffer*, § 23 RZ 36.

[163] Großkomm-Röhricht, AktG, § 23 RZ 190; KölnerKomm-*Kraft*, § 23 RZ 85; *Hüffer*, § 23 RZ 38.

[164] So bereits *Vollmer* (oben FN 20), ZGR 1982, 15, 31.

kretisiert oder einen von ihnen nicht geregelten, offen gelassenen Freiraum ausfüllt[165]. Die satzungsmäßige Schiedsklausel füllt den Freiraum aus, den das Aktiengesetz hinsichtlich möglicher Streitschlichtungsinstanzen offen gelassen hat. Das Gesetz mußte die Frage der schiedsgerichtlichen Erledigung aktienrechtlicher Binnendispute nicht beantworten, weil deren Zulässigkeit kein aktienrechtliches, sondern ein prozessuales Problem ist. Es würde nicht nur den Regelungsgehalt des Aktiengesetzes sprengen, durchweg die Zulässigkeit von Schiedsvereinbarungen zu normieren. Dies wäre auch gar nicht erforderlich, denn deren Zulässigkeit regelt das Schiedsverfahrensrecht der ZPO in § 1025 ZPO a.F. bzw. § 1030 ZPO. Die Zulässigkeit muß sich nicht aus dem Aktiengesetz, sondern kann sich auch aus anderen Gesetzen geben, was etwa für die Vereinbarung eines besonderen Gerichtsstandes nach § 17 Abs. 3 ZPO anerkannt ist[166]. Diese Einordnung harmoniert schließlich mit der Beurteilung der statutarischen Gerichtsstandsvereinbarung, der der BGH selbst ebenfalls lediglich satzungsergänzenden Charakter beimißt[167].

III. Ergebnis

Schiedsgerichtliche Beurteilung von Beschlußmängeldisputen ist sowohl im Recht der GmbH als auch im Aktienrecht zulässig, wenn entsprechende Vorkehrungen für die Beteiligung aller Gesellschafter am Schiedsverfahren in der Satzung getroffen wurden. Für das Aktienrecht ergibt sich aus § 23 Abs. 5 S. 1 AktG nichts anderes, da die statutarische Schiedsklausel als zulässige satzungsergänzende Bestimmung zu qualifizieren ist.

---

165 Großkomm-*Röhricht*, AktG, § 23 RZ 186; KölnerKomm-*Kraft*, § 23 RZ 85; *Hüffer*, § 23 RZ 37.

166 Geßler-*Eckardt*, § 23 RZ 110; MK-*Pentz*, AktG, § 23 RZ 161.

167 BGH, 11.10.1993, BGHZ 123, 347, 352 (Gerichtsstandsklausel in der Satzung einer AG, nach der für Streitigkeiten mit der Gesellschaft und ihren Organen der ordentliche Gerichtsstand der Gesellschaft maßgeblich sein sollte); zustimmend Großkomm-*Röhricht*, AktG, § 23 RZ 190; MK-*Pentz*, AktG, § 23 RZ 160; *Hüffer*, § 23 RZ 38.

§ 7 Der Informationserzwingungsanspruch in der Gesellschafterversammlung

Während man dem Kontrollrecht des Kommanditisten nach § 166 HGB einhellig Schiedsfähigkeit[1] bescheinigt, wird die schiedsgerichtliche Beurteilung des Informationserzwingungsanspruchs in der Gesellschafterversammlung vehement diskutiert. Wenn manche Autoren deshalb nach einer Klärung durch den Gesetzgeber oder den BGH rufen[2], deutet dies nicht nur auf Unzufriedenheit über die von Rechtsunsicherheit geprägte Situation hin, sondern auch auf die erhebliche praktische Bedeutung der schiedsgerichtlichen Durchsetzung von gesellschaftsrechtlichen Auskunftsansprüchen.

A. Grundlagen

Den Informationsanspruch in der Gesellschafterversammlung kennen alle untersuchten Rechtsordnungen in mehr oder minder ähnlicher Form. Im *deutschen* Recht stellen ihn die §§ 131, 132 AktG sicher, wobei § 131 AktG den Auskunftsanspruch des Aktionärs in der Hauptversammlung normiert und § 132 AktG die Möglichkeit einer gerichtlichen Entscheidung, falls der Vorstand die Auskunft verweigert. Der Aktionär kann den Anspruch klageweise gem. § 132 Abs. 3 S. 1 AktG i.V.m. § 99 Abs. 1 AktG im Verfahren der Freiwilligen Gerichtsbarkeit geltendmachen. Das GmbHG kennt in § 51a ein umfassendes Auskunfts- und Einsichtsrecht innerhalb und außerhalb der Gesellschafterversammlung. § 51b GmbHG ordnet für die gerichtliche Durchsetzung die Geltung des § 132 AktG an.

Das *österreichische* Aktienrecht regelt das Auskunftsrecht in § 112 AktG. Falls der Vorstand die Auskunft verweigert, entscheidet gem. § 112 Abs. 3 S. 3 öAktG der Aufsichtsrat über das weitere Verfahren: Unterstützt er das Begehren, so muß der Vorstand die Auskunft erteilen, wenn er sich nicht nach § 258 öAktG einer Zwangsstrafe aussetzen will. Oder der Aufsichtsrat billigt die Auskunftsverweigerung mit dem Ergebnis, daß der Aktionär den Anspruch nicht weiter verfolgen kann. Ihn klageweise geltendzumachen, ist also grundsätzlich ausgeschlossen[3]. Eine Ausnahme soll nach einigen Stimmen in der Literatur für den Fall gelten, daß das Fragerecht „schikanös abgewürgt" werde; hier könne der legitimierte Fragesteller dann klageweise gegen die Gesellschaft

---

[1] Deutschland: BayObLG, 10.10.1978, DB 1978, 2405, 2406 (Antrag der Kommanditistin einer GmbH & Co. KG auf Vorlage von Bilanzen und anderer Unterlagen der GmbH & Co. KG sowie der Komplementärin); Großkomm-*Schilling*, HGB, § 166 RZ 16; Heymann-*Martens*, § 166 RZ 46; Röhricht/Graf v. Westphalen-*v. Gerkan*, § 166 RZ 57. Österreich: OGH, 6.9.1984, EvBl. 1985, Nr. 52.

[2] *Hachenburg-Hüffer*, § 51b RZ 24; Münchener Hdb. GmbH-*Schiessl*, § 34 RZ 33; *Zerbe*, Die Reform des deutschen Schiedsverfahrensrechts auf der Grundlage des UNCITRAL Modellgesetzes über die internationale Handelsschiedsgerichtsbarkeit, 107.

[3] Schiemer-*Schiemer*, § 112 RZ 7; *Kostner*, Die Aktiengesellschaft, 78f; *Kastner*, Grundriß des österreichischen Gesellschaftsrechts, 278f.

vorgehen, müsse aber das schikanöse Verhalten beweisen[4]. Das österreichische GmbH-Recht sieht in § 22 Abs. 3 öGmbHG lediglich das Recht auf Zusendung einer Abschrift des Jahresabschlusses und auf Prüfung des Abschlusses unter Einsichtnahme in die Geschäftsunterlagen vor. Allgemein bejaht man aber auch ein - ungeschriebenes - individuelles Fragerecht in der Gesellschafterversammlung[5]. Neuerdings nimmt der OGH in Anlehnung an das deutsche GmbHG gar einen allgemeinen Informationsanspruch hinsichtlich aller Geschäftsangelegenheiten an, was zu erheblicher Unruhe im Schrifttum geführt hat[6]. Diese Informationsrechte sind alle im „Außerstreitverfahren“[7] durchzusetzen.

Das *schweizerische* Aktienrecht normiert in Art. 697 OR das Auskunfts- und Einsichtsrecht des Aktionärs. Art. 697 Abs. 1 OR betrifft die Auskunft in der Generalversammlung, Art 697 Abs. 3 OR die Einsicht in Geschäftsbücher und Korrespondenzen. Um diese Rechte gegenüber des Gesellschaft durchzusetzen, bestimmt Art. 697 Abs. 4 OR, daß bei ungerechtfertigter Verweigerung der Auskunft oder Einsicht der Richter am Sitz der Gesellschaft sie auf Antrag anordnen kann. Die meisten kantonalen Prozeßrechte sehen hierfür das „summarische Verfahren“ vor[8]. In der schweizerischen GmbH räumt Art. 819 OR den von der Geschäftsführung ausgeschlossenen Gesellschaftern grundsätzlich die Kontrollbefugnisse des nicht geschäftsführenden Mitglieds einer „einfachen Gesellschaft“ [9] ein. Dessen Befugnisse finden sich in Art. 541 OR und umfassen u.a. die Unterrichtung über den Gang der Geschäftsangelegenheiten und die Einsicht in Geschäftsbücher und Papiere der Gesellschaft. Das Recht aus Art. 541 OR ist weit zu verstehen und schließt alles ein, was zu seiner Erreichung nötig ist[10], so auch die Auskunft in der Gesellschafterversammlung[11]. Falls die Statuten der Gesell-

---

[4] Schiemer-*Schiemer*, § 112 RZ 7.

[5] OGH, 6.9.1990, ecolex 1991, 25; OGH, 23.1.1992, ecolex 1992, 336; *Koppensteiner*, § 22 RZ 38; *Reich-Rohrwig*, Das österreichische GmbH-Recht, 228; *Kastner* (oben FN 3), 392.

[6] Entwickelt in OGH, 6.9.1990, ecolex 1991, 25; bestätigt in OGH, 23.1.1992, ecolex 1992, 336. Zustimmend *Thiery*, Anmerkung zu OGH, Urt. v. 6.9.1990, ecolex 1991, 27; *Grünwald*, Grenzen des allgemeinen Informationsrechts des GmbH-Gesellschafters, ecolex 1991, 245; *Reich-Rohrwig*, ecolex 1992, 334. Kritisch dagegen *Koppensteiner*, § 22 RZ 37; *Geist*, Allgemeines Informationsrecht des GmbH-Gesellschafters ?, ÖJZ 1993, 641.

[7] OGH, 27.9.1961, SZ 34, Nr. 127; 31.8.1989, RdW 1990, 47; 6.9.1990, GesRZ 1990, 222, 224; 6.3.1991, GesRZ 1991, 160, 161. Umfassend zu allen Verfahrensfragen *Rassi*, Verfahrensrechtliche Fragen der Bucheinsicht, ÖJZ 1997, 891. Das Außerstreitverfahren entspricht dem Verfahren der Freiwilligen Gerichtsbarkeit, es steht vor einer grundlegenden Reform, vgl. *Michalek*, Reform des Außerstreitrechts, NZ 1997, 265.

[8] *Böckli*, Schweizer Aktienrecht, RZ 1313a; *Forstmoser/Meyer-Hayoz*, Schweizerisches Aktienrecht, § 40 RZ 196 FN 41. Beim summarischen Verfahren handelt es sich um ein abgekürztes Verfahren, in dem den Parteien nicht alle Angriffs- und Verteidigungsmittel zur Verfügung stehen, vgl. *Guldener*, Schweizerisches Zivilprozeßrecht, 584ff. Das zürcherische Kantonsrecht sieht dies etwa für den gesellschaftsrechtlichen Auskunftsanspruch in § 219 Nr. 16 der ZPO vor.

[9] Diese entspricht der deutschen Gesellschaft bürgerlichen Rechts.

[10] ZürchKomm-*Siegwart*, Art. 541 RZ 1; OR-*Handschin*, Art. 541 RZ 3.

[11] BernerKomm-*Becker*, Art. 819 RZ 4.

schaft dagegen eine „Kontrollstelle“[12] vorsehen, hat der Gesellschafter nach Art. 819 Abs. 2 OR die gleichen Kontrollrechte wie ein Aktionär, also die eben erörterten Rechte aus Art. 696 und 697 OR.

In *Frankreich* normieren die Art. 168ff LSC verschiedene Informationsrechte des Aktionärs, die sich auf Kenntnisnahme und Übermittlung von Unterlagen erstrecken. Wird die Information verweigert, entscheidet auf Antrag des Aktionärs darüber das Gericht nach Art. 172 LSC. Art. 143 DSC gestaltet das gerichtliche Verfahren näher aus, hiernach entscheidet der Präsident des Handelsgerichts als „juge de référé“[13], ob die Gesellschaft die Unterlagen - unter Umständen gar unter Androhung einer „astreinte“ - übermitteln muß. Zusätzlich kann er nach Art. 173 Abs. 2 LSC im Falle einer Verletzung der Rechte aus Art. 168, 169 LSC oder der entsprechenden Bestimmungen des DSC den Hauptversammlungsbeschluß für nichtig erklären. Auch das GmbH-Recht kennt verschiedene Informationsrechte in Art. 56 LSC, die den aktienrechtlichen weitgehend entsprechen. Da die Regelungen in dieser Form erst seit 1969 bestehen, war vorher zu fragen, ob der Informationsstreit unter Art. 631 Abs. 1 Nr. 2 C. com. fällt, wollte man sie einem Schiedsgericht vorlegen. Eine „Streitigkeit mit Bezug zu einer Handelsgesellschaft“ bejahte die französische Judikatur jedoch einhellig, da das Auskunftsrecht dem Gesellschaftsverhältnis entspringe und die Klage sich unmittelbar auf die gegenseitigen Verpflichtungen aus dem Gesellschaftsvertrag bzw. die Geschäftsführung und den Status der Gesellschaft beziehe[14].

Das *New Yorker* BCL sieht umfassende Einsichtsrechte in § 624 vor. Falls die Direktoren die Auskunft gleichwohl verweigern, gibt § 624 (d) dem Aktionär das Recht, sich an den Supreme Court des Bezirkes, in dem die Gesellschaft ihren Sitz hat, zu wenden.

B. Schiedsfähigkeit

Ob gesellschaftsrechtliche Informationsansprüche schiedsgerichtlicher Beurteilung zugänglich sind, diskutiert man besonders in *Deutschland* und hier meist lediglich für die GmbH. Die Rechtsvergleichung kann in diesem Punkt nur wenige Argumente liefern. So steht in *Frankreich*[15] und *New York*[16] zwar fest, daß die Informationsansprüche zum „ordre public“ bzw. zur „public policy zählen. Während in Frankreich schiedsgerichtliche Erledigung aber nur unter dem eben erörterten Gesichtspunkt des § 631 Abs.

---

[12] Die aktienrechtlichen Revisionstelle, die Art 727 OR bei der AG zwingend vorschreibt, beschäftigt sich insbesondere mit der Ordnungsmäßigkeit der Buchführung, der Jahresrechnung und der Verwendung des Bilanzgewinns.

[13] Dabei handelt es sich um einen Richter, der ansonsten ausschließlich einstweilige Verfügungen und Anordnungen erläßt.

[14] Cass., 23.7.1895, D. 1896 I 180, 181; Trib. Bordeaux, 11.12.1893, Journ. soc. 1894, 257, 258; Trib. Paris, 16.6.1922, D. 1923 II 179, 180; *Mercadal/Janin*, Sociétés commerciales, RZ 418; *Dardel*, Jurisclasseurs Sociétés Traité, Tome I, Fasc. 30/1, Nr. 33, 39, 74ff.

[15] *Guyon*, Droit des affaires: Tome 1: Droit commercial général et sociétés, RZ 299 u. 505; *Mercadal/Janin* (oben FN 14), RZ 1025 u. 1793.

[16] *Henry v. Babcock & Wilcox Co.*, 89 N.E. 942, 943 (1909); *People v. Consolidated Bank*, 94 N.Y.S 173, 174 (Sup. Ct. 1905); *Apple v. Careerco Inc.*, 370 N.Y.S.2d 289, 291 (Sup. Ct. 1974).

1 Nr. 2 C. com. behandelt wird, geht man in New York ohne weiteres von Schiedsfähigkeit aus, sofern der Disput nur unter die in Frage stehende Schiedsklausel fällt[17]. In *Österreich* und in der *Schweiz* finden sich ebenfalls nur vereinzelte Stellungnahmen.

I. Die Schiedsfähigkeit im engeren Sinne

1. Die Schiedsklausel und § 51a Abs. 3 GmbHG

Die objektive Schiedsfähigkeit des GmbH-rechtlichen Informationserzwingungsanspruch nach § 51a, b GmbHG machen viele Stimmen davon abhängig, zu welchem Zeitpunkt die schiedsgerichtliche Erledigung vereinbart wurde, vor oder nach Entstehung des Streits um den Anspruch. So verweist die ablehnende Ansicht darauf, daß § 51a Abs. 3 GmbHG den Informationsanspruch zwingend ausgestalte. Das Gesetz verbiete deshalb den Parteien, im Voraus einen Vergleich über den Auskunftsanspruch zu schließen und ihn damit einzuschränken. Sei der Anspruch auf diese Weise der Vergleichsberechtigung der Parteien entzogen, so sei auch die Übertragung auf ein Schiedsgericht ausgeschlossen, soweit diese Übertragung bereits im Voraus erfolgen solle. Das bedeute also, daß auch eine Klausel, die im Gesellschaftsvertrag von vornherein den Auskunftsanspruch der Entscheidung des Schiedsgerichts unterwerfe, unzulässig sei. Nach Entstehen der Streitigkeit aber vor Rechtshängigkeit vor einem ordentlichen Gericht seien jedoch ein Vergleich und damit auch ein Schiedsvertrag über den Anspruch möglich[18]. Die ex ante-Vereinbarung einer Schiedsklausel im Gesellschaftsvertrag laufe dagegen darauf hinaus, den Auskunftsanspruch einzuschränken oder ihn zumindest im Kern zu gefährden. Es verhalte sich hier ebenso wie beim gesetzlichen Unterhaltsanspruch, auf den man nach § 1614 BGB ebenfalls nicht im Voraus verzichten könne und der der Vergleichsberechtigung der Parteien entzogen sei[19].

Nach der Gegenauffassung verbietet § 51a Abs. 3 GmbHG nur die Beschränkung des gesetzlichen Informationsrechts, nicht jedoch außerhalb des Gesellschaftsvertrags getroffene Abreden über die Art und Weise der Informationserteilung. Die Schiedsklausel

---

[17] *Karpinecz v. Marshall*, 218 N.Y.S.2d 88, 89 (1961): „In our opinion, the above issue constitutes a bona fide dispute which relates to the conduct of the corporate business and is embraced within the stockholders' agreement to arbitrate."

[18] LG Mönchengladbach, 15.1.1986, GmbHR 1986, 390, 391 (Antrag des ehemaligen Geschäftsführers und Alleingesellschafters einer GmbH auf Auskunftserteilung über bestimmte Angelegenheiten der GmbH); OLG Köln, 26.10.1988, GmbHR 1989, 207, 209 (Auskunftsbegehren im Zusammenhang mit Feststellung der Nichtigkeit eines Beschlusses über Ausschluß des Antragstellers); Rowedder-*Koppensteiner*, § 51b RZ 4; *Meyer-Landrut/Miller/Niehus*, § 51b RZ 8; *Stangier/Bork*, Das Informationserzwingungverfahren nach dem neuen GmbH-Gesetz, GmbHR 1982, 169, 171; *Engelhardt*, Aus der neueren Rechtsprechung zur Schiedsgerichtsbarkeit, JZ 1987, 227, 228.

[19] LG Mönchengladbach, 15.1.1986, GmbHR 1986, 390, 391; Rowedder-*Koppensteiner*, § 51b RZ 4; ähnlich OLG Köln, 26.10.1988, GmbHR 1989, 207, 208.

lasse deshalb das materielle Recht unangetastet und regele allein das Verfahren[20]. In diese Richtung argumentiert auch das BayObLG in seiner Entscheidung zur Schiedsfähigkeit des Auskunftsrechts des Kommanditisten. Danach schränke die Vereinbarung eines Schiedsgerichts das Überwachungs- und Informationsrechts nicht ein, da die durch die Norm geschützten sachlichen Belange des Kommanditisten nicht allein dadurch beeinträchtigt würden, daß man sie der Entscheidungszuständigkeit eines Schiedsgerichts unterstelle[21]. Und das OLG Hamm fügt hinzu, daß sich die Schiedsfähigkeit einzig an der Schranke des staatlichen Rechtsprechungsmonopol orientiere. Ein solches sei aber nicht erkennbar, da die Dispositionsbefugnis über das Auskunfts- und Einsichtsrecht nicht schlechthin ausgeschlossen sei, sondern ein Vereinbarungsspielraum verbleibe, der sich auf Art und Weise der Informationserteilung und die nähere Ausgestaltung des Rechts beziehe[22].

Auch in der *Schweiz* sehen viele Autoren in dem Anspruch aus Art. 697 OR ein unentziehbares Recht, so daß ein Verzicht auf seine Ausübung nicht in genereller Weise zulässig sei. Ein Entzug oder eine Beschränkung des Rechts durch die Statuten seien daher zweifellos nichtig[23]. In der statutarischen Schiedsklausel scheinen diese Stimmen aber eine derartige Beschränkung nicht zu erblicken, denn sie halten sowohl das Recht aus Art. 697 OR[24] als auch den Auskunftsanspruch der Revisoren gegen die Verwaltung nach Art. 728 OR[25] ohne nähere Begründung für schiedsfähig.

Zudem sei das Schiedsverfahren als solches nicht institutionell schlechter als das staatliche Verfahren und gefährde den Informationsanspruch nicht, wenn für ihn die Zuständigkeit eines Schiedsgerichts vereinbart werde. Andernfalls hätte der Gesetzgeber Schiedssprüche für unbegrenzt überprüfbar erklären müssen und sie nicht in ihrer Wirkung staatlichen Gerichtsentscheidungen gleichstellen dürfen. Die Gefahr von Fehlentscheidungen durch Schiedsrichter stelle wie beim staatlichen Gericht eben keine

---

[20] OLG Koblenz, 21.12.1989, WM 1990, 1992, 1993 (Antrag auf Aushändigung von Bilanzen und Anlagen im Streit um Wirksamkeit der Kündigung des Gesellschaftsvertrages); Hachenburg-*Hüffer*, § 51b RZ 24; Scholz-*K. Schmidt*, § 51b RZ 5; *ders.*, Schiedsklausel und Informationsrecht des GmbH-Gesellschafters, ZIP 1987, 218, 219; Baumbach-*Zöllner*, GmbHG, § 51b RZ 2; *v. Gerkan*, Kurzkommentar zu LG Mönchengladbach, Beschl. v. 15.1.1986, EWiR 1986, 803, 804; *Bork*, Anmerkung zu LG Mönchengladbach, Beschl. v. 15.1.1986, JZ 1987, 100, 101; *Raeschke-Kessler*, Zur Schiedsfähigkeit von Auskunftsansprüchen nach § 51a, 51b GmbHG, Jahrbuch für die Praxis der Schiedsgerichtsbarkeit 3 (1989), 208, 210; *Ebbing*, Schiedsvereinbarungen in Gesellschaftsverträgen, NZG 1998, 281, 287.

[21] BayObLG, 10.10.1978, DB 1978, 2405, 2406.

[22] OLG Hamm, 7.3.2000, GmbHR 2000, 676, 677 (Antrag auf Einsicht in Bücher und Schriften betreffend von dem Beklagten für die GmbH abgeschlossene Lizenz- und Unterlizenzverträge).

[23] ZürchKomm-*Bürgi*, Art. 697 RZ 3; *Schucany*, Art. 697 RZ 1; *Forstmoser/Meyer-Hayoz* (oben FN 8), § 40 RZ 161.

[24] *Horber*, Die Informationsrechte des Aktionärs, RZ 742 FN 1199, der ausführt, daß eine statutarische Schiedsklausel auch Informationsansprüche aus Art. 697 OR erfasse und das Schiedsverfahren für derartige Ansprüche aufgrund seiner Schnelligkeit, des Ausschlusses der Öffentlichkeit und der besonderen Sachkompetenz der Schiedsrichter besonders geeignet sei.

[25] So *Habscheid*, Statutarische Schiedsgerichte und Schiedskonkordat, SAG 1985, 157, 164, der in einem Schiedsgericht den geeignetsten Richter für eine schnelle Entscheidung des Streites sieht und bezüglich der Schiedsfähigkeit des Streitgegenstandes „keine Bedenken“ hat.

institutionelle, sondern eine individuelle Gefahr dar[26]. Zu dem Ergebnis, daß § 51a Abs. 3 GmbHG nicht Schiedsklauseln verhindern will, kommen auch *K. Schmidt*[27] nach wörtlicher, systematischer, historischer und teleologischer Auslegung der Vorschrift und andere gewichtige Stimmen in der Literatur[28]. Schiedsgerichtliche Entscheidung des Informationsverlangens gefährde den Anspruch selbst nicht[29].

Außerdem kritisieren viele Autoren die Unterscheidung zwischen einer vor und nach Entstehung der Streitigkeit abgeschlossenen Schiedsvereinbarung. Es sei anerkannt, daß Rechte im Zeitpunkt der Vertragsformulierung der Disposition entzogen sein könnten, während sie später im Falle einer konkretisierten Geltendmachung im Rechtsstreit durchaus den Gegenstand eines Vergleiches bilden könnten[30]. § 51a GmbHG mache dies besonders deutlich, da die Vorschrift zwischen dem Informationsrecht als dem ständigen Mitgliedschaftsrecht des Gesellschafters, dem sogenannten Stammrecht, und den einzelnen daraus resultierenden Ansprüchen differenziere. Das Stammrecht sei durch § 51a Abs. 3 GmbHG geschützt und deshalb nicht vergleichsfähig, dafür aber auch nicht Gegenstand des nach § 51b GmbHG auszutragenden Streits. Dieser Streit sei ein Leistungserzwingungsverfahren, gestützt auf einen konkreten Informationsanspruch und gerichtet auf eine konkrete Information. Über diesen Anspruch - nicht über das Informationsrecht im allgemeinen - könnten sich die Gesellschafter durchaus vergleichen. Gerade der Gegenstand des nach § 51b GmbHG durchzuführenden Streits sei also vergleichs- und damit schiedsfähig[31].

In diese Richtung argumentiert auch das OLG Koblenz, wenn es ausführt, daß die Vergleichsfähigkeit des § 51a GmbHG sich gleichfalls aus Abs. 2 der Vorschrift ergebe, wonach die Geschäftsführer unter Umständen Auskunft und Einsicht mit Billigung der übrigen Gesellschafter verweigern könnten. Es verstehe sich deshalb von selbst, daß sich die Beteiligten bei Streitigkeiten, die aus einer solchen Weigerung entstünden, über Art und Umfang der Informationserteilung vergleichen könnten[32].

---

[26] *Bork* (oben FN 20), JZ 1987, 100, 101.

[27] *K. Schmidt* (oben FN 20), ZIP 1987, 218, 219.

[28] Hachenburg-*Hüffer*, § 51b RZ 24; Scholz-*K. Schmidt*, § 51b RZ 5; Baumbach-*Zöllner*, GmbHG, § 51b RZ 2; *v. Gerkan* (oben FN 20), EWiR 1986, 803, 804; *Raeschke-Kessler* (oben FN 20), Jahrbuch für die Praxis der Schiedsgerichtsbarkeit 3 (1989), 208, 210.

[29] *Raeschke-Kessler* (oben FN 20), Jahrbuch für die Praxis der Schiedsgerichtsbarkeit 3 (1989), 208, 209; *H.P. Westermann*, Schiedsfähigkeit von gesellschaftsrechtlichen Fragen, DIS Band 11, 31, 44.

[30] Stein/Jonas-*Schlosser*, § 1025 RZ 28; Zöller-*Geimer*, 20. Aufl., § 1025 RZ 37; *Schwab/Walter*, Schiedsgerichtsbarkeit Kommentar, 5. Aufl., Kap. 4 RZ 6; Hachenburg-*Hüffer*, § 51b RZ 24; Scholz-*K. Schmidt*, § 51b RZ 5 FN 7; *ders.* (oben FN 20), JZ 1987, 218, 219; Münchener Hdb. GmbH-*Schiessl*, § 34 RZ 33; *Raeschke-Kessler* (oben FN 20), Jahrbuch für die Praxis der Schiedsgerichtsbarkeit 3 (1989), 208, 210; *ders.*, Schiedsfähigkeit von Auskunftsansprüchen nach § 51a GmbHG, Jahrbuch für die Praxis der Schiedsgerichtsbarkeit 4 (1990), 232, 233.

[31] Hachenburg-*Hüffer*, § 51b RZ 24; Scholz-*K. Schmidt*, § 51b RZ 5 FN 7; *ders.* (oben FN 20), JZ 1987, 218, 219; Münchener Hdb. GmbH-*Schiessl*, § 34 RZ 33; *Raeschke-Kessler* (oben FN 20), Jahrbuch für die Praxis der Schiedsgerichtsbarkeit 3 (1989), 208, 210; *ders.* (oben FN 30), Jahrbuch für die Praxis der Schiedsgerichtsbarkeit 4 (1990), 232, 233.

[32] OLG Koblenz, 21.12.1989, WM 1990, 1992, 1993.

Im Aktienrecht ist die Diskussion nicht so weit vorangeschritten. Zur objektiven Schiedsfähigkeit des § 131 AktG finden sich lediglich zwei Stimmen, welche sie ohne nähere Begründung bejahen[33].

2. Stellungnahme

Raum für größere rechtsvergleichende Erörterungen bleibt bei der Schiedsfähigkeit im engeren Sinne von Informationsstreitigkeiten nicht. Für das deutsche Recht kann zunächst die Argumentation aus § 51a Abs. 3 GmbHG bzw. aus dem zwingenden Charakter des § 131 AktG nicht überzeugen. Zwar ist der zwingende Charakter des Informationsanpruchs nicht zu bezweifeln. Es besteht aber Einigkeit, daß dadurch nicht jegliche abweichende Satzungsregelungen verboten werden. Vielmehr verbleibt Spielraum in drei Richtungen: So sind die Verbesserung des Informationswesens, das Verfahren der Informationserteilung und das Erfordernis eines Gesellschafterbeschlusses zur Informationsverweigerung näherer Ausgestaltung durch die Satzung zugänglich[34].

Aus schiedsverfahrensrechtlicher Sicht erscheint besonders die mittlere Fallgruppe von Interesse - die Zulässigkeit von Verfahrensvorschriften. Verfahrensregelungen hält man für möglich, soweit sie nicht die Ausübung des Informationsrechts derart erschwerten, daß sie in seinen materiellen Gehalt, seinen Kernbereich eingriffen. Mit ihnen dürfe keine fühlbare Minderung der Position des Gesellschafters verbunden sein[35]. Es erscheint fernliegend, in schiedsgerichtlicher Beurteilung des Anspruchs ein Verfahren zu sehen, welches den Anspruch in seinem materiellen Gehalt beschränkt. Die statutarische Schiedsklausel legt lediglich ein privates Forum für die Entscheidung über die Auskunftserteilung fest. Sie schränkt das Recht aber weder inhaltlich ein, noch greift sie seine Substanz an. Es bleibt höchstens die Frage, ob das Verfahren als solches - in welcher Hinsicht auch immer - den Anspruch auf Auskunftserteilung einschränkt. Hier wird man aber den bereits zitierten Autoren darin zustimmen müssen, daß ein Schiedsverfahren nicht die institutionelle Gefahr von Anspruchsgefährdungen und Fehlentscheidungen birgt. Außerdem sind die Schiedsrichter im Informationsstreit selbstverständlich an den zwingenden Charakter des Auskunftsanspruchs gebunden. Sie müssen also genauso wie staatliche Richter darauf achten, daß nicht materielle Regelungen des Gesellschaftsvertrages oder Vereinbarungen der Gesellschafter den Anspruch in unzulässiger Weise einschränken.

Ebensowenig kann es überzeugen, schiedsgerichtliche Beurteilung zuzulassen, je nachdem, ob sie auf Schiedsklausel oder Schiedsvertrag beruht. In der Schiedsgerichtsbarkeit ist allgemein anerkannt, daß die Rechtsordnung bei Abschluß der Schiedsver-

---

[33] Zöller-*Geimer*, 20. Aufl., § 1048 RZ 5; *K. Schmidt* (oben FN 20), JZ 1987, 218, 219.

[34] Geßler-*Eckardt*, § 131 RZ 14ff; *Hüffer*, § 131 RZ 1; *ders.* in Hachenburg, § 51a RZ 67; Scholz-*K. Schmidt*, § 51a RZ 50; Rowedder-*Koppensteiner*, § 51a RZ 25; *Lutter-Hommelhoff*, § 51a RZ 32ff.

[35] OLG Köln, 18.2.1986, GmbHR 1986, 385, 386; BayObLG, 27.10.1988, WM 1988, 1789, 1790f; Geßler-*Eckardt*, § 131 RZ 17; *Hüffer*, § 131 RZ 1; *ders.* in Hachenburg, § 51a Rn 66; Scholz-*K. Schmidt*, § 51a RZ 51; Rowedder-*Koppensteiner*, § 51a RZ 25; *Lutter-Hommelhoff*, § 51a RZ 32; Baumbach-*Zöllner*, GmbHG, § 51a RZ 3.

einbarung eine Disposition über bestimmte Rechte, die in Zukunft entstehen können, ausschließen, zu einem späteren Zeitpunkt, wenn sie sich näher konkretisiert haben, aber zulassen kann. Der ursprünglich gegebene Ausschluß der Dispositionsbefugnis hindert dann nicht die generelle Vergleichsfähigkeit und damit Schiedsfähigkeit dieser Rechte[36]. An der Dispositionsbefugnis der Parteien kann man deshalb richtigerweise nicht zweifeln. Die Parteien können ihren Streit um die konkrete Informationserteilung durch rechtsgeschäftliche Vereinbarung beilegen. Insbesondere können sie sich darüber einigen, auf welche Art und in welchem Umfang die Auskunft erteilt werden soll. Selbst ein Vergleich wird für möglich gehalten[37]. Ein Rechtsprechungsmonopol des Staates ist also nicht durch mangelnde Dispositionsbefugnis der Parteien indiziert.

Ein staatliches Rechtsprechungsmonopol für das Informationserzwingungsverfahren ergibt sich schließlich sich auch nicht aus den durch die Normen geschützten Interessen. Der Zweck der allgemein für zwingend erachteten Vorschriften über das Auskunftsrecht besteht darin, sicherzustellen, daß der Gesellschafter sich mit ihrer Hilfe die Informationen verschaffen kann, die zur sachgerechten Ausübung seines Teilnahmerechts an der Gesellschafterversammlung nötig sind. Sie sollen gewährleisten, daß er sein Stimmrecht wahrnimmt und möglicherweise eine Anfechtungsklage erheben kann. Das Informationsrecht stellt ein individuelles und eigennütziges mitgliedschaftliches Recht dar, das dem Individualschutz dient und jedenfalls nicht vorwiegend dem Minderheitenschutz, obwohl es geeignet ist, auch Aufgaben des Minderheitenschutzes wahrzunehmen[38].

Das heutige Verfahren zur gerichtlichen Durchsetzung des Informationsrechts hat erst das AktG 1965 eingeführt. Zwar konnte der Gesellschafter, dem die Auskunft verweigert worden war, gegen die Entscheidung des Vorstands auch schon vorher gerichtlich vorgehen. Das Prüfungsrecht des Gerichts war jedoch dahingehend beschränkt, daß es nicht die sachliche Berechtigung der Auskunftsverweigerung in jeder Hinsicht kontrollieren konnte, sondern nur, ob der Vorstand sein Ermessen bei der Auskunftsverweigerung mißbraucht hatte. Das AktG 1965 sollte diesem Mißstand abhelfen und erweiterte die gerichtliche Überprüfung erheblich: Das Gericht muß nun aufgrund ob-

[36] Stein/Jonas-*Schlosser*, § 1025 RZ 28; Zöller-*Geimer*, 20. Aufl., § 1025 RZ 37; *Schwab/Walter* (oben FN 30), 5. Aufl., Kap. 4 RZ 6; *K. Schmidt* (oben FN 20), JZ 1987, 218, 219; *Bork*, Der Begriff der objektiven Schiedsfähigkeit, ZZP 100 (1987), 249, 260; *Raeschke-Kessler* (oben FN 20), Jahrbuch für die Praxis der Schiedsgerichtsbarkeit 3 (1989), 208, 210; *H.P. Westermann* (oben FN 29), DIS Band 11, 31, 44.

[37] Scholz-*K. Schmidt*, § 51b RZ 27; Rowedder-*Koppensteiner*, § 51b RZ 7; *Raeschke-Kessler* (oben FN 30), Jahrbuch für die Praxis der Schiedsgerichtsbarkeit 4 (1990), 232, 233.

[38] Deutschland: OLG Karlsruhe, 11.12.1984, GmbHR 1985, 362, 363; Geßler-*Eckardt*, § 131 RZ 1; KölnerKomm-*Zöllner*, § 131 RZ 2; Hachenburg-*Hüffer*, § 51a RZ 7; Scholz-*K. Schmidt*, § 51a RZ 1. Österreich: Schiemer-*Schiemer*, § 112 RZ 1; *Koppensteiner*, § 22 RZ 1. Schweiz: OR-*Weber*, Art. 697 RZ 1; ZürchKomm-*v. Steiger*, Art. 819 RZ 1; *Forstmoser/Meyer-Hayoz* (oben FN 8), § 40 RZ 146f; *Horber* (oben Fn 24), RZ 704f; Frankreich: *Guyon* (oben FN 15), RZ 294; *Mercadal/Janin* (oben FN 14), RZ 1760. New York: *Henry v. Babcock & Wilcox Co.*, 89 N.E. 942, 943 (1909); *People v. Consolidated Bank*, 94 N.Y.S 173, 174 (Sup. Ct. 1905); *Apple v. Careerco Inc.*, 370 N.Y.S.2d 289, 291 (Sup. Ct. 1974).

jektiver Sachlage selbst entscheiden, ob der Vorstand die Auskunft zu geben hat. Die Neuregelung verstärkte also den Rechtsschutz des Aktionärs erheblich[39].

Diese Zwecke machen es nicht erforderlich, die Entscheidung über Informationsansprüche allein staatlichen Gerichten vorzubehalten. Daß schiedsgerichtliche Beurteilung der Ansprüche ab initio den von ihnen bezweckten Individual- oder den Minderheitenschutz einschränkt, kann man nicht ohne weiteres unterstellen. Das Informationsrecht des Gesellschafters wird dadurch, daß er es im Konfliktfall vor einem Schiedsgericht durchsetzen muß, weder eingeschränkt noch ihm ganz genommen. Auch das Schiedsgericht muß selbstverständlich die Auskunftsverweigerung in demselben Umfang nachprüfen wie ein staatliches Gericht. Es ist an den Prüfungsumfang, den das Gesellschaftsrecht ihm vorschreibt, in vollem Umfang gebunden. Ein staatliches Rechtsprechungsmonopol für die Beurteilung von Informationsansprüchen ist mithin zu verneinen.

II. Die Schiedsfähigkeit im weiteren Sinne

Wie bei den Beschlußmängelstreitigkeiten, so werden auch gegen die schiedsrichterliche Beilegung von Informationsstreitigkeiten verschiedene andere Gesichtspunkte ins Feld geführt, die fernab von der Dispositionsfähigkeit des Streits liegen.

1. Die subjektive Schiedsfähigkeit

Die subjektive Schiedsfähigkeit des Informationsstreits wird allgemein nicht diskutiert. Sie ist unproblematisch, da sich im Prozeß der auskunftsverlangende Gesellschafter als Kläger und die Gesellschaft, vertreten durch ihre Geschäftsführung, als Beklagte gegenüberstehen[40]. Diese bilden eben jene Parteien, die auch subjektiv über den Informationsstreit verfügen können.

2. Die ausschließliche Zuständigkeit staatlicher Gerichte

In *Deutschland* ist das Landgericht, in dessen Bezirk die Gesellschaft ihren Sitz hat, ausschließlich zur Entscheidung über Informationsansprüche des Gesellschafters gegen die Gesellschaft berufen, § 132 Abs. 1 S. 1 AktG bzw. § 51b Abs. 1 S. 1 GmbHG. In der *Schweiz* ordnet Art. 697 Abs. 4 OR die Zuständigkeit des Richters am Sitz der Handelsgesellschaft an. In *Frankreich* entscheidet gem. Art. 143 DSC der Präsident des

[39] Zur Geschichte der Vorschrift ausführlich Geßler-*Eckardt*, § 132 RZ 1-7; KölnerKomm-*Zöllner*, § 132 RZ 1.

[40] Geßler-*Eckardt*, § 132 RZ 12; Hachenburg-*Hüffer*, § 51b RZ 6.

Handelsgerichts als „juge de référé" und in *New York* nach § 624 (d) der Supreme Court, in dessen Bezirk die Gesellschaft ihren Sitz hat.

Es muß verwundern, daß man bei Informationsansprüchen ganz im Gegensatz zu Beschlußmängelstreitigkeiten nicht kontrovers diskutiert, ob die ausschließliche Zuständigkeit möglicherweise auch schiedsgerichtliche Geltendmachung ausschließt. Im Gegenteil besteht Einigkeit, daß diese an der Schiedsfähigkeit nicht rütteln kann[41]. Die ausschließliche Zuständigkeit betreffe nämlich nur die Kompetenzverteilung innerhalb der staatlichen Gerichtsbarkeit[42]. Ihr Sinn und Zweck bestehe darin, für eine Spezialmaterie Arbeitskonzentration zu gewährleisten. Die Zulassung von Schiedsgerichtsklauseln beeinträchtige dieses Ziel jedoch nicht[43]. Manche Autoren wollen § 132 AktG daher so zu lesen: Wenn über die Frage, ob der Vorstand die Auskunft zu geben habe, ein staatliches Gericht angerufen werden soll, dann entscheide „unter den staatlichen Gerichten" auf Antrag ausschließlich das Landgericht, in dessen Bezirk die Gesellschaft ihren Sitz habe[44]. Eine andere Stimme erklärt die unterschiedliche Beurteilung der ausschließlichen Zuständigkeit im Rahmen von Beschlußmängelstreitigkeiten und Informationserzwingungsverfahren aus den bei ersteren angeblich hineinspielenden „übergreifenden Interessen" an der Streitentscheidung und behauptet, diese seien im Verfahren der Informationserzwingung nicht vorhanden[45].

In *Frankreich* dürfte hingegen Art. 143 DSC den Schiedsgerichten den Weg versperren. Nach französischer Auffassung kann die Vereinbarung schiedsgerichtlicher Erledigung den „juge de référé" nicht von seinen Aufgaben entbinden[46]. Eine in diese Richtung weisende ausdrückliche Aussage findet sich aber nicht. Auch in *New York* ist die Zuständigkeit des Supreme Court zur Entscheidung über die Auskunftserteilung unbestritten. Ob die verlangten Informationen herausgegeben werden müssen, steht „in its sound discretion, upon good cause shown"[47]. Die Auswirkungen dieser Zuweisung auf Schiedsgerichte werden dagegen nicht erörtert.

In Konsequenz des zu den Beschlußmängelstreitigkeiten Ausgeführten kann man schiedsgerichtliche Beurteilung von Informationsansprüchen ebenfalls nicht mit dem Verweis auf einen ausschließlichen staatlichen Gerichtstand ablehnen. § 132 AktG regelt die Zuständigkeit innerhalb der staatlichen Gerichtsbarkeit, schließt aber nicht die

---

[41] OLG Koblenz, 21.12.1989, WM 1990, 1992, 1993; Scholz-*K. Schmidt*, § 51b RZ 5; *ders.* (oben FN 20), ZIP 1987, 218, 219; Baumbach-*Zöllner*, GmbHG, § 51b RZ 2; *Schick*, Die Schiedsfähigkeit von Rechtsstreitigkeiten über Gesellschafterbeschlüsse, 39f; *Stangier/Bork* (oben FN 18), GmbHR 1982, 169, 170; *v. Gerkan* (oben FN 20), EWiR 1986, 803, 804; *Bork* (oben FN 20), JZ 1987, 100, 101; *Ebbing* (oben FN 20), NZG 1998, 281, 288.

[42] OLG Koblenz, 21.12.1989, WM 1990, 1992, 1993; OLG Hamm, 7.3.2000, GmbHR 2000, 677, 678; *Schick* (oben FN 41), 39f; *Stangier/Bork* (oben FN 18), GmbHR 1982, 169, 170; *Bork* (oben FN 20), JZ 1987, 100, 102; *Ebbing* (oben FN 20), NZG 1998, 281, 288.

[43] *Stangier/Bork* (oben FN 18), GmbHR 1982, 169, 170.

[44] *Stangier/Bork* (oben FN 18), GmbHR 1982, 169, 170.

[45] *v. Gerkan* (oben FN 20), EWiR 1986, 803, 804.

[46] Cass., 4.12.1953, Gaz. Pal. 1954 I 71; 4.12.1959, Gaz. Pal. 1960 I 191; 2.3.1979, Rev. arb. 1980, 78; *Robert/Moreau*, Arbitrage, RZ 127; *Mercadal/Janin* (oben FN 14), RZ 419.

[47] *Matter of Steinway*, 53 N.E. 1103, 1107 (1899); *Henry v. Babcock & Wilcox Co.*, 89 N.E. 942, 943 (1909); *People v. Keeseville*, 94 N.Y.S 555, 556 (Sup. Ct. 1905); *Matter of Wygant*, 167 N.Y.S 369, 372 (Sup. Ct. 1917).

Schiedsgerichtsbarkeit aus. Angesichts des oben zum Schutzzweck der Vorschriften Gesagten erscheint es zwar unzutreffend, wenn man dem Informationserzwingungsanspruch pauschal keine „übergreifenden" Interessen zuordnet. Solche Interessen manifestieren sich jedoch nicht in der Regelung der ausschließlichen Zuständigkeit, sondern knüpfen entweder an die - bereits verneinte - Frage an, ob diese Interessen ein staatliches Rechtsprechungsmonopol rechtfertigen. Oder man zieht einen Vergleich zu den Beschlußmängelstreitigkeiten und überprüft die Rechtskraftwirkung des ergehenden Schiedsspruchs. Die Vorschrift des § 132 AktG bezweckt zwar nach allgemeiner Auffassung - ebenso wie § 246 Abs. 3 S. 1 AktG - Verfahrenskonzentration; sie soll eine einheitliche Rechtsprechung und die Erfahrungskonzentration bei einem Spruchkörper gewährleisten[48]. Dem Schiedsspruch, der ein Verfahren zur Klärung von Informationsansprüchen beendet, kommt aber keine erweiterte Wirkung zu, da eine dem § 248 AktG entsprechende Regelung fehlt. Die materielle Rechtskraft einer im Verfahren der Freiwilligen Gerichtsbarkeit ergangenen Entscheidung entspricht vielmehr der eines entsprechenden „normalen" Zivilurteils[49]. Man kann deshalb die Argumente des BGH zur schiedsgerichtlichen Beurteilung von Beschlußmängelstreitigkeiten nicht für den Informationsstreit fruchtbar machen.

3. Das Verfahren der Freiwilligen Gerichtsbarkeit

Der Streit über die Auskunftserteilung wird in *Deutschland*, *Österreich* und der *Schweiz* im Verfahren der Freiwilligen Gerichtsbarkeit entschieden[50]. Ob diese Zuweisung sich auf die Möglichkeit schiedsgerichtlicher Entscheidung auswirkt, beurteilen die Gerichte uneinheitlich. So sieht das LG Mönchengladbach neben der objektiven Schiedsfähigkeit des Streitgegenstands auch in der Zuweisung ins Verfahren der Freiwilligen Gerichtsbarkeit ein Hindernis schiedsgerichtlicher Beurteilung. Fragen der Freiwilligen Gerichtsbarkeit könne ein Schiedsgericht grundsätzlich nicht entscheiden. Ausnahmen seien nur denkbar, wenn einzelne Ansprüche aus dem betroffenen Rechtsverhältnis auch im ordentlichen Prozeß geltendgemacht werden könnten, wie etwa bei der Erbauseinandersetzung. Ein solcher Ausnahmefall liege beim Auskunftsanspruch jedoch nicht vor. Das Gesetz weise das Verfahren über den Auskunftsanspruch vielmehr ausschließlich der Freiwilligen Gerichtsbarkeit zu. Der Grund hierfür bestehe in erster Linie darin, daß das Informationserzwingungsverfahren in dieser Verfahrensart schneller und sachgerechter durchgesetzt werden könne. Der Einwand der Zulässigkeit der Schiedsgerichtsvereinbarung beeinträchtige diesen gesetzgeberischen Zweck zumindest erheblich[51].

[48] Geßler-*Eckardt*, § 132 RZ 8; *Hüffer*, § 132 RZ 3; *Stangier/Bork* (oben FN 18), GmbHR 1982, 169.
[49] Scholz-*K. Schmidt*, § 51b RZ 27.
[50] Zur rechtspolitischen Kritik an der Zuweisung des Streits ins Verfahren der Freiwilligen Gerichtsbarkeit Scholz-*K. Schmidt*, § 51b RZ 3.
[51] LG Mönchengladbach, 15.1.1986, GmbHR 1986, 390, 391.

Nach der Gegenauffassung kommt es für die Möglichkeit schiedsgerichtlicher Beurteilung einer Streitigkeit nicht darauf an, ob eine Rechtsmaterie verfahrensrechtlich dem Gebiet der streitigen oder der Freiwilligen Gerichtsbarkeit zugeordnet ist. Diese Zuweisung beruhe auf Zweckmäßigkeitsgründen, und auch in der Freiwilligen Gerichtsbarkeit gebe es echte Streitverfahren, in denen die Verfügungsbefugnis der Beteiligten über den Streitgegenstand nicht stärker eingeschränkt sei als im Bereich des streitigen Zivilprozesses. Zu solchen „echten Streitsachen" gehörten Verfahren, in denen es anders als bei den „klassischen" Verfahren der Freiwilligen Gerichtsbarkeit - etwa im Fürsorgebereich - durchaus um die Durchsetzung verfügbarer subjektiver Privatrechte gehe. Solche „echte Streitsachen" habe der Gesetzgeber unter anderem deshalb dem Verfahren der Freiwilligen Gerichtsbarkeit zugewiesen, weil er sich von dieser elastischeren Verfahrensart eine schnellere Entscheidung versprochen habe als vom normalen Zivilprozeß. Auch der Informationserzwingungsstreit gehöre unstreitig nicht zu den Fürsorgeverfahren, sondern stelle eine solche „echte Streitsache" dar. Diese unterliege der Verfügungsbefugnis der Parteien und sei folglich schiedsfähig[52].

In der Tat kann man die schiedsgerichtliche Beurteilung heute nicht mehr mit dem Argument ablehnen, der Informationsstreit werde im Verfahren der Freiwilligen Gerichtsbarkeit entschieden. Um in *Deutschland* eine derartige Stellungnahme zu finden, muß man schon bis ins Jahr 1931 zurückgehen. Damals schloß das RG ein Schiedsgericht von der Beurteilung der Frage aus, ob ein wichtiger Grund für die Entlassung eines Testamentsvollstreckers nach § 2227 BGB gegeben war[53]. Spätestens seit der Entscheidung des BGH zur Schiedsfähigkeit von Pachtrechtsstreitigkeiten im Jahre 1952 ist diese Haltung aber auch in der Rechtsprechung als überkommen anzusehen. Der BGH führte seinerzeit aus, daß die Vergleichsbefugnis nach § 1025 Abs. 1 ZPO a.F. der allein entscheidende Gesichtspunkt für die Möglichkeit sei, einen Streit der Entscheidung eines Schiedsgerichts zu übertragen. Ob eine Rechtsmaterie verfahrensrechtlich dem Gebiet der streitigen oder der Freiwilligen Gerichtsbarkeit zugewiesen werde, bestimme sich nach Zweckmäßigkeitsgründen. Auch in der Freiwilligen Gerichtsbarkeit gebe es echte Streitverfahren. Die §§ 1025ff ZPO a.F. seien auf das Verfahren der Freiwilligen Gerichtsbarkeit entsprechend anwendbar und „echte Streitverfahren" der Freiwilligen Gerichtsbarkeit deshalb grundsätzlich schiedsfähig[54].

---

[52] OLG Koblenz, 21.12.1989, WM 1990, 1992, 1993; OLG Hamm, 7.3.2000, GmbHR 2000, 676, 677; Stein/Jonas-*Schlosser*, vor § 1025 RZ 19; Hachenburg-*Hüffer*, § 51b RZ 24; Scholz-*K. Schmidt*, GmbHG, § 51b RZ 5; *ders.* (oben FN 20), ZIP 1987, 218, 219; Baumbach-*Zöllner*, GmbHG, § 51b RZ 2; *Schick* (oben FN 41), 39f ; *Stangier/Bork* (oben FN 18), GmbHR 1982, 169, 170; *v. Gerkan* (oben FN 20), EWiR 1986, 803, 804; *Engelhardt* (oben FN 18), JZ 1987, 227, 228; *Bork* (oben FN 20), JZ 1987, 100; *Raeschke-Kessler* (oben FN 20), Jahrbuch für die Praxis der Schiedsgerichtsbarkeit 3 (1989), 208, 210; *ders.* (oben FN 30), Jahrbuch für die Praxis der Schiedsgerichtsbarkeit 4 (1990), 232, 233; *H.P. Westermann* (oben FN 29), DIS Band 11, 31, 44; *Ebbing* (oben FN 20), NZG 1998, 281, 288.

[53] RG, 23.6.1931, RGZ 133, 128, 133.

[54] BGH, 17.6.1952, BGHZ 6, 248, 253ff.

Diese Ansicht wurde in der Folgezeit mehrfach bestätigt[55], ihr hat sich auch das Schrifttum angeschlossen[56].

Gleiches gilt heute in *Österreich* für das „Außerstreitverfahren“. Hatte der OGH im Jahre 1936 noch die Auffassung vertreten, die Entscheidung einer außerstreitigen Angelegenheit könne nicht durch Schiedsspruch erfolgen[57], so sieht er heute im Anschluß an Literaturstimmen[58] „eigentliche“ Streitsachen der außerstreitigen Gerichtsbarkeit als schiedsfähig an[59]. Außerstreitsachen, bei welchen das öffentliche Interesse oder der Schutz bestimmter Personengruppen im Vordergrund stehe, seien zwar der Schiedsgerichtsbarkeit entrückt. Bei Rechtssachen, die ihrer materiellrechtlichen Natur nach in den Rahmen der streitigen Zivilgerichtsbarkeit gehörten und vom Gesetzgeber nur deshalb in das außerstreitige Verfahren verwiesen worden seien, weil ihm die Formlosigkeit der Verfahrensart und deren Amtswegigkeit für die Erledigung geeigneter erschienen, sei dies jedoch anders[60].

Anders verhält es sich offenbar in der *Schweiz*. Dort vertritt man allgemein, daß Streitigkeiten der Freiwilligen Gerichtsbarkeit nicht schiedsgerichtlicher Entscheidung zugänglich sind[61]. Sie seien vielmehr der Verfügung der Parteien nach Art. 5 SchwK entzogen, denn hier spielten öffentliche Interessen und Drittinteressen Privater gleichzeitig eine Rolle[62]. Daran überrascht einerseits, daß man nicht zwischen echten und unechten Verfahren differenziert, obwohl das schweizerische Recht der Freiwilligen Gerichtsbarkeit diesen Unterschied kennt[63]. Andererseits übertragen die neueren kantonalen Prozeßordnungen dem summarischen Verfahren oftmals sämtliche Angelegenhei-

---

[55] BGH, 30.4.1959, NJW 1959, 1493, 1494 zur Schiedsfähigkeit einer Erbauseinandersetzung; BayObLG, 10.10.1978, DB 1978, 2405, 2406 zur Schiedsfähigkeit des Auskunftsanspruchs des Kommanditisten.

[56] Grundlegend *Habscheid*, Schiedsverfahren und Freiwillige Gerichtsbarkeit, ZZP 66 (1953), 188ff; ebenso Stein/Jonas-*Schlosser*, vor § 1025 RZ 19; Wieczorek-*Schütze*, § 1025 RZ 11; Zöller-*Geimer*, 20. Aufl., § 1025 RZ 1; Baumbach *Albers*, ZPO, 56. Aufl., § 1025 RZ 24; *Schwab/Walter* (oben FN 30), 5. Aufl., Kap. 4 RZ 3; *Maier*, Handbuch der Schiedgerichtsbarkeit, RZ 22.

[57] OGH, 28.1.1936, SZ 18, Nr. 22. Aus der Literatur so auch heute noch *Holzhammer*, Österreichisches Zivilprozeßrecht, 363, der dies aber nicht näher begründet.

[58] *Fasching*, § 577 RZ 11; *ders.*, Schiedsgericht und Schiedsverfahren im österreichischen und im internationalen Recht, 20; *ders.*, Lehrbuch des österreichischen Zivilprozeßrechts, RZ 2178.

[59] OGH, 6.9.1984, EvBl. 1985, Nr. 52 (zur schiedsgerichtlichen Beurteilung des Kontrollrechts des Kommanditisten). Ebenso das Schrifttum, vgl. *Rechberger*, § 577 RZ 9; *Backhausen*, Schiedsgerichtsbarkeit unter besonderer Berücksichtigung des Schiedsvertragsrechts, 116ff; *Kastner*, Außerstreitverfahren - Schiedsgerichte und Schiedsmänner, JBl. 1950, 565; *Matscher*, Probleme der Schiedsgerichtsbarkeit im österreichischen Recht, JBl. 1975, 412, 416; *Deimbacher*, Schiedsverträge und Schiedsklauseln in anderen Verträgen und in Allgemeinen Geschäftsbedingungen, GesRZ 1995, 12, 14.

[60] OGH, 6.9.1984, EvBl. 1985, Nr. 52.

[61] *Sträuli/Messmer/Wiget*, Kommentar zu Zürcherischen Zivilprozeßordnung, § 238 RZ 5; *Rüede/Hadenfeldt*, Schweizerisches Schiedsgerichtsrecht, 52; *Guldener* (oben FN 8), 604; *Vogel*, Grundriß des Zivilprozeßrechts, Kap. 14 RZ 12; *Nuber*, Die objektive Schiedsfähigkeit im Zusammenhang mit der Gültigkeit der Schiedsvereinbarung und mit der Vollstreckung (ordre public), 127; *Suter*, Der Schiedsvertrag nach schweizerischem Zivilprozeßrecht, ZSR 47 (1928), 8, 35; *Riemer*, Schiedsfähigkeit von Klagen des ZGB, FS Walder, 371, 373.

[62] *Guldener* (oben FN 8), 604; *Riemer* (oben FN 61), FS Walder, 371, 373.

[63] *Guldener* (oben FN 8), 45.

ten der Freiwilligen Gerichtsbarkeit, sofern sie vom Richter zu erledigen sind[64]. Konsequenterweise stellt sich dann auch die Frage der Schiedsfähigkeit des Informationsanspruchs nach Art. 697 OR, da die meisten kantonalen Prozeßrechte für ihn das summarische Verfahren anordnen.

Vorzugswürdig erscheint jedoch die in *Österreich* und *Deutschland* herrschende differenzierende Lösung. Für die Möglichkeit schiedsgerichtlicher Beurteilung kommt es nicht darauf an, in welchem Verfahren der in Frage stehende Rechtsstreit entschieden wird. Unter dem alten Recht war vielmehr unabhängig von der Verfahrensart auf die Dispositionsfähigkeit abzustellen. Bei den streitigen Verfahren der Freiwilligen Gerichtsbarkeit können die Beteiligten weitgehend über Einleitung, Gegenstand, Fortgang und Beendigung des Verfahrens verfügen. Hier geht es also ebenso wie bei den normalen ZPO-Sachen um die Durchsetzung subjektiver Rechte nach Maßgabe bzw. im Rahmen des privaten Rechtsschutzbegehrens, nicht aber um eine besondere staatliche Kontrolltätigkeit[65]. Die dem Verfahren der Freiwilligen Gerichtsbarkeit zugewiesenen gesellschaftsrechtlichen Streitigkeiten zählen nicht zu den klassischen FGG-Verfahren wie Registersachen oder Fürsorgeangelegenheiten. Maßgebend für ihre Zuweisung zur Freiwilligen Gerichtsbarkeit war vielmehr das Bestreben, ein elastisches und weniger zeitraubendes Verfahren zu ermöglichen, das den materiellen Besonderheiten dieser Streitigkeiten besser entspricht als das normale ZPO-Verfahren[66]. Auch Informationserzwingungsansprüche hat der Gesetzgeber gerade deshalb der Freiwilligen Gerichtsbarkeit übertragen, da er sich von ihr einen beschleunigten Rechtsschutz und eine sachkundige Entscheidung erhoffte[67].

Danach mutet das Argument des LG Mönchengladbach, schiedsgerichtliche Erledigung beeinträchtige den gesetzgeberischen Zweck der Zuweisung ins Verfahren der Freiwilligen Gerichtsbarkeit, nämlich die schnelle und sachgerechte Durchführung des Informationserzwingungsverfahrens, zweifelhaft an. Nach allgemeiner Auffassung sind die Schnelligkeit des Verfahrens und die Sachkunde der Schiedsrichter - ob bei gesellschaftsrechtlichen Binnenstreitigkeiten zu Unrecht oder nicht[68] - gerade Kennzeichen der privaten Gerichtsbarkeit.

4. Aktienrechtliche Besonderheiten

Auch bei der schiedsgerichtlichen Beurteilung von Informationsansprüchen wirkt sich die von manchen Autoren vertretene These aus, eine Schiedsklausel stelle eine abweichende Vorschrift i.S.d. § 23 Abs. 5 S. 1 AktG dar. Sie argumentieren, daß das Aktienrecht das Verfahren nach § 132 AktG zwingend ausgestaltet habe und die Gesellschaft es aufgrund der formellen Satzungsstrenge nicht durch satzungsmäßige

---

[64] Näher *Guldener* (oben FN 8), 589.

[65] *Vollmer*, Unternehmensverfassungsrechtliche Schiedsgerichte, ZGR 1982, 15, 37.

[66] *Vollmer* (oben FN 65), ZGR 1982, 15, 38.

[67] Deutschland: Geßler-*Eckardt*, § 132 RZ 6; *Hüffer*, § 132 RZ 1; *ders.* in Hachenburg, § 51b RZ 1; Rowedder-*Koppensteiner*, § 51b RZ 1. Österreich: *Rassi* (oben FN 7), ÖJZ 1997, 891, 894.

[68] Vgl. oben § 1 A II.

Schiedsklausel beseite schieben könnten. Im Unterschied zur Rechtslage bei der GmbH sei eine aktienrechtliche Schiedsklausel dementsprechend unzulässig[69].

Die Argumentation aus § 23 Abs. 5 Abs. 1 AktG vermag im Rahmen der Informationsansprüche ebensowenig zu überzeugen wie im Rahmen der Beschlußmängelstreitigkeiten. Eine Schiedsklausel stellt bereits keine abweichende Bestimmung i.S.d. Vorschrift dar, da sie das Organisationsgefüge der Aktiengesellschaft nicht berührt. Zudem kann man der ausschließlichen landgerichtlichen Zuständigkeit nach § 132 AktG nicht allein aufgrund des § 23 Abs. 5 AktG die Bedeutung beimessen, daß sie auch die Schiedsgerichtsbarkeit ausschließen will, bei isolierter Betrachtung der Vorschrift aber im Gegenteil argumentieren, sie beziehe sich nur auf das Verhältnis der staatlichen Gerichte zueinander. § 23 Abs. 5 Abs. 1 AktG kann die schiedsgerichtliche Beurteilung aktienrechtlicher Informationsansprüche daher nicht hindern.

III. Ergebnis

Der Informationserzwingungsanspruch ist schiedsfähig im engeren und im weiteren Sinne.

---

[69] Scholz-*K. Schmidt*, § 51b RZ 5; *ders.* (oben FN 20), ZIP 1987, 218, 219. Das OLG Hamm, läßt dies in seiner GmbH-rechtlichen Entscheidung vom 7.3.2000, GmbHR 2000, 676, 677 ausdrücklich offen.

§ 8 Verantwortlichkeitsansprüche gegen Gründer und Leitungsorgane

Die schiedsgerichtliche Erledigung aktien- und GmbH-rechtlicher Verantwortlichkeitsansprüche gegen die Gründer und die Leitungsorgane der Gesellschaft scheint mehr Kopfzerbrechen zu bereiten als jene von Disputen um die Erbringung der Einlage. Das erstaunt, denn die Gesichtspunkte, die der Schiedsfähigkeit in beiden Fällen entgegengehalten werden können, ähneln sich.

A. Grundlagen

Die folgenden Ausführungen beschränken sich auf Verantwortlichkeitsklagen aufgrund mangelhafter Gründung und aufgrund pflichtwidriger Geschäftsführung in der AG und der GmbH. Unter den gesellschaftsrechtlichen Haftungstatbeständen sind sie einerseits von großer Bedeutung, andererseits wird ihre schiedsgerichtliche Erledigung in Judikatur und Schrifttum seit jeher kontrovers diskutiert.

In *Deutschland* ist die Gründungshaftung in den §§ 46ff AktG bzw. §§ 9a, b GmbHG und die Haftung aufgrund von Pflichtverletzungen im Rahmen der Geschäftsführung in § 93 AktG bzw. § 43 GmbHG normiert. In nahezu identischer Form kennt das *österreichische* Recht die Gründungshaftung in den §§ 39ff öAktG bzw. § 10 Abs. 4 bis 6 öGmbHG und die Haftung für Geschäftsführung in § 84 öAktG bzw. § 25 öGmbHG.

Das *schweizerische* Recht widmet der Haftung der Organe in den Art. 752ff OR („Verantwortlichkeit") einen eigenen Abschnitt. Art. 753 OR regelt die Gründungshaftung und Art. 754-756 OR die Haftung wegen pflichtwidriger Geschäftsführung für die AG. Art. 756 OR ordnet ausdrücklich an, daß neben der Gesellschaft auch die einzelnen Aktionäre berechtigt sind, den Schaden der Gesellschaft einzuklagen, sog. Haftung für mittelbaren Schaden. Diese Vorschriften finden nach Art. 827 OR auch auf die GmbH Anwendung.

Auch das *französische* Aktienrecht hat der Haftung einen eigenen Abschnitt in den Art. 242ff LSC gewidmet. Die Gründungshaftung knüpft in Art. 242f LSC an den Schaden an, der allgemein durch die Nichtigerklärung der Gesellschaft entsteht. Sie wird durch Art. 7 LSC ergänzt, der auf alle Handelsgesellschaften Anwendung findet und für Gründungsmängel, die auf dem Fehlen einer zwingend vorgeschriebenen Satzungsbestimmung oder Nichtbeachtung oder fehlerhafter Befolgung einer Formvorschrift beruhen, konzipiert ist. Die Haftung für pflichtwidrige Geschäftsführung ist in Art. 244 LSC geregelt. Danach haften die Verwaltungsratsmitglieder sowohl der Gesellschaft („action sociale") als auch Dritten („action indivduelle"). Zusätzlich können die Aktionäre ähnlich wie in der Schweiz gem. Art. 245 LSC den Schaden der Gesellschaft einklagen, sog. „action sociale exercée ut singuli". Das Recht der SARL statuiert die Gründungshaftung wegen Nichtigkeit der Gesellschaft in Art. 41 LSC, welcher vom eben beschriebenen Art. 7 LSC flankiert wird. Die Haftung wegen fehlerhafter Geschäftsführung normiert Art. 52f LSC in Form der drei aus Art. 244 und 245 LSC bekannten Klagemöglichkeiten.

Dabei ist man sich in Frankreich grundsätzlich darüber einig, daß Verantwortlichkeitsklagen zu den von Art. 631 Abs. 1 Nr. 2 C. com. erfaßten Streitigkeiten zählen[1]. Deshalb wird allgemein vertreten, daß sie auch Gegenstand einer Schiedsvereinbarung nach Art. 631 Abs. 2 C. com. sein können[2]. Daran kann man zweifeln, wenn das Gesellschaftsorgan, gegen das sich die Ansprüche richten, nicht selbst Gesellschafter ist, denn der Wortlaut des Art. 631 Abs. 1 Nr. 2 C. com. setzt ja eine Streitigkeit „zwischen den Gesellschaftern" voraus. Einige Stimmen verneinen deshalb die handelsgerichtliche Zuständigkeit, wenn das beklagte Gesellschaftsorgan nicht Gesellschafter ist, da es hier der Gesellschaft wie ein Dritter gegenüberstehe[3]. Manche Autoren folgern daraus auch die Unzulässigkeit einer Schiedsklausel für diesen Fall[4]. Die überwiegende Auffassung hält jedoch den fehlenden Gesellschafterstatus für unschädlich. Entscheidend sei vielmehr, daß der dem Streit zugrundeliegende Sachverhalt eine unmittelbare Beziehung zur Geschäftsführung der Gesellschaft aufweise, ob also die Pflichtwidrigkeit in Ausübung der Leitung begangen worden sei und damit die Geschäfte der Gesellschaft betreffe. Zu untersuchen bleibe mithin vornehmlich, ob die betroffene Person gerade in ihrer Eigenschaft als Geschäftsführungsorgan beklagt sei[5]. Danach läge es eigentlich nahe, auch die schiedsgerichtliche Beurteilung durchgängig zuzulassen, was aber nur selten ausdrücklich ausgesprochen wird[6].

Das *New Yorker* BCL schließlich normiert die Verantwortlichkeit der Leitungsorgane in §§ 719, 720. § 719 BCL führt verschiedene Fälle auf, in denen ein Direktor haftet, während § 720 BCL generell an pflichtwidrige Geschäftsführung anknüpft. Darunter fallen nach BCL § 720 (a)(1)(A) auch Pflichtwidrigkeiten im Rahmen der Gründung. Von großer Bedeutung ist in diesem haftungsrechtlichen Zusammenhang auch die sog „derivative action", mit der die Aktionäre einen Schaden der Gesellschaft einklagen können[7]. Das BCL normiert sie in § 626 ausdrücklich.

---

[1] Cass., 11.11.1873, S. 1874 I 97, 103; Trib. Seine, 29.1.1900, Journ. soc. 1900, 277, 278; Trib. Lyon, 18.4.1905, Journ. soc. 1905, 451; Trib. Aix, 4.7.1934, D. 1937 II 9, 12; *Guyon*, Droit des affaires, Tome 1: Droit commercial général et sociétés, RZ 463-2; *Cozian/Viandier*, Droit des Sociétés, RZ 301; *Mercadal/Janin*, Sociétés commerciales, RZ 418; kritisch *Ripert/Roblot*, Traité des droit commercial, Tome 1: Sociétés commerciales, RZ 1371.

[2] Trib. Aix, 4.7.1934, D. 1937 II 9, 12; Trib. Nîmes, 29.5.1986, Jurisdata Nr. 437; *Robert/Moreau*, Arbitrage, RZ 73; *Moreau/Bernard*, Droit interne et droit international de l'arbitrage, 34; *Mercadal/Janin* (oben FN 1), RZ 419; *Cohen*, Arbitrage et Société, RZ 153.

[3] Trib. Paris, 12.3.1931, S. 1931 II 174, 175; Trib. Rouen, 8.2.1963, Rev. trim. dr. com. 1963, 857; *de Boisséson*, Le droit français de l'arbitrage interne et international, RZ 44; *Robert/Moreau* (oben FN 2), RZ 73; *Dardel*, Jurisclasseurs Sociétés, Traité I, Fasc. 30/1, Nr. 35.

[4] *de Boisséson* (oben FN 3), RZ 44; *Robert/Moreau* (oben FN 2), RZ 73.

[5] Cass., 7.4.1967, D. 1968, 61; 12.6.1978, Rev. soc. 1979, 307, 308; Cour d'Appel Lyon, 23.2.1972, Rev. trim. dr. com. 1972, 864, 865; Trib. Thonon, 8.7.1955, D. 1956, 227, 228; *Guyon* (oben FN 1), RZ 463-2 u. 497; *Ripert/Roblot* (oben FN 1), RZ 1371; *Hémard/Terré/Mabilat*, Sociétés commerciales, Tome I, RZ 481 u. Sociétés commerciales, Tome II, RZ 1205; *Escarra/Rault*, Les Sociétés commerciales, Tome I, RZ 420; *Cohen* (oben FN 2), RZ 135.

[6] *Cohen* (oben FN 2), RZ 135.

[7] Aus der deutschen Literatur vgl. *Lutter*, Die Funktion der Gerichte im Binnenstreit von Kapitalgesellschaften - ein rechtsvergleichender Überblick, ZGR 1998, 191, 201ff.

B. Schiedsfähigkeit

Ob ein Schiedsgericht Verantwortlichkeitsklagen entscheiden kann, wird in den untersuchten Ländern kontrovers erörtert. Während in *Deutschland* die Meinungen geteilt sind, lehnt man in *Österreich* die Schiedsfähigkeit einhellig ab. Die *schweizerische* Rechtsprechung und Literatur bejahen sie dagegen ausnahmslos, während man sie in *Frankreich* lediglich unter dem Gesichtspunkt des Art. 631 Abs. 1 Nr. 2 C. com. diskutiert. In *New York* wird die Schiedsfähigkeit einer individuellen Haftungsklage allgemein positiver beurteilt als jene der „derivative action".

Wie bei den Einlagestreitigkeiten, steht auch bei den Verantwortlichkeitsklagen die objektive Schiedsfähigkeit des Streitgegenstandes im Mittelpunkt des Interesses. Denn vielfach wird aus den in ihrem Rahmen angeordneten gesellschaftsrechtlichen Vergleichsbeschränkungen ein Dispositionsverbot und damit auch die Unzulässigkeit einer Schiedsvereinbarung gefolgert. Es steht also erneut die Verknüpfung von materiellem Gesellschafts- und Prozeßrecht in Frage. Zunächst ist deshalb der Hintergrund der aktien- und GmbH-rechtlichen Vergleichsbeschränkungen herauszuarbeiten, und in einem zweiten Schritt bleibt ein eventuell bestehendes staatliches Rechtsprechungsmonopol zu prüfen.

I. Die Dispositionsbeschränkungen bei Verantwortlichkeitsklagen

Um die tatsächliche Verantwortlichkeit der Leitungsorgane sicherzustellen, stellen die meisten der untersuchten Rechtsordnungen bestimmte Schutzvorschriften auf, die sich mit dem Verzicht auf oder dem Vergleich über die Ersatzansprüche beschäftigen. So regelt in *Deutschland* § 50 AktG im Rahmen der Gründungshaftung, daß ein Verzicht auf oder ein Vergleich über Ersatzansprüche nach den §§ 46-48 AktG erst drei Jahre nach Eintragung der Gesellschaft ins Handelsregister und nur mit Zustimmung der Hauptversammlung zulässig ist. Zusätzlich darf nicht eine Minderheit von zehn Prozent des Grundkapitals gegen den Beschluß Widerspruch zur Niederschrift erhoben haben. Das GmbH-Recht schließt in § 9b Abs. 1 GmbHG einen Verzicht oder Vergleich aus, soweit der Ersatz zur Befriedigung der Gläubiger erforderlich ist. Im Rahmen der Haftung für Pflichtverletzungen bei der Geschäftsführung kennt § 93 Abs. 4 S. 3 AktG eine dem § 50 AktG entsprechende Regelung. Das GmbH-Recht ordnet in § 43 Abs. 3 S. 2 GmbHG die entsprechende Anwendung des § 9b Abs. 1 GmbHG an.

Das *österreichische* Recht stellt in § 43 öAktG dem deutschen § 50 AktG ähnliche Bedingungen an einen Verzicht oder Vergleich über Ersatzansprüche gegen die Gründer. Erforderlich ist einerseits der Ablauf einer Frist von fünf Jahren sowie die Zustimmung der Hauptversammlung, und andererseits darf kein Widerspruch von 20 Prozent des Grundkapitals erhoben worden sein[8]. Verzicht oder Vergleich im Rahmen der

[8] In Deutschland verkürzte die Aktienrechtsreform von 1965 die Frist von fünf auf drei Jahre und das Minderheitenquorum von 20 auf zehn Prozent des Kapitals; näher Geßler-*Eckardt*, § 50 RZ 3.

GmbH-rechtlichen Gründerhaftung haben gem. § 10 Abs. 6 öGmbHG keine Wirkung, soweit der Ersatz zur Befriedigung der Gläubiger erforderlich ist. Im Aktienrecht unterliegen Vergleich und Verzicht über die Verantwortlichkeit für Geschäftsführung nach § 84 Abs. 4 S. 3 öAktG den Anforderungen, die § 50 öAktG aufstellt. § 25 Abs. 7 öGmbHG ordnet zudem die entsprechende Anwendung des § 10 Abs. 6 öGmbHG an.

Das *schweizerische* Gesellschaftsrecht kennt keine derartigen Beschränkungen. Das Schrifttum läßt einen Vergleich über Ersatzansprüche bei Vorliegen eines Generalversammlungsbeschlusses im Gegenteil ohne besondere Bedingungen zu[9]. Lediglich die Wirkungen einer solchen Vereinbarung beurteilt man im Hinblick auf die zwischen Haftung wegen unmittelbaren und mittelbaren Schadens differenzierende Regelung kontrovers[10]. So ist man sich zwar grundsätzlich darüber einig, daß ein von der Gesellschaft mit dem Gesellschafter abgeschlossener Vergleich die der Gesellschaft zustehenden Ansprüche erledigt[11]. Keinerlei Wirkungen soll er aber hinsichtlich der Rechte der Gesellschafter aus unmittelbarer Schädigung zeitigen[12]. Sehr streitig sind zudem die Auswirkungen des Vergleichs auf die Rechte der Gesellschafter aus mittelbarer Schädigung nach Art. 756 OR. Die herrschende Auffassung geht davon aus, daß die Gesellschafter, die dem Vergleich nicht zustimmen, an ihn hinsichtlich ihrer Ansprüche aus mittelbarer Schädigung nicht gebunden sind[13]. Nach einhelliger Auffassung berührt der Vergleich der Gesellschaft aber die Klagerechte der Gläubiger der Gesellschaft nicht[14].

In *Frankreich* ist nach Art. 246 LSC einerseits eine Satzungsbestimmung nichtig, die eine Verantwortlichkeitsklage von der vorherigen Zustimmung oder Anhörung der Hauptversammlung abhängig macht, oder die von vornherein einen Verzicht auf eine solche Klage beinhaltet. Andererseits kann ein Beschluß der Hauptversammlung nicht einen klagbaren Verantwortlichkeitsanspruch wegen fehlerhafter Geschäftsführung zum Erlöschen bringen. Art. 52 Abs. 4 und 5 LSC ordnet dies auch für die SARL an. Teilweise folgert man daraus, daß auch ein Vergleich eine Form des verbotenen Verzichts auf die Haftung darstelle und somit die Verantwortlichkeitsklage nicht verhindern könne[15]. Andere lassen einen Vergleich dagegen zu, da darin kein Verzicht auf jeglichen Schadensersatz zu sehen sei, sondern lediglich die zu zahlende Summe durch Vereinbarung festgelegt werde, um die Unannehmlichkeiten eines Prozesses zu vermeiden[16].

---

[9] *Forstmoser/Meyer-Hayoz*, Schweizerisches Aktienrecht, § 36 RZ 139; *Schucany*, Art. 755 RZ 1; *v. Greyerz*, Schweizerisches Privatrecht Band VIII/2: Die Kapitalgesellschaften, 301; *Forstmoser*, Die aktienrechtliche Verantwortlichkeit, RZ 482.

[10] ZürchKomm-*Bürgi/Nordmann*, Art. 755 RZ 21; *Forstmoser/Meyer-Hayoz* (oben FN 9) § 36 RZ 140ff; *Schucany*, Art. 755 RZ 1; *v. Greyerz* (oben FN 9), 301; *Forstmoser* (oben FN 9), RZ 483ff.

[11] *Forstmoser/Meyer-Hayoz* (oben FN 9), § 36 RZ 140; *Forstmoser* (oben FN 9), RZ 483.

[12] *Forstmoser/Meyer-Hayoz* (oben FN 9), § 36 RZ 145; *v. Greyerz* (oben FN 9), 301; *Forstmoser* (oben FN 9), RZ 486.

[13] *Forstmoser/Meyer-Hayoz* (oben FN 9), § 36 RZ 141; *Schucany*, Art. 755 RZ 1; ZK-*Bürgi/Nordmann*, Art. 755 RZ 21; *v. Greyerz* (oben FN 9), 301; *Forstmoser* (oben FN 9), RZ 492 mit Nachweisen auf Gegenauffassungen.

[14] *Forstmoser/Meyer-Hayoz* (oben FN 9), § 36 RZ 143; *Schucany*, § 755 RZ 1; *v. Greyerz* (oben FN 9), 301; *Forstmoser* (oben FN 9), RZ 494.

[15] *Hamel/Lagarde*, Sociétés, RZ 664; *Escarra/Rault* (oben FN 5), RZ 1595.

[16] *Hémard/Terré/Mabilat* (oben FN 5), RZ 1215.

Das *New Yorker* BCL kennt zwar im Rahmen der §§ 719, 720 keine Vergleichsbeschränkungen. Es verbietet aber in § 626 (d), daß eine „derivative action“ ohne Einverständnis eines staatlichen Gerichts beigelegt oder sich über sie verglichen wird. Die Vorschrift soll die „unsavory practice of private and collusive settlement of stockholders′ suits“ sanktionieren[17].

Die Vergleichsverbote hinsichtlich der aktienrechtlichen Gründungshaftung wollen verhindern, daß die Gründer ihre Einflußmöglichkeiten mißbrauchen und stützen sich im wesentlichen auf die drei folgenden Erwägungen: Einmal soll das Recht der Minderheit, die Geltendmachung von Ersatzansprüchen zu verlangen, nicht durch einen Verzicht oder Vergleich der Gesellschaft zunichte gemacht werden können. Insbesondere in der Widerspruchsmöglichkeit sieht man eine Ausprägung des Minderheitenschutzes. Zudem sollen Verzicht und Vergleich erst möglich sein, wenn der Einfluß der Gründer auf das Verhalten der Gesellschaftsorgane typischerweise zurückgegangen ist. Und schließlich sollen Rechtsgeschäfte erst zulässig sein, wenn sich ein abschließendes Urteil über die Auswirkungen der schädigenden Handlungen gewinnen läßt[18].

Die gleichlautenden Vorschriften über Vergleiche im Rahmen der aktienrechtlichen Haftung für Geschäftsführung richten sich gegen das Kollegialitätsverhältnis innerhalb der Leitung der AG, ihnen liegen aber im übrigen ähnliche Vorstellungen zugrunde. Lediglich der Gesichtspunkt der Zurückdrängung des Gründereinflusses wird durch die Gefahr kollegialer Selbstverschonung bzw. einer Selbstenthaftung der Organe ersetzt. Das Zustimmungserfordernis der Hauptversammlung will bewirken, daß die Leitung der Gesellschaft über die Ersatzansprüche nicht zum Nachteil der Gesellschaft verfügt, ein eventuelles Kollegialitätsverhältnis zwischen Vorstand und Aufsichtsrat soll also nicht die Geltendmachung der Ansprüche beeinflussen. Insgesamt will die Norm nachteilige oder gar dolose Absprachen verhindern. Ansonsten könnte unter Umständen der Aufsichtsrat den Vorstand und der Vorstand den Aufsichtsrat von einer Haftung freistellen[19].

Die GmbH-rechtlichen Beschränkungen verfolgen dagegen andere Zwecke. Sie dienen ausschließlich dem Gläubigerschutz und nicht, wie die aktienrechtlichen Bestimmungen, auch dem Schutz der Gesellschaft oder der Gesellschafterminderheit[20].

---

[17] *Mokhiber on Behalf of Ford Motor Co. v. Cohn*, 783 F.2d 26, 27 (2nd Cir. 1986); ähnlich schon die Vorinstanz 608 F.Supp. 616, 625 (D.C.N.Y. 1985); ebenso *Clarke v. Greenberg*, 71 N.E.2d 443, 444 (1947).

[18] Deutschland: MK-*Pentz*, AktG, § 50 RZ 7; Geßler-*Eckardt*, § 50 RZ 2; KölnerKomm-*Kraft*, § 50 RZ 2; *Hüffer*, § 50 RZ 1. Österreich: Schiemer-*Jabornegg*, § 43 RZ 1 u. 2.

[19] Deutschland: Großkomm-*Hopt*, AktG, § 93 RZ 353ff; KölnerKomm-*Mertens*, § 93 RZ 124; *ders.*, Die gesetzlichen Einschränkungen der Disposition über Ersatzansprüche durch Verzicht und Vergleich in der aktien- und konzernrechtlichen Organhaftung, FS Fleck, 209, 210; *Hüffer*, § 93 RZ 1; *Zimmermann*, Vereinbarungen über die Erledigung von Ersatzansprüchen gegen Vorstandsmitglieder von Aktiengesellschaften, FS Duden, 773, 774. Österreich: OGH, SZ 48, Nr. 79; Schiemer-*Strasser*, § 93 RZ 112; Schiemer-*Jabornegg*, § 43 RZ 3; *Kastner*, Grundriß des österreichischen Gesellschaftsrechts, 236; kritisch *Schima*, Entlastung des Vorstandes (Aufsichtsrates) durch Entlastungsbeschluß sämtlicher Aktionäre ?, GesRZ 1991, 185.

[20] Deutschland: Hachenburg-*Ulmer*, § 9b RZ 2; Scholz-*Winter*, § 9b RZ 1; Rowedder-*Schmidt-Leithoff*, § 9b RZ 1; Baumbach-*Hueck*, GmbHG, § 9b RZ 1. Österreich: *Koppensteiner*, § 10 RZ 2.

Zudem geht das Gesetz im GmbH-Recht davon aus, daß ein Vergleich über Ersatzansprüche im Unterschied zum Aktienrecht grundsätzlich möglich ist und unterwirft ihn lediglich der Schranke der Erforderlichkeit des Ersatzes zur Gläubigerbefriedigung[21].

II. Die Schiedsfähigkeit im engeren Sinne

Bei der objektiven Schiedsfähigkeit von Verantwortlichkeitsklagen fällt zum einen auf, daß man die Schiedsfähigkeit der aktienrechtlichen Haftung überwiegend skeptischer beurteilt als die der GmbH-rechtlichen. Zum anderen scheint das schiedsverfahrensrechtliche Schrifttum schiedsgerichtlicher Erledigung geneigter als das gesellschaftsrechtliche.

1. Dispositionsbeschränkungen als Hindernisse der Schiedsfähigkeit

In *Deutschland* geht die wohl überwiegende Auffassung davon aus, daß die aktienrechtlichen Verantwortlichkeitsklagen nicht schiedsfähig sind. Das Schrifttum klammert sich hierbei zumeist an den Wortlaut der Vergleichsbeschränkungen und überträgt diesen auf die von der Schiedsfähigkeit geforderte objektive Vergleichsbefugnis. Die Gesellschaft könne aufgrund der in § 50 AktG bzw. § 93 Abs. 4 S. 3 AktG normierten Dispositionsbeschränkungen keinen Vergleich i.S.d. § 1025 Abs. 1 ZPO a.F. über die Ersatzansprüche schließen, vielmehr müsse der Rechtsstreit vor einem ordentlichen Gericht geführt werden. Eine Ausnahme soll nur für den Fall gelten, daß die Parteien nach Ablauf der Dreijahresfrist die Schiedsklausel bestätigten oder einen Schiedsvertrag abschlössen und die Zustimmung der Hauptversammlung hierzu einholten[22].

Der Grund dafür liege darin, daß der Gesetzgeber durch die Statuierung der Dreijahresfrist das öffentliche Verfahren der ordentlichen Gerichtsbarkeit für die aktienrechtliche Organhaftung erzwinge wolle. Insofern stellten die Vergleichsbeschränkungen einen Beitrag zum Schutze des Unternehmensinteresses der juristischen Person vor Dispositionen dar, die sich außerhalb des aktienrechtlichen Regelungssystems bewegten. Sie verschärften die ohnehin bereits geringe praktische Durchsetzungsmöglichkeit der Organhaftung in der einzelnen Gesellschaft:

---

[21] Deutschland: Hachenburg-*Ulmer*, § 9b RZ 4; Scholz-*Winter*, § 9b RZ 4; Hachenburg-*Mertens*, § 43 RZ 86; Scholz-*Schneider*, § 43 RZ 187; Rowedder-*Koppensteiner*, § 43 RZ 34; *Lutter-Hommelhoff*, § 43 RZ 28. Österreich: *Gellis/Feil*, § 10 RZ 13; *Koppensteiner*, § 10 RZ 32.

[22] Großkomm-*Hopt*, AktG, § 93 RZ 375; KölnerKomm-*Kraft*, § 50 RZ 10; KölnerKomm-*Mertens*, § 84 RZ 86 u. § 93 RZ 127; *ders.* (oben FN 19), FS Fleck, 209, 211; *Zimmermann* (oben FN 19), FS Duden, 773, 786; *Vollmer*, Unternehmensverfassungsrechtliche Schiedsgerichte, ZGR 1982, 15, 27. Ebenso MK-*Pentz*, AktG, § 50 RZ 13 zur Rechtslage unter Geltung des § 1025 ZPO a.F. Ähnlich in Italien: *Teti*, L'arbitrato nelle società, Riv. arb 1993, 297, 307.

„Die Böcke, die hier in Erwartung kamikazeartiger Haltung zu Gärtnern gemachten würden, könnten nicht ganz so frei mit Ersatzansprüchen umspringen und ohne Furcht vor Ersatzansprüchen leben, wie sie manchmal vielleicht wollten“[23].

Im GmbH-Recht arbeitet die ablehnende Ansicht ebenfalls mit den materiellrechtlichen Vergleichsschranken. So seien die Ersatzansprüche nicht schiedsfähig, da die Gesellschaft über die Forderung nicht verfügen könne. Die Vergleichsbeschränkungen zeigten vielmehr, daß jede Verfügungsmöglichkeit schlechthin ausgeschlossen sei[24]. Die ZPO selbst versperre den Parteien den Weg in die Schiedsgerichtsbarkeit, denn dasselbe Mißtrauen, das der Gesetzgeber einer vergleichsweisen Einigung zwischen Gesellschaft und Geschäftsführer entgegenbringe, sei auch bei einer Entscheidung durch ein Schiedsgericht angebracht[25]. Weniger rigoros ist die Auffassung, die die Schiedsfähigkeit nur insoweit verneint, als die Voraussetzungen der Erforderlichkeitsschranke eingreifen[26].

Vereinzelte Stimmen leiten die mangelnde Schiedsfähigkeit auch aus der „Funktion“ des § 1025 Abs. 1 ZPO a.F. her. Die Vorschrift binde die Schiedsgerichtsbarkeit an die Grenzen der Freiheit des einzelnen im Rechtsverkehr. Man könne dem Schiedsgericht nicht mehr übertragen als die eigene Rechtsmacht. Wenn nun die Vergleichsbeschränkung die Möglichkeit ausschließe, zum Nachteil der Gesellschaftsgläubiger zu handeln, so gelte dies ebenfalls für die Möglichkeit, ein Schiedsgericht hierüber entscheiden zu lassen. Dann sei aber ein Schiedsgericht bereits gehindert, überhaupt im Rahmen der Vergleichsbeschränkung eine Entscheidung zu treffen[27].

Auch in *New York* haben sich eine ganze Reihe Entscheidungen gegen die schiedsgerichtliche Behandlung der „derivative action“ ausgesprochen. Zum Teil stützen sie sich darauf, daß die Gesellschaft, in deren Namen der Prozeß geführt werde, nicht Partei der Schiedsvereinbarung sei[28]. Darüber hinaus verstoße schiedsgerichtliche Entscheidung aber auch gegen jene „public policy“ des Gesellschaftsrechts, die „derivative actions“ aufgrund der Auswirkungen auf Gläubiger lediglich vor staatlichen Gerichten erlaube[29]. Einige Autoren stimmen dem zu und argumentieren, daß staatliche Gerichte ei-

---

[23] KölnerKomm-*Mertens*, § 93 RZ 127; *ders.* (oben FN 19), FS Fleck, 209, 211.

[24] Deutschland: MK-*Maier*, ZPO, § 1025 RZ 5; Rowedder-*Schmidt-Leithoff*, § 9b RZ 8. Österreich: *Rechberger*, § 577 RZ 5; *Fasching*, Lehrbuch des österreichischen Zivilprozeßrechts, RZ 2176; *ders.*, Internationale Schiedsgerichtsbarkeit in Österreich, in *Gottwald*, Internationale Schiedsgerichtsbarkeit, 729, 735; *Rechberger/Simotta*, Grundriß des österreichischen Zivilprozeßrechts, RZ 957 i.V.m. RZ 466; *Backhausen*, Schiedsgerichtsbarkeit unter besonderer Berücksichtigung des Schiedsvertragsrechts, 129; *Gellis/Feil*, § 4 RZ 4.

[25] *Voit*, Privatisierung der Gerichtsbarkeit, JZ 1997, 120, 125.

[26] Deutschland: *Weidemann*, Schiedsgerichtsbestimmungen bei Handelsgeselschaften, 65; Österreich: *Fasching*, § 577 RZ 9; *ders.*, Schiedsgericht und Schiedsverfahren im österreichischen und im internationalen Recht, 17.

[27] *Ebenroth/Müller*, Anfechtung von GmbH-Gesellschafterbeschlüssen: Effiziente Gestaltung der Beschlußüberprüfung, DB 1992, 341, 364; *Voit* (oben FN 25), JZ 1997, 120, 125.

[28] *Application of Diamond*, 80 N.Y.S.2d 465, 466f (Sup. Ct. 1948); *Application of Grazi*, 171 N.Y.S.2d 428, 430f (Sup. Ct. 1958); *Hotcaveg v. Lightman*, 211 N.Y.S.2d 533, 534 (Sup. Ct. 1960).

[29] *Lumsden v. Lumsden Bros. & Taylor*, 275 N.Y.S. 221, 222 (2d Dep't. 1934): „It does not appear how there could be an agreement to arbitrate a controversy of this nature made in advance“; ebenso *Ehrlich v. Drake Construction Corporation*, 92 N.Y.S.2d 711, 712f (Sup. Ct. 1949); *Pfeiffer v. Berke*, 121 N.Y.S.2d 774, 777 (Sup. Ct. 1953).

nerseits die größere Erfahrung mit den Treuepflichten hätten, um deren Verletzung es bei „derivative actions" zumeist gehe. Andererseits seien sie besser in der Lage, die Rechte von Dritten, wie etwa Gläubigern der Gesellschaft, zu schützen, denen ein Interesse an dem von der Gesellschaft erlangten Ersatz zustehe. Und schließlich besäßen sie auch vielfältigere prozessuale Möglichkeiten, der „derivative action" zur Wirkung zu verhelfen[30].

2. Die Verfügungsbefugnis über Ersatzansprüche

Im *deutschen* Aktienrecht widersprechen der ablehnenden Auffassung nur vereinzelte Stimmen. Die Vergleichsbeschränkungen entzögen der AG zwar zeitlich und aufgrund des Gedankens des Minderheitenschutzes die Verfügungsbefugnis. Ratio der Schiedsfähigkeit sei aber, daß die Parteien sich mit der Wahl der Schiedsrichter nicht mittelbar eine ihnen nicht zustehende Verfügungsmacht über den Streitgegenstand verschafften. Die Gefahr, daß der im Amt befindliche Vorstand die Schiedsrichterauswahl dahingehend beeinflusse, den Schutz der AG und der Minderheitsgesellschafter abzubauen, sei aber zu gering, als daß die Zulässigkeit der Schiedsklausel für diesen Teil des zwischen dem Vorstand und der AG streitigen Rechtsverhältnisses verneint werden müsse[31]. Andere Autoren weisen zudem auf Widersprüche und prozessuale Probleme bei der Beurteilung der Fristerfordernisse hin[32].

In der *Schweiz* wird dagegen einen Vergleich ebenso wie eine Schiedsvereinbarung über Ersatzansprüche allgemein zugelassen[33]. Diese Ansprüche unterlägen der freien Verfügung der Beteiligten nach Art. 5 SchwK. Sie könnten sich darüber vergleichen, ohne daß Rechte Dritter tangiert seien[34]. Auch der besondere Gerichtsstand des Art. 761 OR für Verantwortlichkeitsklagen sei dispositiv[35]. Hinsichtlich der schiedsgerichtlichen Beurteilung von Verantwortlichkeitsklagen weist man aufgrund der nach Art.

---

[30] *Hornstein*, Arbitration Provisions in Shareholders' Agreements, 10 Arb. J. 67, 70 (1955); *Note*, Arbitration as a Means of Settling Disputes Within Close Corporations, 63 Colum. L. Rev. 267, 283 (1963).

[31] *H. Westermann*, Gesellschaftsrechtliche Schiedsgerichte, FS Fischer, 853, 855. Ohne nähere Begründung auch *H. P. Westermann*, Schiedsfähigkeit von gesellschaftsrechtlichen Fragen, DIS Band 11, 119, der eine Entscheidung eines nicht näher bezeichneten LG zitiert, welches die Schiedsfähigkeit eines aktienrechtlichen Ersatzanspruch bejaht, da die Ersatzansprüche gegen den Vorstand objektiv verfügbar seien, ohne daß ein Rechtsprechungsmonopol des Staates zu erkennen sei.

[32] Ausführlich dazu bei der GmbH-rechtlichen Diskussion.

[33] BG, 22.4.1958, SAG 1986, 42 (Klage gegen die Kontrollstelle der AG); Trib. cant. Vaud, 3.6.1942, JdT 1942 III 88, 89; *Rüede/Hadenfeldt*, Schweizerisches Schiedsgerichtsrecht, 50; *Jolidon*, Commentaire du Concordat suisse sur l'arbitrage, 159; ZürchKomm-*Bürgi/Nordmann*, Art. 755 RZ 3; *Forstmoser/Meyer-Hayoz* (oben FN 19), § 36 RZ 118; *v. Steiger*, Das Recht der Aktiengesellschaft in der Schweiz, 278; *Brunner*, Streifzug durch die Statuten schweizerischer Publikumsaktiengesellschaften, 137; *Forstmoser* (oben FN 19), RZ 438; *Steiner*, Aktiengesellschaft und Schiedsgericht, SAG 1944, 58, 59; *Guyet*, L'arbitrage en matière de société et ses sources en droit suisse, Rev. arb. 1960, 2, 9; *Habscheid*, Statutarische Schiedsgerichte und Schiedskonkordat, SAG 1985, 157, 165; *Knoepfler*, Anmerkung zu BG, Urt. v. 28.4.1992 und 23.6.1992, Rev. arb. 1993, 695, 699.

[34] *Brunner* (oben FN 33), 137; *Habscheid* (oben FN 33), SAG 1985, 158, 165.

[35] *Forstmoser/Meyer-Hayoz* (oben FN 9), § 36 RZ 117; *Forstmoser* (oben FN 9), RZ 432ff.

753 und 754 OR bestehenden unbeschränkten Möglichkeit auch der Gläubiger, die Verwaltung zur Verantwortung zu ziehen, mit Nachdruck darauf hin, daß die Klagen der Gesellschaft und der Gesellschafter von der Schiedsvereinbarung erfaßt seien, nicht aber die Klagen der Gesellschaftsgläubiger[36]. Zudem wollen manche Autoren die Vorschrift des Art. 6 Abs. 2 SchwK, wonach die Schiedsklausel ohne spezielle Beitrittserklärung nicht die beitretenden Gesellschafter erfaßt, auf die Unterwerfung von Organen entsprechend anwenden, auch wenn sie nicht Gesellschafter seien. Ihre Wahl sei zwar kein Beitritt zur Gesellschaft, eine Analogie sei aber gerechtfertigt, so daß die statutarische Schiedsklausel für sie unverbindlich bliebe[37].

Im *deutschen* GmbH-Recht spricht sich ebenfalls eine Mehrheit von Autoren dafür aus, die Schiedsgerichtsbarkeit zur Entscheidung von Verantwortlichkeitsklagen zuzulassen. Der Gesetzgeber schränke hier die Vergleichsberechtigung der Parteien nicht generell ein, sondern mache sie bei der GmbH davon abhängig, ob der Ersatz zur Befriedigung der Gläubiger erforderlich sei, bzw. bei der AG vom Ablauf der Dreijahresfrist. Er wollte bei Erlaß der Normen zwar zwingendes Recht zum Schutze der Gesellschaftsgläubiger setzen, ihm sei dieses Schutzbedürfnis aber nicht so stark erschienen, daß er mit den Vergleichsbeschränkungen den Wunsch nach einem Rechtsprechungsmonopol zum Ausdruck bringen wollte. Denn ein solches Monopol sei nur uneingeschränkt denkbar. Entweder habe der Staat in einem bestimmten Bereich ein Interesse an einer ausschließlichen Rechtsprechungsgewalt, oder er habe es nicht. Dieses könne aber nicht fristgebunden sein oder von der „Erforderlichkeit" einer einzuklagenden Ersatzleistung abhängen[38].

Im übrigen könne dieser Ansatz zu einer unerfreulichen Prozeßsituation führen. Bestehe nämlich über die Erforderlichkeit des Ersatzes Streit, so müßten in einem Prozeß vor einem ordentlichen Gericht, wenn der Beklagte die Einrede der Schiedsgerichtsbarkeit erhebe, darüber gegebenenfalls umfangreiche Sachverhaltsaufklärungen bzw. rechtliche Erwägungen angestellt werden. Dies könne dazu führen, daß der ganze Streit wegen fehlender Erforderlichkeit der eingeklagten Ersatzleistung zur Gläubigerbefriedigung dann doch an Schiedsgericht verwiesen werden müsse. Sollte die Ersatzleistung dagegen nach Abschluß eines Schiedsgerichtsverfahrens erforderlich werden, so werde nicht nur ein zwischen der GmbH und dem Ersatzpflichtigen geschlossener Vergleich unwirksam, sondern auch ein zuvor erlassener Schiedsspruch. Dann müsse die ersatzberechtigte GmbH vor einem staatlichen Gericht klagen, um einen neuen Titel zu erhalten. Und im schlimmsten Fall könne es in diesem Verfahren passieren, daß infolge eines Geldzuflusses in die Gesellschaftskasse der Ersatz nicht mehr zur Befriedigung der

---

[36] Trib. cant. Vaud, 3. 6. 1942, JdT 1942 III 88; *Forstmoser/Meyer-Hayoz* (oben FN 9), § 36 RZ 119; *v. Steiger* (oben FN 33), 278; *Forstmoser* (oben FN 9), RZ 438; *Steiner* (oben FN 33), SAG 1944, 58, 59; *Guyet* (oben FN 33), Rev. arb. 1960, 2, 9.

[37] *Forstmoser/Meyer-Hayoz* (oben FN 9), § 36 RZ 118; *Forstmoser* (oben FN 9), RZ 438; *Habscheid* (oben FN 33), SAG 1985, 158, 166.

[38] *Kornmeier*, Die Schiedsfähigkeit GmbH-rechtlicher Nichtigkeits- und Anfechtungsklagen, 66ff; *ders.*, Schiedsfähigkeit und materielle Vergleichsbefugnis - Überlegungen zur Auslegung des Merkmals „Vergleich" in § 1025 Abs. 1 ZPO, ZZP 94 (1981), 27, 41f. Ähnlich Stein/Jonas-*Schlosser*, § 1025 RZ 27; *Bork*, Der Begriff der objektiven Schiedsfähigkeit, ZZP 100 (1987), 249, 264.

Gesellschaftsgläubiger erforderlich sei. Hier müsse man konsequenterweise dann wieder die Einrede der Schiedsgerichtsbarkeit zulassen[39].

Desweiteren verstoße die Schiedsvereinbarung auch als solche nicht gegen die Vergleichsbeschränkungen. Dies könne nur vertreten, wer in ihr selbst wenigstens mittelbar einen Verzicht oder Vergleich zu Lasten der Gläubiger sehe. Zwar müsse man berücksichtigen, daß die Gläubiger, die die Vergleichsbeschränkungen schützen sollten, weder Parteien des Schiedsvertrages noch des Schiedsverfahrens seien. Sie hätten also weder Einfluß auf die Auswahl der Schiedsrichter noch auf den Gang des Verfahrens, und auch eine Aufhebung des Schiedsspruchs könnten sie nicht betreiben. Statt dessen müßten sie hinnehmen, daß sich ein unrichtiger Schiedsspruch wirtschaftlich zu ihren Lasten auswirke, wenn die GmbH den Spruch akzeptiere[40]. Trotzdem sei es aber nicht gerechtfertigt, aus diesen Gründen ein Schiedsverfahren für unzulässig zu halten. Zunächst seien die Gläubiger an dem aus dem Ersatzanspruch resultierenden streitigen Rechtsverhältnis nicht beteiligt. Der Schiedsspruch betreffe sie also nicht in ihren Rechten und Pflichten, sondern allenfalls in ihren wirtschaftlichen Interessen, wenn er zuungunsten der GmbH von der wirklichen Rechtslage abweiche. Solche rein wirtschaftlichen Nachteile müßten Dritte aber sowohl bei den Urteilen staatlicher Gerichte als auch bei Schiedssprüchen im Bereich unstreitiger Schiedsfähigkeit hinnehmen. Die Vergleichsbeschränkungen rechtfertigten also eine Ausnahme nur, wenn die Anspruchsverkürzung durch Fehlurteil hier wahrscheinlicher erschiene als bei staatlichen Gerichten. Institutionell bestehe diese Gefahr indessen bei einem Schiedsverfahren nicht, denn es birge keine arteigenen Risiken, die es rechtfertigten, den Anspruch schon deshalb als „halb verloren“ zu betrachten[41].

Auch die Gefahr, daß die Parteien weniger geeignete Schiedsrichter auswählten, die dann einen fehlerhaften Schiedsspruch fällten, sei nicht so typisch und so realistisch, daß man Ersatzansprüchen generell die objektive Schiedsfähigkeit verwehren müsse. Natürlich bleibe die Möglichkeit, daß die Parteien im Einzelfall versuchten, über das Schiedsverfahren das zu erreichen, was sie durch Verzichts- oder Vergleichsvertrag nicht erreichen könnten. Aber das stelle nicht den Normalfall dar, weshalb man die Frage der Schiedsfähigkeit nicht am Leitbild böswillig zu Lasten Dritter agierender Parteien ausrichten dürfe. Zudem sei dies schiedsverfahrensunabhängig, da die Parteien auch einen vor einem staatlichen Gericht geführten Prozeß entsprechend manipulieren könnten, etwa durch bewußt unsorgfältigen bzw. unschlüssigen Vortrag. Solchen Gefahren müsse man nicht mit der Versagung der Schiedsfähigkeit, sondern nur mit Schadensersatzansprüchen begegnen[42].

Andere Autoren halten unter Zugrundelegung der Theorie der objektiven Verfügbarkeit generell alle Ansprüche, über die durch Verzicht oder Vergleich nicht disponiert werden könne, für schiedsfähig, so auch die GmbH-rechtlichen Ersatzansprüche[43].

---

39 *Kornmeier* (oben FN 38), 66ff; *ders.* (oben FN 38), ZZP 94 (1981), 27, 41f; ebenso *Schwab*, Wandlungen der Schiedsfähigkeit, FS Henckel, 803, 806; *Bork* (oben FN 38), ZZP 100 (1987), 249, 264.

40 *Bork* (oben FN 38), ZZP 100 (1987), 249, 265.

41 *Bork* (oben FN 38), ZZP 100 (1987), 249, 265f.

42 *Bork* (oben FN 38), ZZP 100 (1987), 249, 265f; ebenso *Schwab* (oben FN 39), FS Henckel, 803, 806.

43 Zöller-*Geimer*, 20. Aufl., § 1025 RZ 37; *Schwab/Walter*, Schiedsgerichtsbarkeit Kommentar, 5. Aufl., Kap. 4 RZ 6; *H.P. Westermann* (oben FN 31), DIS Band 11, 31, 44.

Wie bereits erwähnt, vertritt man allgemein in *Frankreich*, daß Verantwortlichkeitsklagen Gegenstand einer Schiedsvereinbarung nach Art. 631 Abs. 2 C. com. sein können[44]. Darin erschöpft sich aber gleichzeitig die Diskussion; der „ordre public“ oder die Disponibilität des Streitgegenstandes etwa im Hinblick auf die gesellschaftsrechtlichen Verzichtsverbote werden nicht in Frage gestellt. Das deutet darauf hin, daß man in der Schiedsfähigkeit kein Hindernis sieht.

In *New York* ist anerkannt, daß die Behandlung einer individuellen Aktionärsklage auf Schadensersatz durch ein Schiedsgericht keine gesellschaftsrechtliche „public policy“ verletzt[45]. Schwieriger stellt sich, wie angedeutet, die Situation bei der „derivative action“ dar. In neuerer Zeit haben sich die Gerichte allerdings dagegen ausgesprochen, schiedsgerichtliche Behandlung nur deshalb abzulehnen, weil die Gesellschaft möglicherweise nicht Partei der Schiedsvereinbarung sei. Sie sei einerseits über die Gesellschafter als Medium an sie gebunden und andererseits, weil es regelmäßig der Intention der Gesellschafter entspreche, mit einer weiten Schiedsklausel auch die Gesellschaft zu erfassen[46]. Manche Autoren kritisieren daher an der Gegenauffassung, daß sie sich zu stark an Begriffen orientiere und im Widerspruch zur gesellschaftsrechtlichen Realität stehe[47]. Sie empfehlen aber, die Gesellschaft sicherheitshalber ausdrücklich als Partei in die Schiedsklausel aufzunehmen[48].

Desgleichen lehnen es die New Yorker Gerichte heute überwiegend ab, in schiedsgerichtlicher Erledigung einen Verstoß gegen eine gesellschaftsrechtliche „public policy“ zu sehen. Den Ausgangspunkt bildete eine Entscheidung, die maßgeblich auf den Unterschied zwischen „close corporations“ und „public corporations“ abstellte. Bei „close corporations“ sei schiedsgerichtliche Behandlung der „derivative action“ grundsätzlich unbedenklich, denn hier sei der Kreis der Betroffenen begrenzt und Gefahren für Dritte nicht erkennbar. Zudem könne man mit dieser Klage ganz verschiedene Dispute vor ein Gericht bringen, weshalb eine allgemeine Regel, Schiedsgerichte in jedem Fall auszuschließen, zu rigide sei[49]. Drei weitere Entscheidungen bestätigten diese Grundsätze implizit[50], bevor schließlich die Appellate Division in zwei Entscheidungen

---

[44] Trib. Aix, 4.7.1934, D. 1937 II 9; Trib. Nîmes, 29.5.1986, Jurisdata Nr. 437; *Robert/Moreau* (oben FN 2), RZ 73; *Moreau/Bernard* (oben FN 2), 34; *Mercadal/Janin* (oben FN 1), RZ 419; *Cohen* (oben FN 2), RZ 153.

[45] *Vassiliades v. Margaronis*, 313 N.Y.S.2d 454, 455 (1st Dep't. 1970).

[46] *Ehrlich v. Drake Construction Corporation*, 92 N.Y.S.2d 711, 712f (Sup. Ct. 1949); *Crandall v. Master-Eagle Photoengraving Corp.*, 211 N.Y.S.2d 535, 536 (Sup. Ct. 1961), bestätigt in 217 N.Y.S.2d 535 (1960); *Cohen v. Cohen*, 233 N.Y.S.2d 787, 789 (1st Dep't. 1962); *Siegel v. Ribak*, 249 N.Y.S.2d 903, 909 (Sup. Ct. 1964).

[47] *Painter*, On Close Corporations, Volume I, § 7.2.2; *Note* (oben FN 30), 63 Colum. L. Rev. 267, 282 (1963); *Note*, Mandatory Arbitration as a Remedy for Intra-Close Corporate Disputes, 56 Va. L. Rev. 271, 281 (1970); *Suckewer/Heftler*, Disputes Among Shareholders and Directors in Closely Held Corporations, in: Arbitration: Commercial Disputes, Insurance and Tort Claims, 11, 50; *Shell*, Arbitration and Corporate Governance, 67 N.C. L. Rev. 517, 532 (1989).

[48] *O'Neal/Thompson*, Close Corporations, § 9.21; *Painter* (oben FN 47), § 7.2.2.

[49] *Siegel v. Ribak*, 249 N.Y.S.2d 903, 906ff (Sup. Ct. 1964).

[50] *In re Redmond*, 330 N.Y.S.2d 684, 685 (1st Dep't. 1972); *Denihan v. Denihan*, 357 N.Y.S.2d 454, 456 (1974); *Bayly, Martin & Fay Inc. v. Glaser*, 460 N.Y.S.2d 575, 576 (1st Dep't. 1983), bestätigt in 467 N.Y.S.2d 43 (1983).

feststellte, daß eine „derivative action" keinesfalls eine gesellschaftsrechtliche „public policy" verletze. Vielmehr sei ihre schiedsgerichtliche Behandlung bei einer „close corporation" im Gegensatz zu einer „public corporation" zulässig. Die Aktionäre hätten sich freiwillig der Schiedsklausel unterworfen, und Dritte wie etwa Gläubiger seien nicht per se durch schiedsgerichtliche Erledigung in ihren Interessen bedroht[51]. Dem stimmen die meisten Autoren ohne weitere Begründung zu[52].

In der „public corporation" erweist sich die Schiedsfähigkeit der „derivative action" nach wie vor als unklar. Ein Gericht lehnte sie ab, da dies die „interests of justice" verlangten[53], ein anderes ließ die Frage offen[54]. Im Schrifttum haben sich manche Autoren gegen Schiedsfähigkeit ausgesprochen, solange nicht für den Schutz von Gläubigern und anderen Aktionären gesorgt sei[55]. Eine neuere Stimme befürwortet sie dagegen nunmehr auch bei der „public corporation"[56].

3. Stellungnahme

Neben den Einlagestreitigkeiten sind auch die Verantwortlichkeitsklagen ein beredtes Beispiel, wie wenig der Abschluß eines materiellrechtlichen Vergleiches mit dem eines Schiedsvertrages zu tun hat. Im Rahmen der *deutschen* und der *österreichischen* aktienrechtlichen Vergleichsbeschränkungen ist zunächst zu beachten, daß sie einen Vergleich nicht völlig ausschließen. Vielmehr lassen sie ihn nach Ablauf einer bestimmten Frist und mit Zustimmung der Hauptversammlung zu, wenn nicht eine Minderheitenquorum widerspricht. Konsequenterweise müßten die Anhänger der Gleichstellung von Vergleich und Schiedsvertrag eine Schiedsvereinbarung zulassen, wenn diese Voraussetzungen erfüllt wären. Einer Zustimmung der Hauptversammlung zum Schiedsvertrag bedürfte es dann nur im Falle einer anstellungsvertraglichen Schiedsklausel, jedoch wegen § 1048 ZPO a.F. bzw. § 1066 ZPO nicht im Falle einer statutarischen Schiedsklausel.

Auch die gesellschaftsrechtlichen Wartefristen stehen schiedsgerichtlicher Erledigung nicht ohne weiteres entgegen. Ihr Hintergrund besteht keineswegs darin, das „öffentliche Verfahren der ordentlichen Gerichtsbarkeit" zu erzwingen. Vielmehr sollen sie im Rahmen der Gründerhaftung den die Gesellschaft beherrschenden Gründereinfluß, der sich möglicherweise auch auf die Geltendmachung des Ersatzanspruchs

---

[51] *Lane v. Abel-Rey*, 418 N.Y.S.2d 25, 26 (1st Dep't. 1979), bestätigt in 430 N.Y.S.2d 41 (1980); ebenso *Maresca v. La Certosa*, 569 N.Y.S.2d 111 (2d Dep't. 1991).

[52] *Weinstein/Korn/Miller*, New York Civil Practice, § 7501.18; 23 *Carmody-Wait*, Cyclopedia of New York Civil Practice, § 141:37; *Eager*, The Arbitration Contract and Proceedings, § 33 Nr. 2; *O'Neal/Thompson* (oben FN 48), § 9.16 u. § 9.19; *Kessler*, Arbitration of Intra-Corporate Disputes under New York Laws, 19 Arb. J. 1, 16 (1964); *Note* (oben FN 47), 56 Va. L. Rev. 271, 282 (1970).

[53] *GAF Corp. v. Werner*, 484 N.Y.S.2d 12, 16 (1st Dep't. 1985).

[54] *In re Solomon Inc. Shareholders' Derivative Suit.*, 68 F.3d 554, 557 (2d Cir. 1995).

[55] *Eager* (oben FN 52), § 33 Nr. 3; *Kronstein*, Business Arbitration - Instrument of Private Government, 54 Yale L. J. 36, 61 (1944).

[56] *Note*, The Rise of „Sharholder Derivative Arbitration" in Public Corporations: In Re Solomon Inc. Shareholders' Derivative Litigation, 31 Wake Forest L. Rev. 337, 359ff (1996).

auswirkt, zurückdrängen. Und im Rahmen der Haftung für pflichtwidrige Geschäftsführung sollen sie gewährleisten, daß der Ersatzanspruch nicht erledigt wird, bevor sein ganzer Umfang feststeht[57]. Den Fristen kann also keinesfalls entnommen werden, daß sie private Gerichte von der Beurteilung der Ersatzansprüche ausschließen wollen. Zudem käme es nicht nur zu den angedeuteten unerfreulichen prozessualen Situationen, wenn man die schiedsgerichtliche Beurteilung vom Ablauf bestimmter Fristen abhängig machte, sondern auch ein staatliches Rechtsprechungsmonopol läßt sich nicht durch bloßen Zeitablauf definieren: Entweder man räumt der privaten Gerichtsbarkeit einen Freiraum zur Beurteilung einer Streitigkeit ein oder man lehnt dies ab. Es erscheint widersprüchlich, ein Rechtsprechungsmonopol des Staates für Verantwortlichkeitsklagen vor Ablauf einer bestimmten Frist anzunehmen, es unmittelbar nach Fristablauf aber zu verneinen.

Ebensowenig ist zu unterstellen, daß schiedsgerichtliche Beurteilung das Unternehmensinteresse aufgrund von „Dispositionen, die sich außerhalb des aktienrechtlichen Regelungssystems vollziehen", bedroht. Der Schiedsvertrag und die Entscheidungen des Schiedsgerichts stellen als solche keine derartigen Dispositionen dar und bedrohen nicht das Interesse des Unternehmens an ordnungsgemäßer Abwicklung der Ersatzansprüche. Der Schiedsvertrag legt, wie bereits erörtert, lediglich ein privates Forum fest, verfügt aber nicht über die materielle Forderung. Im Falle einer statutarischen Schiedsklausel kann man diese schon formell nicht als eine außeraktienrechtliche Disposition bezeichnen, da sie hier dann nicht außerhalb der aktienrechtlichen Regelungssystems steht, sondern als Bestandteil der Satzung zum Innenrecht der Gesellschaft gehört. Schließlich kann die Gesellschaft im Schiedsverfahren keineswegs derart frei mit der Geltendmachung der Ersatzansprüche umspringen, daß die von der Haftung bedrohten Personen ihr ruhigen Gewissens entgegensehen können. Auch „aktienrechtliche Dispositionen" vor dem Schiedsgericht, etwa ein zwischen den Parteien abgeschlossener Vergleich, unterliegen selbstverständlich den erörterten gesellschaftsrechtlichen Beschränkungen. Konkrete Argumente, weshalb gerade schiedsgerichtliche Erledigung die Geltendmachung von Ersatzansprüchen vereitelt, sind daher nicht zu finden.

Bezeichnenderweise vertritt das ablehnende aktienrechtliche Schrifttum im Gegenteil, daß die Gesellschaft ein Verfahren durch Prozeßvergleich, Klageverzicht und Anerkenntnis auch vor Fristablauf beenden könne, wenn und soweit die von ihr geltend gemachten Ansprüche offensichtlich nicht bestünden. Nur ein Nachgeben der Gesellschaft, mit dem sie bei objektiver Betrachtung hinter den ihr nach materieller Rechtslage zustehenden Ansprüchen zurückbleibe, werde von den Vergleichsbeschränkungen erfaßt[58]. Wenn die Gesellschaft unter diesen Umständen gar derartige materielle Verfügungen ohne die erörterten Beschränkungen treffen kann, muß schiedsgerichtliche Erledigung erst recht möglich sein. Eine Schiedsvereinbarung führt nämlich erst recht nicht dazu, daß die Gesellschaft von vornherein hinter ihren Ansprüchen zurückbleibt. Davon zu unterscheiden ist die bereits angesprochene Tatsache, daß die Schiedsrichter im Verfahren an die gesellschaftsrechtlichen Beschränkungen gebunden sind.

---

[57] S.o. B. I.

[58] MK-*Pentz*, AktG, § 50 RZ 11; KölnerKomm-*Mertens*, § 93 RZ 135; *ders.* (oben FN 19), FS Fleck, 209, 214; *Zimmermann* (oben FN 19), FS Duden, 773, 784f.

Insgesamt bleibt deshalb festzuhalten, daß die aktienrechtlichen Vergleichsbeschränkungen schiedsgerichtliche Beurteilung von Ersatzansprüchen weder gänzlich ausschließen noch erst nach Ablauf einer Frist zulassen.

Noch weniger kann es überzeugen, Schiedsvertrag und Vergleich im Rahmen der GmbH-rechtlichen Dispositionsbeschränkungen gleichzustellen. Im Unterschied zum Aktienrecht geht das GmbHG nämlich von der grundsätzlichen Zulässigkeit eines Vergleiches aus und stellt ihn lediglich nur unter die Schranke der Erforderlichkeit des Ersatzes zur Gläubigerbefriedigung. Das Gesetz will diese Dispositionen nur dann verbieten, wenn sie Gesellschaftsgläubiger beeinträchtigen können[59]. Desgleichen ordnet das Gesetz in § 9b Abs. 1 S. 2 sogar ausdrücklich an, daß ein Vergleich möglich ist, wenn der Ersatzpflichtige zahlungsunfähig ist und sich zur Abwendung oder Beseitigung des Konkursverfahrens mit seinen Gläubigern vergleicht. Keinesfalls kann man daher annehmen, die Vergleichsbeschränkungen schlössen jegliche Verfügungsmöglichkeit über die Ersatzansprüche schlechthin aus. Verfügungen sind im Gegenteil prinzipiell möglich, und deshalb müssen auch die Anhänger der Gleichstellung von Vergleich und Schiedsvertrag zunächst von der Zulässigkeit eines Schiedsvertrages, der als solcher nicht einmal eine Verfügung über den Streitgegenstand enthält, ausgehen.

Daß die Erforderlichkeitsschranke schiedsgerichtliche Erledigung nicht verbieten will, haben einige Autoren bereits herausgearbeitet, denen zuzustimmen ist. Mögliche wirtschaftliche Beeinträchtigungen, die sich aus der Entscheidung gesellschaftsrechtlicher Binnenrechtsstreitigkeiten ergeben, müssen Dritte in Kauf nehmen, und dies unabhängig davon, ob die Entscheidung von einem staatlichen- oder einem Schiedsgericht stammt. Ein Schiedsverfahren birgt zudem weder die institutionelle Gefahr eines Fehlurteils noch eines absichtlich zu Lasten Dritter handelnden Richters.

Ein Schiedsverfahren zuzulassen, je nachdem, ob der Anspruch zur Gläubigerbefriedigung erforderlich ist, erscheint ebenso inkonsequent, wie es von bestimmten Fristen abhängig zu machen. Die dadurch entstehende Rechtsunsicherheit und das bereits dargestellte Risiko des zwischen staatlichem- und Schiedsgericht hin- und herpendelnden Verantwortlichkeitsstreits stellen geradezu prekäre Ausprägungen der Theorie der materiellrechtlichen Vergleichsbefugnis dar: Um beurteilen zu können, ob schiedsgerichtliche Entscheidung zulässig, der Ersatz also nicht zur Gläubigerbefriedigung erforderlich ist, müßte man ein staatliches Gericht anrufen. Würde dieses feststellen, daß der Ersatz nicht erforderlich ist, müßte der Streit ans Schiedsgericht verwiesen werden, das seine Arbeit aufnehmen könnte. Wendete eine Partei im Verfahren dann aber zu Recht ein, mittlerweile habe sich die wirtschaftliche Situation der GmbH gewandelt und der Ersatz sei nun zur Gläubigerbefriedigung erforderlich, müßte das Schiedsgericht die Sache wieder ans ordentliche Gericht abgeben. Im umgekehrten Fall, wenn das staatliche Gericht feststellte, daß der Ersatz erforderlich sei, könnte es das Verfahren voranbringen, müßte die Einrede der Schiedsvereinbarung später aber berücksichtigen, wenn der Ersatz aufgrund einer Vermögensverbesserung der GmbH nicht mehr erforderlich wäre. Ebenso ungeklärt ist, was geschieht, wenn die Erforderlichkeit erst eintritt, nachdem das Schiedsverfahren beendet ist.

---

[59] Hachenburg-*Ulmer*, § 9b RZ 2; Scholz-*K. Schmidt*, § 9b RZ 4; Baumbach-*Hueck*, GmbHG, § 9b RZ 2.

Daß die Verantwortlichkeitsansprüche einer Vereinbarung der Parteien i.S.d. Theorie der objektiven Verfügbarkeit zugänglich sind, ergibt sich für die GmbH nach diesen Ausführungen schon daraus, daß sie prinzipiell vergleichsfähig sind. Die Vergleichsbeschränkungen stellen zwar bestimmte Voraussetzungen auf, verhindern aber nicht grundsätzlich die Möglichkeit, einen Vergleich abzuschließen und mithin über sie zu verfügen. Zudem verbieten die Beschränkungen zwar nicht nur Verzicht und Vergleich, sondern erstrecken sich auch auf andere Rechtsgeschäfte, die in ihrer Wirkung einem Vergleich gleichkommen. Dabei ist jedoch entscheidend, ob der Gesellschaft nach dem Schutzzweck der Norm vollwertiger Ersatz zufließt. Die Regelungen dürfen durch andere Verfügungen also nicht umgangen werden, deren Natur und Anforderungen freilich in den Einzelheiten umstritten sind[60]. Wie bereits oben erörtert, führt eine Schiedsvereinbarung aber weder dazu, der Gesellschaft ihren Ersatz zu verwehren, noch umgeht sie die Vergleichsbeschränkungen. Sie legt lediglich ein Forum für die Klage fest, verkürzt aber nicht den Anspruch als solchen. Die Gesellschaft bleibt, indem sie den Streit an ein Schiedsgericht überträgt, nicht hinter den ihr zustehenden Ansprüchen zurück. Der Abschluß einer Schiedsvereinbarung ist vielmehr von dem vor dem Schiedsgericht geschlossenen - und u.U. unzulässigen - Vergleich zu unterscheiden. Verantwortlichkeitsansprüche sind mithin prinzipiell rechtsgeschäftlicher Vereinbarung zugänglich und damit objektiv verfügbar i.S.d. Verfügbarkeitstheorie.

Bei näherer Betrachtung läßt sich auch aus den Interessen, die die Verantwortlichkeitsanprüche sicherstellen wollen, ein Rechtsprechungsmonopol des Staates nicht folgern. Die Gründerhaftung will die Gesellschaft vor Schädigungen im Zusammenhang mit der Gründung schützen und sicherstellen, daß die Gesellschaft bei ihrem Entstehen die satzungsmäßig vorgesehene Kapitalgrundlage hat. Sie soll die Ordnungsmäßigkeit der Gründung sowie die reale Aufbringung und Erhaltung des statutarisch festgesetzten Stammkapital gewährleisten, indem sie die an der Gründung beteiligten Personen zur Beachtung der Gründungsvorschriften anhält und zudem bei Verstößen hiergegen einen haftungsmäßigen Ausgleich schafft[61]. Die Verantwortlichkeit wegen fehlerhafter Geschäftsführung will die Leitung der Gesellschaft zu sorgfältiger Geschäftsführung zwingen und im Falle von Pflichtverletzungen zum Schutz des Gesellschaftskapitals eine allein aus der Organstellung folgende Haftung anordnen. Die Organhaftung soll einen Ausgleich für die Nachteile herbeiführen, die die Gesellschaft durch das Handeln der Leitung erlitten hat, und das Haftungsrisiko schon vor Eintritt eines Schadens auf die Organmitglieder einwirken lassen, so daß sie die ihnen auferlegten Pflichten gegenüber der Gesellschaft erfüllen.

---

[60] Deutschland: MK-*Pentz*, AktG, § 50 RZ 12f; KölnerKomm-*Kraft*, § 50 RZ 8; KölnerKomm-*Mertens*, § 93 RZ 132ff; Großkomm-Hopt, AktG, § 93 RZ 374ff; Hachenburg-*Ulmer*, § 9b RZ 6ff; Scholz-*Winter*, § 9b RZ 5; Hachenburg-*Ulmer*, § 43 RZ 86f; Scholz-*Schneider*, § 43 RZ 187ff. Österreich: Schiemer-*Jabornegg*, § 43 RZ 8; Schiemer-*Strasser*, §§ 77-84 RZ 112; *Koppensteiner*, § 10 RZ 32 u. § 25 RZ 24.

[61] Deutschland: BGH, 27.2.1975, BGHZ 64, 52, 58 für die aktienrechtliche Gründerhaftung; MK-*Pentz*, AktG, § 46 RZ 5; Geßler-*Eckardt*, vor §§ 46-51 RZ 1; KölnerKomm-*Kraft*, § 46 RZ 2; Hachenburg-*Ulmer*, § 9a RZ 1; Scholz-*Winter*, § 9a RZ 1. Österreich: Schiemer-*Jabornegg*, § 39 RZ 3; *Koppensteiner*, § 10 RZ 2. Schweiz: OR-*Watter*, § 753 RZ 1. Frankreich: *Guyon* (oben FN 1), RZ 162; *Ripert/Roblot* (oben FN 1), RZ 1136.

Gleichzeitig sollen die Ansprüche das berechtigte Vertrauen der Gläubiger darauf schützen, daß das gesellschaftliche Vermögen, das ihnen als Haftungsmasse dient, nicht durch unsorgfältiges Verhalten vermindert wird[62].

Letztlich bezwecken die Vorschriften sowohl den Schutz der Gesellschaft als auch der Gläubiger. Im Zusammenspiel mit den Dispositionsbeschränkungen soll die Gesellschaft nicht durch Vereinbarungen, auf die Dritte keinen Einfluß haben, die Kapitalgrundlage zu Lasten dieser Dritter schmälern. Wie bereits ausgeführt, schränkt die Vereinbarung schiedsgerichtlicher Erledigung nicht per se den Gläubigerschutz ein. Sie droht nicht als solche, die Ansprüche der Gläubiger zu vereiteln. Denn allein durch die Vereinbarung eines Schiedsgericht besteht keine größere Gefahr, daß die Geltendmachung des Anspruchs verhindert wird, als vor einem staatlichen Gericht.

Davon zu unterscheiden sind schädigende Absprachen im Schiedsverfahren selbst. Hier droht ebenso wie im staatlichen Verfahren die Unwirksamkeit der Absprache, wenn das Schiedsgericht im Verfahren etwa gegen die Vergleichsbeschränkungen, denen zwingender Charakter zukommt[63], verstößt. Im Aktienrecht ist daran zu erinnern, daß ein Vergleich zwischen Gesellschaft und Gründer bzw. Vorstandsmitglied über den Ersatzanspruch nach § 93 Abs. 5 S. 3 AktG sowieso keine Wirkung gegenüber den Gläubigern hat. Die Einflußnahmemöglichkeiten der Parteien beschränken sich zunächst lediglich auf die Nominierung eines der drei Schiedsrichter. Weshalb das Schiedsverfahren als solches den Parteien danach besondere Anreize bieten soll, die Kapitalgrundlage zu Lasten Dritter zu schmälern, ist nicht ersichtlich. Und absichtlich zu Lasten Dritter handelnde Parteien sind vor jeglichen streitentscheidenden Organen denkbar, nicht aber ein Phänomen der Schiedsgerichtsbarkeit. Schließlich ist auch ein Fehlurteil eines Schiedsgerichts nicht wahrscheinlicher als das eines staatlichen Gerichtes.

Zudem kann ein Schiedsgericht Gründer und Leitungsorgane ebenso wie ein staatliches zur Beachtung der Gründungsvorschriften bzw. zu pflichtgemäßer Amtsführung anhalten und sie mit schadensersatzrechtlichen Sanktionen bedrohen. Es steht keinesfalls fest, daß Organe die Verurteilung durch ein Schiedsgericht weniger fürchten müssen als durch ein staatliches. Richtigerweise hat man in *Frankreich* und in *New York* deshalb überwiegend erkannt, daß schiedsgerichtliche Beurteilung nicht den gesellschaftsrechtlichen „ordre public“ in Frage stellt. Ein Rechtsprechungsmonopol staatlicher Gerichte für die Beurteilung von gesellschaftsrechtlichen Verantwortlichkeitsklagen ist daher nicht festzustellen.

---

[62] Deutschland: Großkomm-*Hopt*, AktG, § 93 RZ 11ff; Hachenburg-*Ulmer*, § 43 RZ 4f. Österreich: *Kastner* (oben FN 19), 237. Frankreich: *Guyon* (oben FN 1), RZ 457; *Ripert/Roblot* (oben FN 1), RZ 1360. New York: *Mokhiber on Behalf of Ford Motor Co. v. Cohn*, 783 F.2d 26, 29 (2nd Cir. 1986); ebenso die Vorinstanz, 608 F.Supp. 616, 625 (D.C.N.Y. 1985).

[63] Deutschland: BGH, 5.6.1975, BGHZ 64, 325, 326f für die aktienrechtliche Vorstandshaftung. Ebenso KölnerKomm-*Mertens*, § 93 RZ 4; Großkomm-*Hopt*, AktG, § 93 RZ 23; Rowedder-*Schmidt-Leithoff*, § 9b RZ 1; Hachenburg-*Mertens*, § 43 RZ 5; Rowedder-*Koppensteiner*, § 43 RZ 4; *Lutter-Hommelhoff*, § 43 RZ 2. Österreich: *Kostner/Umfahrer*, Die GmbH, RZ 264; *Kastner* (oben FN 19), 237. New York: *Mokhiber on Behalf of Ford Motor Co. v. Cohn*, 783 F.2d 26, 29 (2nd Cir. 1986); ebenso die Vorinstanz, 608 F.Supp. 616, 625 (D.C.N.Y. 1985).

III. Die Schiedsfähigkeit im weiteren Sinne

Die Schiedsfähigkeit im weiteren Sinne ist unproblematisch und wird in Rechtsprechung und Literatur nicht erörtert. Die subjektive Schiedsfähigkeit der Verantwortlichkeitsansprüche ergibt sich daraus, daß Parteien des Haftungsprozesses die Gesellschaft als Klägerin und der Gründer bzw. das Leitungsorgan als Beklagte sind[64]. Diese Parteien können in den oben erörterten Grenzen subjektiv über den Anspruch verfügen.

IV. Ergebnis

Die im Rahmen von Gründerhaftung und Haftung aufgrund pflichtwidriger Geschäftsführung angeordneten gesellschaftsrechtlichen Dispositionsbeschränkungen verbieten die schiedsgerichtliche Erledigung von Verantwortlichkeitsklagen nicht. Diese Klagen sind daher sowohl im Aktien- als auch im GmbH-Recht schiedsfähig.

---

[64] Geßler-*Hefermehl*, § 46 RZ 4; Geßler-*Eckardt*, § 93 RZ 1; Hachenburg-*Ulmer*, § 9a RZ 7; Hachenburg-*Mertens*, GmbHG, § 43 RZ 2 u. 6ff.

§ 9 Streitigkeiten um die Abberufung von Leitungsorganen

Die Schiedsfähigkeit von Streitigkeiten um die Abberufung von Leitungsorganen wird im Rahmen von Kapital- und Personengesellschaften diskutiert. Dabei wird jedoch nur selten zwischen den einzelnen Gesellschaftsformen differenziert und als Maßstab kaum die Vorschriften über die Schiedsfähigkeit herangezogen. Im Gegensatz zu den vorangegangenen Streitigkeiten ist zu beachten, daß Schiedsgerichte, die Abberufungsauseinandersetzungen entscheiden, sich i.d.R. nicht (nur) auf eine statutarische Schiedsklausel im Gesellschaftsvertrag stützen, sondern auf eine im Anstellungsvertrag des Leitungsorgans befindliche Schiedsvereinbarung[1]. Es bleibt daher zu fragen, ob diese allein die Grundlage schiedsgerichtlicher Entscheidung über die Abberufung bilden kann.

A. Grundlagen

Die verschiedenen Möglichkeiten, die Leitung einer Gesellschaft ihres Amtes zu entheben, hängen in erheblichem Ausmaß von der jeweiligen Gesellschaftsform ab.

Die §§ 117, 127 des *deutschen* HGB sehen ausdrücklich die Entziehung der Geschäftsführungsbefugnis bzw. der Vertretungsmacht aus wichtigem Grund durch gerichtliche Entscheidung auf Antrag aller übrigen Gesellschafter vor. Über § 161 Abs. 2 HGB findet § 117 HGB auch auf die KG Anwendung, jedoch § 127 HGB nur auf ihren Komplementär[2]. Daneben besteht die Möglichkeit, den Geschäftsführer durch Gesellschafterbeschluß abzuberufen, falls der Gesellschaftsvertrag dies vorsieht[3]. Das GmbH-Recht kennt die jederzeitige Abberufung von Geschäftsführern durch Beschluß in § 38 Abs. 1 GmbHG, welche nach Abs. 2 in der Satzung auf wichtige Gründe beschränkbar ist. Zuständig ist nach § 46 Nr. 5 GmbHG grundsätzlich die Gesellschafterversammlung. Eine analoge Anwendung der §§ 117, 127 HGB lehnt man aufgrund der stärkeren Vermögensbindung und der unterschiedlichen Haftungslage bei Personengesellschaften allgemein ab[4]. Den Vorstand einer AG kann dagegen nur der Aufsichtsrat gem. § 84 Abs. 3 S. 1 AktG durch Beschluß aus wichtigem Grund abberufen. Diese Zuständigkeit darf ihm nicht durch Satzung entzogen oder einem anderen Organ übertragen werden[5].

---

[1] *H. Westermann*, Gesellschaftsrechtliche Schiedsgerichte, FS Fischer, 853, 854.

[2] Schlegelberger-*Martens*, § 117 RZ 3; Heymann-*Emmerich*, § 117 RZ 2; Schlegelberger-*K. Schmidt*, § 127 RZ 2; Großkomm-*Habersack*, HGB, § 127 RZ 2.

[3] BGH, 23.10.1972, NJW 1973, 750; 9.11.1987, BGHZ 102, 172, 176; Schlegelberger-*Martens*, § 117 RZ 52; Großkomm-*Fischer*, HGB, § 117 RZ 29. Ebenso für die Entziehung der Vertretungsbefugnis Schlegelberger-*K. Schmidt*, § 127 RZ 8; Großkomm-*Habersack*, HGB, § 127 RZ 21.

[4] BGH, 20.12.1982, BGHZ 86, 177, 180; OLG Hamburg, 28.6.1991, GmbHR 1992, 43, 45; Hachenburg-*Stein*, § 38 RZ 21; Scholz-*Schneider*, § 38 RZ 17 u. 28a; Rowedder-*Koppensteiner*, § 38 RZ 3; Baumbach-*Zöllner*, GmbHG, § 38 RZ 33

[5] Geßler-*Hefermehl*, § 84 RZ 61; *Hüffer*, § 84 RZ 1.

In *Österreich* entsprechen die § 117, 127 öHGB den deutschen § 117, 127 HGB, sehen also die Entziehung durch gerichtliche Entscheidung vor. Die Entziehung durch Gesellschafterbeschluß ist ebenfalls zulässig, falls der Gesellschaftsvertrag sie regelt[6]. Bei der GmbH ist gem. § 16 Abs. 1 öGmbHG der Geschäftsführer nicht nur durch die Gesellschafterversammlung jederzeit abberufbar, sondern nach § 16 Abs. 2 öGmbHG kann dies bei Vorliegen eines wichtigen Grundes auch im gerichtlichen Verfahren erfolgen[7]. Ob dies auf für die Abberufung des Fremdgeschäftsführers gelten sollte, war bis vor kurzem sehr umstritten[8]. Das Insolvenzrechtsänderungsgesetz von 1997 erstreckte die Vorschrift nunmehr aber auch auf den Fremdgeschäftsführer[9]. Allgemein sieht man in den §§ 117, 127 öHGB das Vorbild des § 16 Abs. 2 öGmbHG, so daß die zu diesen Vorschriften ergangene Rechtsprechung und Literatur zur Auslegung des § 16 Abs. 2 GmbHG heranzuziehen ist[10]. Bei der AG ordnet § 75 Abs. 4 öAktG eine dem § 84 Abs. 3 AktG entsprechende Regelung für die Abberufung des Vorstands durch den ausschließlich zuständigen[11] Aufsichtsrat aus wichtigem Grund an.

In der *schweizerischen* Kollektivgesellschaft[12] werden die Geschäftsführungsbefugnis gem. § 557 Abs. 2 OR i.V.m. § 539 OR und die Vertretungsbefugnis gem. § 565 Abs. 1 OR durch Gesellschafterbeschluß entzogen, was in jedem Fall einen wichtigen Grund erfordert. Dies gilt nicht nur für die auf dem Gesellschaftsvertrag beruhende, sondern nach allgemeiner Ansicht auch für die kraft Gesetzes ausgeübte Geschäftsführungsbefugnis[13]. Bei der GmbH richtet sich die Abberufung über § 814 Abs. 2 OR grundsätzlich nach den gleichen Vorschriften. Nach § 810 Abs. 1 Nr. 2 OR ist ein Gesellschafterbeschluß erforderlich. Die Abberufung eines Fremdgeschäftsführers erleichtert § 814 Abs. 3 OR, der auf das Erfordernis des wichtigen Grundes verzichtet. Dies entspricht der Abberufungsregelung in der AG: Hier kann die Generalversammlung den Verwaltungsrat einer AG nach Art. 705 Abs. 1 OR jederzeit abberufen. Ein gerichtliches Abberufungsverfahren lehnt man dagegen für alle Gesellschaftsformen ab[14].

Im *französischen* Personengesellschaftsrecht kennt Art. 18 LSC die Abberufung der Direktoren, welche grundsätzlich durch Gesellschafterbeschluß erfolgt. Das LSC hat

---

6 OGH, 5.3.1971, JBl. 1971, 475; Straube-*Torggler-Kucsko*, § 117 RZ 30; *Kastner*, Grundriß des österreichischen Gesellschaftsrechts, 98.

7 Diese Vorschrift führte der Gesetzgeber 1980 aufgrund der Tatsache ein, daß nach § 39 Abs. 5 öGmbHG der in Frage stehende Geschäftsführer bei der Abberufungsentscheidung mitstimmen konnte, was bei einem geschäftsführenden Mehrheitsgesellschafter zu praktischer Unabberufbarkeit führte; näher OGH, 1.10.1952, JBl. 1953, 129.

8 Gegen eine analoge Anwendung haben sich ausgesprochen OGH, 26.4.1988, SZ 61, Nr. 99; 12.11.1992, RdW 1993, 109; *Koppensteiner*, § 16 RZ 23; *Gellis/Feil*, § 16 RZ 12. Dafür jedoch *Kostner/Umfahrer*, Die GmbH, RZ 212; *Wünsch*, Die Organe der GmbH im Lichte der Novelle 1980, GesRZ 1980, 165, 166; *Strigl*, Zweifelsfragen zur Neufassung des § 16 GesmbHG, AnwBl. 1981, 143; *Nowotny*, Der lästige Gesellschafter in der GmbH & Co. KG, NZ 1982, 81, 89; *Reich-Rohrwig*, Anmerkung zu OGH, Urt. v. 26.4.1988, WBl. 1988, 235.

9 Dazu *Umfahrer*, Geplante Änderungen im Gesellschaftsrecht durch das IRÄG, RdW 1997, 2, 4.

10 OGH, 4.7.1991, ecolex 1992, 29; *Gellis/Feil*, § 16 RZ 12; *Kostner/Umfahrer* (oben FN 8), RZ 214.

11 Schiemer-*Strasser*, §§ 75 u. 76 RZ 39.

12 Die Kollektivgesellschaft entspricht im wesentlichen der deutschen OHG.

13 BernerKomm-*Becker*, Art. 539 RZ 1; ZürchKomm-*Siegwart*, Art. 539 RZ 1; OR-*Handschin*, Art. 539 RZ 1; *v. Steiger*, Schweizerisches Privatrecht Band VIII/2: Die Kapitalgesellschaften, 401.

14 OR-*Dreifuss/Lebrecht*, Art. 705 RZ 8.

für die Personengesellschaften die Entziehung der Geschäftsführung aus wichtigem Grund durch gerichtliche Entscheidung nicht ausdrücklich geregelt. Judikatur und Schrifttum sind sich aber einig, daß diese bereits im alten Recht anerkannte Möglichkeit auch nach Inkrafttreten des LSC weiter Bestand hat. Zur Begründung verweist man auf eine Analogie zu Art. 1851 Abs. 2 C. civ. bzw. Art. 55 Abs. 2 LSC, die die gerichtliche Abberufung für die Société civile bzw. die SARL vorsehen[15]. In der SARL ist der Geschäftsführer nach Art. 55 Abs. 1 LSC darüber hinaus auch durch Gesellschafterbeschluß abberufbar. Schließlich kann die Hauptversammlung der SA den Verwaltungsrat nach Art. 90 Abs. 3 LSC jederzeit abberufen. Dies hat im neueren Schrifttum Kritik provoziert, die eine Beschränkungsmöglichkeit auf einen wichtigen Grund fordert[16]. Eine gerichtliche Entziehung lehnt man dagegen für die SA ab[17].

Einigkeit besteht in Frankreich auch darüber, daß sowohl der Disput über die Abberufung als auch das gerichtliche Abberufungsverfahren vor das Handelsgericht gehören[18], so daß Art. 631 Abs. 1 Nr. 2 i.V.m. Art. 631 Abs. 2 C. com. die Streitigkeiten erfassen. Zweifelhaft erscheint, ähnlich wie bei den Verantwortlichkeitsklagen, was im Falle eines Fremdgeschäftsführers gelten soll, der - da kein Gesellschafter - nicht unter den Wortlaut der Vorschriften fällt. Vereinzelt bejaht man hier ebenfalls die Zuständigkeit des Handelsgerichts[19]. Dementsprechend müßte auch ein Schiedsverfahren möglich sein.

Das *New Yorker* BCL sieht die Abberufung der Direktoren durch Beschluß der Aktionäre in § 706 (a) vor, wobei der Gesellschaftsvertrag auch eine Abwahl durch Mehrheitsentscheidung der anderen Direktoren vorsehen darf. Die gerichtliche Abberufung kann nach § 706 (d) vom „attorney general" oder von Aktionären, die zusammen zehn Prozent des Stammkapitals halten, beantragt werden. Beide Alternativen erfordern einen Abberufungsgrund.

B. Schiedsfähigkeit

Angesichts der durchaus verschiedenen gesetzlichen Grundlagen bietet es sich an, bei der schiedsgerichtlichen Beurteilung von Abberufungsstreitigkeiten nach dem erstrebten Rechtsschutz zu differenzieren.

---

[15] *Guyon*, Droit des affaires, Tome 1: Droit commercial général et sociétés, RZ 263; *Ripert/Roblot*, Traité de droit commercial: Sociétés commerciales, RZ 842; *Cozian/Viandier*, Droit des Sociétés, RZ 1485; *Mercadal/Janin*, Sociétés commerciales, RZ 535; *Hémard/Terré/Mabilat*, Sociétés commerciales, Tome 1, RZ 263.

[16] *Ripert/Roblot* (oben FN 15), RZ 1287; *Merle*, Sociétés commerciales, RZ 386.

[17] *Guyon* (oben FN 15), RZ 328; *Aubert*, La révocation des organes d'administration des sociétés commerciales, Rev. trim. dr. com. 1968, 977, 995.

[18] Cass., 18.11.1970, Rev. soc. 1971, 395, 397; 12.12.1984, Rev. soc. 1984, 761, 762; *Guyon* (oben FN 15), RZ 492; *Cozian/Viandier* (oben FN 15), RZ 1305.

[19] *Guyon* (oben FN 15), RZ 492.

I. Die Abberufung durch Gesellschafterbeschluß

1. Stand der Diskussion

In einer Personengesellschaft kann sich der betroffene Geschäftsführer gegen den Abberufungsbeschluß mit einer Feststellungsklage wehren. Die Feststellungsentscheidung des Gerichts hat lediglich deklaratorische Wirkung, da sie feststellt, ob mögliche im Gesellschaftsvertrag normierte Voraussetzungen der Abberufung erfüllt sind[20]. Die Schiedsfähigkeit eines solchen Streits über einen vertraglich zugelassenen Entziehungsbeschluß bejaht das Schrifttum allgemein ohne nähere Begründung[21].

In der GmbH kann der Geschäftsführer, der auch Gesellschafter ist, eine Anfechtungs- oder Nichtigkeitsklage gegen den Beschluß erheben. Sowohl Gesellschafter-Geschäftsführer als auch Fremdgeschäftsführer können darüber hinaus ein Verfahren auf Feststellung der Unwirksamkeit der Abberufung einleiten[22]. Während die Zulässigkeit einer einstweiligen Verfügung durch ein Schiedsgericht im Abberufungsstreit kontrovers diskutiert wird[23], finden sich hinsichtlich eines schiedsgerichtlichen Hauptsacheverfahrens nur wenige Stimmen. Für den Streit um die Wirksamkeit einer vorzeitigen Entlassung wird jedoch vereinzelt vertreten, daß die Zuständigkeit eines Schiedsgerichts vereinbart werden könne[24]. Dabei weisen manche Autoren auf die Vorteile der Schiedsgerichtsbarkeit speziell im Fall von Abberufungsauseinandersetzungen hin und halten sie für schiedsfähig „bei Kapitalgesellschaften“, ohne zwischen GmbH und AG zu unterscheiden[25].

Während sich in *Österreich* keine Stellungnahme zur Zulässigkeit einer Schiedsvereinbarung findet, müßte man in der *Schweiz* die Schiedsfähigkeit bejahen: Einerseits hält man dort überwiegend Beschlußmängelstreitigkeiten für schiedsfähig, andererseits verweist das GmbH-Recht lediglich auf das Recht der Kollektivgesellschaft, bei der man, da es sich ja um eine Personengesellschaft handelt, wie erörtert von Schiedsfähig-

---

[20] Deutschland: Schlegelberger-*Martens*, § 117 RZ 52; Baumbach-*Hopt*, HGB, § 117 RZ 12. Österreich: Straube-*Torggler-Kuscsko*, § 117 RZ 29. Schweiz: BernerKomm-*Hartmann*, § 565 RZ 2.

[21] Deutschland: Schlegelberger-*Martens*, § 117 RZ 40; Großkomm-*Fischer*, HGB, § 117 RZ 31; Baumbach-*Hopt*, HGB, § 117 RZ 8; ebenso für § 127 HGB Großkomm-*Habersack*, HGB, § 127 RZ 23. Österreich: Straube-*Torggler-Kucsko*, § 117 RZ 29. Schweiz: BernerKomm-*Hartmann*, Art. 565 RZ 10. Anders wohl in Italien: *Teti*, L'arbitrato nelle società, Riv. arb. 1993, 297, 302.

[22] Deutschland: OLG Frankfurt, 19.1.1988, GmbHR 1989, 254; LG Karlsruhe, 29.4.1998, GmbHR 1998, 684, 687; Hachenburg-*Stein*, § 38 RZ 96; Scholz-*Schneider*, § 38 RZ 69; Baumbach-*Zöllner*, GmbHG, § 38 RZ 21. Österreich: *Koppensteiner*, § 16 RZ 16; *Kostner/Umfahrer* (oben FN 8), RZ 209. Schweiz: ZürchKomm-*v. Steiger*, § 814 RZ 13.

[23] Vgl. Baumbach-*Zöllner*, GmbHG, § 38 RZ 35ff.

[24] Deutschland: Hachenburg-*Mertens*, § 35 RZ 328; Hachenburg-*Stein*, § 38 RZ 1 u. 119; *Kornmeier*, Die Schiedsfähigkeit GmbH-rechtlicher Nichtigkeits- und Anfechtungsklagen, 91f; *ders.*, Die Schiedsgerichtsvereinbarung in der GmbH-Satzung, DB 1980, 193, 194 (ohne Differenzierung zwischen den Rechtsschutzformen).

[25] *Vollmer*, Die Abberufung von Geschäftsführern in der mitbestimmten GmbH, GmbHR 1984, 5, 11; näher zu seinen Argumenten bei der Diskussion der AG.

keit ausgeht. Und in *Frankreich* sind sich die Gerichte zwar einig, daß das Recht auf Abberufung aus Art. 55 Abs. 1 LSC zum „ordre public" gehört, was die Vorschrift selbst klarstelle, indem sie jede entgegenstehende Vereinbarung für nichtig erkläre[26]. Daraus leitet aber niemand ausdrücklich mangelnde Schiedsfähigkeit her.

Das schweizerische und das französische Recht sehen die Abberufung des Verwaltungsrates durch Hauptversammlungsbeschluß auch im Rahmen der AG vor. Das *schweizerische* Recht mißt der jederzeitigen Abberufungsmöglichkeit dabei zwingenden Charakter zu. Materielle Beschränkungen - etwa auf wichtigen Grund - hält man für unzulässig[27]. Möglich seien aber formelle Beschränkungen, soweit sie nicht dazu führten, daß die Abberufung faktisch unmöglich sei[28]. Ob eine Schiedsklausel hierunter fällt, wird nicht erörtert. Und auch in *Frankreich* betont man den zwingenden Charakter der Vorschriften über die Abberufung und zählt diese zum gesellschaftsrechtlichen „ordre public"[29]. Allerdings scheint dies eine Schiedsvereinbarung nicht zu hindern: So entschied die Cour d'appel von Paris im Jahre 1981, daß eine Schiedsvereinbarung im Arbeitsvertrag eines Verwaltungsrats mit einer SA den Grundsatz der freien Abberufbarkeit nicht verletze, die Parteien vielmehr frei über diese Streitigkeit verfügen könnten[30]. Im Revisionsverfahren bestätigte die Cour de Cassation, daß die im Arbeitsvertrag enthaltene Schiedsklausel nicht die freie Abberufung verhindere und daher keinen Verstoß gegen den „ordre public" darstelle[31]. Daraus leiten viele Autoren die Schiedsfähigkeit von Abberufungsstreitigkeiten in der SA her[32].

Auch nach *New Yorker* Recht scheint die Rechtslage mittlerweile weitgehend geklärt. In einer ältere Entscheidung stellte der Supreme Court zwar noch fest, daß ein Schiedsgericht nicht über die Rechtmäßigkeit der Abberufung eines Direktors entscheiden könne. Die Entscheidung über die Abberufung sei nämlich den Organen der Gesellschaft (hier aufgrund einer Vereinbarung unter den anderen Direktoren) vorbehalten, deren Kompetenzen die Schiedsklausel nicht beschneiden könne. Die Leitung der Gesellschaft liege bei den Direktoren, und eine Übertragung auf ein Schiedsgericht verstoße daher gegen diese gesellschaftsrechtliche „public policy"[33]. Neun Jahre später hielt das Gericht aber eine identische Streitigkeit für schiedsfähig. Es lehnte ausdrücklich das Argument ab, die Schiedsklausel schränke gesellschaftsrechtliche Organkompentenzen ein und entziehe den Direktoren die Kontrolle und Leitung der Gesellschaft. Die Gesellschaft ähnele zumindest im Falle einer „close corporation" vielmehr einer Personengesellschaft, in der die einzelnen Gesellschafter vereinbaren könnten, was sie

---

[26] Cass., 6.12.1983, Gaz. Pal. 1984 I 389 (2).

[27] BG, 25.6.1991, BGE 117 II 290, 313; ZürchKomm-*Bürgi*, Art. 705 RZ 6; OR-*Dreifuss/Lebrecht*, Art. 705 RZ 6; *Forstmoser/Meyer-Hayoz*, Schweizerisches Aktienrecht, § 27 RZ 38f; *Böckli*, Schweizer Aktienrecht, RZ 1471f.

[28] OR-*Dreifuss/Lebrecht*, Art. 705 RZ 6; *Forstmoser/Meyer-Hayoz* (oben FN 27), § 27 RZ 39; *Böckli* (oben FN 27), RZ 1472.

[29] Cass., 15.3.1983, J.C.P. 1983 I 20002; Trib. Paris, 30.10.1976, Rev. soc. 1977, 695, 698f; *Ripert/Roblot* (oben FN 15), RZ 1287; *Mercadal/Janin* (oben FN 15), RZ 1316.

[30] Cour d'Appel Paris, 24.11.1981, J.C.P. 1982 II 19770.

[31] Cass., 5.11.1984, J.C.P. éd. C.I. 1986 II 14631.

[32] *Cohen*, Arbitrage et Société, RZ 269.

[33] *Matter of Allied Fruit & Extract Co. (Alterman)*, 276 N.Y.S. 153, 157 (1st Dep't. 1934).

wollten, solange sie nicht die Rechte von Gläubigern und andere Dritten gefährdeten. Dieser Fall trete durch die Vereinbarung einer Schiedsklausel aber nicht ein[34].

Diese Grundsätze bestätigte die Appellate Division, die feststellte, daß eine gesellschaftsvertragliche Schiedsklausel den Streit um die Abberufung vor ein Schiedsgericht verlagere und *Allied Fruit* im Lichte der bejahenden Auffassung von *Martocci* gelesen werden müsse[35]. In späteren Entscheidungen zwang der Supreme Court die Gesellschafterversammlung und die Direktoren deshalb, ihren Disput um die Abberufung vor einem Schiedsgericht auszutragen[36] und hielt einen Schiedsspruch, der eine Abberufung für rechtswidrig erklärte, aufrecht, da hierdurch nicht in die Leitungskompetenz der Direktoren eingegriffen werde[37]. Ohne weitere Diskussion bestätigte der Court of Appeals diese beiden Entscheidungen und argumentierte zudem, daß CPLR § 7501 die Reichweite der Schiedsklausel großzügig ausgestalte und sie daher auch Abberufungsstreitigkeiten erfasse[38]. Und schließlich hielt die Appellate Division Streitigkeiten um die Rechtmäßigkeit der Abberufung eines Direktors durch Aktionäre für zulässige Gegenstände eines Schiedsverfahrens, zumal die Tendenz ohnehin in Richtung liberalerer Anwendung schiedsrechtlicher Vorschriften ginge[39].

Auch die meisten amerikanischen Autoren gehen heute von grundsätzlicher Schiedsfähigkeit innergesellschaftlicher Streitigkeiten und damit auch des Abberufungsstreits aus. Denn damit sei kein Eingriff in den Aufgabenkreis anderer Organe verbunden, soweit den Schiedsrichtern nicht gänzlich die Leitung der Gesellschaft übertragen werde[40]. Ältere Stimmen warnen dagegen, daß dritte Personen außerhalb der Gesellschaftssphäre ein Interesse an jeder innergesellschaftlichen Entwicklung hätten und durch falsche Entscheidungen von „Outsidern" in Gestalt der Schiedsrichter Schaden nehmen könnten[41].

---

[34] *Martocci v. Martocci*, 42 N.Y.S.2d 222, 224f (Sup. Ct. 1943).

[35] *Application of Landersman*, 116 N.Y.S.2d 495 (1st Dep't. 1952).

[36] *Matter of Shelly*, 139 N.Y.L.J. 5 (Sup. Ct. 1958).

[37] *Staklinski v. Pyramid Electric Company*, 172 N.Y.S.2d 224, 227 (Sup. Ct. 1958).

[38] *Blum Folding Paper Box Co. v. Friedlander*, 313 N.Y.S.2d 375, 377 (1970).

[39] *Menaker v. Padover*, 427 N.Y.S.2d 495, 497 (2nd Dep't. 1980).

[40] *Weinstein/Korn/Miller*, New York Civil Practice, § 7501.18; 23 *Carmody-Wait*, Cyclopedia of New York Civil Practice, § 141:37; *O'Neal/Thompson*, Close Corporations, § 9.16; *Note*, Arbitration as a Means of Settling Disputes Within Close Corporations, 63 Colum. L. Rev. 267, 287 (1963); *Kessler*, Arbitration of Intra-Corporate Disputes under New York Laws, 19 Arb. J. 1, 10 (1964); *Coffee*, No Exit ? Opting Out, the Contractual Theory of the Corporation, and the Special Case of Remedies, 53 Brooklyn L. Rev. 919, 967 (1988); *Shell*, Arbitration and Corporate Governance, 67 N.C. L. Rev. 517, 531 (1989).

[41] *Eager*, The Arbitration Contract and Proceedings, 98; *Kronstein*, Business Arbitration - Instrument of Private Government, 54 Yale L. J. 36, 61 (1944).

2. Stellungnahme

a) Die Schiedsfähigkeit im engeren Sinne

Im Personengesellschaftsrecht drückt sich die Dispositionsbefugnis über Abberufungsstreitigkeiten einerseits schon darin aus, daß die Gesellschafter nicht den Weg über §§ 117, 127 HGB beschreiten müssen, sondern die Abberufung durch Beschluß aussprechen können. §§ 127, 127 HGB gehören nach allgemeiner Auffassung zum dispositiven Recht. Der Gesellschaftsvertrag kann die Voraussetzungen des Entzugs und des Verfahrens regeln. Eine solche Regelung stellt auch die Abberufung durch Beschluß dar. Einzig die gerichtliche Kontrolle dieses Beschlusses überhaupt darf der Vertrag nicht ausschließen[42]. Andererseits ist nach allgemeiner Ansicht auch eine einvernehmliche Klärung der Abberufung in Form der Niederlegung der Geschäftsführung mit Einverständnis der Gesellschafter möglich[43]. Die Parteien können sich mithin über die Abberufung und ihre Modalitäten einigen. Auch prozessual steht der schiedsgerichtlichen Erledigung nichts im Wege. Die Schiedsfähigkeit einer (GmbH-rechtlichen) Feststellungsklage hat der BGH in der schon im Rahmen der Beschlußmängelstreitigkeiten angesprochenen Entscheidung von 1979 bereits bejaht[44]. In dieser Hinsicht ist bezeichnend, wenn man in *Österreich* bedauert, Abberufungsprozesse kämen erst gar nicht vor die Gerichte, da die Parteien sie vorher durch Vergleich erledigten[45].

Auch an der Dispositionsfähigkeit der GmbH-rechtlichen Abberufung bestehen keine Zweifel, da § 38 GmbHG grundsätzlich zum dispositiven Recht gehört. Geschäftsführer und Gesellschaft können rechtsgeschäftlich auf vielerlei Art über die Abberufung und ihre Modalitäten verfügen[46]. So können sie die einseitige Beendigung der Organstellung und des Anstellungsvertrages insbesondere durch eine Vereinbarung über ein einvernehmliches Ausscheiden ersetzen[47].

Schließlich ergibt sich auch aus den durch die Normen geschützten Interessen kein staatliches Rechtsprechungsmonopol für die Abberufungsstreitigkeiten. Daß die Abbe-

---

[42] Deutschland: Schlegelberger-*Martens*, HGB, § 117 RZ 52; Großkomm-*Fischer*, HGB, § 117 RZ 30; Heymann-*Emmerich*, § 117 RZ 27; Röhricht/Graf v. Westphalen-*v. Gerkan*, § 117 24; Baumbach-*Hopt*, HGB, § 117 RZ 12. Ebenso für § 127 HGB Schlegelberger-*K. Schmidt*, § 127 RZ 8; Großkomm-*Habersack*, HGB, § 127 RZ 21; Heymann-*Emmerich*, § 127 RZ 9; Röhricht/Graf v. Westphalen-*v. Gerkan*, § 127 RZ 10. Österreich: Straube-*Torggler-Kucsko*, § 117 RZ 29f. Schweiz: ZürchKomm-*Siegwart*, Art. 539 RZ 4; BernerKomm-*Hartmann*, Art. 565 RZ 6; OR-*Pestalozzi/Wettenschwiler*, Art. 565 RZ 8; *v. Steiger* (oben FN 13), 400 u. 422. Frankreich: *Ripert/Roblot* (oben FN 15), RZ 841.

[43] Deutschland: Schlegelberger-*Martens*, § 117 RZ 56; Röhricht/Graf v. Westphalen-*v. Gerkan*, § 117 RZ 10. Österreich: Straube-*Torggler-Kucsko*, § 117 RZ 2.

[44] BGH, 28.6.1979, NJW 1979, 2567, 2569 zur Klage eines GmbH-Gesellschafters gegen einen anderen auf Feststellung der Unwirksamkeit eines Gesellschafterbeschlusses bezüglich der Übertragung eines Geschäftsanteils.

[45] *Reich-Rohrwig*, Zur gerichtlichen Abberufung von GmbH-Geschäftsführern, ecolex 1990, 87.

[46] BGH, 21.3.1969, NJW 1969, 1483. Dazu im einzelnen Hachenburg-*Stein*, § 38 RZ 22.

[47] BGH, 8.12.1977, WM 1978, 109; OLG Schleswig, 13.2.1992, GmbHR 1993, 156; Hachenburg-*Stein*, § 38 RZ 151; Scholz-*Schneider*, § 38 RZ 7; Rowedder-*Koppensteiner*, § 38 RZ 29 u. 43.

rufung in der Personengesellschaft auch durch Beschluß erfolgen kann, sofern dies im Gesellschaftsvertrag vorgesehen ist, dient der Vermeidung des häufig umständlichen und langwierigen gerichtlichen Verfahrens. Die Geschäftsführungs- und Vertretungsbefugnis erlischt in diesem Fall schon, wenn der Beschluß wirksam wird[48]. § 38 GmbHG statuiert den Grundsatz der freien Abberufbarkeit und dient in Anbetracht der nach außen unbeschränkten Vertretungsmacht der Geschäftsführung der Sicherheit der Gesellschaft. Eine jederzeitige Trennung soll möglich sein, da die Gesellschafter die Herren der Gesellschaft sind und sich nicht mit einer Geschäftsführung abfinden müssen, die nicht ihr Vertrauen genießt[49].

Für die Abberufung durch Beschluß ist mithin kein staatliches Rechtsprechungsmonopol erkennbar. Geht man davon aus, daß schiedsgerichtliche Verfahren grundsätzlich schneller sind als staatliche, kann schiedsgerichtliche Kontrolle des Abberufungsbeschlusses den Zweck der Vermeidung des langwierigen gerichtlichen Abberufungsverfahrens im Gegenteil sogar noch fördern. In der GmbH schränkt die schiedsgerichtliche Überprüfung eines Ausschließungsbeschlusses außerdem nicht den Grundsatz der freien Abberufbarkeit bzw. die Sicherheit der Gesellschaft ein. Ein Schiedsgericht prüft die Voraussetzungen der Abberufung und insbesondere das Vorliegen eines Abberufungsgrundes ebenso wie ein staatliches Gericht und legt hierbei auch dieselben Maßstäbe zugrunde. Zu Recht haben *französische* und *New Yorker* Gerichte daher bereits entschieden, daß der gesellschaftsrechtliche „ordre public“ nicht verletzt ist, wenn sich Schiedsgerichte mit der Abberufung beschäftigen. Denn eine Schiedsklausel schränkt weder das Prinzip der freien Abberufbarkeit noch die Leitungsmacht der Gesellschaft ein.

b) Die Schiedsfähigkeit im weiteren Sinne

Während die Schiedsfähigkeit personengesellschaftsrechtlicher Abberufungsstreitigkeiten im weiteren Sinne keine Probleme aufwirft, zeigt sich bei der GmbH in besonderem Maße, daß die herrschende Auffassung in *Deutschland* bezüglich der Schiedsfähigkeit von Beschlußmängelstreitigkeiten nicht konsequent verfährt. Erfolgt die Abberufung durch Beschluß der Gesellschafterversammlung, müßte sie eigentlich schiedsgerichtliche Beurteilung im Falle einer Anfechtungs- oder Nichtigkeitsklage des Geschäftsführers dagegen ausschließen. Denn das schiedsgerichtliche Urteil wäre ja wiederum mit der Frage der erweiterten Rechtskraftwirkung des § 248 AktG konfrontiert. Im Falle einer ebenfalls möglichen Feststellungsklage müßte die herrschende Meinung schiedsgerichtliche Entscheidung dagegen zulassen, da einer solchen Entscheidung keine erweiterte Rechtskraft zukommt. Daß GmbH-rechtliche Feststellungsklagen über Beschlüsse schiedsfähig sind, hat ja sogar der BGH bereits entschieden[50]. Für die einzelnen Gesichtspunkte, die schiedsgerichtlicher Erledigung von Anfechtungs- und Nichtigkeitsklagen entgegenstehen können, ist auf das in § 6 Ausgeführte zu verweisen.

---

[48] Schlegelberger-*Martens*, § 117 RZ 1; Heymann-*Emmerich*, § 117 RZ 27.

[49] Hachenburg-*Stein*, § 38 RZ 1; Scholz-*Schneider*, § 38 RZ 2; Rowedder-*Koppensteiner*, § 38 RZ 2.

[50] BGH, 28.6.1979, NJW 1979, 2567, 2569.

II. Die Abberufung durch gerichtliche Entscheidung

Ein gerichtliches Abberufungsverfahren sehen das *deutsche* Personengesellschaftsrecht, das *österreichische* Personen- und Kapitalgesellschaftsrecht und das *New Yorker* Aktienrecht vor[51].

1. Stand der Diskussion

Im *deutschen* und im *österreichischen* Personengesellschaftsrecht besteht kein Streit darüber, daß im gerichtlichen Abberufungsverfahren an die Stelle des ordentlichen Gerichts auch ein Schiedsgericht treten und über die Abberufungsklage entscheiden kann[52]. Sofern überhaupt eine Begründung gegeben wird, liegt diese meist in der Dispositionsfähigkeit der §§ 117, 127 HGB: Die gerichtliche Abberufungsmöglichkeit stelle kein zwingendes Recht dar, und Belange der Allgemeinheit stünden nicht in Frage. Vielmehr sei die Geschäftsführung eine innere Angelegenheit der Gesellschaft, die der Gesellschaftsvertrag verfahrensmäßig ausgestalten könne[53]. In Österreich weist man außerdem darauf hin, daß der Charakter des Abberufungverlangens als Gestaltungsklage schiedsgerichtlicher Entscheidung nicht entgegenstehe[54].

Auch bei der österreichischen GmbH bejahen Judikatur und Schrifttum die Schiedsfähigkeit der Abberufung nach § 16 Abs. 2 öGmbHG allgemein ohne nähere Begründung[55]. Daran ändere nicht, daß man § 16 Abs. 2 öGmbHG im Unterschied zu den §§

---

[51] In der Schweiz können jedoch Liquidatoren einer Kollektivgesellschaft nach § 583 Abs. 2 OR gerichtlich abberufen werden, was nach allgemeiner Auffassung auch durch ein Schiedsgericht erfolgen kann, vgl. *Sträuli/Messmer/Wiget*, Kommentar zur Zürcherischen ZPO, § 238 RZ 4; BernerKomm-*Hartmann*, Art. 583 RZ 13.

[52] Deutschland: Schlegelberger-*Martens*, § 117 RZ 40; Großkomm-*Fischer*, HGB, § 117 RZ 31; Heymann-*Emmerich*, § 117 RZ 17; Röhricht/Graf v. Westphalen-*v. Gerkan*, § 117 RZ 18; Baumbach-*Hopt*, HGB, § 117 RZ 8; *Lindacher*, Schiedsgerichtliche Kompetenz zur vorläufigen Entziehung der Geschäftsführungs- und Vertretungsbefugnis bei Personengesellschaften, ZGR 1979, 201, 203; *Vollmer*, Die Wirkungen rechtskräftiger Schiedssprüche bei gesellschaftsrechtlichen Gestaltungsklagen, BB 1984, 1774, 1777. Ebenso für § 127 HGB Schlegelberger-*K. Schmidt*, § 127 RZ 22; Großkomm-*Habersack*, HGB, § 127 RZ 23; Röhricht/Graf v. Westphalen-*v. Gerkan*, § 127 RZ 7. Österreich: Straube-*Torggler-Kucsko*, § 117 RZ 29; Straube-*Koppensteiner*, § 127 RZ 1; *Kastner* (oben FN 6), 98; *Hämmerle/Wünsch*, Handelsrecht Band 2: Personengesellschaften, 170; *Paschinger*, Die Gesellschaften und Genossenschaften im Zivilprozeß, 98; *Backhausen*, Schiedsgerichtsbarkeit unter besonderer Berücksichtigung des Schiedsvertragsrechts, 129; *Thöni*, Zur Schiedsfähigkeit des GmbH-rechtlichen Anfechtungsstreits, WBl. 1994, 298, 299 u. 302.

[53] Deutschland: Großkomm-*Fischer*, HGB, § 117 RZ 28. Österreich: OGH, 5.3.1971, JBl. 1971, 475; Straube-*Torggler-Kucsko*, § 117 RZ 30; Straube-*Koppensteiner*, § 127 RZ 1; *Hämmerle/Wünsch* (oben FN 52), 170

[54] *Kastner* (oben FN 5), 98; *Thöni* (oben FN 52), WBl. 1994, 298, 302.

[55] *Koppensteiner*, § 16 RZ 26; *Gellis/Feil*, § 16 RZ 15; *Reich-Rohrwig*, Das österreichische GmbH-Recht, 162; *ders.*, Gerichtliche Abberufung von GmbH-Geschäftsführern, JBl. 1981, 187, 196; *ders.* (oben FN 45), ecolex 1990, 87; *Kastner* (oben FN 5), 377.

117, 127 öHGB zwingenden Charakter beimesse[56]. Und in *Frankreich* wird das gerichtliche Abberufungsverfahren zwar als zum „ordre public" gehörig angesehen, so daß jede entgegenstehende Klausel, die dem Gesellschafter diese individuellen Klage nehme und der Abberufungsbeschluß damit die einzige Möglichkeit bleibe, ihn seines Amtes zu entheben, nichtig sein soll[57]. Mangelnde Schiedsfähigkeit folgt daraus aber nicht[58].

Das *New Yorker* BCL kennt auch für die Aktiengesellschaft die Abberufung durch gerichtliche Entscheidung in § 706 (d). Ihre Schiedsfähigkeit ist auf interessante Weise mit der Geschichte dieser Vorschrift verbunden. So stellte der Court of Appeals noch im Jahre 1952 fest, daß der Streit um die Abberufung eines Direktors nicht schiedsgerichtlicher Beurteilung zugänglich sei. Das seinerzeit gültige Schiedsverfahrensrecht begrenze schiedsfähige Streitigkeiten auf Dispute, die Gegenstand einer Klage sein könnten[59]. Das BCL sehe aber keine gerichtliche Abberufung eines Direktors vor, weshalb der Disput nicht justiziabel und daher auch nicht schiedsfähig sei[60]. Der Supreme Court wiederholte diese Gedanken[61], bevor zwei legislative Eingriffe, nach denen ein Autor schon früher gerufen hatte[62], diese Rechtsprechung überholten. Zunächst reformierte New York das alte CPLR und verzichtete für die Wirksamkeit einer Schiedsvereinbarung auf das Justiziabilitätskriterium bezüglich der entsprechenden Streitigkeit[63]. Sodann führte man den heutigen § 706 (d) BCL ein, der die gerichtliche Abberufungsmöglichkeit im Falle einer Klage von mindestens zehn Prozent der Aktionäre vorsieht.

Die erste Entscheidung, die daraufhin die schiedsgerichtliche Abberufung eines Direktors erlaubte, stammt aus dem Jahre 1966. Die Appellate Division erkannte darin einerseits an, daß nun § 706 (d) BCL die gerichtliche Abberufung normiert, und andererseits, daß § 7501 CPLR im Gegensatz zu § 1448 des alten CPLR das Justiziabilitätskriterium aufgibt. Deshalb könne auch ein Schiedsgericht an Stelle des staatlichen Gerichts treten[64]. Dies wurde bestätigt in einem Urteil aus dem Jahre 1985, in dem die Appellate Division die eigene Zuständigkeit mit der Feststellung ablehnte, daß aufgrund einer weit gefaßten Schiedsklausel in der Gesellschaftervereinbarung die Klage einer Gruppe von Aktionären auf Abberufung eines Direktors dem vereinbarten

---

[56] *Koppensteiner*, § 16 RZ 20; *Gellis/Feil*, § 16 RZ 6.

[57] Cass., 3.2.1930, Gaz. Pal. 1931 I 467; Trib. Angers, 17.6.1953, J.C.P. 1953 II 7866.

[58] In einer stark kritisierten Entscheidung von 1956 lehnte der Kassationshof einmal die Zuständigkeit eines statutarischen Schiedsgerichts in einem gerichtlichen Abberufungsverfahren ab. Dies stützte sie aber nicht auf mangelnde Schiedsfähigkeit, sondern darauf, daß die Gesellschaft als Klägerin nicht vom Wortlaut der Schiedsklausel erfaßt war, vgl. Cass., 6.3.1956, J.C.P. 1956 II 9373.

[59] § 1448 des alten CPLR lautete: „...may be the subject of an action".

[60] *Matter of Burkin (Katz)*, 154 N.Y.S.2d 898, 901f (1956).

[61] *Matter of Ades (Halpert)*, 177 N.Y.S.2d 582, 584 (Sup. Ct. 1958).

[62] *Note*, Arbitration and Unanimity Agreements in the Close Corporation, 30 St. John's L. Rev. 262, 269 (1956).

[63] Heute ordnet § 7501 CPLR an: „...is enforceable without regard to the justiciable character of the controversy"; näher s.u. § 4 D.

[64] *Matter of Vogel (Lewis)*, 268 N.Y.S.2d 237, 241f (1st Dep't. 1966).

Schiedsgericht vorgelegt werde müsse[65]. Im Schrifttum sind diese Entscheidungen auf breite Zustimmung gestoßen[66].

2. Stellungnahme

a) Die Schiedsfähigkeit im engeren Sinne

Rechtsprechung und Literatur ist darin zuzustimmen, daß auch ein Schiedsgericht über die Klage eines Gesellschafters auf Abberufung der Geschäftsführung entscheiden kann. Daß die Streitigkeit dispositionsfähig ist, ergibt sich schon daraus, daß Gesellschaft und Geschäftsführung sich über die Abberufung einigen können. Da die §§ 127, 127 HGB wie erörtert zum dispositiven Recht gehören, ist auch eine einverständliche Klärung der Abberufung möglich, etwa in Form der Niederlegung der Geschäftsführung unter Zustimmung der übrigen Gesellschafter[67]. Die Gesellschafter können die Rechtsfolge der §§ 117, 127 HGB also auch durch ein Rechtsgeschäft erreichen und diese innere Angelegenheit der Gesellschaft mithin derart verfahrensmäßig ausgestalten, daß sie ein Schiedsgericht vereinbaren.

Desgleichen ist ein staatliches Rechtsprechungsmonopol für das gerichtliche Verfahren nicht erkennbar. Die §§ 117, 127 HGB bezwecken Rechtssicherheit. Angesichts der großen Bedeutung der Geschäftsführung eines kaufmännisch betriebenen Unternehmens bedarf es hinreichender Klarheit über die Besetzung der organschaftlichen Unternehmensführung. Da der „wichtige Grund" ein unbestimmter Rechtsbegriff ist, besteht oft erhebliche Ungewißheit, ob seine Voraussetzungen erfüllt sind und somit ein geeignete Abberufungsgrund vorliegt. Ohne das Erfordernis richterlicher Gestaltung würde diese Ungewißheit den Abberufungsbeschluß der Gesellschafter und damit auch das Rechtsverhältnis der Gesellschafter untereinander erheblich belasten[68]. Darüber hinaus ist zu berücksichtigen, daß das gerichtliche Abberufungsverfahren den Mit- bzw. Minderheitsgesellschaftern die Möglichkeit einräumen will, unzumutbare Geschäftsführer aus ihrem Amt zu entfernen. Wäre ein Abberufungsbeschluß in dieser Hinsicht der einzige Weg, wäre ein Geschäftsführer, der gleichzeitig auch Mehrheitsgesellschafter ist, unter keinen Umständen abberufbar. Man wäre gezwungen, den Geschäftsführer

---

[65] *Lowell v. Belsky*, 485 N.Y.S.2d 840, 841 (2d Dep't. 1985); implizit auch *Petition of Levitt*, 492 N.Y.S.2d 736, 743 (1st Dep't. 1985).

[66] *O'Neal/Thompson*, Close Corporations, § 9.14; *Painter*, On Close Corporations, § 7.2.2; *Note*, Mandatory Arbitration as a Remedy for Intra-Close Corporate Disputes, 56 Va. L. Rev. 271, 280 (1970); *Coffee* (oben FN 40), 53 Brooklyn L. Rev. 919, 959 (1988); *Shell* (oben FN 40), 67 N.C. L. Rev. 517, 529 (1989).

[67] Deutschland: Schlegelberger-*Martens*, § 117 RZ 56; Röhricht/Graf v. Westphalen-*v. Gerkan*, § 117 RZ 10. Österreich: Straube-*Torggler-Kucsko*, § 117 RZ 2.

[68] Deutschland: Schlegelberger-*Martens*, § 117 RZ 2; Heymann-*Emmerich*, § 117 RZ 1. Österreich: Straube-*Torggler-Kucsko*, § 117 RZ 1.

auszuschließen oder die Gesellschaft aufzulösen. Die gerichtliche Abberufung ist da die weniger einschneidende Alternative[69].

Zum einen bezweckt das Abberufungsverfahren also kein staatliches Rechtsprechungsmonopol. Zum anderen kann auch ein Schiedsgericht die von den Vorschriften bezweckte Rechtssicherheit in gleicher Weise herbeiführen. Es ist ebenso wie ein staatliches Gericht in der Lage, das Vorliegen des „wichtigen Grundes" zu beurteilen und die Leitungsverhältnisse der Gesellschaft zu klären. Und seine Entscheidung ist aufgrund des § 1055 ZPO ebenso verbindlich wie die eines staatlichen Gerichts. Folgerichtig erkennt man in *New York* auch keine gesellschaftsrechtliche „public policy" an, welche eine schiedsgerichtliche Abberufungsentscheidung verhindern könnte.

b) Die Schiedsfähigkeit im weiteren Sinne

Gesichtspunkte, die herkömmlich unter der Schiedsfähigkeit im weiteren Sinne erörtert werden, stehen ebenfalls nicht entgegen. Im gerichtlichen Abberufungsverfahren bilden alle Gesellschafter außer dem beklagten Geschäftsführer die Kläger als notwendige Streitgenossen[70]. In ihrer Gesamtheit können Kläger und Beklagter über den Streit zu verfügen, weshalb die subjektive Schiedsfähigkeit zu bejahen ist. Desgleichen kann schiedsgerichtliche Erledigung nicht hindern, daß es sich beim gerichtlichen Abberufungsverfahren um einen Gestaltungsprozeß handelt[71]. Wie bereits erörtert, kommt es nicht auf die Art der prozessualen Durchsetzung, sondern allein auf die Dispositionsfähigkeit des Anspruchs an. Schließlich stellt sich mangels einer § 248 AktG entsprechenden Norm die Frage der Rechtskrafterstreckung des Schiedsspruchs auf Unbeteiligte hier nicht. Im Gegenteil ist infolge der notwendigen Streitgenossenschaft aller Gesellschafter sogar sichergestellt, daß sie am Schiedsverfahren beteiligt sind.

III. Die Abberufung durch den Aufsichtsrat

Das *deutsche* und das *österreichische* Aktienrecht sehen in der Abberufungsstreitigkeit einen Disput zwischen dem abzuberufenden Vorstand und dem Aufsichtsrat. Der Vorstand kann sich gegen den Abberufungsbeschluß mit einer Klage auf Feststellung der Unwirksamkeit der Abberufung und Wiedereinsetzung wehren. Stützt er sie auf das Fehlen eines wichtigen Grundes, ist sie eine Gestaltungsklage, da die Bestellung wie-

---

[69] Deutschland: Heymann-*Emmerich*, § 117 RZ 1a. Österreich: Straube-*Koppensteiner*, § 127 RZ 2.

[70] Deutschland: Schlegelberger-*Martens*, § 117 RZ 23f; Heymann-*Emmerich*, § 117 RZ 10f. Österreich: Straube-*Torggler-Kucsko*, § 117 RZ 16 u. 18.

[71] Deutschland: Schlegelberger-*Martens*, § 117 RZ 35; Heymann-*Emmerich*, § 117 RZ 17. Österreich: Straube-*Torggler-Kucsko*, § 117 RZ 22.

derhergestellt werden soll. Stellt er hingegen das Fehlen oder die Ungültigkeit des Aufsichtsratsbeschlusses in Frage, ist sie eine Feststellungsklage[72].

1. Schiedsgerichtliche Entscheidung als Eingriff in Organrechte

Gegen die schiedsgerichtliche Beurteilung aktienrechtlicher Abberufungsauseinandersetzungen wird eingewandt, daß für die AG Schiedsklauseln in Bezug auf Rechtsstreitigkeiten, in denen es um Organpositionen, Organentscheidungen und um die Kompetenzverteilung zwischen Organen und Organmitgliedern gehe, überhaupt nicht in Betracht kämen. Hier stehe nämlich eine im öffentlichen Interesse erlassene und öffentliche Belange berührende, durchweg zwingende Korporationsordnung zur Debatte, deren Kontrolle und Entwicklung durch die staatlichen Gerichte unverzichtbar seien[73].

Zudem ergänze eine Satzungsbestimmung über ein Schiedsgericht das Aktiengesetz nicht mehr bloß, sondern verändere es ohne gesetzlich Grundlage und richte damit ein viertes Organ ein, das überdies in die nicht hierarchisch geschichtete Gleichordnung der drei Organe der AG ein hierarchisches Element hineintrage. Eine Schiedsklausel könne demzufolge allein für Rechtsstreitigkeiten über Rechte und Pflichten aus dem Anstellungsverhältnis vereinbart werden, durch das körperschaftliche Fragen nicht betroffen seien. Hierbei müsse aber auch der enge Zusammenhang von Bestellung und Anstellung, von Abberufung und außerordentlicher Kündigung des Anstellungsvertrages beachtet werden. Die Einheitlichkeit diese Lebenssachverhaltes schließe es aus, den Streit über die außerordentliche Kündigung des Anstellungsverhältnisses vor einem Schiedsgericht auszutragen, wenn über die Abberufung allein die ordentlichen Gerichte entscheiden könnten. Dagegen könne die Festlegung der Höhe einer Abfindung einem Schiedsgericht vorbehalten bleiben[74].

Ein anderer Autor kommt aus diesen Gründen nicht nur zum Schluß, daß ein institutionalisiertes Schiedsgericht aus den genannten Gründen nach § 23 Abs. 5 S. 1 AktG unzulässig sei. Er hält darüber hinaus auch Organ- und Kooperationsrechte allgemein für nicht vergleichsfähig i.S.d. § 1025 Abs. 1 ZPO a.F., da das gesetzliche Organisationsstatut der Aktiengesellschaft nicht zuletzt im öffentlichen Interesse rechtlich zwingend ausgestaltet sei. Denn wenn der Satz gelte, daß die Privatautonomie der Schiedsgerichtsbarkeit wie ein Schatten nachfolge, sei für Schiedsgerichte kein Raum, soweit das Organisationsstatut der AG zwingend reiche[75].

---

[72] Deutschland: KG, 8.7.1983, AG 1984, 24, 25; KölnerKomm-*Mertens*, § 84 RZ 116; Geßler-*Hefermehl*, § 84 RZ 75; *Hüffer*, § 84 RZ 34; Münchener Hdb. AG-*Wiesner*, § 20 RZ 52. Österreich: Schiemer-*Strasser*, §§ 75 u. 76 RZ 48; *Kastner* (oben FN 5), 226.

[73] KölnerKomm-*Mertens*, § 84 RZ 86; so ohne Begründung auch Münchener Hdb. AG-*Wiesner*, § 20 RZ 52.

[74] KölnerKomm-*Mertens*, § 84 RZ 86 unter Bezug auf *Hommelhoff*, Der aktienrechtliche Organstreit, ZHR 143 (1979), 288, 312f.

[75] *Hommelhoff* (oben FN 74), ZHR 143 (1979), 288, 313.

2. Die Disponibilität des Abberufungsstreits

Vielfach wird die Schiedsfähigkeit des aktienrechtlichen Abberufungsstreits jedoch bejaht[76]. Manche Autoren begründen dies damit, daß ein Vergleich über derartige Streitigkeiten möglich sei[77]. Andere stehen schiedsgerichtlicher Entscheidung grundsätzlich positiv gegenüber, verlangen dafür aber nicht nur eine vertragliche, sondern auch eine satzungsmäßige Schiedsklausel. Eine vertragliche Schiedsklausel erfasse nämlich nur Streitigkeiten aus der Vertragsbeziehung, also dem Anstellungsvertrag. Die Abberufungsklage sei aber eine Streitigkeit, welche die Stellung oder Funktion eines unternehmensverfassungsrechtlichen Organs betreffe. Und diese werde nur von einer satzungsmäßigen Schiedsklausel erfaßt[78].

Gegen die Schiedsfähigkeit bestünden im übrigen aber weder Bedenken im Hinblick auf den individuellen Interessenschutz bzw. das individuelle Kontrollinteresse der Mitglieder des Unternehmensverbandes, noch hinsichtlich des öffentlichen Interesses an Einhaltung und Durchsetzung des Mitbestimmungsrechts. Außerdem könne man den Schiedsspruch im Aufhebungsverfahren aus der Welt schaffen, wenn das Schiedsgericht gegen grundlegende unternehmensverfassungsrechtliche Vorschriften verstoßen habe, die gerade auch dem öffentlichen Interesse dienten. Und zu diesen zähle insbesondere die Abberufungsregelung des § 84 Abs. 3 AktG[79].

3. Stellungnahme

Zunächst ist zu Umfang und Auslegung der Schiedsklausel Stellung zu nehmen, die allein die Frage betrifft, ob für eine Streitigkeit überhaupt schiedsgerichtliche Erledigung vereinbart wurde. Davon zu trennen ist die Frage der Schiedsfähigkeit, die an ein staatliches Rechtsprechungsmonopol anknüpft und ein Schiedsgericht im Einzelfall verhindert.

a) Der Umfang und die Auslegung der Schiedsklausel

Im Rahmen der Abberufung durch den Aufsichtsrat muß man zunächst einer Vermischung der Argumente um Schiedsfähigkeit und Umfang der von einer Schiedsklausel erfaßten Streitigkeiten entgegentreten. So ist in der Tat zweifelhaft, ob schiedsgerichtliche Erledigung der Abberufungsstreitigkeit allein auf einer Schiedsklausel im Anstel-

---

[76] Geßler-*Hefermehl*, § 84 RZ 75; *H. Westermann* (oben FN 1), FS Fischer, 853, 854; *Vollmer* (oben RN 25), GmbHR 1984, 5, 11; *Hentzen*, Die Schiedsvereinbarung im Anstellungsvertrag bei Beendigung der Organstellung, zur Reichweite des § 4 ArbGG, FS Sandrock, 181.

[77] *H. Westermann* (oben FN 1); FS Fischer, 853, 854; *Hentzen* (oben FN 76), FS Sandrock, 181.

[78] *Vollmer* (oben RN 25), GmbHR 1984, 5, 11.

[79] *Vollmer* (oben RN 25), GmbHR 1984, 5, 12.

lungsvertrag basieren kann. Die Abberufung stellt eine Maßnahme dar, die die korporationsrechtliche Organposition eines Gesellschaftsorgans betrifft[80]. Gerade bei der Frage der Abberufung des Vorstandsmitglieds kommt die Unterscheidung zwischen Widerruf der Bestellung gem. § 84 Abs. 3 AktG und der davon zu unterscheidenden Kündigung des Anstellungsvertrags gem. § 626 BGB besonders deutlich zum Ausdruck[81]. Der Streit dreht sich also nicht nur um Rechte und Pflichten aus dem Anstellungsverhältnis, die im Falle von Unklarheiten ein im Dienstvertrag des Vorstandsmitglieds vereinbartes Schiedsgericht näher definieren könnte. Es stehen vielmehr Fragen an, die die Organposition und ihre unternehmensverfassungsrechtliche Stellung als solche und damit auch die Körperschaft als ganze berühren. Um sicherzustellen, daß nicht nur mit der Abberufung zusammenhängende Probleme aus dem Anstellungsverhältnis, sondern auch Streitigkeiten um die korporationsrechtliche Organposition selbst schiedsgerichtlich geklärt werden können, muß man mithin eine auf dem Willen der ganzen Körperschaft beruhende statutarische Schiedsklausel fordern.

Nicht zu überzeugen vermag hingegegen das Argument der „Einheitlichkeit des Lebenssachverhaltes“. Selbstverständlich haben sowohl Gesellschaft als auch Vorstand ein Interesse daran, alle mit der Abberufung zusammenhängenden Fragen in einem einheitlichen Verfahren vor einem ausschließlich zuständigen Gericht zu klären. Weshalb dieser Gedanke aber dazu führen soll, daß dies nur ein staatliches Gerichts sein kann und Schiedsgerichte gerade davon auszunehmen, leuchtet nicht ein. Ist schiedsgerichtliche Erledigung anstellungsvertraglich und statutarisch vereinbart, so deutet dies im Gegenteil daraufhin, die Schiedsklauseln dem Parteiwillen entsprechend möglichst weit auszulegen[82]. Konsequenterweise sollen dann aber alle mit der Abberufung einhergehenden Probleme schiedsgerichtlich geklärt und eine Rechtswegspaltung eben vermieden werden.

b) Die Schiedsfähigkeit im engeren Sinne

Von der Auslegung der Schiedsklausel ist die Schiedsfähigkeit der Abberufungsstreitigkeit zu unterscheiden. Daß die Organisationsverfassung der AG eine im öffentlichen Interesse erlassene und öffentliche Belange berührende zwingende Korporationsordnung darstellt, bezweifelt niemand. Dies schließt aber nicht die schiedsgerichtliche Beurteilung aktienrechtlicher Streitigkeiten aus. Wenn viele aktienrechtliche Vorschriften zum zwingenden oder im öffentlichen Interesse erlassenen Recht zählen, führt dies, wie bereits erörtert, nicht zu mangelnder Schiedsfähigkeit. Das Schiedsgericht muß zwingendes Recht im Verfahren beachten, will es nicht die Gefahr einer Aufhebung des Schiedsspruchs heraufbeschwören.

Ebensowenig erzwingt es der öffentliche Charakters des Aktienrechts, Kontrolle und Entwicklung der aktienrechtlichen Ordnung allein den staatlichen Gerichten vorzubehalten. Ob öffentliche Interessen bestehen und aus diesen gar ein Rechtsprechungsmo-

---

[80] *Hüffer*, § 84 RZ 24.

[81] Vgl. KölnerKomm-*Mertens*, § 84 RZ 94; *Hüffer*, § 84 RZ 38.

[82] So zuletzt z.B. LG Mönchengladbach, 4.11.1993, BB 1994, Beil. 5, 28.

nopol staatlicher Gerichte herzuleiten ist, läßt sich nicht durch derartige generelle Aussagen belegen. Vielmehr kann man dies nur aus der möglicherweise fehlenden Dispositionsbefugnis von Aufsichtsrat und abzuberufendem Vorstand über den Streit herleiten. Deren Dispositionsbefugnis ist nach einhelliger Auffassung im Schrifttum aber unbestritten. Sie drückt sich darin aus, daß die Parteien die Bestellung auch einverständlich wieder aufheben können[83]. Dabei wird darauf hingewiesen, daß dies in der Praxis sogar die Regel sei[84]. Sogar ein Vergleich über die Abberufung wird allgemein für zulässig erachtet[85]. Der BGH hat in diesem Zusammenhang ausdrücklich darauf hingewiesen, daß ein Vergleich i.S.d. § 779 BGB nicht durch § 75 Abs. 3 S. 4 AktG (jetzt § 84 Abs. 3 S. 4 AktG) ausgeschlossen werde. Die Vorschrift ordne aus Gründen der Rechtssicherheit an, daß der Widerruf wirksam sei, solange nicht über seine Unwirksamkeit rechtskräftig entschieden sei. Durch die Norm werde aber nicht bestimmt, daß die Frage der Berechtigung des Widerrufs nur gerichtlich entschieden und nicht auch vergleichsweise geklärt werden könne[86].

c) Die Schiedsfähigkeit im weiteren Sinne

Die Parteien des aktienrechtlichen Abberufungsstreits bilden das klagende Vorstandsmitglied und die AG, vertreten durch den Aufsichtsrat, als Beklagte[87]. Dabei handelt es sich um jene Parteien, die nach dem eben Gesagten auch einverständlich über die Abberufung disponieren können, weshalb die subjektive Schiedsfähigkeit zu bejahen ist. Desgleichen steht aus den bereits angesprochenen Gründen der gestaltende Charakter der Klage gegen die Abberufung - im Falle des Streits um das Vorliegen eines wichtigen Grundes - nicht entgegen.

Schließlich stellt ein statutarisches Schiedsgericht auch kein viertes Organ einer AG dar, was zu einem Verstoß gegen § 23 Abs. 5 S. 1 AktG führte. Im Rahmen des Abberufung von Vorstandsmitgliedern bleibt schon die Suche nach einer abweichenden Vorschrift i.S.d. § 23 Abs. 5 ohne Ergebnis, da § 84 AktG keine Bestimmung enthält, die eine Klage des Vorstands gegen die Abberufung etwa einem bestimmten Gericht zu-

---

[83] BGH, 17.4.1967, BGHZ 47, 341, 344 (Vereinbarung über die Auflösung und Abwicklung eines fehlerhaften Vorstandsverhältnisses); OLG Karlsruhe, 13. 10. 1995, AG 1996, 224, 227 (Vertrag über die Beendigung der Organstellung eines Vorstandsmitglieds aufgrund von vermeintlichen Pflichtverletzungen); KölnerKomm-*Mertens*, § 84 RZ 91; Geßler-*Hefermehl*, § 84 RZ 104; *Hüffer*, § 84 RZ 37; Münchener Hdb. AG-*Wiesner*, § 20 RZ 56. Ausführlich zu den Gestaltungsmöglichkeiten des einvernehmlichen Ausscheidens *Hoffmann-Becking*, Zum einverständlichen Ausscheiden von Vorstandsmitgliedern, FS Stimpel, 589ff.

[84] *Hoffmann-Becking* (oben FN 83), FS Stimpel, 589

[85] BGH, 13.1.1958, BGHZ 26, 236, 237f (Vergleich zwischen Aufsichtsrat und Vorstand hinsichtlich eines bereits ausgesprochenen Widerrufs der Bestellung); 24.11.1980, BGHZ 79, 38, 43 (Vereinbarung zwischen einem Ausschuß eines Verwaltungsrates einer Sparkasse und einem Vorstandsmitglied über die Beendigung des Vorstandsamtes); Geßler-*Hefermehl*, § 84 RZ 18.

[86] BGH, 13.1.1958, BGHZ 26, 236, 237f.

[87] Deutschland: *Hüffer*, § 84 RZ 33; Münchener Hdb. AG-*Wiesner*, § 20 RZ 52. Österreich: Schiemer-*Strasser*, § 75 u. 76 RZ 48.

weist. Zudem nimmt auch das Schiedsgericht selbst, wie bereits erörtert, keine Handlungen vor, die ausschließlich anderen Organen, hier etwa dem Aufsichtsrat, vorbehalten sind, sondern entscheidet Dispute zwischen ihnen. Es greift daher in die aktienrechtliche Hierarchieordnung nicht ein, sondern gleicht vielmehr Unstimmigkeiten zwischen den verschiedenen Hierarchien aus bzw. beendet sie durch Schiedsspruch. Die Schiedsvereinbarung ändert demnach nichts an der alleinigen Zuständigkeit des Aufsichtsrats für die Abberufung. Davon zu unterscheiden ist, welche Instanz die Entscheidung des Aufsichtsrats einer Rechtmäßigkeitskontrolle unterzieht.

IV. Ergebnis

Schiedsgerichte können sowohl über die Wirksamkeit eines von Gesellschafterversammlung oder Aufsichtsrat gefaßten Abberufungsbeschlusses entscheiden, als auch selbst ein gerichtliches Abberufungsverfahren durchführen. Als Grundlage reicht jedoch nicht allein eine anstellungsvertragliche Schiedsvereinbarung aus, sondern es ist eine statutarische Schiedsklausel zu fordern.

§ 10 Die Klage auf Ausschließung eines Gesellschafters aus wichtigem Grund

Die Schiedsfähigkeit der Klage auf Ausschließung eines Gesellschafters aus wichtigem Grund wird in den untersuchten Ländern durchweg bejaht, weshalb manche sie gar als eine „problemfreie Fallgruppe"[1] bezeichnen. Nach einer präzisen Begründung dafür sucht man allerdings weithin vergeblich. Zudem fällt auf, daß nur selten zwischen den einzelnen Gesellschaftsformen hinreichend genau differenziert wird. Dabei ist zu beachten, daß in *Deutschland*, *Österreich*, der *Schweiz* und *New York* lediglich das Personengesellschaftsrecht und das GmbH-Recht den Ausschluß eines Gesellschafters kennen, in *Frankreich* darüber hinaus aber auch das Aktienrecht. Es erscheint deshalb geboten, die Schiedsfähigkeit auf ein sicheres Fundament zu stellen.

A. Grundlagen

In *Deutschland* normiert § 140 HGB die Ausschließungsklage bei der OHG. Sie hat Erfolg, wenn nach Antrag aller Gesellschafter ein wichtiger Grund für den Ausschluß vorliegt. Die Vorschrift findet über § 161 Abs. 2 HGB auch auf die KG Anwendung[2]. Im GmbH-Recht fehlt eine derartige Ausschlußregelung zwar, da der Gesetzgeber seinerzeit die ausdrücklich geregelten Fälle der §§ 21, 28, 34 Abs. 2 für ausreichend hielt. Man ist sich aber heute einig, daß es möglich sein muß, einen Gesellschafter, dessen Verbleib in der Gesellschaft unzumutbar ist, auch klageweise zu entfernen[3]. Das RG erkannte daher im Jahre 1942 die Klage auf Ausschließung eines GmbH-Gesellschafters aus wichtigem Grund für den Fall an, daß seine weitere Zugehörigkeit untragbar ist[4]. Seither stellt dies die allgemeine Auffassung in Rechtsprechung und Literatur[5] dar, die sich auf die gesellschaftliche Treuepflicht, das Prinzip der Lösbarkeit von Dauerschuldverhältnissen bzw. die analoge Anwendung des § 140 HGB stützt[6]. Die Ausschließungklage ist auch möglich, wenn die Satzung sie nicht ausdrücklich vorsieht[7].

---

1 *Kornmeier*, Die Schiedsfähigkeit GmbH-rechtlicher Nichtigkeits- und Anfechtungsklagen, 22.

2 BGH, 14.5.1952, BGHZ 6, 113, 115; 27.10.1955, BGHZ 18, 350, 359ff; Großkomm-*Ulmer*, HGB, § 140 RZ 33; Schlegelberger-*K. Schmidt*, § 140 RZ 2; Heymann-*Emmerich*, § 140 RZ 3a; Baumbach-*Hopt*, HGB, § 140 RZ 2.

3 Zusammenfassend Hachenburg-*Ulmer*, Anh. § 34 RZ 1-7.

4 RG, 13.8.1942, RGZ 169, 330, 334.

5 Grundlegend BGH, 1.3.1953, BGHZ 9, 157, 159 mit rechtsvergleichendem Hinweis auf § 822 Abs. 4 OR als Vorbild, 174. Später dann BGH, 17.2.1955, BGHZ 16, 317, 322; 25.1.1960, BGHZ 32, 17, 22; 23.1.1981, BGHZ 80, 346, 348f; Hachenburg-*Ulmer*, Anh. § 34 RZ 8; Scholz-*Winter*, § 15 RZ 130; Rowedder-*Rowedder*, § 34 RZ 39; *Lutter-Hommelhoff*, § 34 RZ 24; Baumbach-*Hueck*, GmbHG, Anh. § 34 RZ 2.

6 Zusammenfassend *Scholz-Winter*, § 15 RZ 130.

7 BGH, 1.3.1953, BGHZ 9, 157, 160; Hachenburg-*Ulmer*, Anh. § 34 RZ 8.

In *Österreich* kennt § 140 HGB für Personengesellschaften die Ausschlußklage aus wichtigem Grund in der dem deutschen Recht entsprechenden Form. Im Gegensatz zu den deutschen konnten sich die österreichische Gerichte aber nicht darauf einigen, sie auch für die GmbH zuzulassen. Sie entschieden konstant, daß ohne entsprechende Satzungsbestimmung ein Ausschluß - abgesehen von dem in § 66 öGmbHG vorgesehenen Fall der Säumnis des Gesellschafters mit der Erbringung der Stammeinlage - nicht denkbar sei[8]. Die GmbH ähnele eher der AG, so daß die Vorschrift des § 140 öHGB nicht übertragen werden könne[9]; außerdem sei § 66 öGmbHG zwingend und abschließend, eine Ausschließung in anderen Fällen stelle eine unzulässige einer Enteignung des Gesellschafters gleichkommende Zwangsmaßnahme dar[10]. Die deutsche Rechtsprechung sei auf das österreichische Recht nicht übertragbar und könne darüber hinaus auch nicht überzeugen[11]. Dieser recht betagten Ansicht widersprechen die meisten neueren österreichischen Autoren, die durchweg eine Ausschließungsmöglichkeit aus wichtigem Grund auch für den Fall fordern, daß die Satzung sie nicht vorsieht[12]. Enthält die Satzung eine entsprechende Bestimmung, ist die Ausschlußmöglichkeit durch Beschluß aber mittlerweile in Judikatur und Schrifttum unbestritten[13].

In der *Schweiz* normiert Art. 577 OR die Ausschließungklage aus wichtigem Grund für die Kollektivgesellschaft als Alternative zur Auflösung der Gesellschaft. Und für die GmbH bestimmt Art. 822 Abs. 3 OR, daß die Gesellschaft beim Richter Ausschließung beantragen kann, wenn ein wichtiger Grund vorliegt.

In *Frankreich* finden sich bei keiner Gesellschaftsform derartige gesetzliche Regelungen. Die Gerichte haben den Ausschluß lediglich für den Fall anerkannt, daß er durch Gesellschafterbeschluß erfolgt, der sich auf eine entsprechende Satzungsbestimmung stützen muß. Dies gilt sowohl für die SNC[14], als auch für die SARL[15] und sogar für die SA[16]. Die gerichtliche Ausschließung wird dagegen allgemein abgelehnt[17].

---

[8] OGH, 26.8.1913, ZBl. 1916, 836, 837; 14.3.1916, ZBl. 1916, 423, 428f; 12.9.1916, ZBl. 1917, 970; 25.11.1953, SZ 26, Nr. 285; OLG Innsbruck, 4.6.1968, NZ 1969, 59.

[9] OGH, 14.3.1916, ZBl. 1916, 423, 428; 26.8.1913, ZBl. 1916, 836, 837; 25.11.1953, SZ 26, Nr. 285.

[10] OGH, 14.3.1913, ZBl. 1916, 423, 429; 26.8.1913, ZBl. 1916, 836, 837.

[11] OGH, 25.11.1953, SZ 26, Nr. 285.

[12] *Koppensteiner*, Anh. § 71 RZ 4; *Gellis/Feil*, § 75 RZ 9; *Reich-Rohrwig*, Das österreichische GmbH-Recht, 680f; *Holzhammer*, Österreichisches Handelsrecht III: Gesellschaftsrecht, 148; *Kastner*, Ausschließung eines Gesellschafters einer Gesellschaft m.b.H., ÖJZ 1952, 183, 184; *Hannak*, GmbH-Gesetz und Wirklichkeit am Beispiel der Ausschließung eines Gesellschafters, FS Hämmerle, 127, 136ff; *Ostheim*, Zur Abberufung von Gesellschafter-Geschäftsführern bei der Gesellschaft mit beschränkter Haftung, FS Hämmerle, 245, 263f; *Schneider*, Ausschluß eines GmbH-Gesellschafters, GesRZ 1983, 191, 196ff; *Harrer*, Ausschließung, Austritt und Kündigung im Recht der GmbH, FS Frotz, 275, 277ff.

[13] OGH, 20.12.1992, ecolex 1993, 458; *Koppensteiner*, Anh. § 71 RZ 2; *Gellis/Feil*, § 75 RZ 9; *Reich-Rohrwig* (oben FN 12), 680.

[14] Cour d'Appel Paris, 18.11.1893, Gaz. Pal. 1894 I 10, 11; Cour d'Appel Aix, 26.6.1984, D.S. 1985, 372, 373; Trib. Caen, 11.4.1927, D.P. 1928 II 65, 67; Trib. Poitiers, 30.6.1975, Rev. trim. dr. com. 1976, 373.

[15] Trib. Orléans, 26.9.1989, Rev. soc. 1990, 644.

[16] Cour d'Appel Rouen, 8.2.1974, Rev. soc. 1974, 507, 510; Trib. Nantes, 18.10.1911, JouRZ soc. 1913, 23; Trib. Le Havre, 11.1.1927, Journ. soc. 1928, 180; Trib. Reims, 24.4.1989, J.C.P. éd. E. 1990 II 15677 Nr. 2.

Auch im *New Yorker* Recht sucht man vergeblich nach gesetzlichen Regelungen der Ausschließung. Während das Kapitalgesellschaftsrecht den Ausschluß eines Gesellschafters nicht anerkennt, haben die Gerichte ihn für die Personengesellschaften zugelassen. Den Gesellschaftern steht danach zwar kein gesetzliches und auch kein „common law"-Recht auf Ausschluß zu, sie können diesen aber durch Beschluß bei Vorliegen einer entsprechenden Regelung in der Satzung bewirken. Die Gerichte überprüfen dann lediglich, ob eine solche Entscheidung über den Ausschluß einer gesellschaftsrechtlichen „public policy" widerspricht[18].

B. Schiedsfähigkeit

Sowohl im Recht der Personengesellschaften als auch im GmbH-Recht ist allgemein anerkannt, daß die Klage auf Ausschluß eines Gesellschafters schiedsgerichtlicher Erledigung zugänglich ist.

I. Stand der Diskussion

Daß anstelle des ordentlichen Gerichts auch ein Schiedsgericht über den Ausschluß eines Gesellschafters im gerichtlichen Verfahren entscheiden kann, bezweifelt sowohl im *deutschen*[19] als auch im *österreichischen*[20] und *schweizerischen*[21] Personengesell-

---

[17] Cour d'Appel Aix, 26.6.1984, D.S. 1985, 372, 373; Cour d'Appel Montpellier, 17.12.1992, J.C.P. éd. E. 1993 I 215 Nr. 9; Trib. Paris, 7.6.1988, Rev. soc. 1989, 246. Aus der Literatur zustimmend *Mercadal/Janin*, Sociétés commerciales, RZ 229; zweifelnd dagegen *Guyon*, Droit des affaires, Tome 1: Droit commercial général et sociétés, RZ 746 u. 750.

[18] *Gelder Medical Group v. Webber*, 394 N.Y.S.2d 867, 870 (1977); *Gill v. Mallory*, 80 N.Y.S.2d 155, 156 (Sup. Ct. 1948); *Millet v. Slocum*, 167 N.Y.S.2d 136, 140 (Sup. Ct. 1957).

[19] Großkomm-*Ulmer*, HGB, § 140 RZ 39; Schlegelberger-*K. Schmidt*, § 140 RZ 73; Heymann-*Emmerich*, § 140 RZ 28; Röhricht/Graf v. Westphalen-*v. Gerkan*, § 140 RZ 18; Baumbach-*Hopt*, HGB, § 140 RZ 30; GK-*Ensthaler*, § 140 RZ 10; *Vollmer*, Die Wirkungen rechtskräftiger Schiedssprüche bei gesellschaftsrechtlichen Gestaltungsklagen, BB 1984, 1774, 1777; *Ebbing*, Schiedsvereinbarungen in Gesellschaftsverträgen, NZG 1998, 281, 285.

[20] Straube-*Koppensteiner*, § 140 RZ 16; *Paschinger*, Die Gesellschaften und Genossenschaften im Zivilprozeß, 137; *Kastner*, Grundriß des österreichischen Gesellschaftsrechts, 121; *Backhausen*, Schiedsgerichtsbarkeit unter besonderer Berücksichtigung des Schiedsvertragsrechts, 130; *Kurschel/Thiery*, Rechtsgestaltungs- und Feststellungsklage bei Auflösung und Ausschluß aus der OHG, KG, EEG und GesbR, GesRZ 1990, 141, 142 FN 7; *Thöni*, Zur Schiedsfähigkeit des GmbH-rechtlichen Anfechtungsstreits, WBl. 1994, 298, 299 u. 302. Anders - allerdings mit dem Umfang der Schiedsklausel argumentierend - für die Genossenschaft OGH, 18.9.1928, SZ 10, Nr. 285; 7.12.1946, JBl. 1947, 111, 112.

[21] BG, 18.2.1943, BGE 69 II 118; Amt für HReg., SAG 1944, 36; *Sträuli/Messmer/Wiget*, Kommentar zur Zürcherischen ZPO, § 238 RZ 4; *Rüede/Hadenfeldt*, Schweizerisches Schiedsgerichtsrecht, 50; *Lalive/Poudret/Reymond*, Le droit de l'arbitrage interne et international en Suisse, Art. 5, RZ 1; *Jolidon*, Commentaire du Concordat suisse sur l'arbitrage, 159; *Dutoit/Knoepfler/Lalive/Mercier*, Répertoire du droit international privé suisse, 265; BernerKomm-*Hartmann*, Art. 577 RZ 4; *Suter*, Der Schieds-

schaftsrecht niemand. Gleiches gilt heute für *Italien*, das eine langewährende Diskussion vorweisen kann[22]. *Deutsche* und *österreichische* Autoren begründen die Schiedsfähigkeit meist schlicht mit der Dispositionsfähigkeit der Ausschlußklage und der Feststellung, daß ihr allgemein kein zwingenden Charakter beigemessen werde[23].

In der *Schweiz* liegt eine Entscheidung des BG zum Ausschluß aus einer Kollektivgesellschaft vor, die präziser geworden ist. Das Gericht führte aus, daß die Ausschließung lediglich die internen Beziehungen zwischen den Gesellschaftern berühre, bei deren Gestaltung sie freie Hand hätten. Daher könnten sie über den Disput frei verfügen, die Entscheidung darüber also auch einem Schiedsrichter übertragen[24]. Denn wer auf ein Recht verzichten oder sich darüber außergerichtlich vergleichen könne, sei auch befugt, den Entscheid über das Bestehen des Rechtes im Falle des Bestreitens Dritten anheimzustellen, die ihm vertrauenswürdig erschienen[25].

Auch im Gestaltungscharakter der Ausschließungsklage sieht man kein Hindernis der Schiedsfähigkeit[26]. Wenn bestimmte Gestaltungsurteile nur von staatlichen Gerichten gefällt werde könnten, liege dies nicht im Wesen des Gestaltungsurteils. Es habe vielmehr seinen Grund darin, daß das betreffende Rechtsverhältnis der freien Verfügung der Parteien entzogen sei[27]. Öffentliche Interessen oder Interessen Dritter, die das Ausscheiden des Gesellschafters verletzen könnte und schiedsgerichtliche Beurteilung verböten, seien nicht zu erkennen. Interessierte Dritte seien zudem durch die Eintragung des Ausscheidens ins Handelsregister ausreichend gesichert[28].

Mit dieser Argumentation haben *französische* Gerichte anerkannt, daß der Ausschluß eines Gesellschafters zwar das fundamentale Recht des Gesellschafters auf Verbleib in der Gesellschaft berühre, welches zum „ordre public" zu rechnen sei. Der „ordre public" werde aber nur durch die Ausschließung als solche betroffen, nicht durch die Ausgestaltung des Verfahrens im einzelnen. Schiedsgerichtliche Überprüfung des Ausschließungsbeschlusses sei deshalb nicht unzulässig[29]. Für das *New Yorker* Recht findet sich dagegen keine Stellungnahme zur Schiedsfähigkeit des Ausschließungsbeschlusses.

---

vertrag nach schweizerischem Zivilprozeßrecht, ZSR 47 (1928), 8, 42; *Guyet*, L'arbitrage en matière de société et ses sources en droit suisse, Rev. arb. 1960, 2, 11; *Hinderling*, Die private Schiedsgerichtsbarkeit nach Basler ZPO und Konkordat, BJM 1972, 107, 118. Gleiches gilt für den Ausschluß aus einer Genossenschaft, vgl. BG, 11.7.1945, BGE 71 II 176, 180f; *Sträuli/Messmer/Wiget* (oben FN 21), § 238 RZ 4; *Jolidon* (oben FN 21), 159; *Dutoit/Knoepfler/Lalive/Mercier* (oben FN 21), 265.

[22] Ausführlich *Teti*, L'arbitrato nelle società, Riv. arb. 1993, 297, 303ff.

[23] Deutschland: Großkomm-*Ulmer*, HGB, § 140 RZ 39; Schlegelberger-*K.Schmidt*, § 140 RZ 73. Österreich: *Paschinger* (oben FN 20), 137.

[24] BG, 18.2.1943, BGE 69 II 118, 121; ebenso Amt für HReg., SAG 1944, 36; BernerKomm-*Hartmann*, Art. 140 RZ 4

[25] BG, 18.2.1943, BGE 69 II 118, 121.

[26] Österreich: *Kastner* (oben FN 20), 121; *Thöni* (oben FN 20), WBl. 1994, 298, 302. Schweiz: BG, 18.2.1943, BGE 69 II 118, 122; *Dutoit/Knoepfler/Lalive/Mercier* (oben FN 21), 265; BernerKomm-*Hartmann*, Art. 577 RZ 4.

[27] BG, 18.2.1943, BGE 69 II 118, 122.

[28] BG, 18.2.1943, BGE 69 II 118, 120; *Guyet* (oben FN 21), Rev. arb. 1960, 2, 10.

[29] Cour d'Appel Paris, 17.1.1977, Jurisdata Nr. 52 für die SA; 6.1.1984, Rev. arb. 1985, 279, 282 für das groupement d'intérêt économique; zustimmend *Cohen*, Arbitrage et société, RZ 264f.

Da sich in den untersuchten Ländern der gerichtliche Ausschluß eines GmbH-Gesellschafters weitgehend analog der Vorschriften des Personengesellschaftsrechts vollzieht, kann es nicht überraschen, wenn man die Schiedsfähigkeit auch bei dieser Gesellschaftsform einhellig bejaht[30]. Gleiches gilt für den Streit um die Einziehung von Geschäftsanteilen nach § 34 GmbHG[31]. Die wenigen auffindbaren Begründungen stellen lediglich fest, daß sich die Parteien über den Ausschluß oder Austritt eines Gesellschafters und über die Ausscheidensbedingungen vergleichen könnten[32] und nur die gerichtliche Kontrolle der Ausschließung überhaupt nicht abbedungen werden dürfe[33].

II. Stellungnahme

1. Die Schiedsfähigkeit im engeren Sinne

Aus den bereits erörterten Gründen kann man die Dispositionsfähigkeit des Ausschließungsstreits zunächst nicht allein darauf stützen, daß die Ausschließungsklage nicht zum zwingenden Recht zählt. Richtig ist zwar, daß das Ausschließungsrecht dispositiven Charakter hat, da eine dem § 133 Abs. 3 HGB entsprechende Bestimmung fehlt[34]. Den Gesellschaftern bleibt es daher unbenommen, in bestimmten Grenzen[35] abweichende Abreden zu treffen, wozu auch Vereinbarungen über das Ausschließungsverfahren gehören[36] und etwa eine Gerichtsstandsvereinbarung[37].

Die Zugehörigkeit oder Nichtzugehörigkeit zum zwingenden Recht ist jedoch nicht der für die Schiedsfähigkeit ausschlaggebende Gesichtspunkt[38]. Die Dispositionsbefugnis über den Ausschließungsstreit liegt deshalb vor, weil die Parteien rechtsgeschäftlich und verfahrensmäßig über den Ausschluß verfügen können. In prozessualer Hinsicht drückt sich die Dispositionsbefugnis etwa darin aus, daß die Parteien den Rechtsstreit auch z.B. auch durch Anerkenntnis nach § 307 ZPO und in Wege beidseitige Erledigungserklärung beenden können. Die Zulässigkeit solcher prozessualer Gestaltungsalternativen soll gerade darauf beruhen, daß den Parteien die Disposition über

---

30 Scholz-*Winter*, § 15 RZ 142; Rowedder-*Rowedder*, § 34 RZ 54; *Lutter-Hommelhoff*, § 34 RZ 32; Baumbach-*Hueck*, GmbHG, Anh. § 34 RZ 14; *Kornmeier* (oben FN 1), 22.

31 OLG Königsberg, 31.3.1914, GmbHRspr. II, § 34 Nr. 6; *Vogel*, Schiedsgerichtsvereinbarungen in GmbH-Verträgen, GmbHR 1952, 33, 35; *Kornmeier*, Die Schiedsgerichtsvereinbarung in der GmbH-Satzung, DB 1980, 193.

32 Rowedder-*Rowedder*, § 34 RZ 54.

33 *Lutter-Hommelhoff*, § 34 RZ 32; Baumbach-*Hueck*, GmbHG, Anh. § 34 RZ 14.

34 Großkomm-*Ulmer*, HGB, § 140 RZ 46ff; Schlegelberger-*K. Schmidt*, § 140 RZ 71; Heymann-*Emmerich*, § 140 RZ 30.

35 Großkomm-*Ulmer*, HGB, § 140 RZ 48; Baumbach-*Hopt*, HGB, § 140 RZ 31f.

36 Großkomm-*Ulmer*, HGB, § 140 RZ 51; Schlegelberger-*K. Schmidt*, § 140 RZ 73.

37 Schlegelberger-*K. Schmidt*, HGB, § 140 RZ 73.

38 S.o. § 3 B. I. Zum dispositiven Charakter vgl. für Deutschland: Großkomm-*Ulmer*, HGB, § 140 RZ 46ff; Schlegelberger-*K. Schmidt*, § 140 RZ 71; Heymann-*Emmerich*, § 140 RZ 30. Für Österreich: Straube-*Koppensteiner*, § 140 RZ 16.

den Streitgegenstand nicht entzogen sei[39]. Zum anderen erkennt man im Personengesellschaftsrecht allgemein an, daß die Gesellschafter den Ausschluß auch durch Beschluß vollziehen können[40]. Um ein gewisses Maß an Rechtsschutz des Ausgeschlossenen zu gewährleisten, muß ihm lediglich die Möglichkeit offenstehen, diesen Beschluß gerichtlich überprüfen zu lassen. Dabei wird es sogar für unschädlich gehalten, wenn diese Überprüfung ein Schiedsgericht vornimmt[41]. Materiellrechtlich können die Parteien die Rechtsfolgen der Ausschließungsklage, also das Ausscheiden des Gesellschafters mit der Folge der Anwachsung des Gesellschaftsanteils bei den übrigen Gesellschaftern und die Abfindung gem. § 738 Abs. 1 BGB auch durch Rechtsgeschäft, insbesondere durch Übernahmevertrag ad hoc erreichen[42].

Desgleichen ist man sich auch im GmbH-Recht einig, daß die Gesellschafter in den Grenzen des § 138 BGB und der zwingenden Vorschriften des GmbHG eine ganze Reihe abweichender Vereinbarungen über den Ausschluß treffen können. So können sie das Ausschließungsverfahren in durchaus vielfältiger Weise erleichtern und auch erschweren. Die Grenze soll dort verlaufen, wo es gänzlich abbedungen oder wesentlich eingeschränkt wird[43]. Der Gesellschafterversammlung steht danach insbesondere die Befugnis zu, einen Gesellschafter durch Beschluß auszuschließen, wenn die Satzung eine entsprechende Regelung vorsieht[44]. Nur die gerichtliche Nachprüfung dieses Beschlusses soll dagegen nicht gänzlich verzichtbar sein[45]. Von manchen Stimmen wird gar vertreten daß diese Nachprüfung auch ein Schiedsgericht sicherstellen könne[46]. Überraschenderweise ging davon auch der BGH in einem Revisionsurteil aus, in dem er über die Aufhebung eines Schiedsspruchs betreffend die Wirksamkeit eines in der Satzung vorgesehenen Ausschließungsbeschlusses gegen einen GmbH-Gesellschafter entscheiden mußte. Innerhalb der Prüfung des Aufhebungsgrundes „Verstoß gegen die guten Sitten und die öffentliche Ordnung" nach § 1041 Abs. 1 Nr. 2 ZPO a.F. führte das Gericht aus, daß bei der Entscheidung über die Wirksamkeit des Ausschließungsbeschlusses zu prüfen sei, ob das Verhalten des Ausgeschlossenen auch im Lichte des Verhaltens des Ausschließenden als ein wichtiger Grund anzusehen sei.

---

[39] Schlegelberger-*K. Schmidt*, § 140 RZ 59.

[40] Deutschland: BGH, 17.12.1959, BGHZ 31, 295, 298ff; 20.11.1977, BGHZ 68, 212, 214f; 13.7.1981, BGHZ 81, 263, 265ff; 5.6.1989, BGHZ 107, 351, 356; 21.10.1991, NJW-RR 1992, 227; Großkomm-*Ulmer*, HGB, § 140 RZ 51; Schlegelberger-*K. Schmidt*, § 140 RZ 74; Heymann-*Emmerich*, § 140 RZ 33. Österreich: OGH, 13.10.1946, JBl. 1965, 145, 146; 29.1.1985, GesRZ 1985, 34; Straube-*Koppensteiner*, § 140 RZ 16; *Kastner* (oben FN 20), 121. Schweiz: BG, 18.2.1943, BGE 69 II 118, 120; ZürchKomm-*Siegwart*, Art. 577 RZ 5; OR-*Staehelin*, Art. 577 RZ 3; *v. Steiger*, Schweizerisches Privatrecht Band VIII/2: Die Kapitalgesellschaften, 559; a.A. noch BernerKomm-*Hartmann*, Art. 577 RZ 4. Für Frankreich s.o. unter A.

[41] Großkomm-*Ulmer*, HGB, § 140 RZ 52.

[42] Vgl. Baumbach-*Hopt*, HGB, § 140 RZ 30.

[43] Hachenburg-*Ulmer*, Anh. § 34 RZ 17; Scholz-*Winter*, § 15 RZ 152; Rowedder-*Rowedder*, § 34 RZ 39.

[44] Deutschland: BGH, 1.4.1953, BGHZ 9, 157, 160; 25.1.1960, BGHZ 32, 17, 22; 19.9.1977, NJW 1977, 2316; 10.6.1991, GmbHR 1991, 362; Hachenburg-*Ulmer*, Anh. § 34 RZ 38; Scholz-*Winter*, § 15 RZ 138 u. 152; Rowedder-*Rowedder*, § 34 RZ 52. Österreich: *Koppensteiner*, Anh. § 71 RZ 13; *Reich-Rohrwig* (oben FN 12), 680. Frankreich: s.o. unter A.

[45] Hachenburg-*Ulmer*, Anh. § 34 RZ 19; Scholz-*Winter*, § 15 RZ 152; *Lutter-Hommelhoff*, § 34 RZ 32.

[46] Baumbach-*Hueck*, GmbHG, § Anh. § 34 RZ 14; *Kornmeier* (oben FN 1), 90f.

Diese Frage sei, wenn ein wirksamer Schiedsvertrag vorliege, durch das Schiedsgericht zu prüfen und zu entscheiden[47].

Schließlich können die Parteien auch die Rechtsfolge der GmbH-rechtlichen Ausschließungsklage, also das Ausscheiden des Gesellschafters, den Anfall des Geschäftsanteils an die Gesellschaft zum Zweck der Verwertung und die Abfindung[48] durch Rechtsgeschäft herbeiführen, nämlich durch Abtretung des Anteils gem. § 15 GmbHG.

Legt man diese Auffassung zugrunde, so stellt die Schiedsvereinbarung auch im GmbH-Recht keine von zwingenden Grundsätzen abweichende Vereinbarung dar, die das Ausschließungsverfahren gänzlich abbedingt oder wesentlich einschränkt. Das Ausschließungsrecht erfährt durch die Festlegung des privaten Forums keine materielle Einschränkung, denn mit schiedsgerichtlicher Erledigung verzichten die Gesellschafter weder auf das Recht als solches noch auf jegliche gerichtliche Nachprüfung. Aus den dargelegten prozessualen und materiellrechtlichen Verfügungsmöglichkeiten über die Ausschließungsklage ergibt sich vielmehr die allgemeine Dispositionsbefugnis der Parteien.

Auch aus den durch die Normen geschützten Interessen läßt sich ein staatliches Rechtsprechungsmonopol nicht ableiten. Das gerichtliche Ausschließungsverfahren dient den vertragstreuen Gesellschaftern, die es vor Auflösung und Abwicklung der Gesellschaft unter Mitwirkung des untreuen Gesellschafters bewahren soll. Obwohl ein wichtiger Grund vorliegt, der das gesellschaftsrechtliche Gefüge beeinträchtigt, soll der Fortbestand der Gesellschaft im Interesse der übrigen Gesellschafter tunlichst gesichert werden. Rechtsgrund ist daher das Interesse der Mitgesellschafter an der Fortführung der Gesellschaft ohne den störenden Gesellschafter vor dem Hintergrund der gesellschaftsrechtlichen Treuepflicht[49]. Der BGH betont, daß es die Möglichkeit geben müsse, einen Gesellschafter, der die satzungsmäßigen Eigenschaften verloren oder seine Mitgliedschaft erschlichen habe oder völlig untragbar geworden sei, auszuschließen, um das Unternehmen und die darin enthaltenen Werte und Arbeitsplätze zu erhalten. In diesem Fall könne den Gesellschaftern nicht angesonnen werden, entweder Auflösungsklage zu erheben und damit möglicherweise das eigene Lebenswerk zu zerstören, was vielleicht den Absichten des anderen gar entspreche, oder das abträgliche und dem Gesellschaftsverhältnis hohnsprechende Verhalten des anderen hinzunehmen[50].

Die Vorschriften bezwecken folglich kein staatliches Rechtsprechungsmonopol. Im übrigen ist nicht ersichtlich, daß ein Schiedsgericht das Interesse der vertragstreuen Gesellschaftern am Fortbestand der Gesellschaft nicht ebenso schnell und zuverlässig sichert wie ein staatliches Gericht. Es kann im Ernstfall einerseits die Ausschließung in derselben Form und mit derselben Wirkung vornehmen wie ein staatliches Gericht, damit die übrigen Gesellschafter die Gesellschaft fortführen können.

---

[47] BGH, 29.3.1983, WM 1983, 1207, 1208. Die bislang herrschende Auffassung dürfte die schiedsgerichtliche Entscheidung über die Rechtmäßigkeit des Ausschlusses durch Beschluß jedoch ablehnen, da sie GmbH-rechtliche Beschlußmängelstreitigkeiten für nicht schiedsfähig hält, s.o. § 6 B. II. 4.

[48] Vgl. Scholz-*Winter*, § 15 RZ 147.

[49] Deutschland: BGH, 14.5.1952, BGHZ 6, 113, 124; 1.3.1953, BGHZ 9, 157, 159f; Schlegelberger-*K. Schmidt*, § 140 RZ 1; Heymann-*Emmerich*, § 140 RZ 1; Röhricht/Graf v. Westphalen-*v. Gerkan*, § 140 RZ 1; Hachenburg-*Ulmer*, Anh. § 34 RZ 9. Österreich: Straube-*Koppensteiner*, § 140 RZ 1.

[50] BGH, 1.3.1953, BGHZ 9, 157, 159f.

Andererseits bietet gerade das Schiedsverfahren aus den bereits dargelegten Gründen[51] ein geeignetes Forum, die oft brisanten Fragestellungen, die dem Ausschließungsverfahren zugrunde liegen, ausführlich zu erörtern. Besonders in diesem nicht öffentlichen und vertraulichen Forum kann es gelingen, die aufgetretenen Schwierigkeiten zu diskutieren, nach Lösungen zu suchen und etwa mittels eines Schiedsvergleiches oder gar der Überarbeitung strittiger Regelungen des Gesellschaftsvertrages die Arbeitsgrundlage der Gesellschaft auf neue Füße zu stellen. Etwaige Interessen Dritter, die schiedsgerichtlicher Beurteilung der Ausschließungsstreitigkeit entgegenstehen könnten und Berücksichtigung verlangten, sind nicht zu erkennen. Deshalb haben die *französischen* Gerichte auch keine Bedenken, daß schiedsgerichtlicher Erledigung der gesellschaftsrechtliche „ordre public" entgegensteht.

2. Die Schiedsfähigkeit im weiteren Sinne

Im personengesellschaftsrechtlichen Ausschließungsprozeß stehen sich alle Mitgesellschafter als Kläger in notwendiger Streitgenossenschaft und der auszuschließende Gesellschafter als Beklagter gegenüber[52]. Bei der GmbH ist die Klage dagegen von der Gesellschaft, vertreten durch ihre Geschäftsführung, zu erheben[53]. Diese Parteien können in den oben dargelegten Grenzen in ihrer Gesamtheit über die Ausschließung verfügen, weshalb die subjektive Schiedsfähigkeit zu bejahen ist.

Unstreitig handelt es sich bei dem auf die Ausschlußklage ergehenden Urteil um ein Gestaltungsurteil[54]. Aus den bereits diskutierten Gründen kann auch der Gestaltungsklagecharakter an der Schiedsfähigkeit jedoch nicht rütteln. Dies hat das *schweizerische* BG in der oben erwähnten Entscheidung zutreffend erkannt, indem es allein auf die Dispositionsfähigkeit der Klage abstellte[55]. Schließlich stellt sich die Problematik der erweiterten Rechtskraft des Schiedsspruchs mangels einer § 248 AktG entsprechenden Vorschrift nicht. Im Falle des Ausschlußverfahrens gegen einen Personengesellschafter sind aufgrund der notwendigen Streitgenossenschaft sogar zwingend alle Gesellschafter am Verfahren beteiligt.

---

[51] Vgl. bereits in der Einleitung § 1 A. II.

[52] Deutschland: Schlegelberger-*K. Schmidt*, § 140 RZ 50ff; Heymann-*Emmerich*, § 140 RZ 23a u. 26. Österreich: Straube-*Koppensteiner*, § 140 RZ 12.

[53] Hachenburg-*Ulmer*, Anh. § 34 RZ 30; Scholz-*Winter*, § 15 RZ 139; Rowedder-*Rowedder*, § 34 RZ 55.

[54] Schlegelberger-*K. Schmidt*, § 140 RZ 65; Heymann-*Emmerich*, § 140 RZ 28; Hachenburg-*Ulmer*, Anh. § 34 RZ 32; Scholz-*Winter*, § 15 RZ 147.

[55] BG, 18.2.1943, BGE 69 II 118, 122.

III. Ergebnis

Sowohl die personengesellschaftsrechtliche als auch die GmbH-rechtliche Klage auf Ausschließung eines Gesellschafters können durch ein Schiedsgericht entschieden werden.

§ 11 Die Klage auf Auflösung einer Gesellschaft aus wichtigem Grund

Die Diskussion insbesondere um die Schiedsfähigkeit der GmbH-rechtlichen Auflösungsklage erinnert in Umfang und Tiefe an jene der Beschlußmängelstreitigkeiten. Judikatur und Schrifttum erörtern recht unterschiedliche Einzelaspekte, die der Schiedsfähigkeit im engeren und im weiteren Sinne entgegenstehen können. Sehr umstritten sind außerdem die Wirkungen des Schiedsspruchs, der die Auflösung der Gesellschaft anordnet. Dies verlangt eine Untersuchung der nicht nur im Rahmen der Auflösungsklage relevant werdenden, sondern allgemein bedeutsamen Frage nach Eintritt und Folgen der Gestaltungswirkung des Schiedsspruchs.

A. Grundlagen

In *Deutschland* sieht § 131 Abs. 1 Nr. 4 i.V.m. § 133 HGB die Klage auf Auflösung der OHG aus wichtigem Grund auf Antrag eines Gesellschafters vor. § 133 Abs. 3 HGB erklärt jede Vereinbarung, die das Auflösungsrecht ausschließt oder beschränkt, für unwirksam. Über § 161 Abs. 2 HGB finden diese Vorschriften auch auf die KG Anwendung[1]. Die Auflösung einer GmbH kann nach § 60 Abs. 1 Nr. 3 i.V.m. § 61 GmbHG nur von Gesellschaftern bewirkt werden, die mindestens zehn Prozent des Stammkapitals halten, wenn ein wichtiger Grund vorliegt. § 61 Abs. 3 GmbHG erklärt das Landgericht am Sitz der Gesellschaft ausschließlich für diese Entscheidung zuständig.

In *Österreich* normiert § 133 öHGB die Auflösungsklage aus wichtigem Grund und in Abs. 3 ihren zwingenden Charakter in gleicher Form wie das deutsche Recht. Im Rahmen der GmbH sprach sich eine ältere Entscheidung des OGH gegen die Auflösungsklage aus wichtigem Grund aus, da der Gesetzgeber das deutsche Vorbild des 61 GmbHG bewußt nicht übernommen habe[2]. Jener hatte seinerzeit tatsächlich Bedenken, die Gesellschaft als Zweckvermögen anzuerkennen und hielt es für praktisch unmöglich, daß ein Gericht die „Wichtigkeit" eines Grundes beurteilen konnte[3]. Dagegen wendet sich fast die gesamte Literatur und befürwortet eine analoge Anwendung des § 133 öHGB[4].

---

[1] Großkomm-*Ulmer*, HGB, § 133 RZ 3; Schlegelberger-*K. Schmidt*, § 133 RZ 3; Heymann-*Emmerich*, § 133 RZ 2; Baumbach-*Hopt*, HGB, § 133 RZ 2.

[2] OGH, 25.11.1953, SZ 26, Nr. 285.

[3] Näher *Kastner*, Ausschließung eines Gesellschafters einer Gesellschaft m.b.H., ÖJZ 1952, 183, 184.

[4] *Koppensteiner*, § 84 RZ 21; *Gellis/Feil*, § 85-86 RZ 12; *Reich-Rohrwig*, Das österreichische GmbH-Recht, 669; *Kastner* (oben FN 3), ÖJZ 1952, 183, 184; *Ostheim*, Zur Abberufung von Gesellschafter-Geschäftsführern bei der Gesellschaft mit beschränkter Haftung, FS Hämmerle, 265ff; *Reich-Rohrwig*, Tod eines GmbH-Gesellschafters vor Registrierung der GmbH, ecolex 1991, 389, 391; a.A. *Holzhammer*, Österreichisches Handelsrecht III: Gesellschaftsrecht, 167 (der aber andererseits die Klage auf Ausschließung eines Gesellschaftters zulassen will, 148).

Sie begründet dies mit einem erheblichen Bedürfnis der Praxis[5], der strukturellen Ähnlichkeit von GmbH und Personengesellschaft[6], dem Charakter der Gesellschaft als kündbarem Dauerschuldverhältnis[7] sowie mit § 16 Abs. 2 öGmbHG, der nun den richterlichen Eingriffs in die Gesellschaft ausdrücklich vorsehe[8].

Die *schweizerische* Kollektivgesellschaft kennt die Auflösungsklage aus wichtigem Grund in Art. 574 Abs. 1 S. 2 i.V.m. Art. 545 Abs. 1 Nr. 7, Abs. 2 OR. Auch die Auflösung einer GmbH kann ein Gesellschafter nach Art. 820 Nr. 4 i.V.m. Art. 822 Abs. 2 OR beim Gericht beantragen. Schließlich räumt Art. 736 Nr. 4 OR die Auflösungsklage gar im Aktienrecht ein[9]. Die Reform von 1991 änderte diese Vorschrift dergestalt, daß nun bereits Gesellschafter, die zusammen zehn anstatt bisher 20 Prozent des Stammkapitals halten, die Auflösung beantragen können. Außerdem eröffnete sie dem Richter weitreichende Gestaltungsmöglichkeiten, indem er nun auf eine „andere sachgemäße und den Beteiligten zumutbare Lösung" erkennen darf[10].

Das *französische* Recht sieht in Art. 1844-7 Nr. 5 C. civ. die Auflösungsklage aus wichtigem Grund auf Antrag eines Gesellschafters für die Grundform der Société civile vor. Die Vorschrift übernahm Art. 1871 C. civ. des alten Rechts, der die Auflösung der „arbitrage des juges" überließ. Die Norm findet auch auf die SNC[11], die SARL[12] und gar auf die SA[13] Anwendung. Für letztere betont man aber, daß es dazu nur wenige Entscheidungen gebe[14] und die Vorschrift eher bei kleineren Gesellschaften zum Zuge komme[15]. Nach Art. 51 DSC (SARL) bzw. Art. 198 DSC (SA) ist das Handelsgericht für die Beurteilung der Klage zuständig. Auch ohne diese Zuweisung ist heute unstreitig, daß Art. 631 Abs. 1 Nr. 2 C. com. die Auflösungsklage erfaßt, da sie einen direkten Bezug zum Gesellschaftsverhältnis aufweist[16].

---

[5] *Koppensteiner*, § 84 RZ 21; *Kastner* (oben FN 3), ÖJZ 1952, 183, 184.

[6] *Reich-Rohrwig* (oben FN 4), 670.

[7] *Koppensteiner*, § 84 RZ 21; *Reich-Rohrwig* (oben FN 4), 671; *Kastner* (oben FN 3), ÖJZ 1952, 183, 184.

[8] *Reich-Rohrwig* (oben FN 4), 672; *ders.* (oben FN 4), ecolex 1991, 389, 391.

[9] Vor Einführung dieser ausdrücklichen Regelung lehnte das BG die Anwendung der Art. 545, 547 auf die AG ab, 12.3.1919, BGE 45 II 86, 89. Auch später blieb die Vorschrift umstritten und wanderte nicht weniger als sechsmal zwischen National- und Ständerat hin und her, vgl. *v. Steiger*, Schweizerisches Privatrecht Band VIII/2: Kapitalgesellschaftsrecht, 325.

[10] Dieser interessante Ansatz ist im Schrifttum nicht unumstritten, vgl. *Böckli*, Schweizer Aktienrecht, RZ 1942ff, der sie als „fortschrittlich aber problembeladen" bezeichnet: „Was wir vor uns haben, ist eine weitere Übernahme angelsächsischer Rechtsvorstellungen. Ein Richter, der in jenen Traditionen steht, erschrickt nicht, wenn die Kläger von ihm verlangen 'or such remedy as he may deem fit'".

[11] *Guyon*, Droit des affaires, Tome 1: Droit commercial général et sociétés, RZ 271; *Mercadal/Janin*, Sociétés commerciales, RZ 675.

[12] *Guyon* (oben FN 11), RZ 512; *Ripert/Roblot*, Traité de droit commercial, Tome 1: SoSociétés commerciales, RZ 992; *Mercadal/Janin* (oben FN 11), RZ 1095.

[13] *Guyon* (oben FN 11), RZ 466; *Ripert/Roblot* (oben FN 12), RZ 1601; *Mercadal/Janin* (oben FN 11), RZ 2350.

[14] *Ripert/Roblot* (oben FN 12), RZ 1601.

[15] *Merle*, Sociétés commerciales, RZ 586.

[16] Cass., 30.3.1949, J.C.P. 1951 II 6180; 30.1.1967, J.C.P. 1967 II 15215; 8.7.1970, Rev. soc. 1971, 154, 155; Cour d'Appel Nancy, Urt. v. 10.11.1930, S. 1931 II 92; *de Boisséson*, Le droit français de

Das *New Yorker* Partnership Law kennt die Auflösungsklage auf Antrag eines Gesellschafters in § 62 Nr. 6 i.V.m. § 63, welcher eine Reihe von Auflösungsgründen aufzählt. Darunter finden sich in Nr. 1 (f) auch Umstände, die eine Auflösung als generell „equitable“ erscheinen lassen. Das BCL gestaltet die Auflösungsklage in den §§ 1101ff BCL aus. Sie kann gem. § 1102 durch eine Mehrheit der Direktoren oder gem. § 1103 durch eine Mehrheit der Aktionäre erhoben werden, wenn sie der Auffassung sind, daß die Gesellschaft ihren Verpflichtungen nicht mehr nachkommen kann oder die Auflösung allgemein zum Nutzen der Aktionäre wäre. Eine Auflösung ist ebenfalls möglich im Falle eines „deadlock“ zwischen Direktoren oder Aktionären. Und schließlich kann die Auflösung gem. § 1104-a auch durch Aktionäre, die mindestens 20 Prozent des Stammkapitals halten, beantragt werden, wenn illegales oder betrügerisches Verhalten der Direktoren gegenüber den Aktionären oder Verschwendung oder Mißbrauch des Gesellschaftseigentums geltendgemacht wird. Die Klage muß nach § 1112 BCL beim Supreme Court in dem Bezirk eingereicht werden, in dem die Gesellschaft ihren Sitz hat.

B. Schiedsfähigkeit

Angesichts unterschiedlichen Umfangs der Diskussion soll hier zwischen Personen- und Kapitalgesellschaften differenziert werden.

I. Personengesellschaften

1. Stand der Diskussion

Im *deutschen* Rechtskreis hatte sich bereits das RG mit der Schiedsfähigkeit der Auflösungsklage eines OHG-Gesellschafters aus wichtigem Grund zu beschäftigen. Vor dem zunächst angerufenen staatlichen Gericht erhob der Beklagte erfolgreich die Einrede des Schiedsvertrages. Das RG führte in seiner Revisionsentscheidung aus, daß zunächst nichts zwinge, die Worte „durch gerichtliche Entscheidung“ in § 133 HGB ausschließlich auf die Entscheidung eines staatlichen Gerichts zu beziehen. Der Mangel jeder näheren Kennzeichnung der Entscheidung gestatte vielmehr, darunter auch den im schiedsrichterlichen Verfahren ergehenden Schiedsspruch zu begreifen, dem die ZPO a.F. in § 1040 unter den Parteien die Wirkung eines rechtskräftigen gerichtlichen Urteils beilege. Außerdem verletze ein Schiedsvertrag nicht § 133 Abs. 3 HGB, denn er könne nicht als Vereinbarung gelten, welche das Recht des Gesellschafters, die Auflösung der Gesellschaft zu verlangen, „diesen Vorschriften zuwider“ beschränke.

---

l'arbitrage interne et international, RZ 48; *Robert/Moreau*, Arbitrage, RZ 73; *Hémard/Terré/Mabilat*, Sociétés commerciales, Tome I, RZ 562; *Mercadal/Janin* (oben FN 11), RZ 418.

Daß der Inhalt eines Schiedsvertrages eine solche Beschränkung enthalte, sei nicht ersichtlich. Und schließlich verstoße eine Schiedsvereinbarung auch nicht gegen § 1025 ZPO a.F. Denn ein Vergleich über das Recht des Gesellschafters, die Auflösung zu verlangen, enthalte nicht stets auch eine Ausschließung oder Beschränkung des Rechts, weshalb ein Schiedsvertrag dieses Inhalts § 133 Abs. 3 HGB nicht verletze. Eine Beschränkung i.S.d. Gesetzes durch Vereinbarung eines Schiedsvertrages sei nach den vorstehenden Ausführungen eben nicht gegeben[17]. Das BayObLG bestätigte das RG in einer Entscheidung zur Schiedsfähigkeit der GmbH-rechtlichen Auflösungsklage nach § 61 GmbHG ohne nähere Begründung[18].

Ein Großteil des Schrifttums beruft sich schlicht auf diese Argumente oder bejaht die Schiedsfähigkeit, ohne sie näher zu diskutieren[19]. Teilweise betont man in Anlehnung an die reichsgerichtliche Entscheidung, daß eine Schiedsvereinbarung am Gesellschafterrecht auf Auflösung der Gesellschaft aus wichtigem Grund nichts ändere, sondern nur die Zuständigkeit eines Schiedsgerichts anordne, weshalb das Verbot des § 133 Abs. 3 HGB nicht greife bzw. zwingendes Recht nicht entgegenstehe[20]. Andere weisen daraufhin, daß die Auflösung - in Deutschland und Österreich nach § 131 Abs. 1 Nr. 2 HGB bzw. § 131 Nr. 2 öHGB - auch durch Gesellschafterbeschluß erfolgen könne, weshalb den Parteien freie Verfügung über den Streitgegenstand zukomme[21].

In *Frankreich* findet sich speziell zur Schiedsfähigkeit der personengesellschaftsrechtlichen Auflösungsklage keine Stellungnahme. Allerdings bejahen viele Autoren die Möglichkeit schiedsgerichtlicher Beurteilung, ohne näher zwischen den Gesell-

---

[17] RG, 22.5.1909, RGZ 71, 254, 256.

[18] BayObLG, 24.2.1984, WM 1984, 809, 810. Dazu sogleich B. II.

[19] Deutschland: Großkomm-*Ulmer*, HGB, § 133 RZ 75; Heymann-*Emmerich*, § 133 RZ 23; Röhricht/Graf v. Westphalen-*v. Gerkan*, § 133 RZ 21; Baumbach-*Hopt*, HGB, § 133 RZ 19; GK-*Ensthaler*, § 133 RZ 10; *Lindacher*, Schiedsgerichtliche Kompetenz zur vorläufigen Entziehung der Geschäftsführungs- und Vertretungsbefugnis bei Personengesellschaften, ZGR 1979, 201; *Vollmer*, Die Wirkungen rechtskräftiger Schiedssprüche bei gesellschaftsrechtlichen Gestaltungsklagen, BB 1984, 1774; *Bärmann*, Schiedsfähigkeit, FS Weber, 1, 9; *Ebbing*, Schiedsvereinbarungen in Gesellschaftsverträgen, NZG 1998, 281, 285; a.A. anscheinend *Schwab*, Wandlungen der Schiedsfähigkeit, FS Henckel, 803, 807, der meint, nach der materiellrechtlichen Theorie der Vergleichsbefugnis sei die Auflösungsklage nicht schiedsfähig. Österreich: *Hämmerle/Wünsch*, Handelsrecht II: Personengesellschaften, 266; *Kastner*, Grundriß des österreichischen Gesellschaftsrechts, 118; *Kurschel/Thiery*, Rechtsgestaltungs- und Feststellungsklage bei Auflösung und Ausschluß aus der OHG, KG, EEG und GesbR, GesRZ 1990, 141, 142 FN 7. Schweiz: *Rüede/Hadenfeldt*, Schweizerisches Schiedsgerichtsrecht, 50; *Lalive/Poudret/Reymond*, Le droit de l'arbitrage interne et international en Suisse, Art. 5 RZ 1; Berner-Komm-*Hartmann*, Art. 574 RZ 27; *Suter*, Der Schiedsvertrag nach schweizerischen Zivilprozeßrecht, ZSR 47 (1928), 8, 42 FN 126.

[20] Deutschland: Schlegelberger-*K. Schmidt*, § 133 RZ 42 u. 68. Österreich: Straube-*Koppensteiner*, § 133 RZ 14ff. Schweiz: *Lüscher*, Die Auflösung von Handelsgesellschaften aus wichtigen Gründen, 76.

[21] Deutschland: *Bork*, Der Begriff der objektiven Schiedsfähigkeit, ZZP 100 (1987), 249, 269. Österreich: *Kastner*, Außerstreitverfahren - Schiedsgericht und Schiedsmänner, JBl. 1950, 565, 566; *Thöni*, Zur Schiedsfähigkeit des GmbH-rechtlichen Anfechtungsstreits, WBl. 1994, 298, 299 u. 302. Schweiz: Amt für HReg, SAG 1944, 36, 37; *Lüscher* (oben FN 20), 76.

schaftsformen zu differenzieren[22]. Daher wird man auch für Personengesellschaften grundsätzlich von Schiedsfähigkeit ausgehen können.

Zum *New Yorker* Recht verneinte eine frühe Entscheidung die schiedsgerichtliche Erledigung mit dem Argument, daß niemand gezwungen werden könne, einen derart wichtigen Streit vor einem Schiedsgericht zu verhandeln[23]. In neuerer Zeit gestand die Appellate Division den Schiedsrichtern jedoch ausdrücklich die Fähigkeit zu, die Auflösung der Gesellschaft auszusprechen und deren Wirkungen im einzelnen festzulegen. Voraussetzung sei nur, daß die Gründe, auf denen die Auflösung basieren soll, in den Anwendungsbereich der Schiedsklausel fielen. Das Gericht stellte zudem maßgeblich darauf ab, daß die Parteien das Schiedsverfahren nach den Regeln der American Arbitration Association führen wollten, die vorsahen, „that the arbitrator in his award might grant any remedy or relief which he deems just and equitable and within the scope of the agreement of the parties[24]. Dem hat sich die Literatur angeschlossen[25].

Neben diesen näher untersuchten Ländern wird die Kompetenz eines Schiedsgerichts, eine Personengesellschaft aufzulösen, auch in England und Schottland lebhaft diskutiert, so daß eine kurze Darstellung reizvoll erscheint. So haben in *England* zwei frühe Entscheidungen die Schiedsfähigkeit anerkannt und darauf abgestellt, daß die gesellschaftsvertragliche Schiedsklausel auch den Streit um die Auflösung erfasse[26]. Später begründete ein anderes Gericht die Schiedsunfähigkeit dagegen damit, daß die Schiedsklausel den Schiedsrichtern solche Macht nicht verleihe und auch ein staatliches Gericht dies nicht tun könne. Vielmehr gehöre der Auflösungsstreit ausschließlich vor ein staatliches Gericht, das allein die Fähigkeit besitze, den Gesellschaftern die Auflösung zuzugestehen. Denn dabei handele es sich um eine Fähigkeit, die gerade auf der herausragenden Stellung staatlicher Gerichte beruhe[27]. Die Revisionsinstanz bestätigte diese Entscheidung, da es zweifelhaft sei, ob ein Schiedsgericht eine angemessene Form von Forum darstelle, um zu ermitteln, ob eine Gesellschaft aufgelöst werden solle oder nicht. Jedoch sei keine allgemeine Regel aufzustellen, nach der ein Schiedsgericht sich niemals mit der Auflösung beschäftigen dürfe[28].

In der Folge setzte sich dann langsam die Auffassung durch, daß die Auflösungsklage schiedsfähig sei, soweit die gesellschaftsvertragliche Schiedsklausel die zugrundeliegenden Streitigkeiten erfasse[29]. Weitere Entscheidungen folgten und erklärten, es sei

---

[22] *Robert/Moreau* (oben FN 16), RZ 75; *Moreau/Bernard*, Droit interne et droit international de l'arbitage, 32; *Ripert/Roblot* (oben FN 12), RZ 794; *Mercadal/Janin* (oben FN 11), RZ 229 u. 419. Zur Begründung unten bei der kapitalgesellschaftsrechtlichen Diskussion.

[23] *Bercu v. Levinson*, 61 N.Y.S.2d 116, 117 (1st Dep't. 1946).

[24] *Steinberg v. Steinberg*, 327 N.Y.S.2d 245, 247 (1st Dep't. 1971).

[25] *Grave/Bromberg*, On Partnership, 302; *Reuschlein/Gregory*, The Law of Agency and Partnership, 278; *Bromberg/Ribstein*, On Partnership, Volume 2, § 6.08(e).

[26] *Plews v. Baker*, (1873) L.R. 16 Eq. 564, 572; *Russell v. Russell*, (1880) 14 Ch.D. 471, 474.

[27] *Joplin v. Postlethwaite*, (1889) 61 L.T 629, 631: „The question whether or not the partnership should be dissolved is one which which is eminently for the discretion of the judicial tribunal and no other tribunal...That is a thing that can only be done by the paramount authority of a court of justice...".

[28] *Joplin v. Postlethwaite*, (1889) 61 L.T. 629, 632: „...I doubt whether arbitration would be a good form of tribunal for the purpose of determining whether the partnership should be dissolved"; ebenso *Turnell v. Sanderson*, (1891) 60 L.J.Ch. 703, 705.

[29] *Walmsley v. White*, (1892) 67 L.T. 433, 434.

mittlerweile klar, daß Schiedsrichter die Auflösung einer Gesellschaft aussprechen könnten, wenn die Schiedsklausel nur weit genug gefaßt sei[30]. Für den Fall der Auflösung aus „just and equitable grounds" nach § 35 (f) des Partnership Act stellte ein zwischenzeitlich ergangenes Urteil jedoch fest, daß die Beurteilung dieser Gründe ein Maß an gerichtlichem Ermessen erfordere, dessen Ausübung besser in die Hände eines staatlichen Gerichts gelegt werden sollte[31].

Auch in *Schottland* ging eine frühe Entscheidung davon aus, daß die Auflösungsklage nicht schiedsgerichtlich verhandelt werde könne, da dies in der Regeln nicht der Intention der Parteien entspreche und solche Streitigkeiten nicht in den Anwendungsbereich gesellschaftsvertraglicher Schiedsklauseln fielen[32]. Fast 50 Jahre später lehnte das „Outer House" des Court of Session es jedoch ab, daraus eine allgemeine Regel abzuleiten, nach der die Kompetenz, eine Gesellschaft aufzulösen, allein den staatlichen Gerichten vorbehalten sei und nicht unter gegebenen Umständen auch einem Schiedsgericht übertragen werden könne. Eine Interpretation der in Frage stehenden Schiedsklausel und der Parteiintentionen ergebe vielmehr, daß regelmäßig auch die Auflösungsklage nach § 35 des Partnership Act vor das Schiedsgericht gehöre[33]. Eine neuere Entscheidung bestätigte diese Ausführungen, das Gericht stellte jedoch in concreto fest, daß die maßgebliche Schiedsklausel bedeutend enger gefaßt sei, weshalb dem Schiedsgericht nicht die Auflösung „upon equitable and discretionary grounds" übertragen sei[34].

Die Schiedsfähigkeit der Auflösungsklage bejaht man zudem in *Belgien*[35] und in *Israel*[36], während man ihr in *Italien*[37] und in den *Niederlanden*[38] reservierter gegenübersteht.

---

[30] *Belfield v. Bourne*, (1893) 69 L.T. 786, 787; *Vawdrey v. Simpson*, [1896] 1 Ch. 166, 169; *Machin v. Bennett*, (1900) W.N. 146; zuletzt *Phoenix v. Pope*, [1974] 1 All E.R. 512, 519 mit ausführlicher Diskussion der bis dahin ergangenen Rechtsprechung.

[31] *Olver v. Hiller*, [1959] 2 All E.R. 220, 222: „It appears to me that the dissolution of a partnership...is again a matter which is perhaps more conveniently left in the hands of the court".

[32] *Semple v. Mcnair & Crawford*, (1907) 15 S.L.T. 448, 450: „I am unable to see how the arbiter comes in place of the Court".

[33] *Hackston v. Hackston and Another*, 1956 S.L.T. (Notes) 38, 39.

[34] *Roxburgh v. Dinardo*, 1981 S.L.T. (O.H.) 291, 294.

[35] *Keutgen*, L'arbitrage en droit belge et international, RZ 105; *Benoit-Moury/Matray*, L'arbitrage et le droit des sociétés, Rev. arb. 1978, 130, 146ff; *Horsmans*, Actualité et évolution du droit belge de l'arbitrage, Rev. arb. 1990, 797, 807f, wenn die Schiedsrichter über die Auflösung nicht als „amiables compositeurs" entscheiden.

[36] *Ottolenghi*, Report Israel, Y.C.A. 1977, 47, 51.

[37] *Bernini*, Report Italy, Y.C.A. 1981, 24, 34.

[38] *van den Berg/van Delden/Snijders*, Netherlands Arbitration Law, 38.

2. Stellungnahme

a) Die Schiedsfähigkeit im engeren Sinne

Zunächst kann man an der Dispositionsbefugnis der Gesellschafter über den Auflösungsstreit nicht ernsthaft zweifeln. § 133 HGB normiert trotz seines Abs. 3 kein in allen Fällen zwingendes Recht. So will die Vorschrift nach allgemeiner Auffassung nicht die Möglichkeit ausschließen, abweichende Regelungen zu vereinbaren, etwa über die Art der Geltendmachung der Auflösung. Solche Regelungen dürfen das Auflösungsrecht zwar weder ausschließen, noch unzumutbar einschränken, jedoch wird das Gestaltungsklagerecht hinsichtlich seiner Rechtsform grundsätzlich als abdingbar angesehen, soweit den Gesellschaftern ein funktionell gleichwertiges Recht gewährt wird[39]. Schließt man sich dem an, muß man feststellen, daß eine Schiedsklausel das Auflösungsrecht weder ausschließt, noch es unzumutbar einschränkt. Sie legt lediglich ein privates Forum fest, greift das Recht aber nicht in seinem materiellen Kern an. Schiedsgerichtliche Erledigung betrifft danach lediglich die Form der Geltendmachung und räumt den Gesellschaftern ein funktionell gleichwertiges Recht ein, das nicht gegen § 133 Abs. 3 HGB verstößt.

Will man die Verfügungsbefugnis über den Streit ermitteln, so ist zunächst zu erkennen, daß die Gesellschafter die Auflösung auch durch Beschluß nach § 131 Abs. 1 Nr. 2 HGB herbeiführen können. Diesen Auflösungsbeschluß können sie gar während des Verfahrens fassen und damit die Hauptsache erledigen[40]. Außerdem hält man im Prozeß auch einen Verzicht auf die Auflösung, eine Klagerücknahme und einen Vergleich über die Auflösungsklage für zulässig[41]. Den Gesellschaftern steht damit Dispositionsbefugnis über den Auflösungsstreit zu.

Ein staatliches Rechtsprechungsmonopol ergibt sich darüber hinaus auch nicht aus den durch die Vorschriften geschützten Interessen. § 133 HGB drückt den Rechtsgrundsatz aus, daß jedes auf Dauer angelegte vertragliche Rechtsverhältnis, insbesondere wenn es eine persönliche Bindung enthält, vor Ablauf der vertraglich bestimmten Zeit gelöst werden kann. Damit will man eine übermäßige und eventuell gar unzumutbare Bindung der Gesellschafter an die Gesellschaft vermeiden[42]. Außerdem bezweckt die Vorschrift Rechtssicherheit und Rechtsklarheit. Im Interesse der einschneidenden Wirkung der Auflösung auf das gemeinsam betriebene Unternehmen und angesichts

---

[39] Deutschland: BGH, 17.12.1959, BGHZ 31, 295, 300; Großkomm-*Ulmer*, HGB, § 133 RZ 67 u. 73; Schlegelberger-*K. Schmidt*, § 133 RZ 64 u. 68; Baumbach-*Hopt*, HGB, § 133 RZ 18 u. 20. Österreich: Straube-*Koppensteiner*, § 133 RZ 16.

[40] Großkomm-*Ulmer*, HGB, § 133 RZ 59; Schlegelberger-*K. Schmidt*, § 133 RZ 52; Heymann-*Emmerich*, § 133 RZ 18.

[41] RG, 15.3.1902, RGZ 51, 89, 91 für den Verzicht auf die Klage im Rahmen einer Genossenschaft; Großkomm-*Ulmer*, HGB, § 133 RZ 44; Schlegelberger-*K. Schmidt*, § 133 RZ 66; Baumbach-*Hopt*, HGB, § 133 RZ 12 u. 19.

[42] Deutschland: Großkomm-*Ulmer*, HGB, § 133 RZ 1; Schlegelberger-*K. Schmidt*, § 133 RZ 1; Heymann-*Emmerich*, § 133 RZ 1. Österreich: Straube-*Koppensteiner*, § 133 RZ 1.

der Unbestimmtheit des Begriffs des „wichtigen Grundes" soll die Auflösung nicht durch einseitige Erklärung eintreten, sondern durch Gestaltungsurteil unter gleichzeitiger Feststellung des „wichtigen Grundes". Die Klage ersetzt damit die ansonsten anwendbare außerordentliche Kündigung[43].

Die Vorschriften wollten mithin kein staatliches Rechtsprechungsmonopol kennzeichnen. Darüber hinaus kann ein Schiedsgericht ebenso wie ein staatliches Gericht einen Gesellschafter aus seinen Bindungen befreien und Klarheit über Bestand und Funktion der Gesellschaft herbeiführen. Keineswegs bringt schiedsgerichtliche Erledigung es mit sich, daß die Gesellschaft um jeden Preis weitergeführt wird. Auch ein Schiedsgericht muß - und ein korrekt funktionierendes wird - die Auflösung aussprechen, wenn die Voraussetzungen erfüllt sind und es von der Wichtigkeit des Auflösungsgrundes überzeugt ist.

In diesem Zusammenhang vermögen die *anglo-amerikanischen* und *schottischen* Zweifel an der Kompetenz der Schiedsrichter, die Wichtigkeit eines Grundes bzw. die Angemessenheit der Auflösung zu beurteilen, nicht zu überzeugen. Unbestritten stellt die Auflösungsklage ein bedeutendes Recht der Gesellschafterminderheit dar, und ein Auflösungsschiedsspruch zieht erhebliche Konsequenzen für die Gesellschaft und Dritte nach sich. Blickt man jedoch auf die regelmäßige Besetzung gesellschaftsrechtlicher Schiedsgerichte, so rechtfertigen es solche Erwägungen nicht, den Schiedsrichtern pauschal diese Kompetenz abzusprechen. Es ist nicht ersichtlich, daß Schiedsrichter nicht ebenso qualifiziert sind wie staatliche Richter sind, um zu beurteilen, ob eine Fortführung oder eine Auflösung der Gesellschaft angezeigt ist. Angesichts der in der Einführung erörterten Gründe gesellschaftsrechtlicher Schiedsgerichtsbarkeit[44] erscheint schiedsgerichtliche Erledigung im Gegenteil gerade im Auflösungsstreit wünschenswert. Denn einerseits können hier in der Regel eben jene Tatsachen ungestört diskutiert werden, die eine Auflösung rechtfertigen sollen, insbesondere das oft außerordentlich umstrittene Vorliegen des „wichtigen Grundes". Und andererseits kann das Schiedsgericht mit den Parteien im Rahmen des Verfahrens unter im Regelfall günstigeren Umständen noch eher die Aussichten einer Fortführung der Gesellschaft erörtern.

b) Die Schiedsfähigkeit im weiteren Sinne

Im Rahmen der subjektiven Vergleichsbefugnis muß man zunächst erkennen, daß Kläger im Verfahren der oder die Gesellschafter sind, die die Auflösung bewirken wollen. Im letzten Fall sind sie notwendige Streitgenossen[45]. Beklagte ist nicht etwa die Gesellschaft, sondern alle anderen Gesellschafter in notwendiger Streitgenossen-

---

[43] BGH, 13.5.1953, BGHZ 10, 44, 52; Großkomm-*Ulmer*, HGB, § 133 RZ 48; Heymann-*Emmerich*, § 133 RZ 1; Baumbach-*Hopt*, HGB, § 133 RZ 1.

[44] § 1 A. II.

[45] Deutschland: Schlegelberger-*K. Schmidt*, § 133 RZ 45; Heymann-*Emmerich*, § 133 RZ 14; Baumbach-*Hopt*, HGB, § 133 RZ 13. Österreich: Straube-*Koppensteiner*, § 133 RZ 10.

schaft[46]. Alle der Schiedsklausel unterworfenen Gesellschafter sind deshalb im Regelfall auch im Verfahren beteiligt, weshalb die Parteipositionen nicht auseinanderfallen und die subjektive Schiedsfähigkeit mithin keine Probleme aufwirft. Gleiches gilt für die Gestaltungswirkung[47] der Auflösungsklage, die die Gesellschafter auch durch die erörterte Vereinbarung der Auflösung herbeiführen können. Schließlich kommt es aufgrund der angesprochenen notwendigen Streitgenossenschaft auf Kläger- und Beklagtenseite auch nicht zu den im Rahmen der Beschlußmängelstreitigkeiten diskutierten Fragen der Erstreckung der Rechtskraft des Schiedsspruchs auf Unbeteiligte.

II. Kapitalgesellschaften

Zur Schiedsfähigkeit der GmbH-rechtlichen Auflösungsklage hat in *Deutschland* das BayObLG kurz und knapp ausgeführt: „Es ist anerkannt, daß die Auflösung einer Gesellschaft - sei es nach § 133 HGB oder nach § 61 GmbHG - auch durch einen Schiedsspruch (§ 1040 ZPO) herbeigeführt werden kann"[48]. Der Entscheidung lag ein Streit zwischen den beiden Gesellschaftern der beklagten GmbH zugrunde, infolge dessen der eine die Auflösung beim gesellschaftsvertraglich vereinbarten Schiedsgericht beantragte und das Schiedsgericht diese auch aussprach. Während große Teile des Schrifttums dem nichts hinzufügen[49], finden sich insbesondere zur *schweizerischen* AG durchaus prononcierte Ausführungen, die nach diversen, von den Beschlußmängelstreitigkeiten bekannten Gesichtspunkten differenzieren. Im Ergebnis bejaht man aber auch dort die Schiedsfähigkeit der Auflösungsklage durchweg. Gleiches gilt für das *französische* und das *New Yorker* Recht.

---

[46] Deutschland: Schlegelberger-*K. Schmidt*, § 133 RZ 46; Heymann-*Emmerich*, § 133 RZ 16; Baumbach-*Hopt*, HGB, § 133 RZ 13. Österreich: Straube-*Koppensteiner*, § 133 RZ 10.

[47] Deutschland: Schlegelberger-*K. Schmidt*, § 133 RZ 56; Heymann-*Emmerich*, § 133 RZ 18; Baumbach-*Hopt*, HGB, § 133 RZ 15. Österreich: Straube-*Koppensteiner*, § 133 RZ 9.

[48] BayObLG, 24.2.1984, WM 1984, 809, 810.

[49] Deutschland: Baumbach-*Albers*, ZPO, 56. Aufl., § 1025 RZ 31; Hachenburg-*Raiser*, Anh. § 47 RZ 209; *Westermann*, Gesellschaftsrechtliche Schiedsgerichte, FS Fischer, 853, 856; *Kornmeier*, Die Schiedsgerichtsvereinbarung in der GmbH-Satzung, DB 1980, 193, 194; *Timm*, Beschlußanfechtung und Schiedsfähigkeit im Recht der personalistisch strukturierten Gesellschaften, FS Fleck, 365, 376; *K. Schmidt*, Schiedsfähigkeit von GmbH-Beschlüssen, ZGR 1988, 523, 530f („seit langem anerkannt"); *ders*, Statutarische Schiedsklauseln zwischen prozessualer und verbandsrechtlicher Legitimation, JZ 1989, 1077, 1083 FN 110); *ders.*, Schiedsklagen gegen Hauptversammlungsbeschlüsse, AG 1995, 551; *Kraatz*, Schiedsfähigkeit von Gesellschafterbeschlüssen, Jahrbuch für die Praxis der Schiedsgerichtsbarkeit 3 (1989), 47, 49; *Petermann*, Die Schiedsfähigkeit von Beschlüssen im Recht der GmbH, BB 1996, 277; *Ebbing*, Schiedsvereinbarungen in Gesellschaftsverträgen, NZG 1998, 281, 285. Österreich: *Reich-Rohrwig* (oben FN 4), 673. Schweiz: BernerKomm-*Becker*, Art. 820 RZ 15.

1. Die Schiedsfähigkeit im engeren Sinne

a) Stand der Diskussion

In *Deutschland* haben Teile der Literatur bezüglich der objektive Schiedsfähigkeit der Auflösungsklage keine Bedenken[50] oder argumentieren, daß das Auflösungsrecht als Minderheitenrecht zwar zwingend sei, man es aber auch verstärken, d.h. inhaltlich an geringere Erfordernisse hinsichtlich der Ausübung binden könne[51]. Andere verweisen darauf, daß eine Schiedsvereinbarung lediglich eine Alternative zur Klage vor dem ordentlichen Gericht sei, aber keine Abweichung von § 61 Abs. 3 GmbHG im Sinne einer unzulässigen Erschwerung des Auflösungsbegehrens darstelle[52].

Die Gerichte in der *Schweiz* haben im Rahmen der aktienrechtlichen Auflösungsklage ein öffentliches Interesse an der Entscheidung des Auflösungsstreits durch staatliche Gerichte nicht anerkannt, da das Aktienrecht keine staatliche Mitwirkung an der Auflösung verlange. Die Gesellschaft habe es vielmehr selbst in der Hand sich aufzulösen, etwa durch Beschluß. Dies könne zwar Rechte von Drittpersonen tangieren, allerdings bestünden dafür weitgehende gesetzliche Schutzvorschriften, die in allen Fällen der Auflösung einer AG zur Anwendung gelangten. Daraus ergebe sich, daß die Parteien frei über die Streitigkeit verfügen könnten[53].

In *Frankreich* halten die Gerichte das Auflösungsrecht als wichtiges Gesellschafterrecht für unentziehbar und zum „ordre public" gehörig, da auch einzelnen Gesellschafter bei unüberwindbaren Konflikten nicht das Recht genommen werden könne, die Gesellschaft aufzulösen und abzuwickeln[54]. Daraus haben einige ältere Entscheidungen gefolgert, daß eine Parteivereinbarung gleich welcher Art weder ein staatliches Gericht hindern könne, die Auflösung der SARL auszusprechen, noch das Gesellschafterrecht auf Auflösung in irgendeiner Form einschränken dürfe. Aus diesem Grunde sei auch eine Parteivereinbarung in Form einer Schiedsabrede unzulässig und die Schiedsfähigkeit zu verneinen[55]. Neuere Urteile haben jedoch anerkannt, daß eine Gesellschaftervereinbarung das Recht, eine Auflösungsklage zu erheben, zwar nicht einschränken dürfe, da es zum „ordre public" zähle. Um einen Verstoß gegen den „ordre public" festzustellen, müsse aber in jedem Einzelfall prüfen, ob und inwieweit die Vereinbarung tatsächlich das Auflösungsrecht erschwere oder gänzlich seiner Wirksamkeit beraube. Eine Schiedsklausel stelle in dieser Hinsicht weder einen Verzicht noch eine

---

[50] Hachenburg-*Ulmer*, § 61 RZ 37.

[51] *Vogel*, Schiedsgerichtsvereinbarungen in GmbH-Verträgen, GmbHR 1952, 33, 35.

[52] Rowedder-*Rasner*, § 61 RZ 3.

[53] OG Solothurn, 25.10.1963, ZBJV 101 (1965), 61, 63; *Guhl*, Das schweizerische Obligationenrecht, 697; *Habegger*, Die Auflösung der AG aus wichtigen Gründen, RZ 67.

[54] So schon für Art. 1871 C. civ. Cass., 9.3.1903, D.P. 1904 I 89, 93; 3.2.1930, S. 1930 I 131, 132; 23.1.1950, D. 1950, 300; 12.6.1961, D. 61, 661. Später für Art. 1844-7 Nr. 5 C. civ. Cass., 30.1.1967, J.C.P. 1967 II 15215; Cour d'Appel Paris, 22.3.1991, Rev. arb. 1992, 652, 654; Cour d'Appel Colmar, 21.9.1993, Rev. arb. 1994, 348, 354.

[55] Cass., 12.6.1961, D. 1961, 661; Cour d'Appel Douai, 8.7.1955, Rev. arb. 1956, 50; Cour d'Appel Seine, 10.4.1964, Rev. soc. 1964, 320, 322.

Einschränkung des Auflösungsrechts dar, sondern ordne nur ein privates Forum an, weshalb schiedsgerichtliche Erledigung auch nicht gegen den „ordre public" verstoße[56]. Dem ist das Schrifttum beigetreten[57].

In *New York* hat eine frühe Entscheidung den Schiedsrichtern ebenfalls noch das Recht abgesprochen, die Auflösung der Gesellschaft im Falle eines „deadlock" zwischen den Gesellschaftern anzuordnen. Dieses Recht sei im konkreten Fall vielmehr den Direktoren der Gesellschaft vorbehalten, weshalb eine Entscheidung durch Schiedsrichter die Direktoren ihrer Leitungsmacht beraube und gegen eben jene gesellschaftsrechtliche „public policy" verstoße, nach der Management-Funktionen den Direktoren vorbehalten bleiben müssen[58]. Neuerdings räumt man jedoch den Schiedsrichtern die Fähigkeit ein, selbst die Auflösung der Gesellschaft auszusprechen. Zu den Streitigkeiten, die die Parteien durch die Schiedsklausel dem Schiedsgericht übertragen hätten, zähle nämlich in aller Regel auch die Frage, was im Falle der Unmöglichkeit der Fortführung der Gesellschaft geschehen solle. Ein Schiedsspruch, der die Auflösung anordne, sprenge daher nicht die Kompetenz der Schiedsrichter[59]. Die meisten Autoren stimmen dieser neueren Tendenz zu[60], da insbesondere nicht zu erkennen sei, wie andere außerhalb der Gesellschaft stehende Personen durch schiedsgerichtliche Beurteilung etwa eines „deadlock" geschädigt werden könnten[61].

b) Stellungnahme

An der objektiven Schiedsfähigkeit der Streitigkeit ist bei der GmbH ebensowenig zu zweifeln wie bei den Personengesellschaften. Ein Vergleich nur zwischen den streitenden Parteien des Auflösungsprozesses ist nach allgemeiner Auffassung zwar nicht möglich, da die Parteien prozessual keine Befugnisse haben und Rechtsfolgen herbeiführen können, die ihnen nach materiellem Recht nicht zustehen. Und die Auflösung können eben nur alle Gesellschafter beschließen, nicht aber ein einzelner Gesellschaf-

---

56 Cass., 30.1.1967, J.C.P. 1967 II 15215; Cour d'Appel Paris, 22.3.1991, Rev. arb. 1992, 652, 654; Cour d'Appel Colmar, 21.9.1993, Rev. arb. 1994, 348, 355; ebenso schon früher Cass., 30.1.1949, J.C.P. 1951 II 6180; Cour d'Appel Nancy, 24.1.1930, S. 1931 II 92, 93; Cour d'Appel Douai, 12.1.1951, S. 1952 II 133, 137.

57 *de Boisséson* (oben FN 16), RZ 33; *Hémard/Terré/Mabilat* (oben FN 16), RZ 558; *Cohen*, Arbitrage et société, RZ 290; *Matsopoulou*, La dissolution pour mésentente entre associés, Rev. soc. 1998, 21, 43.

58 *Matter of Hess*, 108 N.Y.L.J. 555 (Sup. Ct. 1942).

59 *Berman v. Eckert*, 222 N.Y.S.2d 716, 718 (Sup. Ct. 1961).

60 *Domke*, The Law and Practice of Commercial Arbitration, § 13:02; *O'Neal/Thompson*, Close Corporations, § 9.18; *Note*, Arbitration as a Means of Settling Disputes Within Close Corporations, 63 Colum. L. Rev. 267, 283 (1963); *Kessler*, Arbitration of Intra-Corporate Disputes under New York Laws, 19 Arb. J. 1, 13 (1964); *Suckewer/Heftler*, Disputes Among Shareholders and Directors in Closely Held Corporations, in: Arbitration: Commercial Disputes, Insurance and Tort Claims 11, 46; *Shell*, Arbitration and Corporate Governance, N.C. L. Rev. 517, 533 (1989).

61 *Painter*, On Close Corporations, § 7.2.2.

ter und die Gesellschaft[62]. Darin drückt sich jedoch nicht ein Mangel der objektiven Schiedsfähigkeit aus, sondern hier deutet sich das Problem der subjektiven Schiedsfähigkeit an, da es um die Dispositionsbefugnis der konkret in Frage stehenden Parteien über den Streit geht[63].

Zudem hält man § 61 GmbH lediglich für halbzwingend; Satzungsregelungen dürfen die Rechtsausübung weder vereiteln noch spürbar erschweren. Welche Abweichungen im einzelnen noch zulässig sind, läßt sich wegen der Vielfalt denkbarer Gestaltungen nicht allgemein feststellen[64]. Wie bereits angeklungen, legt eine Schiedsklausel aber lediglich ein privates Forum für die Geltendmachung der Klage fest, vereitelt oder erschwert die Rechtsdurchsetzung jedoch nicht von vornherein. Für die objektive Schiedsfähigkeit und damit die Dispositionsbefugnis streitet schließlich, daß das GmbHG in § 60 Abs. 1 Nr. 2 die Möglichkeit eines Auflösungsbeschlusses der Gesellschafterversammlung anerkennt. Wie bei den Personengesellschaften, ist ein solcher noch während des Prozesses zulässig und bewirkt eine Erledigung der Hauptsache[65]. Die Gesellschafter können mithin das Ergebnis der Klage, die Auflösung der Gesellschaft, auch durch Rechtsgeschäft herbeiführen, weshalb ihnen Dispositionsmöglichkeiten in jenen Grenzen zustehen, die sie auch bei den Personengesellschaften zu beachten haben.

Auch aus den durch die Auflösungsklage geschützten Interessen ergibt sich kein staatliches Rechtsprechungsmonopol. Wie die entsprechenden Regelungen im Personengesellschaftsrecht, räumt § 61 GmbHG den Gesellschaftern ein Minderheitenrecht ein, das ihnen ermöglichen soll, sich von ihren Bindungen zu befreien[66]. Oben wurde bereits dargestellt, daß schiedsgerichtliche Erledigung dieses Recht nicht gefährdet.

2. Die Schiedsfähigkeit im weiteren Sinne

Neben der objektiven Schiedsfähigkeit werden bei der Auflösungsklage die von den Beschlußmängelstreitigkeiten bekannten Gesichtspunkte diskutiert.

a) Die subjektive Schiedsfähigkeit

Die Parteien des Auflösungsstreits bilden das Quorum von zehn Prozent der Gesellschafter als Kläger und - im Unterschied zum personengesellschaftsrechtlichen Auflö-

---

[62] Hachenburg-*Ulmer*, § 61 RZ 39; Scholz-*K. Schmidt*, § 61 RZ 10; Rowedder-*Rasner*, § 61 RZ 12; Baumbach-*Schulze-Osterloh*, GmbHG, § 61 RZ 17.

[63] Dazu sogleich B. II. 2.

[64] BayObLG, 25.7.1978, DB 1978, 2164, 2165; Hachenburg-*Ulmer*, § 61 RZ 3 u. 49; Rowedder-*Rasner*, § 61 RZ 3; Baumbach-*Schulze-Osterloh*, GmbHG, § 61 RZ 2.

[65] Baumbach-*Schulze-Osterloh*, GmbHG, § 61 RZ 19.

[66] Rowedder-*Rasner*, § 61 RZ 1; *Lutter-Hommelhoff*, § 61 RZ 1; Baumbach-*Schulze-Osterloh*, GmbHG, § 61 RZ 1.

sungsprozeß - die Gesellschaft als Beklagte, die durch ihre Geschäftsführung vertreten wird[67]. Klagen mehrere Gesellschafter, bilden sie eine notwendige Streitgenossenschaft[68]. Diese Parteien können, wie bei der objektiven Schiedsfähigkeit bereits angesprochen, nicht ohne weiteres über den Streitgegenstand der Auflösung der Gesellschaft disponieren. Viele Autoren halten eine Schiedsvereinbarung allein zwischen den Parteien des Auflösungsprozesses daher für unmöglich, wenn ihr nicht alle Gesellschafter zustimmen[69]. Damit ist aber nur der Schiedsvertrag zwischen Kläger und Beklagter vor Prozeßbeginn angesprochen. Für den Fall einer satzungsmäßigen Schiedsklausel, der alle Parteien zugestimmt haben, kann diese Argumentation nicht zutreffen.

Es überrascht daher nicht, wenn sich für diese Konstellation des Auseinanderfallens von Verbands- und Prozeßrecht die von den Beschlußmängelstreitigkeiten bekannten Lösungswege finden. Eine Auffassung stellt demzufolge nicht auf die Parteien des Prozesses, sondern auf die der Schiedsvereinbarung ab, also die Gesellschafter, denen unzweifelhaft Vergleichsbefugnis zustehe[70]. Dies sehen manche Autoren durch die Vorschrift des § 61 Abs. 2 S. 1 GmbHG bestätigt, welche eine Vereinfachung zugunsten des Auflösungsklägers bezwecke, aber nicht die Möglichkeit schiedsrichterlicher Erledigung versperren wolle. Notwendig und ausreichend sei daher, daß die Gesellschafter als Beteiligte des Basisrechtsverhältnisses in der Lage seien, über den Streitstoff zu verfügen[71]. Für andere Autoren ergibt sich die subjektive Schiedsfähigkeit analog der Beschlußmängelstreitigkeiten über § 1048 ZPO a.F. bzw. § 1066 ZPO aus dem Verbandsrecht[72].

b) Die ausschließliche Zuständigkeit staatlicher Gerichte

Einigkeit besteht darüber, daß die ausschließliche Zuständigkeit des Landgerichts nach § 61 Abs. 3 GmbHG schiedsgerichtliche Erledigung nicht verbietet[73]. Soweit sich überhaupt eine Begründung findet, stützt sich diese auf die bereits bekannte Argumen-

[67] Hachenburg-*Ulmer*, § 61 RZ 26 u. 32; Scholz-*K. Schmidt*, § 61 RZ 7 u. 9.

[68] Hachenburg-*Ulmer*, § 61 RZ 26; Scholz-*K. Schmidt*, § 61 RZ 7.

[69] Deutschland: Hachenburg-*Ulmer*, § 61 RZ 38; Scholz-*K. Schmidt*, § 61 RZ 6; Rowedder-*Rasner*, § 61 RZ 11; *Lutter-Hommelhoff*, § 61 RZ 5; Baumbach-*Schulze-Osterloh*, § 61 RZ 20. Schweiz: BernerKomm-*Becker*, Art. 820 RZ 15.

[70] Deutschland: Hachenburg-*Ulmer*, § 61 RZ 37; *Lutter-Hommelhoff*, § 61 RZ 5; *Kornmeier*, Die Schiedsfähigkeit GmbH-rechtlicher Nichtigkeits- und Anfechtungsklagen, 112. Schweiz: *Habegger* (oben FN 53), RZ 64.

[71] *Becker*, Typologie und Probleme der (handelsrechtlichen) Gestaltungsklagen unter besonderer Berücksichtigung der GmbH-rechtlichen Auflösungsklage (§ 61 GmbHG), ZZP 97 (1984), 314, 319.

[72] Scholz-*K. Schmidt*, § 61 RZ 6.

[73] Hachenburg-*Ulmer*, § 61 RZ 37; Scholz-*K. Schmidt*, § 61 RZ 6; Rowedder-*Rasner*, § 61 RZ 3 u. 11; *Kornmeier* (oben FN 70), 31; *Schick*, Die Schiedsfähigkeit von Rechtsstreitigkeiten über Gesellschafterbeschlüsse, 40; *Becker* (oben FN 71), ZZP 97 (1984), 314, 318f.

tation, nach der sich eine ausschließliche Zuständigkeitsbestimmung nur zwischen staatlichen Gerichten auswirke, aber nicht private Streiterledigung verbiete[74].

Auch in der *Schweiz* ist man sich einig, daß mit dem Begriff des „Richters" i.S.d. Art. 736 OR nicht nur der staatliche, sondern auch der Schiedsrichter gemeint ist[75].

In *Frankreich* war anfänglich die durch Art. 51 bzw. 198 DSC angeordnete Zuständigkeit des Handelsgerichts hinsichtlich der Zulässigkeit eines Schiedsgerichts von Bedeutung: Die Vorschriften verliehen dem Handelsgericht ursprünglich eine ausschließliche Zuständigkeit - „...seul compétent". Daraus folgerten manche Autoren ein Verbot schiedsgerichtlicher Entscheidung[76]. Andere entgegneten, daß die Regelungen lediglich klarstellen wollten, daß überhaupt das Urteil eines Gerichts erforderlich sei, was aber auch ein Schiedsgericht einschließe[77]. Der Gesetzgeber beseitigte diese Unklarheiten, indem er 1968 das Wort „seul" strich. Seitdem besteht Einigkeit, daß Art. 51 und 198 schiedsgerichtliche Erledigung nicht hindern[78] und im übrigen nur die Zuständigkeit zwischen verschiedenen staatlichen Gerichten regeln wollen[79].

c) Die Gestaltungswirkung des Auflösungsschiedsspruchs

Daß auch ein Schiedsspruch die Gestaltungswirkung der Auflösung herbeiführen kann, wird heute nicht mehr als Hindernis schiedsgerichtlicher Beurteilung angesehen[80]. Während manche Stimmen dies damit begründen, daß das Prozeßrecht den Schiedsspruch einem Urteil gleichstelle[81], betont man in der *Schweiz*, daß nicht der Gestaltungsklagecharakter, sondern die Verfügbarkeit des Rechtsverhältnisses entscheidend sei[82]. In ähnlicher Weise differenzieren andere Autoren zwischen unechten und echten Gestaltungsklagen. Bei unechten Gestaltungsklagen könnten die Parteien im Gegensatz zu echten das Ergebnis richterlicher Gestaltung durch Rechtsgeschäft substituieren, besäßen also Dispositionsbefugnis. Daher seien unechte Gestaltungsklagen im Unterschied zu echten schiedsfähig. Und zu den unechten zähle auch die Klage nach § 61 GmbHG[83].

---

[74] Hachenburg-*Ulmer*, § 61 RZ 37; *Kornmeier* (oben FN 70), 31; *Schick* (oben FN 73), 40; *Becker* (oben FN 71), ZZP 97 (1984), 314, 319.

[75] OG Solothurn, 25.10.1963, ZBJV 101 (1965), 61, 63.

[76] *Guyon* (oben FN 11), 5. Aufl., RZ 207; *Merle* (oben FN 15), 3. Aufl., RZ 114 FN 7.

[77] *Hémard/Terré/Mabilat* (oben FN 16), RZ 562 (SARL) u. Sociétés commerciales, Tome II, RZ 1155 (SA).

[78] Cour d'Appel Colmar, 21.9.1993, Rev. arb. 1994, 348, 354f; *Merle* (oben FN 5), RZ 114; *Cohen* (oben FN 57), RZ 290; *Matsopoulou* (oben FN 57), Rev. soc. 1998, 21, 43.

[79] Cour d'Appel Colmar, 21.9.1993, Rev. arb. 1994, 348, 354f.

[80] Deutschland: Hachenburg-*Ulmer*, § 61 RZ 37; Scholz-*K. Schmidt*, § 61 RZ 6; *Kornmeier* (oben FN 70), 43; *Schick* (oben FN 73), 74; *Becker* (oben FN 71), ZZP 97 (1984), 314, 323f.

[81] Hachenburg-*Ulmer*, § 61 RZ 37.

[82] OG Solothurn, 25.10.1963, ZBJV 101 (1965), 61, 62

[83] *Schick* (oben FN 73), 74; *Becker* (oben FN 71), ZZP 97 (1984), 314, 322ff.

d) Nebenintervention und rechtliches Gehör

Verschiedene Kommentatoren betonen schließlich, daß man schiedsgerichtliche Beurteilung von Auflösungsklagen nur zulassen könne, wenn die Rechte auf Nebenintervention und rechtliches Gehör gewährleistet seien[84]. Schwerwiegende Bedenken bestünden deshalb aber nicht, da die Gesellschafter sich bei Gründung oder im Zeitpunkt des späteren Beitritts der Schiedsklausel unterworfen hätten. Über den Auflösungsrechtsstreit seien sie vom Schiedsgericht ebenso wie von einem ordentlichem Gericht zu informieren. Darüber hinaus besäßen sie die Möglichkeit der Nebenintervention[85].

Vereinzelte Stimmen in der *Schweiz* verneinen die Schiedsfähigkeit aus diesem Grunde. Ein Großteil der Aktionäre sei nicht Prozeßpartei und habe deshalb nicht einmal theoretischen Einfluß auf die Bestellung des Schiedsgerichts. Trotzdem wirke das Urteil des Schiedsgerichts auch gegenüber ihnen, deren Arbeitsplatz vielleicht sogar auf dem Spiel stehe. Ein ordentliches Gericht biete dagegen eine ganz andere Garantie für richtige Rechtsfindung, da die Schiedsrichter über Parteiinteressen nicht so erhaben seien, wie sie es sein sollten. Man solle daher zum Schutz von Aktionären und Arbeitnehmern Art. 736 OR derart ergänzen, daß nur der ordentliche Richter zuständig sei[86].

Das OG Solothurn hat dagegen den Einwand, es handele sich bei der Auflösungsklage um ein „außerordentliches Rechtsmittel“, zurückgewiesen. Die Klage diene dem Schutz der Minderheit gegen den Machtmißbrauch der Mehrheitsaktionäre. Diese Qualifikation berühre aber die Frage, wer über die Auflösung entscheiden solle, in keiner Weise. Der ordentliche wie der Schiedsrichter müsse prüfen, ob die Voraussetzungen der Auflösung, an die strenge Anforderungen zu stellen seien, vorlägen oder nicht[87].

e) Recht auf gerichtliche Auflösung trotz Schiedsklausel ?

Die *New Yorker* Gerichte mußten sich nur in den angesprochenen zwei Entscheidungen mit der Frage beschäftigen, ob Schiedsrichter die Auflösung einer „corporation“ anordnen können. Heftiger diskutiert wurde dagegen, ob ein Gesellschafter in Umgehung der Schiedsklausel die gerichtliche Auflösung verlangen kann. Eine stattliche Anzahl älterer Entscheidungen hat sich dafür ausgesprochen, daß eine Schiedsklausel einen Gesellschafter, der eine bestimmte Streitigkeit nicht vor einem Schiedsgericht verhandeln wolle, nicht daran hindern könne, darauf basierend die gesetzlich vorgesehene gerichtliche Auflösung zu beantragen.

---

[84] Hachenburg-*Ulmer*, § 61 RZ 37; *Lutter-Hommelhoff*, § 61 RZ 5; Baumbach-*Schulze-Osterloh*, GmbHG, § 61 RZ 20.

[85] Hachenburg-*Ulmer*, § 61 RZ 37.

[86] *Brunner*, Streifzug durch die Statuten schweizerischer Publikumsaktiengesellschaften, 138; ebenso noch ohne Begründung *Walder-Bohner*, Zivilprozeßrecht, 503 in der 3. Auflage; in der 4. Aufl. wird diese Ansicht nicht mehr vertreten; kritisch in dieser Hinsicht auch *Patry*, L'action en annulation des decisions de l'assemblé générale, Mémoires publiés par la Faculté de Droit de Genève No. 19, 15 (17).

[87] OG Solothurn, 25.10.1963, ZBJV 101 (1965), 61, 64.

Es war daher lange Zeit möglich, die schiedsgerichtliche Verhandlung der streitigen Themen durch die Einleitung eines Auflösungsverfahrens vor einem staatlichen Gericht auszuschalten[88].

Im Jahre 1950 stellte die Appellate Division jedoch fest, daß man bei der Frage der Auflösung auf den Gegenstand des Streits und nicht auf die Form der Geltendmachung abstellen müsse. Wenn dieser von der Schiedsklausel erfaßt sei, gehöre der Streit vor ein Schiedsgericht, und das Auflösungsverfahren sei bis zu Entscheidung des Schiedsgerichts auszusetzen[89]. Daraufhin bestätigte der Court of Appeals eine Entscheidung, die einem Aktionär das Recht auf ein Schiedsverfahren vor Einleitung des Auflösungsverfahrens zusprach, wenn er eine Sicherheit hinterlege[90]. Es dauerte noch ein weiteres Jahr, bevor erstmals ein Gericht entschied, daß die Auflösung ein schiedsfähiger Streitgegenstand sei und daher kein Grund bestehe, den Streit nicht in seiner Gesamtheit ans Schiedsgericht zu verweisen, ohne daran irgendwelche Bedingungen zu knüpfen[91]. Einen kurzen Rückschlag erfuhr diese Entwicklung in einem Urteil, das es ablehnte, einer Schiedsklausel zur Geltung zu verhelfen, da zwischen den Parteien eine schier endlose Geschichte von Streitigkeiten und persönlicher Feindschaft bestehe, so daß keine vernünftige Aussicht mehr zu erkennen sei, auch nach einem Schiedsverfahren die Gesellschaft in irgendeiner Weise fortzuführen[92].

Seither haben die Gerichte aber alle Auflösungsverfahren ausgesetzt, soweit die verhandelten Streitigkeiten, wenn sie den Gegenstand der Auflösungsklage bildeten, von einer entsprechenden Schiedsklausel erfaßt waren. Zumeist haben sie dies mit einer weiten Auslegung der Schiedsklausel und der Intention der Parteien, möglichst alle dem Gesellschaftsverhältnis entspringenden Dispute zunächst vor das vereinbarte Schiedsgericht zu verhandeln, begründet[93].

Nachdem manche Autoren früher noch daran gezweifelt haben, ob eine Schiedsvereinbarung tatsächlich die Auflösung der Gesellschaft sinnvollerweise verhindern könne,[94] ist man sich heute auch im Schrifttum einig, daß im Falle von in den Anwen-

---

[88] *Application of Cohen*, 52 N.Y.S.2d 671 (Sup. Ct. 1944): „It is quite clear that provisions in the contract as to arbitration might not be used to prevent the dissolution of the corporation"; ebenso *In re Dome Trading Corp.*, 114 N.Y.L.J. 514 (Sup. Ct. 1945); *Application of Gail Kiddie Clothes*, 56 N.Y.S.2d 117, 119 (Sup. Ct. 1945); *In re Becopa Glove Mills*, 122 N.Y.L.J. 1790 (Sup. Ct. 1949).

[89] *Zybert v. Dab*, 96 N.Y.S.2d 374 (1st Dep't. 1950).

[90] *Myers v. Libel*, 304 N.Y. 656, 657 (1952). Die „dissenting opinion" lehnte diese Einschränkung ab.

[91] *Application of Hega Knitting Mills*, 124 N.Y.S.2d 115, 117 (Sup. Ct. 1953): „The dissolution of the corporation being an arbitrable matter, there was no reason why arbitration should not be directed".

[92] *Application of Fulton-Washington Corp.*, 151 N.Y.S.2d 417, 423 (Sup. Ct. 1956): „The history of such continuous litigation and personal animosity between the principals indicates a complete lack of any reasonable prospect of future harmonious management of the corporation involved".

[93] *Moskowitz v. Surrey Sleep Products Inc.*, 292 N.Y.S.2d 748, 749 (2d Dep't. 1968); *Application of Kaliski*, 309 N.Y.S.2d 245, 246 (1st Dep't. 1970); *Siegel v. 141 Bowery Corp.*, 380 N.Y.S.2d 232, 236 (1st Dep't. 1976); *Application of Stewart Becker Ltd.*, 405 N.Y.S.2d 571, 575 (Sup. Ct. 1978); *Application of Slepian*, 427 N.Y.S.2d 421, 422 (1st Dep't. 1980); *Matter of Levy*, 434 N.Y.S.2d 39, 40 (2d Dep't. 1980). Ebenso für die Partnership *Gutwirth v. Carewell Trading Corporation*, 187 N.Y.S.2d 949 (Sup. Ct. 1959); *Matter of J & J Perlman's Inc.*, 438 N.Y.S.2d 679, 681 (3d Dep't. 1981); schon früher in Pennsylvania *Lowengrub v. Meislin*, 103 A.2d 405, 406 (1954).

[94] *Hornstein*, Arbitration in the „Incorporated Partnership", 12 Arb. J. 28, 29 (1957) u. *ders.*, Arbitration in Incorporated Partnerships, 18 Arb. J. 229, 233 (1963).

dungsbereich der Schiedsklausel fallenden Auseinandersetzungen das gerichtliche Auflösungsverfahren bis zum Abschluß der Schiedsprozesses ausgesetzt werden müsse[95].

f) Stellungnahme

Bezüglich der meisten der unter der Schiedsfähigkeit im weiteren Sinne diskutierten Gesichtspunkte ist auf die Argumentation zu den Beschlußmängelstreitigkeiten zu verweisen. So muß man im Rahmen der subjektiven Schiedsfähigkeit konsequenterweise über das § 1066 ZPO und das Verbandsrecht nicht auf die Parteien des Auflösungsprozesses, sondern auf die Gesamtheit der Gesellschafter abstellen. Diesen kommt nach § 60 Abs. 1 Nr. 2 GmbHG Dispositionsbefugnis über die Auflösungsklage zu, da sie die Auflösung auch durch Beschluß herbeiführen können. Darüber hinaus will die ausschließliche Zuständigkeit des § 61 Abs. 3 GmbHG auch im Rahmen der Auflösungsklage nicht die private Gerichtsbarkeit ausschließen, sondern nur die Zuständigkeiten zwischen den staatlichen Gerichten regeln. Daß dem Auflösungsschiedsspruch Gestaltungswirkung zukommt, vermag die Schiedsfähigkeit ebenfalls nicht zu hindern, da es nicht auf die Art der Klage oder des Urteils ankommt, sondern allein auf die Dispositionsbefugnis der Gesellschafter.

Die Gesichtspunkte der Nebenintervention und des rechtlichen Gehörs erinnern an die Diskussion um die erweiterte Rechtskraft des Schiedsspruchs im Beschlußmängelstreit. Dem der Auflösungsklage stattgebenden Urteil kommt Gestaltungswirkung inter omnes zu, und mit Eintritt der Rechtskraft wirkt es für und gegen alle Parteien, so daß die Gesellschaft aufgelöst ist[96]. Deshalb ist es zwar richtig, wenn man den am Prozeß nicht beteiligten Gesellschaftern im Schiedsverfahren ebenso wie vor dem staatlichen Gerichten rechtliches Gehör gewähren möchte[97]. Es erscheint aber fraglich, ob man ihnen zum Schutz ihrer Rechte darüber hinaus mit den schweizerischen Stimmen dieselben Beteiligungsmöglichkeiten einräumen muß, die ihnen im Falle eines Beschlußmängelstreits zustehen.

Dagegen spricht, daß eine Vorschrift, die wie § 248 AktG eine erweiterte Rechtskraftwirkung anordnet, bei der Auflösungsklage fehlt. Mangels einer solchen Norm erstreckt sich die Rechtskraft des die Gesellschaft auflösenden Urteils bzw. Schiedsspruchs lediglich auf die Prozeßparteien, also auf den oder die klagenden Gesellschafter in notwendiger Streitgenossenschaft und die Gesellschaft. Die nicht am Verfahren beteiligten Gesellschafter sind dagegen nicht von der Rechtskraft-, sondern nur von der

---

[95] *Eager*, The Arbitration Contract and Proceedings, § 33 Nr. 4; 23 *Carmody-Wait*, Cyclopedia of New York Civil Practice, § 141:37; *Note* (oben FN 60), 63 Colum. L. Rev. 267, 284 (1963); *Kessler* (oben FN 60), 19 Arb. J. 1, 13 (1964); *Note*, Mandatory Arbitration as a Remedy for Intra-Close Corporate Disputes, 56 Va. L. Rev. 271, 281 (1970); *Suckewer/Heftler* (oben FN 60), 11, 40; *Shell* (oben FN 60), 67 N.C. L. Rev. 517, 532 (1989).

[96] Hachenburg-*Ulmer*, § 61 RZ 41; Scholz-*K. Schmidt*, § 61 RZ 10; Rowedder-*Rasner*, § 61 RZ 13.

[97] Gefordert sogar vom BVerfG, 9.2.1982, BVerfGE 60, 7, 14ff; vgl. ebenso BGH, 11.11.1982, BGHZ 85, 288, 291.

Gestaltungswirkung betroffen. Dies zeigt sich darin, daß sie durchaus eine neue Klage mit demselben Streitgegenstand erheben können. Im Unterschied zum Beschlußmängelstreit wäre die Klage dann nicht etwa wegen entgegenstehender Rechtskraft unzulässig, sondern höchstens unbegründet. Von der verfahrensrechtlichen Rechtskraftwirkung ist nämlich, wie die Untersuchungen im Rahmen der Beschlußmängelstreitigkeiten gezeigt haben[98], die dem Auflösungsschiedsspruch unstreitig zukommende materielle Gestaltungswirkung zu unterscheiden. Die Rechtskraftwirkung des Urteils im Beschlußmängelstreit und jene des Auflösungsurteils differieren deshalb.

Es erscheint mithin ausreichend, den am Verfahren unbeteiligten Gesellschaftern jene Beteiligungsmöglichkeiten einzuräumen, die sie auch vor einem staatlichen Gericht besitzen. Das Recht auf rechtliches Gehör erfordert aber hier lediglich, sie über das Schiedsverfahren zu informieren und sicherzustellen, daß sie ihm als (streitgenössische) Nebenintervenienten beitreten können.

III. Ergebnis

Schiedsgerichtliche Beurteilung der Auflösungsklage aus wichtigem Grund ist sowohl bei Personengesellschaften als auch bei der GmbH zulässig.

C. Probleme der Gestaltungswirkung des Schiedsspruchs

Ist man sich über die Schiedsfähigkeit der Auflösungsklage vielfach einig, so wird in *Deutschland* kontrovers diskutiert, wann und mit welchen Folgen die Gestaltungswirkung des Schiedsspruchs eintritt. Diese Frage hat bei allen Gestaltungsklagen Bedeutung, so auch im Bereich des Gesellschaftsrecht etwa bei der Abberufungs- und Ausschlußklage sowie der Anfechtungs- und Nichtigkeitsklage. Unter den gesellschaftsrechtlichen Streitigkeiten wird sie erstaunlicherweise meist nur bei der Auflösungsklage erörtert, so daß sie auch in dieser Arbeit hier ihren Platz haben soll. Dabei ist zwischen dem Eintritt der Gestaltungswirkung des Schiedsspruchs und möglichen registerrechtlichen Folgen zu differenzieren.

I. Der Eintritt der Gestaltungswirkung

Einerseits ist zu fragen, ob bereits ein rechtskräftiger Schiedsspruch die Gestaltung bewirkt, oder ob es dazu der Vollstreckbarerklärung eines staatlichen Gerichts bedarf. Der BGH hat dies für die Auflösungsklage seinerzeit offengelassen[99].

---

[98] Vgl. ausführlich bei den Beschlußmängelstreitigkeiten § 6 B. 3.

[99] BGH, 22.12.1960, KTS 1961, 31.

1. Gestaltungswirkung mit Vollstreckbarerklärung des Schiedsspruchs

Fast die gesamte gesellschaftsrechtliche Literatur und die bisher einzige dazu ergangene Gerichtsentscheidung halten die Vollstreckbarerklärung des Schiedsspruchs für erforderlich, um die Gestaltungswirkung zu erzielen. Um die Auflösung der Gesellschaft zu bewirken, müsse man den Schiedsspruch von einem staatlichen Gericht im entsprechenden zivilprozessualen Verfahren vollstreckbar erklären lassen[100]. Gleiches wird vertreten für die Entziehung von Geschäftsführungsbefugnis und Vertretungsmacht nach §§ 117, 127 HGB[101] sowie für die personengesellschaftsrechtliche und GmbH-rechtliche Ausschließungsklage[102].

Das BayObLG hat dies für die Auflösungsklage in der angesprochenen Entscheidung von 1984 näher begründet. Es mußte dazu Stellung nehmen, da der Schiedsspruch über die Auflösung der GmbH zwar zunächst vom zuständigen LG für vollstreckbar erklärt wurde, dagegen aber Berufung eingelegt wurde. Danach hatte einer der Parteien beantragt, den anderen als Liquidator der Gesellschaft abzuberufen und einen Notliquidator zu bestellen. Das Registergericht wies diese Anträge jedoch zurück, da die Gesellschaft infolge des nicht rechtskräftigen Schiedsspruchs noch nicht aufgelöst, damit die andere Partei auch noch Geschäftsführer sei und somit auch nicht als Liquidator abberufen werden könne. Die Parteien stritten in der Folge in mehreren Instanzen um die Frage, ob die Gesellschaft erst nach Eintritt der Rechtskraft des Urteils über die Vollstreckbarkeit aufgelöst sei.

Das BayObLG argumentierte, daß die Vollstreckbarerklärung nicht nur der eigentlichen Zwangsvollstreckung diene, sondern ihr Zweck vor allem darin bestehe, die Geltung des Schiedsspruchs im geordneten Rechtsweg zur Anerkennung zu bringen und gegen die Anfechtung durch Geltendmachung von Aufhebungsgründen sicherzustellen. Sei der Schiedsspruch rechtskräftig für vollstreckbar erklärt, so sei die Möglichkeit seiner nachträglichen Aufhebung sehr eingeschränkt. Vorher könne man ihn jedoch unbefristet mittels verschiedener Aufhebungsgründe zu Fall bringen. Bilde also der Schiedsspruch allein die Eintragungsgrundlage, so bliebe die Auflösung in der Schwebe. Es bestehe die Gefahr, daß der Schiedsspruch rückwirkend vernichtet werde mit der Folge, daß die Abwicklung der Gesellschaft sich als nachträglich nicht gerechtfertigt erweise. Solche Folgen müsse man nach Möglichkeit vermeiden[103].

---

[100] Für die Auflösungsklage BayObLG, 24.2.1984, WM 1984, 809; Schlegelberger-*K. Schmidt*, § 133 RZ 56; Heymann-*Emmerich*, § 133 RZ 23; Röhricht/Graf v. Westphalen-*v. Gerkan*, § 133 RZ 21; Baumbach-*Hopt*, HGB, § 133 RZ 19; Scholz-*K. Schmidt*, § 61 RZ 6; Baumbach-*Schulze-Osterloh*, GmbHG, § 61 RZ 33; *K. Schmidt* (oben FN 49), ZGR 1988, 523, 536; so auch noch Großkomm-*Ulmer*, HGB, § 133 RZ 56. Generell für Gestaltungsschiedssprüche Wieczorek-*Schütze*, § 1042 RZ 9; Baumbach-*Albers*, ZPO, § 1060 RZ 5.

[101] Schlegelberger-*Martens*, § 117 RZ 40; Heymann-*Emmerich*, § 117 RZ 17; Röhricht/Graf v. Westphalen-*v. Gerkan*, § 117 RZ 18; Schlegelberger-*K. Schmidt*, § 127 RZ 24; Großkomm-*Habersack*, HGB, § 127 RZ 23.

[102] Röhricht/Graf v. Westphalen-*v. Gerkan*, § 140 RZ 18; Großkomm-*Ulmer*, HGB, § 140 RZ 39; Scholz-*Winter*, § 15 RZ 147.

[103] BayObLG, 24.2.1984, WM 1984, 809, 810.

Teile des Schrifttums bekräftigen dieses Ergebnis und argumentieren, daß alles, was über die prozessual vorgesehene Wirkung des Schiedsspruchs „unter den Parteien" hinausgehe, einer zusätzlichen Legitimation bedürfe. Da der Gesetzgeber das Institut der Gestaltungswirkung nicht mitbedacht habe, habe er eine Lücke gelassen, die eine analoge Anwendung des Verfahrens der Vollstreckbarkeitserklärung notwendig mache. In diesem würden auch mögliche Aufhebungsgründe geprüft und schließlich präkludiert, wenn die Vollstreckbarerklärung rechtskräftig geworden sei. Man könne also auch die notwendige Drittschutzgewährung vorab prüfen, so daß die Gestaltungswirkung erst eintrete, wenn das staatliche Gericht den Schiedsspruch in dieser Hinsicht abgesegnet und bestandsfest gemacht habe. Ohne Vollstreckbarerklärung werde dagegen keine Gestaltungswirkung ausgelöst. Damit sei das Legitimationsproblem des gestaltenden Schiedsspruchs gelöst und die Parteien, die Gesellschafter und alle Dritten der Ungewißheit enthoben, ob die Gestaltungswirkung Bestand habe. Man solle deshalb sogar verlangen, daß der Vollstreckbarkeitsbeschluß rechtskräftig geworden sei, also etwaige Widerspruchsfristen abgelaufen seien[104].

2. Gestaltungswirkung mit Rechtskraft des Schiedsspruchs

Nach der im Vordringen begriffenen Gegenauffassung löst bereits der Schiedsspruch die Gestaltungswirkung aus[105]. Die eine Vollstreckbarerklärung verlangende Ansicht verkenne zunächst den Wortlaut und die Systematik der gesetzlichen Regelungen, die sich mit Rechtskraft und Vollstreckbarerklärung des Schiedsspruchs beschäftigen. Wenn das Gesetz dem Schiedsspruch nicht nur explizit materielle Rechtskraft zugestehen, sondern ihn in seinen Wirkungen dem Urteil gleichstelle, mißachte man mit dem Verlangen nach einer Vollstreckbarerklärung diesen Gleichstellungsanspruch. Systematisch seien zudem die gerichtliche Vollstreckbarerklärung und sonstige Wirkungen, und hier insbesondere die gesetzliche Anordnung der Rechtskraft, getrennt zu betrachten[106].

---

[104] *K. Schmidt* (oben FN 49), ZGR 1988, 523, 536; zustimmend *de Lousanoff*, Schiedsklauseln in Gesellschaftsverträgen, ASA Special Series Nr. 8 (1994), 89, 109f, der allerdings kritisiert, daß man damit den Vorteil der Schnelligkeit des Schiedsverfahrens zunichtemache.

[105] Für die Auflösungsklage Hachenburg-*Ulmer*, § 61 RZ 42; Rowedder-*Rasner*, § 61 RZ 11; *Lutter-Hommelhoff*, § 61 RZ 6; *de Lousanoff* (oben FN 104), ASA Special Series Nr. 8 (1994), 89, 108. Generell für Gestaltungsschiedssprüche Stein/Jonas-*Schlosser*, § 1042 RZ 2; MünchKomm-*Maier*, ZPO, § 1042 RZ 2; Zöller-*Geimer*, 20. Aufl., § 1040 RZ 1; *Schwab/Walter*, Schiedsgerichtsbarkeit Kommentar, Kap. 21 RZ 12; *Henn*, Schiedsverfahrensrecht Handbuch, RZ 384; *Vollmer* (oben FN 19), BB 1984, 1774ff; *Walter*, Die Vollstreckbarerklärung als Voraussetzung bestimmter Wirkungen des Schiedsspruchs, FS Schwab, 539, 543ff; *Loritz*, Probleme der Rechtskraft von Schiedssprüchen im deutschen Zivilprozeßrecht, ZZP 100 (1992), 1, 18; *Lüke/Blenske*, Die Schiedsfähigkeit von Beschlußmängelstreitigkeiten - Möglichkeiten und Grenzen der Rechtsgestaltung, ZGR 1998, 253, 274.

[106] Stein/Jonas-*Schlosser*, § 1042 RZ 2; *Walter* (oben FN 105), FS Schwab, 539, 552; *Loritz* (oben FN 105), ZZP 105 (1992), 1, 10ff; *Bork*, Zur Schiedsfähigkeit von Beschlußmängelstreitigkeiten, ZHR 160 (1996), 374, 376 FN 10; *Lüke/Blenske* (oben FN 105), ZGR 1998, 253, 274.

Dies untermauere auch die Entstehungsgeschichte des § 1040 ZPO a.F., die zeige, daß die ZPO auch beim gerichtlichen Urteil zunächst nur die Wirkung des Urteils zwischen den Parteien gekannt habe[107].

Sodann stehe die Möglichkeit, daß der Schiedsspruch durch Aufhebungsklage oder Parteivereinbarung entfalle, dem Eintritt der Gestaltungswirkung nicht entgegen. Zum einen beseitige die Aufhebung nämlich die eingetretene Gestaltung nicht rückwirkend, sondern nur für die Zukunft und führe damit nicht zu gesellschaftsrechtlich untragbaren Schwebezuständen[108]. Zum anderen sei für Personen, die an der Schiedsabrede teilgenommen hätten, ein Schutzbedürfnis schon aufgrund ihrer freiwilligen Unterwerfung unter die Abrede nicht erkennbar[109]. Der sich einer Schiedsklausel unterwerfende Gesellschafter verzichte freiwillig auf einen Teil des ihm zustehenden Rechtsschutzes. Zwar könne er das Ergebnis des Schiedsspruchs und die Art seines Zustandekommens gerichtlich überprüfen lassen. Er könne aber nicht verhindern, daß der vom Schiedsgericht gefällte Spruch sofort gegen ihn und Dritte wirksam werde, denn dies sei ein Ergebnis, mit dem er bei Abschluß der Schiedsvertrages rechnen müsse[110].

Und auch für gesellschaftsfremde Dritte sei ein die Vollstreckbarerklärung rechtfertigendes Schutzbedürfnis nicht anzunehmen. So könnten die Gesellschafter durch Gestaltungsklage auszuübende gesellschaftsrechtliche Gestaltungsrechte kraft Vereinbarung ersetzen, eine Auflösungsklage etwa durch Auflösungsbeschluß und eine Anfechtungsklage durch Beschluß in Form eines actus contrarius. Die Wirkungen dieser Beschlüsse träten ebenfalls mit ihrer Existenz ein. Wenn die Parteien jedoch durch Vereinbarung die Gestaltung mit sofortiger Wirkung herbeiführen könnten, sei nicht ersichtlich, weshalb ein rechtskräftiger Schiedsspruch für den Eintritt der Gestaltungswirkung nicht ausreiche. Die Möglichkeit, daß der Schiedsspruch aufgehoben werde, verursache insoweit keine größere Unsicherheit als die Möglichkeit, daß bei vereinbarten Gestaltungsrechten nachträglich gerichtlich das Vorliegen der Voraussetzungen verneint werde[111]. Die Gestaltungswirkung von Auflösungsakten scheitere zudem nicht an der reinen Möglichkeit einer Klage, sondern nur an ihrer Begründetheit[112]. Daß die Rechtskraft „unter den Parteien" eintrete, sei bei Gesellschaftsverträgen und der darin vorgesehenen Auflösung nicht anders, ohne daß daran die Gestaltungswirkung des Beschlusses scheitere[113].

---

[107] *Walter* (oben FN 105), FS Schwab, 539, 553; näher bei den Beschlußmängelstreitigkeiten, § 6 B. II. 4. d) aa).

[108] *Vollmer* (oben FN 19), BB 1984, 1774, 1777; *de Lousanoff* (oben FN 104), ASA Special Series Nr. 8 (1994), 89, 108.

[109] *de Lousanoff* (oben FN 104), ASA Special Series Nr. 8 (1994), 89, 107f; *Lüke/Blenske* (oben FN 105), ZGR 1998, 253, 275; so wohl auch Hachenburg-*Ulmer*, § 61 RZ 42; *Vollmer* (oben FN 19), BB 1984, 1774, 1776f; *Walter* (oben FN 105), FS Schwab, 539, 554.

[110] *de Lousanoff* (oben FN 104), ASA Special Series Nr. 8 (1994), 89, 107f.

[111] Hachenburg-*Ulmer*, § 61 RZ 42; *Vollmer* (oben FN 19), BB 1984, 1774, 1777; *Walter* (oben FN 105), FS Schwab, 539, 554; *Lüke/Blenske* (oben FN 105), ZGR 1998, 253, 275.

[112] Hachenburg-*Ulmer*, § 61 RZ 42.

[113] Hachenburg-*Ulmer*, § 61 RZ 42; *Vollmer* (oben FN 19), BB 1984, 1774, 1777; *Walter* (oben FN 105), FS Schwab, 539, 554.

Und schließlich widerspreche das Erfordernis der Vollstreckbarerklärung auch der Intention der Parteien, Streitigkeiten weitestmöglich ohne Einschaltung staatlicher Gerichte durch Schiedsrichter entscheiden zu lassen[114].

3. Stellungnahme

Im Rahmen der Schiedsfähigkeit von Beschlußmängelstreitigkeiten wurde bereits ausführlich erörtert, daß das Prozeßrecht in § 1040 ZPO a.F. bzw. § 1055 ZPO die Urteilswirkungen des Schiedsspruchs und des staatlichen Urteils gleichstellt. Die Einschränkung „unter den Parteien" ändert daran nichts und versteht sich lediglich als Gegenstück zu § 325 ZPO. Es diskriminiert deshalb das rechtsgestaltende Schiedsverfahren, mit der Vollstreckbarerklärung einen zusätzlichen staatlichen Legitimationsakt zu verlangen.

Richtigerweise begründet auch die reine Möglichkeit einer Aufhebung des Schiedsspruchs die Notwendigkeit eines solchen Akts nicht. Der angesprochene untragbare Schwebezustand bleibt Fiktion, da eine Aufhebung keinen rückwirkenden Effekt entfaltet und sämtliche in der Zwischenzeit erfolgten Akte wirksam bleiben. Darüber hinaus haben sich die Gesellschafter freiwillig dem Schiedsverfahren unterworfen und können durch prozessuale Einflußmöglichkeiten sein Ergebnis mitbestimmen. Sie können sich über das Ergebnis dieses Verfahrens deshalb später nicht beklagen. Dritte sind schließlich auch vor jener Gestaltungswirkung nicht geschützt, die die Gesellschafter mit sofortiger Wirkung durch Vereinbarung erreichen können. Durch die Vereinbarung eines Schiedsgerichts haben sie die Entscheidung über und den Ausspruch der Gestaltung im Rahmen ihrer Parteidisposition lediglich in gewissem Umfang in die Hände eines Dritten gelegt. Es erscheint nicht konsequent, wenn die Gestaltungswirkung dann zwar mit sofortiger Wirkung durch ihr eigenes Handeln erreichbar ist, für den Ausspruch durch ein auf ihrem Willen beruhenden Schiedsgericht aber ein weiterer staatlicher Legitimationsakt erforderlich sein soll.

II. Die registerrechtliche Bindungswirkung des Schiedsspruchs

Vom Eintritt der Gestaltungswirkung zu unterscheiden ist die Frage, ob allein der rechtskräftige Schiedsspruch Grundlage der handelsregisterlichen Eintragung sein kann oder ebenfalls die Vollstreckbarerklärung des Schiedsspruchs gefordert werden muß.

---

[114] *Walter* (oben FN 105), FS Schwab, 539, 554; *Lüke/Blenske* (oben FN 105), ZGR 1998, 253, 274.

1. Die Vollstreckbarerklärung als Grundlage der handelsregisterlichen Eintragung

Die ganz herrschende Auffassung in Deutschland verlangt - meist allerdings ohne Begründung oder mit schlichtem Verweis auf die Entscheidung des BayObLG - für die Eintragung der jeweiligen Gestaltung ins Handelsregister die Vollstreckbarerklärung des Schiedsspruchs[115]. Das BayObLG argumentiert, daß das Registergericht grundsätzlich schon nicht an Entscheidungen des staatlichen Prozeßgerichts gebunden sei. Ausnahmen gälten nur für rechtskräftige Gestaltungsurteile und Urteile nach § 16 HGB. Wenn nun aber das Registergericht nur ausnahmsweise an Urteile staatlicher Gerichte gebunden sei, so sei es erst recht nicht an rechtskräftige Schiedssprüche gebunden. Daran ändere der Umstand nichts, daß auch Schiedssprüche mit Gestaltungswirkung erlassen werden könnten. Der Schiedsspruch habe grundsätzlich nur unter den Parteien des Schiedsverfahrens die Wirkung eines rechtskräftigen Urteils. Das Schiedsverfahren und damit auch die Rechtskraft des Schiedsspruchs beruhten lediglich auf Parteivereinbarung. Die Wirkung des Schiedsspruch könne durch eine solche wieder beseitigt werden. Dies gelte - anders als bei Gestaltungsurteilen - auch bei Schiedssprüchen mit gestaltender Wirkung[116].

2. Die Bindungswirkung mit Rechtskraft des Schiedsspruchs

Die Gegenauffassung sieht im Erfordernis der Vollstreckbarerklärung lediglich die Bestätigung der unrichtigen Auffassung, daß dem Schiedsspruch Rechtskraft „zweiter Klasse" zukomme. Daß die Wirkungen des Schiedsspruchs abdingbar seien und er durch Parteivereinbarung wieder beseitigt werden könne, sei überhaupt nicht geklärt. Schließlich werde auch für das staatliche Urteil diskutiert, ob seine Wirkungen durch Parteivereinbarung abdingbar seien. Zudem messe die ZPO dem Schiedsspruch aufgrund der prozessualen Gleichstellung mit dem Urteil des staatlichen Gerichts allein wegen einer möglicherweise bestehenden Disponibilität nicht etwa geringere Bedeutung zu.[117].

Etwas anderes lasse sich aus § 16 HGB nicht herleiten, der nur regele, wie die fehlende Mitwirkung einer Person ersetzt werden könne. Die Vorschrift betreffe den Anwendungsbereich des § 894 ZPO und somit ein Problem der Vollstreckung und nicht der Rechtskraft. Und ein Vergleich zu § 895 ZPO passe schon deshalb nicht, da sich die Norm als Ausnahme zu § 894 ZPO auf vorläufig vollstreckbare, also nicht rechtskräftige Urteile beziehe. Hier stünden aber die Wirkungen eines rechtskräftigen - und

---

[115] BayObLG, 24.2.1984, WM 1984, 809, 810; Wieczorek-*Schütze*, § 1042 RZ 9; MünchKomm-*Maier*, ZPO, § 1042 RZ 2; Baumbach-*Albers*, ZPO, § 1055 RZ 7 u. § 1060 RZ 2; Großkomm-*Hüffer*, HGB, § 16 RZ 12; Hachenburg-*Ulmer*, § 61 RZ 42; Rowedder-*Rasner*, § 61 RZ 11; Baumbach-*Schulze-Osterloh*, GmbHG, § 61 RZ 23.

[116] BayObLG, 24.2.1984, WM 1984, 809, 810.

[117] *Walter* (oben FN 105), FS Schwab, 539, 555; *Loritz* (oben FN 105), ZZP 100 (1992), 1, 18.

nicht lediglich für vorläufig vollstreckbar erklärten - Schiedsspruchs in Frage, den die Norm des § 1040 ZPO a.F. dem Urteil gleichstelle. Für eine unterschiedliche Behandlung von Schiedssprüchen und Entscheidungen staatlicher Gerichte gebe es mithin auch im Rahmen des Registerrechts keine Rechtfertigung[118].

3. Stellungnahme

Da § 1040 ZPO a.F. bzw. § 1055 ZPO den Schiedsspruch dem Urteil über den Urteil eines staatlichen Gerichts gleichstellen, kann man das Erfordernis der Vollstreckbarerklärung nur mit möglichen Besonderheiten des Registerrechts rechtfertigen. Solche ergeben sich, wie in der Literatur bereits herausgearbeitet wurde, weder aus § 16 HGB noch aus § 895 ZPO. Entscheidend ist jedoch, daß die Eintragung in ein staatliches Register grundsätzlich keines staatlichen Legitimationsaktes, sondern einer Bewilligung bedarf[119]. Desgleichen erfordert auch eine Eintragung ins Handelsregister keine gerichtliche Entscheidung. Dies gilt sowohl im Falle eines staatlichen Urteils als auch eines Schiedsspruchs. Wenn es aber überhaupt keiner richterlichen, also einer in einem Urteil niedergelegten Entscheidung bedarf, sondern der Konsens der Parteien ausreicht, so muß auch ein nicht für vollstreckbar erklärter Schiedsspruch genügen.

III. Ergebnis

Der Schiedsspruch bedarf weder der Vollstreckbarerklärung, um Gestaltungswirkung zu erzielen, noch, um registerrechtliche Eintragungen zu ermöglichen.

---

[118] Stein/Jonas-*Schlosser*, § 1042 RZ 2; *Walter* (oben FN 105), FS Schwab, 539, 556; *Loritz* (oben FN 105), ZZP 100 (1992), 1, 6f; *Lüke/Blenske* (oben FN 105), ZGR 1998, 253, 276; mit anderer Begründung auch *Vollmer* (oben FN 19), BB 1984, 1774, 1777f.

[119] *Loritz* (oben FN 105), ZZP 100 (1992), 1, 18; *Lüke/Blenske* (oben FN 105), ZGR 1998, 253, 276.

§ 12 Die Klage auf Nichtigerklärung einer Gesellschaft wegen Gründungsmängeln

Der Klage auf Nichtigerklärung einer Kapitalgesellschaft aufgrund von Gründungsmängeln sprechen einige Autoren keine besonders große praktische Bedeutung zu[1]. Ihre schiedsgerichtliche Beurteilung wirft aber interessante theoretische Fragen auf, so daß eine nähere Untersuchung angezeigt erscheint. Dies ist für manche Länder darauf zurückzuführen, daß die Vorschriften über die Nichtigkeitsklage auf die Regelungen über Beschlußmängelstreitigkeiten verweisen. Andere diskutieren sie hingegen aus dem Blickwinkel der Auflösungsklage. In *Frankreich* steht die Schiedsfähigkeit der Nichtigkeitsklage im Zentrum der Debatte um übergreifende Themen der Schiedsgerichtsbarkeit wie „Kompetenz-Kompetenz" und die Autonomie der Schiedsklausel[2].

A. Grundlagen

In *Deutschland* kann jeder Aktionär sowie jedes Vorstands- und Aufsichtsratsmitglied nach § 275 Abs. 1 AktG im Wege der Klage beantragen, daß die Gesellschaft für nichtig erklärt wird, wenn die Satzung keine Bestimmungen über die Höhe des Grundkapitals oder den Gegenstand des Unternehmens enthält oder die Bestimmungen in der Satzung über den Unternehmensgegenstand nichtig sind. Dabei ordnet Abs. 4 S. 1 für die Klage die entsprechende Anwendung der §§ 246 Abs. 2 bis 4, 247, 248 Abs. 1 S. 1, 249 Abs. 2 AktG an. Das GmbH-Recht regelt die Nichtigkeitsklage in § 75 GmbHG. Nach dessen Abs. 2 finden die §§ 272, 273 des HGB auf die Durchsetzung entsprechende Anwendung, wobei es sich um die heutigen §§ 246-248 AktG handelt.

In *Österreich* räumt § 216 öAktG jedem Aktionär und jedem Vorstands- und Aufsichtsratsmitglied ausdrücklich die Nichtigkeitsklage aufgrund von Gründungsmängeln in Form des Fehlens oder der Nichtigkeit wesentlicher Satzungsbestimmungen ein. Abs. 4 verweist für das Verfahren auf die Beschlußmängelvorschriften der §§ 197, 198 öAktG. Das österreichische GmbH-Recht hält keine Regelung bereit.

---

[1] Deutschland: Hachenburg-*Hohner*, § 75 RZ 3; *Lutter-Hommelhoff*, § 75 RZ 1. Schweiz: OR-*Schenker*, Art. 643 RZ 6; *Böckli*, Schweizer Aktienrecht, RZ 104a; *Forstmoser/Meyer-Hayoz*, Schweizerisches Aktienrecht, § 17 RZ 27.

[2] Im neuen deutschen Recht räumt § 1040 Abs. 1 ZPO n.F. dem Schiedsgericht in bewußter Abkehr von der Rechtsprechung (BT-Drucks. 13/5274, 44) nun ausdrücklich die Kompetenz ein, über seine eigene Zuständigkeit zu entscheiden und bezeichnet die Schiedsklausel als eine von den übrigen Vertragsbestimmungen unabhängige Vereinbarung. Nach Abs. 3 S. 2 kann aber gegen die Entscheidung des Schiedsgerichts hinsichtlich seiner Zuständigkeit das staatliche Gericht angerufen werden. Bisher hatte das Schiedsgericht diese Kompetenz-Kompentenz nur bei ausdrücklicher Vereinbarung der Parteien, vgl. BGH, 26.5.1988, NJW-RR 1988, 1527. Zu Frankreich sogleich unter B. I.

Nach einhelliger Meinung in Rechtsprechung und Literatur ist jedoch die Vorschrift des § 216 öAktG für die GmbH analog heranzuziehen, da hierfür ein Bedürfnis bestehe und keine gegenteiligen Gründe ersichtlich seien[3].

Auch das *schweizerische* Recht kennt in § 643 Abs. 3, 4 OR lediglich die Klage auf Nichtigerklärung einer AG, falls bei der Gründung gesetzliche oder statutarische Vorschriften mißachtet und dadurch die Interessen von Gläubigern und Aktionären in erheblichem Maße gefährdet oder verletzt wurden. Aktivlegitimiert sind nicht nur die Aktionäre, sondern auch die Gläubiger der Gesellschaft[4]. Entgegen dem Wortlaut der Vorschrift („kann") muß der Richter die Gesellschaft für nichtig erklären, wenn diese Voraussetzungen vorliegen[5], wobei sein Urteil für und gegen alle Aktionäre wirkt[6]. Für die GmbH fehlen solche Regelungen, eine vereinzelte Stimme befürwortet jedoch die analoge Anwendung aufgrund gleicher Sachlage[7].

In *Frankreich* räumt Art. 360 Abs. 1 LSC die Möglichkeit ein, eine Gesellschaft durch Klage für nichtig erklären zu lassen. Man kann sie einerseits darauf stützen, daß eine Vorschrift des LSC ausdrücklich die Nichtigkeit der Gesellschaft für einen bestimmten Fall anordnet. Andererseits droht Nichtigkeit, wenn ein Verstoß gegen eine gesetzliche Vorschrift vorliegt, nach der auch ein Vertrag nichtig wäre. Die Reichweite des Art. 360 LSC ist im Rahmen der SA und der SARL beschränkt, da das LSC keine Regelung enthält, die ausdrücklich die Nichtigkeit dieser Gesellschaften anordnet. Zudem nimmt Art. 360 Abs. 1 S. 2 LSC Mängel der Einigung, Geschäftsunfähigkeit und die „clause léonine" von den Gründen aus, auf die man sie stützen kann. Die Norm hat daher vor allem in Situationen Bedeutung, in denen der Charakter der Gesellschaft rechtswidrig ist oder gegen den „ordre public" verstößt[8]. Nach zwischenzeitlichen Zweifeln[9] ist man sich heute einig, daß Art. 631 Abs. 1 Nr. 2 C. com. die Nichtigkeitsklage erfaßt, da der Streit unmittelbaren Bezug zum Gesellschaftsverhältnis aufweise[10]. Unter Geltung des LSC dürfte sich die grundsätzliche Möglichkeit schiedsgerichtlicher Beurteilung schon aus § 363 LSC ergeben, der ausdrücklich das Handelsgericht für die Nichtigerklärung für zuständig erklärt.

Das *New Yorker* Recht sieht keine Nichtigkeitsklage der Gesellschafter vor. Diese ist gem. § 109 (a) (2) BCL allein dem „attorney general" vorbehalten.

---

[3] OGH, 19.3.1958, NZ 1959, 107; *Koppensteiner*, § 84 RZ 20; *Gellis/Feil*, § 85-86 RZ 12; *Reich-Rohrwig*, Das österreichische GmbH-Recht, 63.

[4] ZürchKomm-*Siegwart*, Art. 643 RZ 38; OR-*Schenker*, Art. 643 RZ 6.

[5] OR-*Schenker*, Art. 783 RZ 8.

[6] ZürchKomm-*Siegwart*, Art. 643 RZ 42; *Forstmoser/Meyer-Hayoz* (oben FN 1), § 17 RZ 25.

[7] BernerKomm-*Becker*, Art. 783 RZ 11.

[8] *Mercadal/Janin*, Sociétés commerciales, RZ 3723

[9] Trib. Metz, 11.7.1951, J.C.P. 1952 II 7150 (2): Die Schiedsklausel umfaßt nur Streitigkeiten über Anwendung und Ausführung des Gesellschaftsvertrages, aber nicht Streitigkeiten über seine Existenz und Gültigkeit. Unklar in dieser Hinsicht Cass., 17.7.1951, J.C.P. 1952 II 7150 (1); T.G.I. Paris, 13.3.1974, Rev. soc. 1974, 685, 688.

[10] Cass., 10.11.1897, S. 1897 I 505, 507; *Mercadal/Janin*, Sociétés commerciales, RZ 418; *Hémard/Terré/Mabilat*, Sociétés commerciales, Tome III, RZ 691; *Cohen*, Arbitrage et Société, RZ 296.

B. Schiedsfähigkeit

Die Schiedsfähigkeit der Nichtigkeitsklage beurteilt man in den untersuchten Ländern sehr unterschiedlich. Dabei fällt auf, daß sie besonders in Frankreich stark diskutiert wird, während sie in New York den Schiedsgerichten schon deshalb verschlossen bleibt, weil nur der „attorney general" klagebefugt ist.

I. Vergleichsbefugnis und „ordre public"

Ein Großteil des *deutschen* und *österreichischen* Schrifttums lehnt die Schiedsfähigkeit ab, da der Streitgegenstand nicht vergleichsfähig sei[11]. Andere Autoren führen aus, daß die Gestaltungswirkung des Nichtigkeitsurteils nicht durch Vergleich erzielt werden könne[12]. Manche machen allerdings dann eine Ausnahme, wenn wegen der erweiterten Rechtskraft alle von der Rechtskraft des Urteils Betroffenen am Verfahren beteiligt seien[13].

Die vor allem in *Deutschland* und in der *Schweiz* vertretene Gegenansicht weist darauf hin, daß bereits kein einleuchtenden Grund vorhanden sei, die Nichtigkeitsklage, die ihrer Natur nach der Auflösungsklage nahestehe, anders zu behandeln als letztere, die nach herrschender Auffassung auch vor einem Schiedsgericht erhoben werden könne[14]. Andere betonen, daß die bislang überwiegende Meinung die Schiedsfähigkeit mangels objektiver Vergleichsbefugnis zwar ablehne, nach neuerer Diskussion insbesondere der schiedsgerichtlichen Beurteilung von Anfechtungs- und Auflösungsklage aber von Schiedsfähigkeit auszugehen sei[15].

In *Frankreich* hat die schiedsgerichtliche Beurteilung der Nichtigkeitsklage zunächst ein Hindernis eher hausgemachter Natur überwinden müssen. Es herrschte dort lange die Ansicht vor, daß die Nichtigkeit des Vertrages, der die Schiedsklausel enthält (sog. Hauptvertrag), auch die Nichtigkeit der Schiedsklausel selbst nach sich ziehe. Daraus folgerte man, daß die Schiedsrichter nicht über die Gültigkeit ihrer Einsetzung entscheiden könnten. Dementsprechend verneinten zahlreiche Gerichte die Möglichkeit schiedsgerichtlicher Beurteilung der Nichtigkeitsklage, da der Nichtigkeitsstreit nicht nur den Bestand der Gesellschaft und den Gesellschaftsvertrag in Frage stelle, sondern damit gleichzeitig auch die Gültigkeit der im Gesellschaftsvertrag enthaltenen statutari-

---

[11] *Hüffer*, § 275 RZ 19; Baumbach-*Schulze-Osterloh*, GmbHG, § 75 RZ 17; Münchener Hdb. GmbH-*Heinrich*, § 12 RZ 55; ohne Begründung auch Hachenburg-*Hohner*, § 75 RZ 29.

[12] Deutschland: Geßler-*Hüffer*, § 275 RZ 38. Österreich: *Fasching*, § 577 RZ 9; *ders.*, Schiedsgericht und Schiedsverfahren im österreichischen und im internationalen Recht, 17.

[13] *Fasching*, § 577 RZ 9; *ders.* (oben FN 12), 17.

[14] Deutschland: Rowedder-*Zimmermann*, § 75 RZ 22. Schweiz: *Forstmoser*, Schweizerisches Aktienrecht, Band I/1, § 12 RZ 48; konkludent auch ZürchKomm-*Siegwart*, Art. 643 RZ 41.

[15] Scholz-*K. Schmidt*, § 75 RZ 18.

schen Schiedsklausel. Darüber könnten aber nur staatliche Gerichte und nicht Schiedsrichter entscheiden[16].

Diese Auffassung ist bereits auf nationaler Ebene außerordentlich umstritten[17]. Desgleichen haben die französischen Gerichte für die internationale Schiedsgerichtsbarkeit die Trennung von Hauptvertrag und Schiedsklausel mittlerweile anerkannt[18]. Das Prinzip der Autonomie der Schiedsklausel konnte sich in Frankreich aber bis heute nicht für nationale Schiedsverfahren durchsetzen[19]. Dagegen ist der Streit hinsichtlich der schiedsgerichtlichen Entscheidung der gesellschaftsrechtlichen Nichtigkeitsklage nur noch von historischem Interesse: Art. 1466 N.C.P.C. bestimmt nun ausdrücklich, daß die Schiedsrichter auch über die Wirksamkeit ihrer Einsetzung entscheiden können[20].

Die französische Diskussion speziell um die Schiedsfähigkeit der Nichtigkeitsklage ähnelt in ihrer Tiefe der deutschen um die Beschlußmängelstreitigkeiten. Als unstrittig gilt, daß die Klage aufgrund der erheblichen Auswirkungen von Gründungsmängeln auf die Gesellschafter und Dritte allgemein zum gesellschaftsrechtlichen „ordre public" zählt[21]. Viele Stimmen verneinen allein deshalb auch die Möglichkeit schiedsgerichtliche Beurteilung[22]. Die Parteiautonomie sei hier durch zwingendes Recht begrenzt, weshalb die Erledigung der Nichtigkeitsklage durch ein Schiedsgericht gegen den „ordre public" verstoße[23]. Zudem wirke die Nichtigkeit nicht nur gegenüber den Gesellschaftern, sondern auch gegenüber Dritten, die mit der Gesellschaft kontrahiert hätten, was eine Beilegung durch ein privates Gericht verbiete[24]. Gerade aufgrund dieser Drittinteressen habe der Gesetzgeber die Zuständigkeit des Handelsgerichts vorgesehen, welches die Interessen besser als ein Schiedsgericht wahren könne[25]. Und schließlich sei der „ordre public" auch deshalb betroffen, weil das Schiedsverfahren nicht öffentlich sei und deshalb die Gefahr bestehe, daß das Schiedsgericht gegen gesetzliche Vorschriften verstoße und rechtswidrige Entscheidungen fälle[26].

Die Gegenauffassung widerspricht zunächst dem Hinweis auf die Zuständigkeit des Handelsgerichts. Bei der durch Art. 363 LSC angeordneten Zuständigkeit handele es sich nicht einmal um eine ausschließliche Kompetenz, weshalb die Vorschrift die Ver-

---

[16] Cass., 6.10.1953, J.C.P. 1954 II 8293; 28.1.1958, Gaz. Pal. 1958 I 283; 11.1.1960, J.C.P. 1960 II 11764; 19.5.1969, D. 1969 I 711.

[17] App. Paris, 28.5.1952, Gaz. Pal. 1952 II 93; 22.1.1957, J.C.P. 1957 II 10165; Trib. Seine, 17.10.1956, J.C.P. 1956 II 9647; *Hémard/Terré/Mabilat* (oben FN 2), RZ 691.

[18] Cass., 7.5.1963, J.C.P. 1963 II 13405; 18.5.1971, D. 1972, 37.

[19] So zuletzt App. Paris, 6.7.1995, Rev. trim. dr. com. 1997, 632; 15.3.1996, Rev. trim. dr. com. 1996, 450.

[20] Näher *Robert/Moreau*, Arbitrage, RZ 76; *Cohen* (oben FN 10), RZ 299.

[21] Cass., 20.12.1912, D.P. 1913 I 33, 35; App. Douai, 8.7.1955, Rev. arb. 1956, 50, 51; Trib. Metz, 11.7.1951, J.C.P. 1952 II 7150 (2); *Robert/Moreau* (oben FN20), RZ 76; *Moreau/Bernard*, Droit interne et droit international de l'arbitrage, 32; *Hémard/Terré/Mabilat* (oben FN 2), RZ 691.

[22] App. Douai, 8.7.1955, Rev. arb. 1956, 50, 51; Trib. Metz, 11.7.1951, J.C.P. 1952 II 7150 (2); *Robert/Moreau* (oben FN 20), RZ 76; *Moreau/Bernard* (oben FN 21), 32; *Hémard/Terré/Mabilat* (oben FN 2), RZ 691; so auch die Ansicht des französischen Justizministeriums, J.O. Déb. Ass. Nat., 26.11.1975, 8950.

[23] Trib. Metz, 11.7.1951, J.C.P. 1952 II 7150 (2).

[24] *Robert/Moreau* (oben FN 20), RZ 76; *Moreau/Bernard* (oben FN 21), 32.

[25] *Robert*, Encylopédie Dalloz Procédure I, Nr. 86.

[26] *Dardel*, Jurisclasseurs Société Traité, Tome I, Fasc. 30/1, Nr. 121.

einbarung eines Schiedsgerichts nicht hindere[27]. Im übrigen liege in der Schiedsklausel kein Verzicht auf das Recht, die Nichtigkeitsklage zu erheben. Die Klage sei lediglich vor einem anderen - privaten - Gericht geltendzumachen. In diesem Sinne hätten die Gerichte für die Auflösungsklage ja bereits entschieden[28]. Die Nichtigerklärung berühre zwar Drittinteressen, diese seien aber in einem Schiedsverfahren durchaus gewahrt. Denn zunächst könnten Dritte, die von der Nichtigerklärung betroffen, aber nicht durch die Schiedsklausel gebunden seien, vor ein ordentliches Gericht ziehen. Und andere nicht am Verfahren beteiligte Gesellschafter, die der Schiedsklausel unterworfen seien, besäßen prozessuale Einflußnahmemöglichkeiten. Zudem berücksichtige auch das LSC von 1966 ihre Interessen, indem es die Nichtigkeitsgründe begrenze, kurze Verjährung und Heilung vorsehe und eine Rückwirkung der Nichtigerklärung verbiete[29].

Auch in einer ganzen Reihe anderer Länder hält man die Nichtigkeitsklage für schiedsfähig, so etwa in *Belgien*[30], *Schweden*[31], und *Brasilien*[32].

II. Stellungnahme

Die Schiedsfähigkeit der Nichtigkeitsklage ist nicht allein mit dem schlichten Verweis auf die positive Haltung gegenüber der Auflösungsklage zu begründen. Zwar entsprechen sich mit Auflösung und Abwicklung der Gesellschaft die Rechtsfolgen der beiden Klagen weitgehend. Es stellen sich jedoch wichtige prozessuale Fragen, die in Deutschland in dem Verweis auf die § 246-249 AktG begründet sind.

1. Die Schiedsfähigkeit im engeren Sinne

Angesichts des oben zur Auflösungsklage Ausgeführten ist zunächst die Dispositionsbefugnis über den Nichtigkeitsstreit zu bejahen. Einerseits können die Gesellschafter die Rechtsfolge der Klage, die Auflösung der Gesellschaft[33], auch durch Beschluß herbeiführen, was das GmbHG etwa in § 60 Abs. 1 Nr. 2 ausdrücklich vorsieht. Andererseits können sie nach § 276 AktG bzw. § 76 GmbHG die Gründungsmängel beseitigen und dem Nichtigkeitsverfahren damit die Grundlage entziehen. Sie können mithin über den Gegenstand der Klage verfügen.

Ein staatliches Rechtsprechungsmonopol ergibt sich darüber hinaus auch nicht aus den durch die Klage geschützten Interessen. Die Klage will vor allem Vertrauens- und

---

27 *Cohen* (oben FN 10), RZ 304.
28 *Cohen*, (oben FN 10), RZ 301.
29 *Cohen* (oben FN 10), RZ 302.
30 *Keutgen*, L'arbitrage en droit belge et international, RZ 105; *Horsmans*, Actualité et évolution du droit belge de l'arbitrage, Rev. arb. 1990, 797, 807.
31 *Holmbäck/Mangard*, Report Sweden, Y.C.A. 1978, 161, 164.
32 *Marotta Rangel*, Report Brazil, Y.C.A. 1978, 31, 34.
33 KölnerKomm-*Kraft*, § 275 RZ 29; Hachenburg-*Hohner*, § 75 RZ 1.

Bestandsschutz gewährleisten: Gesellschafter und Rechtsverkehr sollen vor sachwidriger rückwirkender Nichtigkeit geschützt werden. Die Gesellschafter haben dabei ein Interesse an adäquater Abwicklung der Vermögensverhältnisse der Gesellschaft, den Rechtsverkehr interessiert ihre Schuldnerposition und das ihm haftende Vermögen[34]. Auch ein Schiedsverfahren ist geeignet, diesen Vertrauens- und Bestandsschutz zu gewährleisten. Das Schiedsgericht vermag ebenso wie ein staatliches, verbindlich zu klären, inwiefern ein zur Nichtigkeit der Gesellschaft führender Gründungsmangel vorliegt. Schiedsgerichtlicher Nichtigerklärung kommt dabei keine Rückwirkung zu. Stellt sich im Verfahren ein unheilbarer Gründungsmangel heraus, kann das Schiedsgericht die Vermögensverhältnisse der Gesellschaft im Hinblick auf Gesellschafter und Dritte sachgerecht abwickeln. Daß dies in einem Schiedsverfahren geschieht, bedroht das Interesse der Gesellschafter an ordnungsgemäßer Abwicklung nicht, zumal sie sich der Schiedsklausel freiwillig unterworfen haben.

Für den Gläubigerschutz ist auf das zu den Einlagestreitigkeiten Ausgeführte zu verweisen. Daß das Verfahren nicht öffentlich stattfindet, stellt ebensowenig ein überzeugendes Argument dar wie die Tatsache, daß Verstöße gegen zwingendes Recht denkbar sind. Solche können einerseits auch vor einem staatlichen Gericht geschehen und sind andererseits mit der Aufhebung des Schiedsspruchs anstatt mit der Versagung der Schiedsfähigkeit zu sanktionieren. Inwiefern Dritten aufgrund der Besonderheiten der Nichtigkeitsklage weitergehender Schutz gewährt werden muß, wie etwa in *Frankreich* gefordert wird, ist für das deutsche Recht unter dem Gesichtspunkt der Rechtskraft des Schiedsspruchs zu untersuchen.

2. Die Schiedsfähigkeit im weiteren Sinne

Wie bei den Beschlußmängelstreitigkeiten und der Auflösungsklage kann zunächst die subjektive Schiedsfähigkeit schiedsgerichtliche Erledigung nicht hindern. Zwar sind der Gesellschafter bzw. das Gesellschaftsorgan als Kläger und die Gesellschaft, vertreten durch ihre Leitung, als Beklagte[35] nicht zur Disposition über die Streitigkeit befugt. Dies überbrückt aber nach zutreffender Auffassung das Verbandsrecht über § 1048 ZPO a.F. bzw. § 1066 ZPO. Auch die ausschließliche Zuständigkeit des Landgerichts nach § 275 Abs. 4 S. 1 AktG bzw. § 75 Abs. 2 GmbHG i.V.m. § 246 Abs. 3 AktG betrifft lediglich die Kompetenzverteilung unter staatlichen Gerichten. Gleiches hat man in *Frankreich* für die Zuständigkeit des Handelsgerichts anerkannt. Desgleichen ist die Gestaltungswirkung des die Gesellschaft für nichtig erklärenden Schiedsspruchs nicht hinderlich, da die Gesellschafter diese Gestaltung auch durch Disposition erreichen können.

Problematisch erscheint allerdings der Verweis auf § 248 AktG. Man könnte mit dem BGH vertreten, daß einem Schiedsspruch nicht die erweiterte Rechtskraftwirkung eines

---

[34] KölnerKomm-*Kraft*, § 275 RZ 3; Geßler-*Hüffer*, § 275 RZ 5; *ders.*, § 275 RZ 2; Rowedder-*Zimmermann*, § 75 RZ 1.

[35] Deutschland: KölnerKomm-*Kraft*, § 275 RZ 34; Hachenburg-*Hohner*, § 75 RZ 24. Österreich: Schiemer-*Schiemer*, § 216 RZ 8.

Nichtigkeitsurteils zukommen darf. Wie erörtert, sehen auch französische Gerichte in der Wirkung des Nichtigkeitsurteils gegenüber Dritten das entscheidende Argument gegen die Schiedsfähigkeit. In Konsequenz des zu den Beschlußmängelstreitigkeiten Ausgeführten ist jedoch zu entgegnen, daß alle in dieser Hinsicht auftretenden Zweifel durch ausreichende Beteiligung der Gesellschafter an der Konstitution des Schiedsgerichts und im Schiedsverfahren ausgeräumt werden können. Hierzu sind die oben (§ 6 B. II. 4. c)) erörterten satzungsmäßigen Regelungen erforderlich, die die Konzentrationswirkung des Nichtigkeitsprozesses sicherstellen und allen Gesellschaftern die Möglichkeit einräumen, die Zusammensetzung des Schiedsgerichts zu beeinflussen und ihr Recht auf Teilnahme am Verfahren auszuüben.

Schließlich steht schiedsgerichtlicher Erledigung der aktienrechtlichen Nichtigkeitsklage auch § 23 Abs. 5 S. 1 AktG nicht entgegen, denn eine Schiedsklausel stellt, wie oben im Rahmen der Beschlußmängelstreitigkeiten erörtert, keine von der aktienrechtlichen Ordnung abweichende Vorschrift dar.

IV. Ergebnis

Die aktien- und GmbH-rechtliche Klage auf Nichtigerklärung der Gesellschaft ist prinzipiell schiedsgerichtlicher Beurteilung zugänglich. Um die erweiterte Rechtskraft des Nichtigkeitsurteils auch gegenüber am Verfahren nicht beteiligten Gesellschaftern zu rechtfertigen, muß die Satzung aber den im Rahmen der Beschlußmängelstreitigkeiten geforderten Beteiligungsmöglichkeiten Rechnung tragen. Desgleichen steht die aktienrechtliche Satzungsstrenge nicht entgegen.

3. Teil - Die Schiedsfähigkeit gesellschaftsrechtlicher Streitigkeiten nach der Neuregelung des Schiedsverfahrensrechts

Der dritte Teil der Arbeit untersucht, wie sich die Neuregelung des deutschen Schiedsverfahrensrechts auf die schiedsgerichtliche Beurteilung der im zweiten Teil untersuchten gesellschaftsrechtlichen Streitigkeiten auswirkt. Deshalb ist zunächst die neue deutsche Anknüpfung an den vermögensrechtlichen Anspruch allgemein zu erörtern, um ihr dann die schweizerischen Erfahrungen mit dem Vorbild des Art. 177 Abs. 1 IPRG gegenüberstellen zu können.

§ 13 Die objektive Schiedsfähigkeit nach neuem deutschen Recht

A. Die Diskussion um die Neuregelung

Daß das neue deutsche Recht die Anknüpfung an die Vergleichsbefugnis aufgegeben sollte, war keinesfalls klar abzusehen. *Schlosser*, selbst später maßgeblich an der Neuregelung der Schiedsfähigkeit beteiligt, vertrat noch 1987 die Auffassung, daß man mit § 1025 Abs. 1 ZPO a.F. „zur Not auch weiterhin leben" könne. Allerdings erschien es ihm schon seinerzeit sinnvoller, entweder nach angelsächsischem Vorbild ganz auf eine Bestimmung zu verzichten oder Art. 177 Abs. 1 IPRG zu übernehmen. Dem wollte er allerdings noch einen Katalog ausdrücklich nicht schiedsfähiger Streitigkeiten zur Seite stellen[1]. *Schwab* riet dagegen, „auf jeden Fall" an der Vorschrift festzuhalten[2]. Auch nach Vorlage des Referentenentwurfs warnte er unter Hinweis auf Schwierigkeiten, die die Vorschrift in der Schweiz aufgeworfen habe, vor einer Nachahmung des Art. 177 Abs. 1 IPRG und befürwortete § 1025 Abs. 1 ZPO a.F. mit seiner Anknüpfung an das materielle Recht[3]. *Zerbe* sah in § 1025 Abs. 1 ZPO a.F. für die absolut überwiegende Zahl aller Fälle ebenfalls eine verläßliche Grundlage zur Bestimmung der Schiedsfähigkeit, weshalb die Vorschrift grundsätzlich unverändert weitergelten solle[4]. Für den Fall, daß die Reformkommission ein eigenständiges Normengefüge für die internationale Schiedsgerichtsbarkeit ins deutsche Recht aufnehmen sollte, müßten die Grenzen jedoch großzügiger gezogen werden als bei vergleichbaren reinen Binnenbeziehungen, wobei Art. 177 IPRG als Vorbild einer Neuregelung dienen könne[5].

---

1 *Schlosser*, Notwendige Reformen des deutschen Recht der Schiedsgerichtsbarkeit, ZIP 1987, 492, 499.
2 *Schwab*, Das Uncitral-model law und das deutsche Recht, FS Nagel, 427, 428.
3 *Schwab*, Wandlungen der Schiedsfähigkeit, FS Henckel, 802, 814ff.
4 *Zerbe*, Die Reform des deutschen Schiedsverfahrensrechts auf der Grundlage des UNCITRAL Modellgesetzes über die internationale Handelsschiedsgerichtsbarkeit, 108.
5 *Zerbe* (oben FN 4), 109.

Auch das UNCITRAL-Modellgesetz zwang den deutschen Gesetzgeber nicht zu einer Neuregelung. Zwar orientieren sich weite Teile des neuen Rechts stark an ihm[6], bezüglich der Schiedsfähigkeit konnte man sich hingegen kein Beispiel nehmen, da das Modellgesetz sie nicht ausdrücklich regelt. Lediglich Art. 1 Abs. 5 MG schränkt den Anwendungsbereich des Gesetzes ein und beschäftigt sich daher indirekt auch mit der Schiedsfähigkeit. Danach bleiben solche Gesetze unberührt, nach denen bestimmte Streitigkeiten einem Schiedsverfahren nicht oder nur eingeschränkt unterworfen werden dürfen. Auf den ersten Blick erstaunt es, daß das Modellgesetz zu einem so wichtigen und umstrittenen Fragenkreis wie der Schiedsfähigkeit nicht Position bezieht. Man hätte auf diese Weise leicht - nach Rezeption durch die Staaten - eine einheitliche Anknüpfung schaffen können, die für den internationalen Handelsverkehr einen unschätzbaren Vorteil bedeutete. Gerade aus der Sicht der internationalen Schiedsgerichtsbarkeit ist es nämlich besonders bedauerlich, daß die Unterschiede hinsichtlich der generellen Zulässigkeit eines Schiedsverfahrens so stark ausgeprägt sind[7].

Die Verfasser des Modellgesetzes haben sich jedoch bewußt dafür entschieden, den Bereich der Schiedsfähigkeit auszuklammern. Zwar gab es anfänglich aus ihren Reihen einige Vorschläge, die darauf abzielten, bestimmte Materien für nicht schiedsfähig unter dem Modellgesetz zu erklären[8]. Diese Vorschläge waren sich einig, daß nationale Rechte bei internationalen Fällen einen großzügigeren Maßstab anlegen konnten als bei Binnensachverhalten. Man schlug deshalb vor, daß das Modellgesetz die Zahl nicht schiedsfähiger Streitigkeiten begrenzen oder wenigstens eine Liste nicht schiedsfähiger Streitigkeiten schaffen sollte, um dem ausländischen Juristen oder Geschäftsmann Hilfestellung zu leisten[9]. Dies konnte sich allerdings nicht durchsetzen, da die Arbeitsgruppe es einerseits für unpraktikabel und auch für unmöglich hielt, eine erschöpfende Liste nicht schiedsfähiger Materien zu erstellen. Andererseits war sie der Ansicht, daß eine Vorschrift, die etwa eine offene Liste zur Komplettierung durch die umsetzenden Staaten beinhaltete, im Widerspruch zum Ziel des Modellgesetzes, der Harmonisierung des Schiedsverfahrensrechts, stünde[10].

Auch der Versuch, die Schiedsfähigkeit abstrakt zu umschreiben, fand keinen Anklang. So hielt man es zunächst für unangemessen und nicht ausreichend, die Schiedsfähigkeit an die „international public policy" anzuknüpfen, da dieser Begriff zu unpräzise sei. Interessanterweise schlug die Arbeitsgruppe dann vor, einen Streitgegenstand für schiedsfähig zu erklären, wenn er durch Vereinbarung der Parteien beigelegt werden könne - „can be settled by agreement of the parties"[11]. Dieser an den Maßstab der Verfügbarkeit des Rechtsverhältnisses erinnernde Ansatz taucht später allerdings nicht

---

[6] Vgl. dazu die Arbeit von *Zerbe* (oben FN 4); *Schlosser*, Band neues Recht der Schiedsgerichtsbarkeit in Deutschland ?, RIW 1994, 723ff; *Schumacher*, Fragen zum Anwendungsbereich des künftigen deutschen Schiedsverfahrensrechts, FS Glossner, 341ff; *Rabe*, Reform des deutschen Schiedsverfahrensrechts, FS Rowedder, 399ff.

[7] *Zerbe* (oben FN 4), 84; *Nuber*, Die objektive Schiedsfähigkeit im Zusammenhang mit der Gültigkeit der Schiedsvereinbarung (anwendbares Rechts) und mit der Vollstreckung (ordre public), 12.

[8] *Holtzmann/Neuhaus*, A guide to the UNCITRAL model law on international commercial arbitration, 39.

[9] Sekretariat bei *Holtzmann/Neuhaus* (oben FN 8), 135f.

[10] Arbeitsgruppe bei *Holtzmann/Neuhaus* (oben FN 8), 137.

[11] Arbeitsgruppe bei *Holtzmann/Neuhaus* (oben FN 8), 137.

mehr auf. Schließlich einigte man sich lediglich auf Art. 1 Abs. 5 MG in seiner heutigen Fassung. Dahinter stand die Absicht, den weiten Begriff der internationalen Handelsschiedsgerichtsbarkeit aus Art. 1 Abs. 1 MG dergestalt einzuschränken, daß er nicht Schiedsfähigkeitsbegrenzungen anderer Gesetze umgehen sollte. Eine ausdrückliche Regelung setzte sich auch deshalb nicht durch, weil die Verfasser den Lex-specialis-Charakter des Modellgesetzes wahren wollten. Art. 1 Abs. 5 MG sollte lediglich verdeutlichen, daß das Modellgesetz kein in sich abgeschlossenes System darstellt, das alle anderen nationalen Bestimmungen über die Schiedsgerichtsbarkeit ausschließt[12]. Im Gegensatz zu vielen anderen regelungsbedürftigen Gebieten konnte der deutsche Gesetzgeber sich also bei der Frage der Schiedsfähigkeit nicht am UNCITRAL-Modellgesetz orientieren. Dies brachte aber gleichzeitig auch den Vorteil mit sich, noch offener über eine Neuschöpfung nachdenken zu können.

B. Der neue Ansatz der objektiven Schiedsfähigkeit

I. Die Regelung des § 1030 ZPO

Nach § 1030 ZPO Abs. 1 ZPO kann jeder vermögensrechtliche Anspruch Gegenstand einer Schiedsvereinbarung sein. Eine Schiedsvereinbarung über nichtvermögensrechtliche Ansprüche hat dagegen nur insoweit rechtliche Wirkung, als die Parteien berechtigt sind, über den Gegenstand eines Streites einen Vergleich zu schließen. Zusätzlich bestimmt Abs. 3 in Anlehnung an Art. 1 Abs. 5 MG, daß gesetzliche Vorschriften außerhalb des ZPO-Schiedsverfahrensrechts, nach denen Streitigkeiten einem schiedrichterlichen Verfahren nicht oder nur unter bestimmten Voraussetzungen unterworfen werden dürfen, unberührt bleiben. Diese Regelung unterscheidet sich vom Referentenentwurf insbesondere darin, daß § 1030 Abs. 1 S. 2 ZPO ursprünglich lediglich feststellen sollte, daß eine Schiedsvereinbarung über nichtvermögensrechtliche Ansprüche „nicht ausgeschlossen" sei. Eine präzisere Regelung erschien der Bundesregierung demgegenüber geboten, da ihr das dem geltenden Recht entnommene Kriterium der Vergleichsbefugnis aussagekräftiger schien[13]. Damit hatte man also endgültig den „Wandel der Schiedsfähigkeit" vollzogen.

II. Die Begründung der neuen Anknüpfung

Liest man die Begründung zu § 1030 des neuen Rechts, so stößt man auf ausgesprochen interessante Argumente und Folgerungen. Dies gilt sowohl hinsichtlich der neuen Anknüpfung allgemein, als auch für ihre Auswirkungen auf die Schiedsfähigkeit gesell-

[12] Kommissionsbericht bei *Holtzmann/Neuhaus* (oben FN 8), 148f.
[13] RegE, BT-Drucks. 13/5274, 34.

schaftsrechtlicher Streitigkeiten. Gerade aus dem Bereich des Gesellschaftsrecht spricht die Begründung eine Vielzahl von Problemen an.

Der Referentenentwurf erklärt zunächst, daß man sich bei der Frage der Schiedsfähigkeit nicht am UNCITRAL-Modellgesetz orientieren konnte. Er weist darauf hin, daß das Modellgesetz Art. 1 Abs. 5 als Einschränkung seines sachlichen Anwendungsbereiches verstehe, sich Einschränkungen also nur aus anderen Gesetzen als dem das Modellgesetz rezipierenden Gesetz selbst ergeben könnten. Da im Gegensatz dazu der sachliche Anwendungsbereichs des neuen ZPO-Schiedsverfahrensrechts unbeschränkt sein soll, sei eine ausdrückliche über § 1030 Abs. 3 ZPO hinausgehende Regelung aber erforderlich[14].

Danach wendet sich die Reformkommission explizit von der Anknüpfung an die Vergleichsbefugnis ab: „Das geltende Recht knüpft die objektive Schiedsfähigkeit in § 1025 Abs. 1 ZPO an das Kriterium der Vergleichsfähigkeit. Hieran sollte nach Ansicht der Kommission nicht festgehalten werden. Das Junktim zwischen Schiedsfähigkeit und Vergleichsfähigkeit erscheint verfehlt. Sieht man die Schiedsgerichtsbarkeit als eine der staatlichen Gerichtsbarkeit im Prinzip gleichwertige Rechtsschutzmöglichkeit, liegt es nahe, sie nur insoweit auszuschließen, als der Staat sich im Interesse besonders schutzwürdiger Rechtsgüter ein Entscheidungsmonopol vorbehalten hat. Darauf stellt neuerdings auch der BGH ab und läßt somit erkennen, daß er das Kriterium der Vergleichsfähigkeit als nicht mehr tragfähig ansieht (vgl. BGH, NJW 1991, S. 2215). Der Gesichtspunkt des Entscheidungsmonopols der staatlichen Gerichte ist allerdings für eine Verankerung im Gesetz zu vage. Das Gesetz braucht ein klares Abgrenzungskriterium. Da man davon ausgehen kann, daß ein Interesse an ausschließlich staatlicher Rechtsprechung nach wie vor für Statusklagen besteht, generell dagegen nicht für vermögensrechtliche Ansprüche, liegt es nach Ansicht der Kommission nahe, die Schiedsfähigkeit nach dem Vorbild des Art. 177 Abs. 1 schweiz. IPRG prinzipiell für alle vermögensrechtlichen Ansprüche vorzusehen. In Absatz 1 wird daher vorgeschlagen, daß im künftigen Recht Gegenstand einer Schiedsvereinbarung jeder vermögensrechtliche Anspruch sein kann (Satz 1). Ein Umkehrschluß für nichtvermögensrechtliche Ansprüche kann hieraus allerdings - wie Satz 2 deutlich macht - nicht gezogen werden. Soweit auch bei nichtvermögensrechtlichen Streitigkeiten kein Interesse an einem Entscheidungsmonopol der staatlichen Gerichte besteht...bleiben solche Streitigkeiten nach wie vor schiedsfähig...Im einzelnen kann die Frage der Schiedsfähigkeit nichtvermögensrechtlicher Streitigkeiten wegen ihrer geringen praktischen Bedeutung der Rechtsprechung überlassen bleiben“[15].

Der Regierungsentwurf nimmt lediglich bei nichtvermögensrechtlichen Ansprüchen eine Änderung vor: „Da man davon ausgehen kann, daß ein Interesse an ausschließlich staatlicher Rechtsprechung nach wie vor zwar für einen Großteil nichtvermögensrechtlicher Ansprüche, generell dagegen nicht für vermögensrechtliche Ansprüche besteht, liegt es nahe, die Schiedsfähigkeit nach dem Vorbild des Art. 177 Abs. 1 schweiz. IPRG und entsprechend dem Vorschlag der Kommission zur Neuordnung des Schiedsverfahrensrechts prinzipiell für alle vermögensrechtlichen Ansprüche vorzusehen und

[14] RefE, 90; ebenso RegE, BT-Drucks. 13/5274, 34 und Rechtsausschuß, BT-Drucks. 13/9124, 146.
[15] RefE, 91.

das Kriterium der Vergleichsfähigkeit nur noch zur Abgrenzung der schiedsfähigen von den nichtschiedsfähigen nichtvermögensrechtlichen Streitigkeiten zu verwenden... Nach Absatz 1 Satz 2 sollen nichtvermögensrechtliche Ansprüche insoweit schiedsfähig sein, als die Parteien berechtigt sind, über den Streitgegenstand einen Vergleich zu schließen. Dieses dem geltenden Recht entnommene Kriterium erscheint für nichtvermögensrechtliche Ansprüche aussagekräftiger als die von der Kommission vorgeschlagene Regelung, wonach eine Schiedsvereinbarung über nichtvermögensrechtliche Ansprüche nicht ausgeschlossen sein sollte“[16].

Schlosser erläutert noch einige weitere Gründe, warum die Reformkommission von der grundsätzlichen Anknüpfung an die Verfügungsbefugnis Abstand nehmen wollte. So sei das Privatrecht heute weltweit durch Vorschriften des öffentlichen Wirtschaftsrechts überlagert, weshalb man bei Vertragsschluß häufig nur schwer übersehen könne, welche Rechte frei verfügbar seien. Das verkompliziere sich noch, wenn auf die Hauptsache ein anderes Recht anzuwenden sei als auf das Schiedsverfahren. Für Schiedsrichter in Europa sei es kaum zu meistern, sich ein Urteil darüber zu bilden, ob die Parteien nach dem Recht eines außereuropäischen Staates über Rechte verfügen könnten oder nicht[17]. Nach neuem Schiedsverfahrensrecht ist es deshalb entscheidend, vermögensrechtliche und nichtvermögensrechtliche Ansprüche zutreffend voneinander abzugrenzen. Ausführungen dazu, wie der vermögensrechtliche Charakter zu definieren ist, finden sich in der Begründung nicht. Es soll daher zunächst der Begriff des vermögensrechtlichen Anspruchs näher überprüft werden.

C. Die objektive Schiedsfähigkeit und der vermögensrechtliche Anspruch

Die neue Anknüpfung orientiert sich an Art. 177 Abs. 1 des schweizerischen IPRG. Diese Vorschrift ist Teil des 12. Kapitels des IPRG von 1987 über die internationale Schiedsgerichtsbarkeit und daher in der Schweiz nur bei internationalen Schiedsverfahren anwendbar. Nationale Verfahren richten sich weiterhin nach dem Schweizerischen Konkordat über die Schiedsgerichtsbarkeit von 1969. Die mittlerweile über zehnjährigen schweizerischen Erfahrungen mit der Vorschrift des IPRG erscheinen für die deutsche Schiedspraxis von großem Interesse und verdienen daher eine nähere Betrachtung.

[16] RegE, BT-Drucks. 13/5274, 35.
[17] *Schlosser* (oben FN 6), RIW 1994, 723, 725.

I. Das Vorbild des Art. 177 Abs. 1 IPRG

Art. 177 Abs. 1 IPRG kam in Deutschland schon früh ins Gespräch, als man nach einer neuen Anknüpfung der Schiedsfähigkeit suchte. Die Vorschrift wird als „rechtspolitisch vorbildlich“ bzw. als „exzellent“ bezeichnet[18]. In der Schweiz habe man damit den „gordischen Knoten durchschlagen“[19].

1. Wortlaut und Begründung der Vorschrift

Nach Art. 177 Abs. 1 IPRG kann Gegenstand eines Schiedsverfahrens jeder vermögensrechtliche Anspruch sein. Für nichtvermögensrechtliche Ansprüche hat der schweizerische Gesetzgeber dagegen keine Regelung getroffen. Die Vorschrift wurde während des Gesetzgebungsverfahrens vom Entwurf der Expertenkommission bis zum definitiven Bundesgesetz nicht geändert[20].

Die Gesetzesmaterialien zu der Vorschrift sind sehr aufschlußreich: „Bei der materiellen Regelung besteht die besondere Schwierigkeit in der präzisen Umschreibung der Rechtsfragen, für welche die Schiedsgerichtsbarkeit zulässig sein soll. Art. 5 des Konkordates[21] erklärt jeden der freien Verfügbarkeit der Parteien unterliegenden Anspruch für arbitrabel, <sofern nicht ein staatliches Gericht nach einer zwingenden Gesetzesbestimmung in der Sache ausschließlich zuständig ist>. Mit den <frei verfügbaren Ansprüchen>, den <zwingenden> Gesetzesbestimmungen und der <ausschließlichen> Zuständigkeit enthält diese Bestimmung drei unbestimmte Rechtsbegriffe und erreicht damit einen Unbestimmtheitsgrad, der die Grenze des im internationalen Schiedsgerichtswesen Zulässigen übersteigt. Auch ist zu beachten, daß Bestimmungen, die im innerstaatlichen Verhältnis zwingend scheinen, es im internationalen Verhältnis nicht auch sein müssen...Nach Art. 170[22] kann <jeder vermögensrechtliche Anspruch> Gegenstand einer Schiedsabrede sein. Mit dieser Formulierung wird eine Anlehnung an die Regelung über die Gerichtsstandsvereinbarung erreicht (Art. 5). Aus Gründen, die dort dargelegt wurden, ist der Begriff des vermögensrechtlichen Anspruchs Umschreibungen, die auf die ausschließliche oder die zwingende staatliche Gerichtsbarkeit abstellen oder mit denen familienrechtliche Statusfragen und dingliche Rechte an Grundstücken vorbehalten werden, vorzuziehen. Die Parallelität scheint auch sachlich gerechtfertigt, ist doch nicht einzusehen, weshalb die Parteien für die Beurteilung eines Rechtsstreits zwar ein bestimmtes staatliches, möglicherweise ausländisches Gericht, nicht aber ein Schiedsgericht wählen können“[23].

---

[18] *Schlosser*, Das Recht der internationalen privaten Schiedsgerichtsbarkeit, RZ 291; *Hanotiau*, Objektive arbitrability, its limits, its problem areas, ASA Special Series Nr. 6 (1994), 26, 31.

[19] *Schlosser* (oben FN 6), RIW 1994, 723, 725.

[20] Näher zur Gesetzgebungsgeschichte IPRG-*Briner*, Art. 177 RZ 1.

[21] Schweizerische Konkordat über die Schiedsgerichtsbarkeit vom 27.3.1969 (Anm. d. Verf.)

[22] Heute Art. 177 IPRG (Anm. d. Verf.)

[23] Botschaft IPRG, 198f; Schlußbericht, 177.

Danach lehnt sich Art. 177 Abs. 1 IPRG an Art. 5 IPRG an, der die Zulässigkeit einer Gerichtsstandsvereinbarung normiert. Auch ein Blick in dessen Begründung erscheint interessant: „Die größte Schwierigkeit bei der Schaffung von Artikel 5 bestand in der genauen Umschreibung der Rechtsverhältnisse, für welche die Prorogation eines Gerichtsstandes zulässig sein soll. Nach eingehender Prüfung der verschiedenen Möglichkeiten (vgl. Schlußbericht, S. 47) erschien die Beschränkung auf die vermögensrechtlichen Ansprüche am sinnvollsten; zumindest können die der Parteidisposition offenstehenden Gegenstände bei weitem am anschaulichsten und auch relativ umfassend umschrieben werden. Als vermögensrechtlich im Sinne von Art. 5 gelten nicht bloß die schuldrechtlichen Ansprüche aus Vertrag, unerlaubter Handlung oder ungerechtfertigter Bereicherung, sondern auch die auf Geldleistung gerichteten Ansprüche des Familien-, Erb- und Sachenrechts“[24].

Der zitierte Schlußbericht gibt zu, daß der Begriff des vermögensrechtlichen Anspruchs „sicher nicht ganz unproblematisch“[25] ist. So wurde er im Verlaufe des Gesetzgebungsverfahrens wiederholt in Frage gestellt. Ein Vorschlag wollte die Prorogation zulassen unter Vorbehalt der ausschließlichen und der zwingenden Gerichtsstände. Dabei dachte er mit den ausschließlichen an das Immobiliarsachenrecht und mit den zwingenden an das Familienrecht. In die gleiche Richtung zielte ein Vorstoß, der die Gerichtsstandsvereinbarung mit Ausnahme der familienrechtlichen Gestaltungsklagen und Klagen über dingliche Rechte an Grundstücken zulassen wollte. Schließlich ist noch in den parlamentarischen Beratungen beantragt worden, den Ausdruck „vermögensrechtlicher Anspruch“ zu ersetzen durch „Ansprüche, über die die Parteien frei verfügen können“[26]. Der schweizerische Gesetzgeber ließ sich aber zum einen deshalb nicht umstimmen, weil er meinte, die angeregten Formulierungen sagten letztlich alle das Gleiche aus. Zum anderen hielt er den Ausdruck „vermögensrechtlicher Anspruch“ für gut geeignet, die der Parteidisposition offenstehenden Streitgegenstände bei weitem am anschaulichsten und auch relativ umfassend zu umschreiben[27]. Die Folgezeit brachte hingegen heftige Diskussionen um seine genaue Definition.

2. Die Diskussion um den Begriff des vermögensrechtlichen Anspruchs

a) Der vermögensrechtliche Anspruch im schweizerischen Recht

Das Kriterium des vermögensrechtlichen Anspruchs stellt keine Neuschöpfung des schweizerischen IPR-Gesetzgebers dar, sondern ist aus dem Kantonsrecht[28] und dem Bundesrecht bekannt. Seit Inkrafttreten des IPRG sieht sich der schweizerische Jurist nun in nicht weniger als fünf Bestimmungen des IPRG und OG mit dem Begriff des

---

[24] Botschaft IPRG, 38f.
[25] Schlußbericht, 68.
[26] Zur Diskussion um den Begriff ausführlich IPRGKomm-*Volken*, Art. 5 RZ 12f.
[27] Botschaft IPRG, 38f; Schlußbericht, 47f; vgl. dazu IPRGKomm-*Volken*, Art. 5 RZ 12f.
[28] Vgl. z.B. § 11 der Basler ZPO zu Gerichtsstandsvereinbarungen.

vermögensrechtlichen Anspruchs konfrontiert. Neben Art. 5 und 177 IPRG knüpft auch Art. 16 Abs. 1 IPRG an ihn an. Danach ist das anzuwendende ausländische Recht im Grundsatz von Amts wegen festzustellen, bei vermögensrechtlichen Ansprüchen kann jedoch der Nachweis des Rechts den Parteien auferlegt werden. Und im OG sieht Art. 43a Abs. 2 neben Art. 44 vor, daß mit der Berufung zum BG bei nichtvermögensrechtlichen Zivilstreitigkeiten auch geltend gemacht werden kann, der angefochtene Entscheid wende das ausländische Recht nicht richtig an. Dabei unterscheiden sich die französische und die italienische Fassung in IPRG und OG. Während Art. 43a Abs. 2 und Art 44 OG die Begriffe „non pécuniaire“ bzw. „non pecuniario“ verwenden, heißt es dagegen im IPRG „en matière patrimoniale“ bzw. „in materia di pretese patrimoniali“. Es deutet aber nichts darauf hin, daß der Gesetzgeber damit materiell unterschiedliche Beurteilungen angestrebt hat. Vielmehr erscheinen die im OG verwandten Begriffe lediglich etwas präziser als jene des IPRG.

Gerichtliche Auslegungshilfen gab es zunächst nur zu den Berufungsstreitigkeiten der Art. 42 ff OG. In ihrem Rahmen definiert das BG in ständiger Rechtsprechung eine vermögensrechtliche Streitigkeit als Streitigkeit über Rechte, die ihrer Natur nach in Geld geschätzt werden können. Es müsse sich um Rechte handeln, die entweder zum Vermögen einer Person gehörten oder mit einem vermögensrechtlichen Rechtsverhältnis eng verbunden seien. Daß die genaue Berechnung des Streitwertes nicht möglich oder dessen Schätzung schwierig sei, genüge nicht, um eine Streitsache als eine solche nichtvermögensrechtlicher Natur erscheinen zu lassen. Maßgebend sei, ob mit der Klage letztlich ein wirtschaftlicher Zweck verfolgt werde. Bei Fällen, die sowohl vermögensrechtliche als auch nichtvermögensrechtliche Aspekte aufwiesen, sei darauf abzustellen, ob das geldwerte oder das ideelle Interesse des Klägers überwiege[29].

Das Schrifttum knüpft bei der Auslegung der Art. 5 und 177 IPRG an diese Rechtsprechung an. So sei vermögensrechtlich jeder Anspruch, der sich als geldwerter Aktiv- oder Passivposten im Vermögen des Berechtigten auswirke. Es handele sich um Ansprüche, die für mindestens eine der Parteien ein in Geld bestimmbares Interesse darstellten, welches direkter oder auch nur indirekter Art sein könne. Es handele sich eher um ein wirtschaftliches Kriterium, weniger um ein juristisches, denn maßgebend sei, ob wirtschaftliche Ziele im Vordergrund stünden. Dabei müsse man den Begriff entsprechend der Zielsetzung des IPRG weit auszulegen[30]. Für nicht vermögensrechtlich halten die Gerichte heute Streitigkeiten, die vor allem Persönlichkeitsrechte betreffen, insbesondere solche im Zusammenhang mit der Mitgliedschaft in nichtwirtschaftlichen Vereinen[31].

---

[29] BG, 2.12.1905, BGE 31 II 676, 677; 30.9.1930, BGE 56 II 296, 297; 27.2.1940, BGE 66 II 43, 46; 6.4.1954, BGE 80 II 71, 75; 5.6.1956, BGE 82 II 292, 296; 3.2.1982, BGE 108 II 77, 78; 9.3.1986, BGE 112 II 1, 3; 1.5.1986, BGE 112 II 191, 192.

[30] IPRG-*Briner*, Art. 177 RZ 10; IPRGKomm-*Vischer*, Art. 177 RZ 3; *Dutoit*, Commentaire de la loi fédérale du 18 décembre 1987, Art. 177 RZ 2; *Rüede/Hadenfeldt*, Schweizerisches Schiedsgerichtsrecht, 55; *Bucher*, Die neue internationale Schiedsgerichtsbarkeit in der Schweiz, RZ 90f; *Lalive/Poudret/Reymond*, Le droit de l'arbitrage interne et international en Suisse, Art. 177 RZ 2.

[31] BG, 10.11.1964, BGE 90 II 333; 9.3.1986, BGE 112 II 1, 3; 1.5.1986, BGE 112 II 191, 192.

Dazu kommen Klagen wegen Verletzung der persönlichen Ehre oder des Namensrechts[32] sowie die Geltendmachung verschiedener Urheberpersönlichkeitsrechte[33].

b) Der vermögensrechtliche Anspruch in Art. 5 und Art. 177 IPRG

Es ist in der Schweiz nicht ohne Widerspruch geblieben, die Entscheidungen zum OG auf das IPRG zu übertragen. Daß es problematisch ist, den Begriff sowohl nach OG als auch nach IPRG gleich zu definieren, liegt auf der Hand. Auf diese Weise nähme man z.B. nicht auf Geldleistung gerichtete Klagen aus dem Bereich der Persönlichkeitsrechte, Klagen betreffend Mitgliedschaftsrechte an einer Körperschaft mit ideeller Zielsetzung und Klagen aus Urheberrecht, soweit der Persönlichkeitsschutz im Vordergrund steht, von schiedsgerichtlicher Beurteilung aus[34]. Denn einerseits enthält das IPRG keine Regelung der Schiedsfähigkeit nichtvermögensrechtlicher Ansprüche. Und andererseits sind diese Streitigkeiten ohne Zweifel frei verfügbar i.S.d. Konkordats. Man käme so keinesfalls zu einer „wesentlichen Ausdehnung“[35] der schiedsfähigen Streitigkeiten, im Gegenteil bedeutete das IPRG einen Rückschritt gegenüber dem Konkordat[36].

Zur Lösung dieses Konflikts hat die schweizerische Literatur drei Ansätze erarbeitet. Zunächst entwickelte sich die Auffassung, daß der Begriff des vermögensrechtlichen Anspruch in Art. 5 und 177 Abs. 1 IPRG gänzlich anders zu definieren sei als im OG. Der Begriff orientiere sich nicht an der Rechtsprechung des BG zu Berufungsstreitigkeiten. Vielmehr habe der Gesetzgeber mit ihm nur die Streitgegenstände umschreiben wollen, über die die Parteien frei verfügen könnten. Unter dem Begriff des vermögensrechtlichen Anspruchs habe man also einen Streitgegenstand zu verstehen, der nach schweizerischer Auffassung frei verfügbar sei[37]. Die Gegenauffassung scheint das Er-

[32] BG, 8.7.1976, BGE 102 II 161; 23.9.1976, BGE 102 II 305, 307; 2.10.1984, BGE 110 II 411, 413.

[33] BG, 18.11.1958, BGE 84 II 570, 573.

[34] So das BG zu Art. 44 OG für Klagen betreffend die Mitgliedschaft in einer Genossenschaft: BG, 2.12.1905, BGE 31 II 676, 677; 23.5.1913, BGE 39 II 411, 414; 29.5.1914, BGE 40 II 374, 377; 30.9.1930, BGE 56 II 296, 297; 27.2.1940, BGE 66 II 43, 46; 6.4.1954, BGE 80 II 71, 75; 5.6.1956, BGE 82 II 292, 296; ebenso für Klagen innerhalb eines Vereins: BG, 25.3.1982, BGE 108 II 6, 9; 3.2.1982, BGE 108 II 77, 79; Nachweise für andere Streitigkeiten bei *Meier*, „Vermögensrechtliche Ansprüche“ - ein Schlüsselbegriff des Bundesgesetzes über das Internationale Privatrecht (IPRG) ?, MittIzivVerf 1988, 5, 8.

[35] So aber *Bucher* (oben FN 30), RZ 93; *Riemer*, Anfechtungs- und Nichtigkeitsklage im schweizerischen Gesellschaftsrecht, FS Walder, 371, 383; *Hanotiau* (oben FN 18), ASA Special Series Nr. 6 (1994), 26, 36.

[36] Erkannt etwa von *Lalive/Poudret/Reymond* (oben FN 30), Art. 177 RZ 6; *Meier* (oben FN 34), MittIzivVerf 1988, 5, 11; *Habscheid*, Das neue schweizerische Recht der internationalen Schiedsgerichtsbarkeit nach dem Bundesgesetz über das Internationale Privatrecht, RIW 1988, 766, 768; *Walter*, Die internationale Schiedsgerichtsbarkeit in der Schweiz - Offene Fragen zu Kap. 12 des IPR-Gesetzes, ZBJV 126 (1990), 161, 166; *Wenger*, Das Kapitel 12 IPRG: Erfahrungen der ersten drei Jahre, Bulletin ASA 1992, 5, 20.

[37] *Rüede/Hadenfeldt* (oben FN 30), 55; *Meier* (oben FN 34), MittIzivVerf 1988, 5, 13; *Habscheid* (oben FN 36), RIW 1988, 766, 768; *ders.*, Internationale Schiedsgerichtsbarkeit in der Schweiz und in

gebnis, daß nichtvermögensrechtliche Ansprüche möglicherweise unter dem Konkordat, nicht aber unter dem IPRG schiedsfähig sind, so hinzunehmen. Jedenfalls unternimmt sie keinen Versuch, nichtvermögensrechtliche Ansprüche eventuell doch in den Kreis schiedsfähiger Streitigkeiten einzubeziehen[38]. Und schließlich wird vertreten, den Begriff zwar grundsätzlich nach dem Vorbild des Art. 44 OG auszulegen. Damit sei aber über die Schiedsfähigkeit nichtvermögensrechtlicher Ansprüche noch nichts gesagt. Diese seien vielmehr schiedsfähig, wenn sie in Anlehnung an Art. 5 SchwK der freien Disposition der Parteien unterlägen[39].

In einer ersten Entscheidung zu Art. 177 Abs. 1 IPRG äußerte sich das BG zunächst zum Begriff des vermögensrechtlichen Anspruchs allgemein, indem es definierte: „In den Anwendungsbereich der Vorschrift fallen alle Ansprüche, die für die Parteien als Aktiv- oder Passivposten einen Geldwert haben, anders ausgedrückt alle Rechte, die wenigstens für eine Partei ein Interesse betreffen, das in Geld eingeschätzt werden kann"[40]. Im Anschluß verwarf das Gericht ausdrücklich die Anknüpfung an die freie Parteidisposition über den Streitgegenstand im Sinne der oben erstgenannten Meinung: „Art. 177 Abs. 1 IPRG unterwirft die Schiedsfähigkeit einer Sache nicht der Verfügbarkeit der streitigen Rechte, so daß es fehlerhaft ist, den vermögensrechtlichen Charakter im Sinne der Vorschrift an die freie Verfügbarkeit anzugleichen...Es handelt sich hier um zwei verschiedene Kriterien"[41].

Damit hat das Gericht allerdings die Frage nicht beantwortet, wie die Schiedsfähigkeit nichtvermögensrechtlicher Ansprüche zu beurteilen ist. Es bleibt abzuwarten, ob die Judikatur diese Ansprüche tatsächlich von schiedsgerichtlicher Erledigung ausschließt oder aber einer Verfügbarkeitsprüfung unterzieht.

3. Einzelfragen zu Art. 177 Abs. 1 IPRG

Mit der Schiedsfähigkeit nichtvermögensrechtlicher Ansprüche ist die Problematik des Art. 177 Abs. 1 IPRG bei weitem nicht erschöpft. So werden noch eine ganze Reihe weiterer Fragen erörtert, die die Vorschrift aufwirft[42]. Aus der Sicht des Gesellschaftsrecht interessiert besonders, wie sich Art.177 IPRG zu ausschließlichen Gerichtsstandsbestimmungen verhält. Diese Frage soll einstweilen zurückgestellt werden, da sie speziell im Bereich der Schiedsfähigkeit gesellschaftsrechtlicher Streitigkeiten

---

Deutschland, FS Hanisch, 109, 115; *Wenger* (oben FN 36), Bulletin ASA 1992, 5, 20f. So auch *Guldener*, Schweizerisches Zivilprozeßrecht, 93 für die Gerichtsstandsvereinbarung.

[38] IPRGKomm-*Vischer*, Art. 177 RZ 4; IPRG-*Briner*, Art. 177 RZ 11; *Dutoit* (oben FN 30), Art. 177 RZ 3; *Bucher* (oben FN 30), RZ 93; *Lalive/Poudret/Reymond* (oben FN 30), Art. 177 RZ 6.

[39] *Walter/Bosch/Brönnimann*, Internationale Schiedsgerichtsbarkeit in der Schweiz, 57; *Reiser*, Gerichtsstandsvereinbarungen nach dem IPR-Gesetz, 97; *Walter* (oben FN 36), ZBJV 126 (1990), 161, 166.

[40] BG, 23.6.1992, BGE 118 II 353, 356.

[41] BG, 23.6.1992, BGE 118 II 353, 356.

[42] Beispielsweise wird erörtert, ob im Rahmen internationaler Verfahren der „ordre public international" bereits der Schiedsfähigkeit entgegensteht, etwa bei Verbraucherschutzsachen und im Familienrecht. Ausführlich dazu IPRG-*Briner*, Art. 177 RZ 15ff; IPRGKomm-*Vischer*, Art. 177 RZ 10ff.

relevant wird. Zusammenfassend läßt sich aber schon jetzt sagen, daß die schweizerische Anknüpfung der Schiedsfähigkeit an den vermögensrechtlichen Anspruch keineswegs ohne Zweifel geblieben ist.

II. Der vermögensrechtliche Anspruch im deutschen Recht

Die Anknüpfung an das Vermögensrecht stellt eine dem deutschen Recht ebenfalls bekannte Größe dar. Die Verbindung von Schiedsfähigkeit und vermögensrechtlichem Anspruch war dem Schiedsverfahrensrecht bisher zwar fremd, der Begriff ist aber auf anderen Gebieten durchaus gebräuchlich und, wie in der Schweiz, durch die Gerichte gefestigt. So entschied das Kriterium des Vermögensrechts über einen langen Zeitraum über die sachliche Zuständigkeit von Amts- und Landgericht[43]. Erst das Gesetz zur Entlastung der Rechtspflege vom 11.1.1993 beseitigte diese Unterscheidung[44]. Der vermögensrechtliche Anspruch hat aber in verschiedenen anderen Bereichen seine Bedeutung behalten. Im Rahmen der örtlichen Zuständigkeit knüpfen die besonderen Gerichtsstände der §§ 20, 23 ZPO an ihn an. Zudem ist er - ähnlich wie in der Schweiz - auch im deutschen Recht Voraussetzung einer wirksamen Prorogation nach § 40 Abs. 2 S. 1 ZPO. Man findet ihn schließlich verstreut in anderen Vorschriften der ZPO, die unterschiedliche Regelungsbereiche betreffen, so etwa in § 287 Abs. 2 bei der Frage der Schadensermittlung, in § 512a bei der Berufung, in § 546 bei der Revision sowie in § 708 Nr. 10, 11 bei der vorläufigen Vollstreckbarkeit ohne Sicherheitsleistung. Außerhalb der ZPO ist er in § 89 Abs. 1 S. 1 BRAGO von Bedeutung für die Frage der Gebühren in Strafsachen.

Das neue Recht definiert den vermögensrechtlichen Anspruch selbst nicht, und auch die Begründung stellt ihm lediglich einige nichtvermögensrechtliche Streitigkeiten beispielhaft gegenüber, so etwa familienrechtliche Statusklagen, den Anspruch auf Gegendarstellung nach dem Presserecht und den Ausschluß aus einem Verein[45]. Es liegt daher nahe, auf Rechtsprechung[46] und Schrifttum[47] zu den oben genannten Vorschriften zurückzugreifen, die sich wie folgt zusammenfassen läßt: Unter vermögensrechtlichen Ansprüchen sind zunächst alle Ansprüche zu verstehen, die auf einem vermögensrechtlichen Rechtsverhältnis beruhen, d.h. auf einem auf Geld oder Geldeswert gerichteten Rechtsverhältnis. Maßgeblich ist hier die Natur des zugrundeliegenden Rechtsverhältnisses, für das richterlicher Schutz begehrt wird. Erfaßt werden aber auch An-

---

[43] Zum alten Recht Stein/Jonas-*Schumann*, § 1 RZ 41.

[44] Ausführlich Stein/Jonas-*Schumann*, § 1 RZ 42.

[45] RefE, 90f; RegE, BT-Drucks. 13/5274, 35.

[46] RG, 22.6.1916, RGZ 88, 332, 333; 30.8.1924, RGZ 139, 396; 15.3.1934, RGZ 144, 158, 159; 27.2.1954, BGHZ 13, 5, 7f; 22.6.1954, BGHZ 14, 72, 74; 14.7.1961, BGHZ 35, 302, 305; 5.1.1968, VersR 1968, 370, 371; 30.5.1974, NJW 1974, 1470; 16.12.1980, NJW 1981, 2062; 19.5.1982, NJW 1982, 1651; 1.2.1983, NJW 1983, 2573; 25.2.1982, BGHZ 83, 106, 109; 20.12.1983, BGHZ 89, 198, 200.

[47] Stein/Jonas-*Schumann*, § 1 RZ 43; Wieczorek-*Gamp*, § 2 RZ 6; MK-*Lappe*, ZPO, § 1 RZ 10; Zöller-*Gummer*, § 546 RZ 2; Baumbach-*Hartmann*, ZPO, § 1 RZ 11; *Thomas/Putzo*, Einl. IV RZ 1.

sprüche aus einem nichtvermögensrechtlichen Rechtsverhältnis, sofern sie eine vermögenswerte, d.h. eine in Geld oder Geldeswert ausdrückbare Leistung, zum Gegenstand haben. Ursprung und Zweck des zugrundeliegenden Rechtsverhältnisses sind hierbei nicht von Bedeutung, sondern allein, ob der prozessuale Anspruch auf Geld oder geldwerte Gegenstände gerichtet ist. Und schließlich sind vermögensrechtlich auch Ansprüche, die zwar aus einem nichtvermögensrechtlichen Rechtsverhältnis hergeleitet werden, aber wesentlich der Wahrung wirtschaftlicher Belange dienen. Das ist insbesondere der Fall, wenn zwar ideelle Interessen berührt sind, aber die vermögensrechtliche Beeinträchtigung erkennbar im Vordergrund steht.

III. Stellungnahme

Diese Definition ist ausgesprochen weit. Sie erfaßt eine Vielzahl von Disputen aus Rechtsgebieten durchaus heterogener Art. Fraglich ist daher, ob man sie der Schiedsfähigkeit nach neuem Recht ohne weiteres zugrundelegen kann[48]. Nach Klärung einiger in der Literatur aufgeworfener grundsätzlicher Bedenken gegen die neue Anknüpfung soll auch hier zwischen vermögensrechtlichen und nichtvermögensrechtlichen Ansprüchen unterschieden werden.

1. Grundsätzliche Kritik an der Neuregelung

Hat die Neuanknüpfung überwiegend Zuspruch erfahren[49], so ist in neuerer Zeit vereinzelt Kritik lautgeworden. Indem der Gesetzgeber die prinzipielle Anknüpfung an die Vergleichsbefugnis aufgegeben habe, sei nämlich die Legitimationsgrundlage der Schiedsgerichtsbarkeit entfallen. Überall dort, wo der Staat den Schiedsspruch als eine dem Urteil gleichwertige Streitentscheidung ansehe, gebe er damit nur deshalb keine Steuerungsmöglichkeit durch seine Rechtsordnung preis, weil diese Rechtsordnung auch eine vergleichsweise Einigung der Parteien unabhängig davon respektiere, ob sie den staatlichen Wertungen entspreche. Die neue Anknüpfung stütze sich dagegen auf eine genuine, nicht weiter begründete Entscheidungskompetenz des Schiedsgerichts in all den Fällen, in denen sich der Staat das Entscheidungsmonopol nicht durch ausdrückliche gesetzliche Regelung vorbehalten habe[50].

[48] So erste Kommentatoren des neuen Rechts, vgl. Baumbach-*Albers*, ZPO, § 1030 RZ 2; *Thomas/Putzo*, § 1030 RZ 2; *Lachmann*, Handbuch für die Schiedsgerichtspraxis, RZ 99f; *Lionnet*, Handbuch der internationalen und nationalen Schiedsgerichtsbarkeit, 43; *Henn*, Schiedsverfahrensrecht Handbuch, RZ 24; *Raeschke-Kessler/Berger*, Schiedsverfahrensrecht, RZ 160; *Berger*, Das neue Recht der Schiedsgerichtsbarkeit, 24; *ders.*, Das neue deutsche Schiedsverfahrensrecht, DZWiR 1998, 45, 48.
[49] Oben § 13 A.
[50] *Voit*, Privatisierung der Gerichtsbarkeit, JZ 1997, 120, 124; andeutungsweise bereits *Smid*, Schiedsgericht und Rechtserkenntnis, Zur Kritik der Reform des 10. Buches der ZPO, DZWiR 1995, 397, 399.

Die Schiedsgerichtsbarkeit stelle damit keine Möglichkeit mehr da, einen Streit so beizulegen, wie die Parteien ihn einvernehmlich hätten beilegen können. Vielmehr werde dem Schiedsgericht eine weitergehende, aus sich selbst heraus begründete und von der Vergleichsbefugnis losgelöste Entscheidungskompetenz eingeräumt. Mit Trennung der Schiedsgerichtsbarkeit von der Vergleichsbefugnis entfielen Privatautonomie und Dispositionsbefugnis der Parteien als Legitimation der Schiedsgerichtsbarkeit. Der Gesetzgeber habe deshalb mit der Neuregelung eine privatisierte Gerichtsbarkeit geschaffen, die weder auf die Privatautonomie der Parteien noch auf die demokratische legitimierte Rechtsordnung zurückgeführt werden könne, und die an die Regeln dieser Rechtsordnung nicht gebunden sei. Damit habe er die Weichen falsch gestellt und die Schiedsgerichtsbarkeit ihrer inneren Rechtfertigung beraubt. Die Sache nach sei daher eine einschränkende Interpretation wünschenswert[51]. Eine andere gewichtige Stimme will aus ganz ähnlichen Motiven den „zu weit formulierten § 1030 ZPO“ in dem Sinne auslegen, daß er noch immer die Verfügungsbefugnis der Parteien über den Streitgegenstand fordere[52].

Diese Kritik erinnert an die Diskussion um Begriff und Funktion der Schiedsfähigkeit. Sie übersieht zum einen, daß die Vergleichsbefugnis nicht als solche die Schiedsgerichtsbarkeit legitimiert. Das haben bereits die Untersuchungen zur Theorie der materiellrechtlichen Vergleichsbefugnis im Rahmen des § 1025 ZPO a.F. ergeben[53]. Richtig ist deshalb, daß die Schiedsgerichtsbarkeit in jedem Fall auf der Privatautonomie basiert. Der Gesetzgeber kann ihr jedoch durch unterschiedliche Kriterien zur Wirkung verhelfen. Dabei kann er zwischen ganz verschiedenen Maßstäben wie Vergleichs- und Verfügungsbefugnis, vermögensrechtlichem Charakter einer Streitigkeit oder „ordre public“ wählen oder auch ganz auf ein Kriterium verzichten. In diesen Begriffen spiegelt sich die Privatautonomie lediglich wider, sie begründet sie aber nicht. Deshalb erläutert die Begründung des neuen deutschen Rechts zutreffend, daß sie den vermögensrechtlichen Anspruch nur benutzt, um ein mangelndes Interesse an einem staatlichen Rechtsprechungsmonopol zu umschreiben[54]. Die genannten Kriterien definieren also lediglich die Bereiche, in denen den Parteien Dispositionsbefugnis zusteht, legitimieren aber nicht also solche die Schiedsgerichtsbarkeit[55]. Zum anderen ließen sich, legt man diese Auffassung zugrunde, kaum die zahlreichen verschiedenen Kriterien der Schiedsfähigkeit anderer Länder erklären. Auch in der Schweiz bezweifelt ja niemand, daß trotz Einführung des Kriteriums des vermögensrechtlichen Anspruchs Grundlage der Schiedsgerichtsbarkeit jedenfalls die Privatautonomie bleibt[56].

Aus diesem Grunde erscheint es auch nicht ratsam, das Kriterium der Verfügungsbefugnis noch immer in die Vorschrift des § 1030 ZPO hineinzuinterpretieren. Eine solche Interpretation mißachtete nicht nur den klaren Wortlaut der Regelung. Sie unterlie-

---

[51] *Voit* (oben FN 50), JZ 1997, 120, 125; *ders.* in Musielak, § 1030 RZ 1.

[52] *Schwab*, Bemerkungen zur Rechtskraft inter omnes und zur Geltung der Grundrechte im Schiedsverfahren, FS Gaul, 729, 733.

[53] Oben § 3 B. I.

[54] RefE, 90; RegE, BT-Drucks. 13/5274, 34.

[55] Ähnlich *Gottwald/Adolphsen*, Das neue deutsche Schiedsverfahrensrecht, DStR 1998, 1017, 1018.

[56] IPRG-*Blessing*, Einl. 12. Kap. RZ 201; *Walter/Bosch/Brönnimann*, Schiedsgerichtsbarkeit (oben FN 39), 55.

fe, wie im Folgenden näher ausgeführt wird, auch ihren Sinn und Zweck, der Schiedsgerichtsbarkeit ein möglichst weites Feld zu eröffnen. In der Schweiz hat das Bundesgericht, wie oben gesehen, den Unterschied zwischen den beiden Kriterien bereits festgestellt und eine derartige Auslegung richtigerweise abgelehnt.

2. Die objektive Schiedsfähigkeit vermögensrechtlicher Ansprüche

Untersucht man die Herkunft der oben für den vermögensrechtlichen Anspruch erarbeiteten Definition, so ergibt sich, daß sie fast ausschließlich auf dem vermögensrechtlichen Anspruch i.S.d. § 546 ZPO, also den Revisionsstreitigkeiten, basiert. Der Begriff wird jedoch offenbar bei allen Vorschriften gleich verstanden. Insbesondere kann man sich nicht an seiner Interpretation im Rahmen der Gerichtsstandsvereinbarung nach § 40 Abs. 2 S.1 ZPO orientieren, die der Schiedsfähigkeit noch am nächsten käme. An entsprechender Stelle finden sich entweder Verweise auf die Kommentierung zu § 1 ZPO und damit auf allgemeingültige Aussagen über den vermögensrechtlichen Anspruch unabhängig vom in Frage stehenden Rechtsgebiet[57] oder auf die Kommentierung des § 546 ZPO im Revisionsrecht[58]. Eine andere Stimme führt aus, daß es sich bei den von § 40 Abs. 2 S. 1 ZPO erfaßten Ansprüchen um verzichtbare und damit meist um vermögensrechtliche Ansprüche handele[59]. Damit stellt sich die Situation in Deutschland ähnlich dar wie in der Schweiz vor Erlaß des neuen IPRG. Auch dort war der Begriff des vermögensrechtlichen Anspruchs aus dem nationalen Prozeßrecht bekannt, und die dazu ergangenen Entscheidungen basierten ebenfalls auf einer Vorschrift aus dem Gebiet der Rechtsmittel. Man übernahm diese dann für die Gerichtsstandsvereinbarung nach Art. 5 IPRG und die objektive Schiedsfähigkeit nach Art. 177 IPRG. Bei näherer Betrachtung sind zwischen der schweizerischen und der deutschen Auslegung keine bedeutenden Unterschiede festzustellen.

Eine bedenkenlose Übertragung der oben zusammengefaßten Aussagen auf den vermögensrechtlichen Anspruch i.S.d. § 1030 ZPO erscheint fraglich, wenn man Sinn und Zweck der Anknüpfung an den vermögensrechtlichen Anspruch in seinen einzelnen Verwendungen nachprüft. § 546 ZPO macht von ihm Gebrauch, um die Möglichkeit der Revision einzugrenzen. Betrifft die Rechtsstreitigkeit einen vermögensrechtlichen Anspruch, dessen Streitwert unter 60000 DM bleibt, oder einen nichtvermögensrechtlichen Anspruch, so muß das Oberlandesgericht die Revision im Urteil zulassen. Die Vorschrift wurde eingeführt, um die Revisionsgerichte zu entlasten[60]. Die Anknüpfung an den vermögensrechtlichen Anspruch dient hier demnach als Kriterium der Revisionswürdigkeit. Diese Unterscheidung ist schon in sich fragwürdig, da es wenig einsichtig erscheint, warum etwa die Persönlichkeit nicht soviel wert sein soll wie Vermö-

---

[57] Stein/Jonas-*Bork*, § 40 RZ 2; Wieczorek-*Hausmann*, § 40 RZ 4; MK-*Patzina*, ZPO, § 40 RZ 6; Baumbach-*Hartmann*, ZPO, § 40 RZ 4.

[58] Zöller-*Vollkommer*, § 40 RZ 5.

[59] Soergel-*Kronke*, Anh. IV Art. 38 RZ 36.

[60] Stein/Jonas-*Grunsky*, § 546 RZ 1; Wieczorek-*Rössler*, § 546 A. Das Gesetz vom 17.12.1990 setzte die Summe von 40000 auf 60000 DM herauf.

gensrechte. Manche Autoren halten sie daher zu Recht für rechtspolitisch nur schwer vertretbar[61]. Der BGH begegnet ihr durch eine weite Auslegung des Begriffs der vermögensrechtlichen Streitigkeit[62]. Ein Blick ins schweizerische Recht deckt interessanterweise eine gänzlich andere Sichtweise auf. Art. 44 OG läßt die Berufung ans BG in nichtvermögensrechtlichen Ansprüchen gerade uneingeschränkt zu, macht hingegen vermögensrechtliche vom Erreichen eines Streitwertes abhängig. Das Schrifttum erklärt dies damit, daß es ohne Zweifel angebracht sei, Klagen mit ideeller, nicht wirtschaftlicher Zielsetzung im allgemeinen als bedeutsamer einzustufen als solche mit wirtschaftlicher Zielsetzung und geringem Streitwert[63]. Darin drückt sich eine auf rechtspolitischen Gründen basierende völlig unterschiedliche Wertung von Vermögens- und Nichtvermögensrecht aus.

Die Anknüpfung an den vermögensrechtlichen Anspruch im Rahmen des § 40 Abs. 2 S. 1 ZPO soll den Kreis der zulässigen Gerichtsstandsvereinbarungen eingrenzen. Die §§ 40 Abs. 1 und Abs. 2 S. 1 ZPO enthalten allgemeine Schranken der Prorogation. Auch wenn die Voraussetzungen des § 38 ZPO erfüllt sind, soll man in nichtvermögensrechtlichen Streitigkeiten keine Prorogation treffen können. Dabei hatte der Gesetzgeber primär Ehe-, Kindschafts- und sonstige Familiensachen im Auge: Die im Sechsten Buch der ZPO, aber auch die in weiten Bereichen der Freiwilligen Gerichtsbarkeit normierten Gerichtsstände sollten mit Rücksicht auf die hier dominierenden öffentlichen Interessen der Parteidisposition entzogen sein[64]. Dem entspricht das Ziel der Anknüpfung an den vermögensrechtlichen Anspruch bei § 1030 ZPO. Er soll konkretisieren, wann der Staat sich im Interesse besonders schutzwürdiger Rechtsgüter ein Entscheidungsmonopol vorbehalten hat, wann also ein Interesse an ausschließlich staatlicher Rechtsprechung besteht[65]. In beiden Fällen steht somit der Ausschluß der Parteidisposition über die gesetzliche Zuständigkeitsordnung im Vordergrund.

Vergleicht man die Zwecke, die die Anknüpfung bei § 546 ZPO und im Recht der Gerichtsstands- und Schiedsvereinbarung verfolgen, so erscheint zweifelhaft, ob die zu § 546 ZPO erarbeitete Definition uneingeschränkt anwendbar ist. Es bleibt deshalb zu überlegen, ob dem Begriff des vermögensrechtlichen Anspruchs im Rahmen des § 1030 ZPO tatsächlich jene weite Auslegung zukommen darf, die er im Rahmen des § 546 ZPO erfahren hat. Zur Klärung dieser Frage ist der Begriff zunächst im Zusammenhang der Gesamtregelung des neuen Rechts zu betrachten. Das Ziel der Reform bestand darin, die Bundesrepublik Deutschland als Austragungsort internationaler Schiedsstreitigkeiten aufzuwerten. Dabei war man sich bewußt, daß die Qualität des dort geltenden Schiedsverfahrensrechts von ausschlaggebender Bedeutung ist[66]. Erarbeitet wurde eine sehr liberale Regelung mit nur wenigen zwingenden Regelungen. Auch die Schiedsfähigkeit ist wesentliches Kriterium der Attraktivität eines Schiedsverfahrensrechts, weshalb ein liberales Schiedsverfahrensrecht sie möglichst großzügig regeln muß. Diesem

---

[61] Wieczorek-*Rössler*, § 546 A I d; Zöller-*Gummer*, § 546 RZ 6.

[62] Nachweise bei Wieczorek-*Rössler*, § 546 A I d.

[63] *Meier* (oben FN 34), MittlzivVerf 1988, 5, 9.

[64] Wieczorek-*Hausmann*, § 40 RZ 4.

[65] RefE, 91; RegE, BT-Drucks. 13/5274, 34.

[66] RefE, 3; RegE, BT-Drucks. 13/5274, 22.

Zweck tragen sowohl die Anknüpfung an den vermögensrechtlichen Anspruch als auch eine weite Definition unzweifelhaft Rechnung.

Außerdem ist zu berücksichtigen, daß das neue Recht eine einheitliche Regelung für nationale und internationale Schiedsverfahren enthält. Darin besteht ein wichtiger Unterschied zum schweizerischen IPRG, das die Anknüpfung an den vermögensrechtlichen Anspruch nur für die internationale Schiedsgerichtsbarkeit eingeführt hat. Für nationale Verfahren bleibt es hingegen beim Kriterium der Verfügbarkeit des Rechtsverhältnisses. Maßgebend für die deutsche Reformkommission war - neben zahlreichen Nachteilen einer Sonderregelung für internationale Verfahren - die Erkenntnis, daß sich die für internationale Schiedsverfahren gebotenen Regelungen durchweg in gleicher Weise auch für nationale eigneten. Die wenigen Fälle, in denen unterschiedliche Regelungen für nationale und internationale Verfahren diskutabel erschienen, hätten es nach Ansicht der Reformkommission nicht gerechtfertigt, ein entsprechendes Sonderkapitel vorzusehen[67]. Dies ist auch bei der Frage der Schiedsfähigkeit zu berücksichtigen: Der vermögensrechtliche Anspruch dient als Kriterium sowohl in nationalen als auch in internationalen Schiedsverfahren.

Den internationalen Rechtsanwender stellt die Anknüpfung an Vergleichs- oder Verfügungsbefugnis vor erhebliche Probleme. So finden sich etwa im Bereich des internationalen Wirtschaftsrechts in großem Ausmaß zwingendes Recht bzw. die sog. Eingriffsnormen, die die Verfügbarkeit eines Streitgegenstandes u.U. zweifelhaft erscheinen lassen können. Solche Normen des nationalen Rechts zu ermitteln, ist dem „internationalen Anwender" nicht zuzumuten, so daß eine derartige Regelung im internationalen Rechtsverkehr kaum praktikabel erscheint. Der schweizerische Gesetzgeber hat dies sogar ausdrücklich klargestellt, indem er seine für nationale Verfahren geltende Regelung des Art. 5 SchwK in internationalen Verfahren für untauglich erklärt hat[68].

Diesen Nachteil vermeidet die Anknüpfung an den vermögensrechtlichen Anspruch. Der Begriff stellt für die weit überwiegende Zahl der Fälle die einfachere und klarere Lösung dar. Ob ein Streitgegenstand grundsätzlich dem Bereich des Vermögensrechts zuzuordnen ist, kann nicht nur der Berater einer argentinischen Partei, der die Vereinbarung einer Schiedsklausel mit Schiedsort Deutschland erwägt, leicht ermitteln. Auch der deutsche Schiedsrichter, der über die Zulässigkeit einer Schiedsklage aus einem New Yorker Recht unterliegenden Rechtsverhältnis entscheiden muß, wird sich hier nicht besonders schwertun. Häufig vermag er sich dabei schon an seiner eigenen Rechtsordnung zu orientieren, da die Maßstäbe - wie etwa für Deutschland und die Schweiz gesehen - nicht stark abweichen. Kommt dem Streitgegenstand nicht schon als solchem vermögensrechtlicher Charakter zu, so ist aus dem Begehren des Klägers ersichtlich, ob es sich auf Geld oder eine geldwerte Leistung richtet und deshalb ein vermögensrechtlicher Anspruch vorliegt.

Schließlich wird man mit dem vermögensrechtlichen Anspruch die meisten Bereiche erfassen, die bisher einer Disposition der Parteien zugänglich waren. Schon nach altem Recht haben verschiedene Kommentatoren bei der Frage, was objektiv verfügbar ist, auf den Bereich des Vermögensrechts verwiesen. So formulieren manche, daß es sich

[67] RefE, 11f; ebenso RegE, BT-Drucks. 13/5274, 25.

[68] Botschaft IPRG, 199.

bei objektiv vergleichsfähigen Streitgegenständen um vermögensrechtliche und nichtvermögensrechtliche handeln könne[69]. Andere vertreten umgekehrt, daß die Voraussetzung der Vergleichsbefugnis insbesondere bei vermögensrechtlichen Ansprüchen gegeben sei[70]. Wieder andere setzen im Rahmen der Gerichtsstandsvereinbarung nach § 40 Abs. 2 S. 1 ZPO verzichtbare und vermögensrechtliche Ansprüche gleich[71]. Vergleicht man schließlich die Bereiche, die unter dem Begriff des vermögensrechtlichen Anspruchs diskutiert werden, mit den Materien, in denen die Vergleichs- bzw. Verfügungsbefugnis problematisiert wird, ist festzustellen, daß sie weitgehend übereinstimmen. So werden speziell bei Streitigkeiten aus dem Bereich des Familienrechts und um den Personalstatus nicht nur die Vergleichs- bzw. Verfügungsfähigkeit, sondern auch der vermögensrechtliche Charakter verneint[72].

Die beiden Anknüpfungen unterscheiden sich jedoch wesentlich darin, daß weite Teile des Unternehmens- und Wirtschaftsrechts, geht man allein von dem neuen Kriterium des Vermögensrechts aus, künftig einfacher schiedsgerichtlicher Erledigung zugänglich sein werden. In den meisten Fällen ergibt sich der vermögensrechtliche Charakter hier schon aus dem zugrundeliegenden geldwerten Rechtsverhältnis zwischen den Parteien. Ist dies nicht der Fall, betrifft die überwiegende Anzahl der Streitigkeiten in Geld bezifferbare Ansprüche. Ein weiterer Unterschied besteht darin, daß Schiedsunfähigkeit künftig nur noch selten aus der begrifflichen Anknüpfung der Schiedsfähigkeit selbst herzuleiten sein wird. In den Vordergrund rückt vielmehr die Vorschrift des § 1030 Abs. 3 ZPO, die ausdrückliche Sonderregelungen verlangt. Es bleibt in Zukunft deshalb weniger den Gerichten als vielmehr dem Gesetzgeber überlassen, die Grenzen schiedsrichterlicher Tätigkeit festzulegen. Dies hat er etwa in § 1822 Nr. 12 BGB, § 133 Nr. 2 KO und § 28 BörsG bereits getan. Auch dieser Schritt dient der Rechtssicherheit und -klarheit und der Anwenderfreundlichkeit.

Insgesamt ist die Neuregelung dem Kriterium der Vergleichs- bzw. Verfügungsbefugnis vorzuziehen, wobei sie dem Erfordernis, das staatliche Rechtsprechungsmonopol näher festzulegen und zu begrenzen, vollends genügt. Bei der Auslegung des Begriffs kann man sich an der zu anderen Vorschriften des Zivilprozeßrechts ergangenen Rechtsprechung und Literatur orientieren, die ebenfalls an den vermögensrechtlichen Anspruch anknüpfen.

69 Wieczorek-*Schütze*, § 1025 RZ 37; *Schütze/Tscherning/Wais*, Handbuch des Schiedsverfahrens, RZ 43.

70 *Sudhoff/Sudhoff*, Der Gesellschaftsvertrag der GmbH, 618; *Schütte*, Die Einsetzung von Schiedsgerichten durch die Satzungen juristischer Personen des Privatrechts, 19; ähnlich *K. Schmidt*, Neues Schiedsverfahrensrecht und Gesellschaftsrechtspraxis, ZHR 162 (1998), 265, 268, der betont, daß vermögensrechtliche, aber nicht schiedsfähige Streitigkeiten schon nach altem Recht nicht anzuerkennen seien.

71 Soergel-*Kronke*, Art. 38 Anh. IV RZ 36.

72 Vgl. nur die Auflistung bei Stein/Jonas-*Schumann*, § 1 RZ 46 mit Stein/Jonas-*Schlosser*, § 1025 RZ 27a, b.

3. Die objektive Schiedsfähigkeit nichtvermögensrechtlicher Ansprüche

Aus Art. 177 Abs. 1 IPRG läßt sich keine ausdrückliche Regelung zur Schiedsfähigkeit nichtvermögensrechtlicher Ansprüche ableiten. Dies hat in der Schweiz zu der bereits erörterten Kontroverse darüber geführt, ob diese Ansprüche künftig nicht mehr schiedsfähig sind, bzw. welches Kriterium für nichtvermögensrechtliche Ansprüche heranzuziehen ist. Das deutsche Recht hat sich ebenfalls zunächst für eine Regelung entschieden, nach der eine Schiedsvereinbarung über nichtvermögensrechtliche Ansprüche „nicht ausgeschlossen" sein sollte[73]. Die Reformkommission wollte damit lediglich einen Umkehrschluß zu Satz 1 vermeiden und die Schiedsfähigkeit nichtvermögensrechtlicher Ansprüche, an denen kein Interesse an einem Entscheidungsmonopol der staatlichen Gerichte besteht, nicht verneinen. Abgesehen von Ehescheidungs- und sonstigen Statusverfahren sollten z.B. die presserechtliche Gegendarstellung und der Ausschluß aus einem Verein auch künftig schiedsgerichtlicher Erledigung zugänglich bleiben. Allgemein wollte die Kommission die Frage der Schiedsfähigkeit nichtvermögensrechtlicher Ansprüche aber „wegen ihrer geringen praktischen Bedeutung der Rechtsprechung überlassen"[74].

An dieser Argumentation erscheint schon zweifelhaft, ob die schiedsgerichtliche Entscheidung nichtvermögensrechtlicher Streitigkeiten tatsächlich von geringer praktischer Bedeutung ist. Wirft man allein einen Blick auf die Vielzahl von Vereins- und Genossenschaftssatzungen, die Schiedsklauseln enthalten, vermag dies nicht ohne weiteres einzuleuchten. Verbandsschiedsgerichte nehmen eine wichtige Rolle im Rahmen statutarischer Schiedsgerichtsbarkeit ein. Eine große Zahl von Streitigkeiten im Rahmen dieser verbandsrechtlichen Beziehungen muß man als nichtvermögensrechtlich qualifizieren, wenn der Verband keine wirtschaftlichen Interessen verfolgt. Dazu gesellen sich jene Dispute aus dem Familien- und dem Statusrecht, die der Gesetzgeber mit der neuen Regelung von schiedsgerichtlicher Beurteilung ausschließen wollte. Man muß zwar zugeben, daß in internationalen Schiedsverfahren regelmäßig vermögensrechtliche Streitigkeiten dominieren. Die neue Anknüpfung stellt jedoch eine einheitliche Regelung für internationale und nationale Verfahren dar, so daß sie auch letzteren Rechnung tragen muß. Die Reformkommission selbst führt hierzu aus, daß der Gesichtspunkt des Rechtsprechungsmonopols zu vage sei und es eines klaren Abgrenzungskriteriums bedürfe[75]. Es erstaunt deshalb, wenn sie die Schiedsfähigkeit nichtvermögensrechtlicher Ansprüche wenig später den Gerichten überantwortet. An diesem Punkt setzte deshalb der Regierungsentwurf an und führte die Anknüpfung an die Vergleichsbefugnis für nichtvermögensrechtliche Ansprüche (wieder) ein.

An der Änderung durch den Regierungsentwurf ist zu begrüßen, daß man sich überhaupt zu einer Regelung hat durchringen können. Anderenfalls sähen sich die Gerichte früher oder später mit den aus der Schweiz bekannten Problemen konfrontiert. Eine ausdrückliche Bestimmung konnte also eine Diskussion um ein Kriterium der Schiedsfähigkeit nichtvermögensrechtlicher Ansprüche vermeiden. Die Anknüpfung an die

---

[73] RefE, 90.
[74] RefE, 91f.
[75] RefE, 91.

Vergleichsbefugnis vermag aber zum einen aus den bereits in § 3 dargelegten Gründen, die gegen eine Gleichstellung von Schiedsvertrag und Vergleich sprechen, nicht zu überzeugen. Zum anderen ist sie in internationalen Verfahren den gerade erörterten Bedenken ausgesetzt. Man muß daher bedauern, daß die Lehre von der objektiven Verfügbarkeit des Rechtsverhältnisses keinen gesetzlichen Niederschlag gefunden hat. Auch sie ist in internationalen Fällen zwar nicht frei von Kritik, da die Verfügbarkeit des streitigen Rechtsverhältnisses für den ausländischen Betrachter ähnlich schwer zu ermitteln bleibt wie die Vergleichsbefugnis. Allerdings ist dies Konsequenz des für nationale und internationale Schiedsverfahren einheitlichen Rechts. Daß unter dem Kriterium möglicherweise die internationale Schiedsgerichtsbarkeit leidet, muß man in Kauf zu nehmen, wenn man eine einheitliche Regelung befürwortet. Im übrigen erscheinen internationale Schiedsverfahren in nichtvermögensrechtlichen Streitigkeiten in der Minderheit.

Die neue Anknüpfung stimmt schließlich mit der oben dargestellten und in der Schweiz zutreffenden Ansicht überein, die bei nichtvermögensrechtlichen Ansprüchen auf die aus Art. 5 SchwK bekannte Regelung der freien Verfügbarkeit zurückgreift. Danach bleibt festzuhalten, daß die von § 1030 Abs. 1 S. 2 ZPO geforderte Vergleichsbefugnis auch künftig nicht wörtlich zu nehmen ist[76]. Vielmehr ist darauf abzustellen, ob der betreffende nichtvermögensrechtliche Anspruch der Disposition der Parteien i.S.d. Theorie der objektiven Verfügbarkeit des Rechtsverhältnisses unterliegt.

IV. Ergebnis

Ein Anspruch ist zum einen als vermögensrechtlich zu qualifizieren und damit schiedsfähig i.S.d. § 1030 Abs. 1 ZPO, wenn ihm ein vermögensrechtliches Rechtsverhältnis zugrundeliegt. Das ist der Fall, wenn das im Streit stehende Rechtsverhältnis seiner Natur nach in Geld oder Geldwert geschätzt werden kann. Außerdem ist der vermögensrechtliche Charakter anzunehmen, wenn der Anspruch eine vermögenswerte Leistung zum Gegenstand hat, er sich also für mindestens eine Partei auf ein in Geld bestimmbares Interesse richtet. Bei Fällen, die sowohl vermögensrechtliche als auch nichtvermögensrechtliche Aspekte aufweisen, bleibt zu prüfen, ob das geldwerte oder das ideelle Interesse überwiegen. Dabei entscheidet, ob die Klage letztlich einen wirtschaftlichen Zweck - direkter oder indirekter Art - verfolgt.

Ist der Anspruch danach nichtvermögensrechtlicher Natur, so muß man unter Zugrundelegung der Theorie der objektiven Verfügbarkeit des Rechtsverhältnisses fragen, ob die Parteien über den Anspruch rechtsgeschäftlich verfügen können oder der Staat sich auf andere Weise ein Rechtsprechungsmonopol für ihn vorbehalten hat.

---

[76] A.A. *Thomas/Putzo*, § 1030 RZ 3; *Schütze*, Schiedsgericht und Schiedsverfahren, RZ 95 und *Henn*, Schiedsverfahrensrecht Handbuch, RZ 23 u. 26, die auch unter dem neuen Recht der Theorie der materiellrechtlichen Vergleichsbefugnis die Treue halten.

§ 14 Die Schiedsfähigkeit gesellschaftsrechtlicher Streitigkeiten nach neuem Recht

Nach neuem Recht stellt sich einerseits im Rahmen der objektiven Schiedsfähigkeit die Frage, ob die erörterten gesellschaftsrechtlichen Streitigkeiten als vermögensrechtliche oder als nichtvermögensrechtliche Ansprüche zu qualifizieren sind. Andererseits bleibt zu untersuchen, ob durch die neue Anknüpfung sonstige Hindernisse, die man herkömmlicherweise der Schiedsfähigkeit im weiteren Sinne entgegengehalten hat, beseitigt wurden.

A. Gesellschaftsrechtliche Streitigkeiten als vermögensrechtliche Ansprüche

Ob gesellschaftsrechtliche Streitigkeiten unter den Begriff des vermögensrechtlichen Anspruchs fallen, wirft einige Fragen auf, die mit den Eigenheiten des jeweils zur Diskussion stehenden Disputs zusammenhängen. Diese Streitigkeiten können daher nicht ohne weiteres als „ausnahmslos schiedsfähig“[1] bezeichnet werden.

I. Der vermögensrechtliche Charakter gesellschaftsrechtlicher Streitigkeiten

Das Kriterium des Vermögensrechts ist, wie bereits dargestellt, eine dem deutschen Recht in verschiedenen Normen bekannte Größe. Es bietet sich daher an, die Beurteilung gesellschaftsrechtlicher Streitigkeiten in diesen Zusammenhängen näher zu betrachten. Daneben verdienen die Erfahrungen der Modellrechtsordnung, d.h. der Schweiz, besondere Aufmerksamkeit.

1. Die deutschen Erfahrungen

In Deutschland finden sich vor allem im Rahmen des Revisionsrechts Stellungnahmen zum vermögensrechtlichen Charakter der untersuchten Streitigkeiten.

Dabei besteht zunächst Einigkeit, daß der Anfechtungsklage gegen Beschlüsse der Gesellschafterversammlung bei GmbH und AG vermögensrechtliche Natur zukommt[2]. Der BGH bejaht dies für den Fall des § 546 ZPO, wenn der Unternehmensgegenstand der AG geschäftlicher Natur ist. Vermögensrechtlich seien nämlich nicht nur Geld-

---

[1] *K. Schmidt*, Neues Schiedsverfahrensrecht und Gesellschaftsrechtspraxis, ZHR 162 (1998), 266, 271.

[2] Zöller-*Vollkommer*, 20. Aufl., § 1 RZ 15; *Thomas/Putzo*, Einl. IV RZ 2.

oder geldwerte Ansprüche, sondern auch solche, die auf vermögensrechtlichen Beziehungen beruhten. Denn alle Satzungs- und Geschäftsordnungsbestimmungen einer AG bezögen sich unmittelbar oder mittelbar auf die Verwaltung und den Einsatz von Vermögenswerten. Wer ihre Wirksamkeit mit einer Klage anzweifele, stelle daher auch dann, wenn für ihn persönlich vielleicht noch andere Beweggründe als die Wahrnehmung eigener Vermögensinteressen im Vordergrund stünden, immer auch ein vermögensrechtliches Verhältnis zur Entscheidung[3]. Manche Autoren gehen hiervon auch im Rahmen der Schiedsfähigkeit aus[4].

Der vermögensrechtliche Charakter gesellschaftsrechtlicher Informationserzwingungsansprüche hat soweit ersichtlich noch keine Beachtung gefunden. Es finden sich aber Stellungnahmen zu einigen familienrechtlichen Auskunftsansprüchen[5]. Dabei haben die Gerichte darauf abgestellt, ob der Anspruch eine vermögenswerte Leistung zum Gegenstand habe bzw. der Wahrung wirtschaftlicher Belange diene, insbesondere der Vorbereitung weiterer vermögensrechtlicher Ansprüche, oder ob er lediglich von persönlichen Motiven geleitet sei, also ideellen Charakter besitze[6].

Ohne nähere Begründung und Differenzierung sprechen manche Autoren auch der Abberufung eines Geschäftsführers vermögensrechtliche Natur zu[7].

Die Diskussion um den vermögensrechtlichen Charakter von Ausschließungsstreitigkeiten hat sich am Ausschluß eines Vereinsmitglieds entzündet. Dabei hat das RG auf die Natur der Vereinigung abgestellt, aus der der Betroffene ausgeschlossen werden sollte.. Es komme darauf an, ob der Zweck der jeweils in Betracht kommenden juristischen Person auf einen wirtschaftlichen Geschäftsbetrieb gerichtet sei oder nicht, und ob demgemäß die Feststellung über die Wirksamkeit einer vorgenommenen Ausschließung auf dem vermögensrechtlichen oder vornehmlich auf dem persönlichen Gebiet liege[8]. Der BGH hält nun hingegen für maßgeblich, in welcher Hinsicht der Auszuschließende durch den Ausschluß in seinen Belangen berührt sei, und ob diese Belange vornehmlich auf vermögens- oder personenrechtlichem Gebiet lägen[9]. In diesem Sinne qualifizieren einige Kommentatoren auch die Ausschlußklage nach § 140 HGB als

---

3 BGH, 25.2.1982, BGHZ 83, 106, 109 (Klage eines Aktionärs gegen einen Hauptversammlungsbeschluß zur Änderung der Satzung betreffend die Zusammensetzung des Aufsichtsrats).

4 *Schlosser*, Anmerkung zu BGH, Urt. v. 29.3.1996, JZ 1996, 1020, 1022; *Timm*, Vergleichs- und Schiedsfähigkeit der Anfechtungsklage im Kapitagesellschaftsrecht, ZIP 1996, 445 446; *Lüke/Blenske*, Die Schiedsfähigkeit von Beschlußmängelstreitigkeiten - Möglichkeiten und Grenzen der Rechtsgestaltung, ZGR 1998, 253, 302.

5 BGH, 19.5.1982, NJW 1982, 1651; AG Passau, 15.7.1987, FamRZ 1987, 1309; Zöller-*Vollkommer*, § 546 RZ 2; Baumbach-*Hartmann*, ZPO, Grdz. § 1 RZ 12.

6 BGH, 19.5.1982, NJW 1982, 1651; AG Passau, 15.7.1987, FamRZ 1987, 1309; zustimmend Stein/Jonas-*Schumann*, § 1 RZ 45.

7 *Thomas/Putzo*, Einl. IV RZ 2.

8 RG, 22.6.1916, RGZ 88, 332, 334f.

9 BGH, 27.2.1954, BGHZ 13, 5, 8f (Ausschluß aus einem Berufsverband in der Rechtsform eines nicht rechtsfähigen Vereins). Konkret bejahte das Gericht den vermögensrechlichen Charakter und stellte dabei maßgeblich auf den durch den Ausschluß bewirkten Verlust von verschiedenen Vermögensvorteilen ab. Ebenso Stein/Jonas-*Schumann*, § 1 RZ 46; Zöller-*Gummer*, § 546 RZ 5; Baumbach-*Hartmann*, ZPO, Grdz. § 1 RZ 14.

vermögensrechtlich[10]. Die Begründung des neuen Schiedsrechts hält hingegen den Ausschluß aus einem Verein für eine nichtvermögensrechtliche Streitigkeit, bejaht ihre Schiedsfähigkeit aber, da kein Entscheidungsmonopol staatlicher Gerichte bestehe und deshalb Vergleichsbefugnis vorliege[11]. Eine andere Stimme führt ebenfalls aus, daß die Mitgliedschaft in einer juristischen Person nichtvermögensrechtlichen Charakter habe, da hier das ideelle Interesse überwiege[12].

Ohne weitere Begründung erklären Teile des Schrifttums auch die Klage auf Auflösung einer OHG oder KG nach § 133 HGB[13] und die Klage auf Nichtigerklärung einer AG nach § 275 AktG[14] für vermögensrechtlich.

2. Die Erfahrungen in der Schweiz

In der Schweiz finden sich ebenso wie in Deutschland vor allem auf dem Gebiet der Rechtsmittel Rechtsprechung und Literatur zum vermögensrechtlichen Charakter gesellschaftsrechtlicher Streitigkeiten. Es liegen aber auch schon einige Aussagen im Zusammenhang mit der Schiedsfähigkeit nach Art. 177 IPRG vor.

So hält das BG die Anfechtungsklage gegen Beschlüsse der Gesellschafterversammlung aufgrund ihrer engen Verbindung zum vermögensrechtlichen Gesellschaftsverhältnis einer AG für eine vermögensrechtliche Streitigkeit[15]. Das schiedsverfahrensrechtliche Schrifttum hat dies für Art. 177 Abs. 1 IPRG übernommen[16]. Das Anfechtungsrecht habe für sich allein zwar keinen Geld- oder Nutzwert, sei nicht übertragbar und hafte nicht für Schulden. Es sei aber eng mit dem vermögensrechtlichen Verhältnis des Gesellschaftsvertrages verbunden und deshalb vermögensrechtlich[17].

Auch dem Streit um die Mitgliedschaft in einer AG billigt man vermögensrechtlichen Charakter zu[18]. Die Mitgliedschaft könne nämlich in Geld geschätzt werden, ein Interesse an persönlichen Rechten und Pflichten stehe nicht im Vordergrund, und außerdem

---

[10] Zöller-*Vollkommer*, 20. Aufl., § 1 RZ 15; Schlegelberger-*K. Schmidt*, § 140 RZ 47.

[11] RegE, BT-Drucks. 13/5274, 35; ebenso RefE, 91.

[12] *Berger*, Wirtschaftsschiedsgerichtsbarkeit, 130f.

[13] Zöller-*Vollkommer*, 20. Aufl., § 1 RZ 15; Schlegelberger-*K. Schmidt*, § 133 RZ 41.

[14] Zöller-*Vollkommer*, 20. Aufl., § 1 RZ 15; wohl auch BGH, 25.2.1982, BGHZ 83, 106, 109.

[15] BG, 24.2.1981, BGE 107 II 179, 181 im Zusammenhang mit der Berufung. Ebenso 3.2.1982, BGE 108 II 77, 79f für eine Anfechtungsklage gegen den Beschluß einer Stockwerkeigentümergemeinschaft.

[16] IPRGKomm-*Vischer*, Art. 177 RZ 5; IPRG-*Briner*, Art. 177 RZ 10; *Walter/Bosch/Brönnimann*, Internationale Schiedsgerichtsbarkeit in der Schweiz, 57; *Bucher*, Die neue internationale Schiedsgerichtsbarkeit in der Schweiz, RZ 91; *Guhl*, Das schweizerische Obligationenrecht, 683; *Habegger*, Die Auflösung der AG aus wichtigen Gründen, § 19 RZ 71 (FN 134); *Meier*, „Vermögensrechtliche Ansprüche" - ein Schlüsselbegriff des Bundesgesetzes über das Internationale Privatrecht (IPRG) ?, MittIzivVerf. 1988, 5, 8.

[17] IPRG-*Briner*, Art. 177 RZ 10.

[18] BG, 2.12.1905, BGE 31 II 676, 677; 27.2.1940, BGE 66 II 43, 46; 6.4.1954, BGE 80 II 71, 75; 3.2.1982, BGE 108 II 77, 78 (alle Entscheidungen ergingen zur Berufungsfähigkeit); *Guhl* (oben FN 16), 641; *Meier* (oben FN 16), MittIzivVerf. 1988, 5, 14.

sei die Mitgliedschaft veräußerlich[19]. Der Rechtsgrund des streitigen Anspruchs ruhe deshalb im Vermögensrecht, auch wenn die Bewertung in Geld im Einzelfall praktische Schwierigkeiten bereiten könne[20]. Der Mitgliedschaft in einer AG komme jedenfalls aufgrund der mit ihr verbundenen wirtschaftlichen Interessen vermögensrechtliche Natur zu[21].

Dagegen hat das BG in zwei Entscheidungen die Klage auf Feststellung der Nichtigkeit und Auflösung einer AG für nichtvermögensrechtlich gehalten. Zu beachten ist aber, daß sich die Anträge in beiden Fällen auf die Auflösung wegen Verfolgung eines widerrechtlichen Zweckes nach Art. 57 ZGB stützten. Das BG betonte deshalb, daß sie sich gegen den Bestand der AG richteten und eher persönlichkeitsrechtlicher Natur seien. Die Liquidation und damit verbundene vermögensrechtliche Auswirkungen stellten nur bloße Folgen der Aufhebung dar, so daß die Klagen keinen wirtschaftlichen Zweck verfolgten. Vielmehr stehe die Durchsetzung der öffentlichen Ordnung und öffentlicher Interessen im Vordergrund[22]. Die schiedsrechtliche Literatur hält demgegenüber die Auflösungsklage nach Art. 736 Nr. 4 OR für vermögensrechtlich[23]. Mit ihr verfolge der Kläger einen wirtschaftlichen Zweck, denn der Anspruch sei für mindestens eine Partei von geldwertem Interesse. Bei Art. 736 Nr. 4 OR sei ausschlaggebend, daß der Aktionär sein investiertes Kapital, das infolge des Funktionszusammenbruchs keinen oder nur schlechten Ertrag abwerfe, reinvestieren oder mindestens wieder zur Ertragsreife bringen könne, was offensichtlich einen wirtschaftlichen Zweck darstelle[24].

3. Stellungnahme

Betrachtet man die oben erörterte Definition des vermögensrechtlichen Anspruchs, so könnte man schlicht erklären, daß alle untersuchten gesellschaftsrechtlichen Streitigkeiten im Gesellschaftsverhältnis wurzelten, weshalb ihnen per se vermögensrechtlicher Charakter zukomme. Dies ließe sich zumindest für den Regelfall einer Handelsgesellschaft vertreten, deren Gesellschaftszweck auf Gewinnerzielung und damit auf Geld oder geldwerte Vorteile gerichtet ist. Gesellschaftsrechtliche Dispute wären deshalb schon nach dem ersten Teil der Definition als vermögensrechtlich zu qualifizieren. Eine solche Beurteilung übersieht allerdings, daß gesellschaftsrechtliche Streitigkeiten vielfach auch durch persönlichkeitsrechtliche oder ideelle Elemente geprägt sind. Dies haben etwa die schweizerischen Entscheidungen zur Ausschluß- und Auflösungsklage unterstrichen. Desgleichen muß auch ein Informationsverlangen nicht zwingend rein wirtschaftliche Interessen verfolgen. Schließlich könnte auch das Abstellen auf die

[19] BG, 2.12.1905, BGE 31 II 676, 677; 27.2.1940, BGE 66 II 43, 46.
[20] BG, 27.2.1940, BGE 66 II 43, 46.
[21] BG, 3.2.1982, BGE 108 II 77, 78.
[22] BG, 9.3.1986, BGE 112 II 1, 3; 1.5.1986, BGE 112 II 191, 192 zur Berufungsfähigkeit.
[23] IPRGKomm-*Vischer*, Art. 177 RZ 5; *Walter/Bosch/Brönnimann* (oben FN 16), 59; *Habegger* (oben FN 16), § 19 RZ 71; a.A. *Bucher* (oben FN 16), RZ 91, der allgemein die Klage auf Auflösung oder auf Feststellung der Nichtigkeit einer juristischen Person für nichtvermögensrechtlich hält.
[24] *Habegger* (oben FN 16), § 19 RZ 71 (FN 134).

„Handels-" Gesellschaft große Schwierigkeiten bereiten. Es erscheint deshalb angebracht, die verschiedenen gesellschaftsrechtlichen Auseinandersetzungen genauer auf ihren vermögensrechtlichen Charakter zu untersuchen.

a) Streitigkeiten um die Erbringung der Einlage und Verantwortlichkeitsansprüche gegen Gründer und Leitung der Gesellschaft

Das neue Recht will der Diskussion um die Auswirkungen von Verfügungs-, Verzichts- und Vergleichsverboten auf die Schiedsfähigkeit ausdrücklich ein Ende setzen. Gewichtige Stimmen der Doktrin wie auch die Gesetzesbegründung selbst vertritt, daß derartige Verbote nach § 312 BGB oder im Handels- und Gesellschaftsrecht nach § 89b HGB, §§ 50, 302 AktG und §§ 9b, 43 GmbHG künftig so zu interpretieren seien, daß die Schiedsfähigkeit der zugrundeliegenden Ansprüche nicht ausgeschlossen sei[25].

Folgt man dem, so hat dies erhebliche Auswirkungen insbesondere auf die Schiedsgerichtsbarkeit im Gesellschaftsrecht. So führen künftig die Vergleichs- bzw. Verzichtsverbote nach §§ 50, 93 AktG und §§ 9b Abs. 1 , 43 Abs. 3 GmbHG nicht mehr dazu, die Entscheidung über die Ersatzansprüche Schiedsgerichten vorzuenthalten. Gleiches gilt für die Befreiungsverbote des § 66 Abs. 1 AktG und des § 19 Abs. 2 GmbHG im Rahmen von Disputen um die Erbringung der Stammeinlage. Die Begründung stützt dies anscheinend auf den Wortlaut der Neuregelung. Daran ist zutreffend, daß man unter Geltung des neuen Kriteriums Vergleichs- und Befreiungsverbote nicht mehr berücksichtigen kann. Wie gesehen, konnten sie jedoch richtigerweise auch nach altem Recht schiedsgerichtliche Beurteilung nicht hindern. An der Neuregelung ist aber zu begrüßen, daß sie letzte Unklarheiten hierüber beseitigt hat.

Diese Änderung hat für den Anspruch aus § 43 Abs. 3 i.V.m. § 9b Abs. 1 GmbHG Kritik hervorgerufen. Diese stützt sich darauf, daß nach neuem Recht ein Gläubiger einen Schiedsspruch über einen Anspruch der Gesellschaft gegen den Geschäftsführer wie das Urteil eines staatlichen Gerichts hinnehmen müsse. Er müsse die Entscheidung des Schiedsgerichts akzeptieren, obwohl der Gesetzgeber eine vergleichsweise Einigung der Parteien gerade ausschließe. Damit setze der Gesetzgeber im Schiedsverfahren die Regelungen außer Kraft, die er im Interesse des Gläubigerschutzes im GmbH-Gesetz aufgestellt habe[26].

Diese Auffassung kann jedoch aufgrund der im zweiten Teil herausgearbeiteten Argumente gegen die Gleichstellung von Vergleich und Schiedsvertrag nicht überzeugen.

---

[25] RegE, BT-Drucks. 13/5274, 34; ebenso RefE, 92; zustimmend Zöller-*Geimer*, § 1030 RZ 3; Baumbach-*Albers*, ZPO, § 1030 RZ 2; *Thomas/Putzo*, § 1030 RZ 2; *Schwab/Walter*, Schiedsgerichtsbarkeit Kommentar, Kap. 4 RZ 4; *Schütze*, Schiedsgericht und Schiedsverfahren, RZ 95; *Lachmann*, Handbuch für die Schiedsgerichtspraxis, RZ 100; *Raeschke-Kessler/Berger*, Schiedsverfahrensrecht, RZ 167 u. 182. Ebenso MK-*Pentz*, AktG, § 23 RZ 161 für Einlageansprüche und § 50 RZ 25 für die Ansprüche nach §§ 46ff AktG. Auf § 51a Abs. 3 GmbHG, der kein Vergleichsverbot normiert, sondern allgemein Abweichungen im Gesellschaftsvertrag verbietet, ist dies entgegen *Ebbing*, Schiedsvereinbarungen in Gesellschaftsverträgen, NZG 1998, 281, 287, jedoch nicht übertragbar.

[26] *Voit*, Privatisierung der Gerichtsbarkeit, JZ 1997, 120, 125.

Abgesehen davon, daß dem neuen Recht der Gedanke der grundsätzlichen Gleichwertigkeit von staatlichen- und Schiedsgerichten zugrundeliegt[27], schließt gerade das GmbH-Recht Verfügungen über die Ersatzansprüche nicht aus, sondern läßt sie vielmehr prinzipiell zu. Andererseits gefährdet schiedsgerichtliche Beurteilung nicht schon als solche die Gläubiger. Diese Ansprüche sind nicht schon deshalb gemindert oder gar verloren, weil ein Schiedsgericht über die Verantwortlichkeitsklage entscheidet.

Einlage- und Verantwortlichkeitsansprüchen kommt schließlich auch unproblematisch vermögensrechtlicher Charakter zu. Die Einlageansprüche sind auf Zahlung einer Geldsumme oder auf Leistung einer in Geld meßbaren Sacheinlage gerichtet[28]. Die Verantwortlichkeitsklagen zielen auf die Leistung von Schadensersatz ab[29]. Die beiden Streitigkeiten haben demnach Geld- bzw. in Geld bestimmbare Interessen zum Inhalt und sind somit als vermögensrechtlich i.S.d. § 1030 Abs. 1 ZPO zu qualifizieren.

b) Beschlußmängelstreitigkeiten

Die deutsche und die schweizerische Judikatur haben richtig erkannt, daß einer Anfechtungsklage meist schon aufgrund ihrer engen Verbindung zum Gesellschaftsverhältnis vermögensrechtliche Natur zukommt. Darüber hinaus kann man jedoch nicht allein auf den Unternehmensgegenstand der in Frage stehenden Gesellschaft abzustellen. Zwar läßt sich die Geltendmachung von Beschlußmängeln als solche nicht in Geld messen. Ihr vermögensrechtlicher Charakter folgt jedoch aus dem mit der Klage i.d.R. verfolgten wirtschaftlichen Zweck, der sich wiederum aus dem konkret in Frage stehenden Beschluß ergibt, dessen Aufhebung der Kläger begehrt. Schließlich sind mit der Aufhebung im Regelfall bestimmte in Geld meßbare Rechtsfolgen verbunden, wie etwa die Rückabwicklung gewährter Leistungen[30] oder die Nichtigerklärung von Durchführungsgeschäften, welche bestimmte geldwerte Transaktionen verlangen[31]. Beschlußmängelstreitigkeiten besitzen deshalb auch aufgrund der mit ihnen verfolgten wirtschaftlichen Belange und ihren in Geld meßbaren Konsequenzen vermögensrechtliche Natur.

c) Der Informationserzwingungsanspruch in der Gesellschafterversammlung

Der gesellschaftsrechtliche Informationserzwingungsanspruch ist nicht unmittelbar auf Geld oder geldwerte Leistungen gerichtet. Er soll in erster Linie sicherstellen, daß

---

27 RefE, 91; RegE, BT-Drucks. 13/5274, 34.

28 Geßler-*Bungeroth*, § 54 RZ 8; KölnerKomm-*Lutter*, § 54 RZ 5; Hachenburg-*Ulmer*, § 19 RZ 9; Scholz-*Schneider*, § 19 RZ 5.

29 KölnerKomm-*Kraft*, § 46 RZ 25; Geßler-*Hefermehl*, § 93 RZ 28; Hachenburg-*Ulmer*, § 9a RZ 35; Hachenburg-*Mertens*, § 43 RZ 54.

30 Geßler-*Hüffer*, § 248 RZ 16.

31 Großkomm-*K. Schmidt*, AktG, § 248 RZ 6; Geßler-*Hüffer*, § 248 RZ 20.

der Gesellschafter sich mit seiner Hilfe die Informationen verschaffen kann, die zur sachgerechten Ausübung seines Teilnahmerechts an der Gesellschafterversammlung nötig sind. Er soll sein Stimmrecht wahrnehmen und möglicherweise eine Anfechtungsklage gegen einen Beschluß erheben können. Mißt man den gesellschaftsrechtlichen Informationsanspruch jedoch an den für familienrechtliche Auskunftsansprüche erarbeiteten Kriterien, so ist der vermögensrechtlicher Charakter nicht zu bestreiten. § 131 AktG bzw. § 51a GmbHG wollen dem Gesellschafter dazu verhelfen, die ihm als Mitglied der Gesellschaft zustehenden Interessen wahrzunehmen. Die Ansprüche stellen sich einerseits als Hilfsrechte bei der Ausübung anderer mitgliedschaftlicher Befugnisse dar, darunter insbesondere einer Anfechtungs- oder Nichtigkeitsklage gegen einen Beschluß. Andererseits ermöglichen sie auch selbständig den Erwerb von Informationen etwa über den Wert eines Anteils zwecks Erwerbs oder Verkaufs[32]. Die gesellschaftsrechtlichen Informationsansprüche bereiten somit den Boden für andere vermögensrechtliche Ansprüche und dienen damit der Wahrung der wirtschaftlichen Belange der Gesellschafter, weshalb ihnen vermögensrechtlicher Charakter zukommt[33].

d) Streitigkeiten um die Abberufung von Leitungsorganen

Auch die Abberufung eines Leitungsorganes ist nicht unmittelbar auf eine vermögenswerte Leistung gerichtet, sie dient jedoch regelmäßig der Wahrung der wirtschaftlichen Belange der Gesellschaft. Indem sie Klarheit über die Leitungsverhältnisses in der Gesellschaft schafft, trägt sie dazu bei, die wirtschaftlichen Ziele der Gesellschaft für die Zukunft neu zu ordnen. Dies gilt etwa im Falle eines untragbar gewordenen Geschäftsführers, der nicht mehr das Vertrauen der Mehrheit der Gesellschafter besitzt und die reibungslose wirtschaftliche Weiterentwicklung der Gesellschaft behindert. Darüber hinaus berührt die Abberufung auch das betroffene Gesellschaftsorgan selbst in einer Reihe von wirtschaftlichen Interessen. Offensichtlich in Geld messen lassen sich etwa das Entfallen der Vergütung[34] und eine mögliche Schadensersatzhaftung[35]. Zu beachten sind aber auch andere vermögensrechtliche Konsequenzen, die sich aus der i.d.R. mit der Abberufung erfolgenden Kündigung des Anstellungsvertrages ergeben[36]. Aufgrund dieser wirtschaftlichen Zwecke und Konsequenzen ist der Abberufungsdisput mithin als vermögensrechtlich zu qualifizieren.

---

[32] Geßler-*Eckardt*, AktG, § 131 RZ 1, mit Beispielen für verschiedene vermögensrechtliche Rechte in RZ 38ff; Hachenburg-*Hüffer*, § 51a RZ 7, mit Beispielen in RZ 22.

[33] Ohne nähere Begründung auch *Raeschke-Kessler/Berger* (oben FN 25), RZ 181.

[34] KölnerKomm-*Mertens*, AktG, § 84 RZ 55ff; Schlegelberger-*Martens*, § 117 RZ 42; Scholz-*Schneider*, § 38 RZ 34.

[35] Schlegelberger-*Martens*, § 117 RZ 42

[36] Vgl. Hachenburg-*Stein*, § 38 RZ 31ff; KölnerKomm-*Mertens*, § 84 RZ 55ff.

e) Die Klage auf Ausschließung eines Gesellschafters aus wichtigem Grund

Bei Ausschlußstreitigkeiten stellt der BGH, wie gesehen, darauf ab, ob der Betroffene durch den Ausschluß eher in persönlichen oder in wirtschaftlichen Belangen berührt ist. Legt man diesen Ansatz zugrunde, ergibt sich der vermögensrechtliche Charakter des Ausschlusses aus einer Handelsgesellschaft schon daraus, daß der Betroffene bereits während des Rechtsstreits nicht mehr an Gewinn und Verlust beteiligt wird[37]. Später zieht der Ausschluß vielfältige in Geld meßbaren Folgen nach sich, so etwa die Zahlung einer Abfindung[38] bzw. unter Umständen gar die Auseinandersetzung der Gesellschafter[39]. Man kann daher keineswegs davon sprechen, daß die Mitgliedschaft in einer juristischen Person generell nichtvermögensrechtlichen Charakter besitzt. Das gerichtliche Ausschließungsverfahren soll zudem die vertragstreuen Gesellschafter vor Auflösung und Abwicklung unter Mitwirkung des untreuen Gesellschafters bewahren. Auch darin kommen Vermögensinteressen zum Ausdruck, denn der Fortbestand der Gesellschaft dient unmittelbar den wirtschaftlichen Belangen der übrigen Gesellschafter und der Gesellschaft selbst. Zudem muß man den schweizerischen Autoren zuzustimmen, die die Mitgliedschaft in einer Handelsgesellschaft als solche in Geld messen und mit wirtschaftlichen Werten verbinden wollen. Diese drücken sich nicht nur in der vom Gesellschafter geleisteten Einlage aus, sondern auch in seiner Beteiligung an den Gewinnen der Gesellschaft. Die Ausschlußklage besitzt daher vermögensrechtliche Natur.

f) Die Klagen auf Auflösung der Gesellschaft aus wichtigem Grund und auf Nichtigerklärung wegen Gründungsmängeln

Betrachtet man die oben zitierten Entscheidungen des schweizerischen BG zur Auflösungsklage, so ist der entschiedene Sonderfall der Auflösung einer AG aufgrund der Verfolgung eines widerrechtlichen Zweckes in der Tat von zweifelhafter Natur. Dieser Fall differiert aber von den hier untersuchten gesellschaftsrechtlichen Auflösungs- und Nichtigkeitsklagen[40]. Diese dienen zum einen den wirtschaftlichen Belangen der Gesellschafter, deren Kapital nicht länger in einer aufgrund eines Gründungsfehlers oder eines „wichtigen Grundes" funktionsunfähigen Gesellschaft blockiert ist. Mit der Auflösung wollen sich die Gesellschafter von ihren Bindungen an die Gesellschaft befreien, um ihr Kapital in andere vielversprechendere Unternehmungen investieren zu kön-

[37] Heymann-*Emmerich*, § 140 RZ 28.

[38] Schlegelberger-*K. Schmidt*, § 140 RZ 69; Hachenburg-*Ulmer*, Anh. § 34 RZ 32; Scholz-*Winter*, § 15 RZ 142a.

[39] Schlegelberger-*K. Schmidt*, § 140 RZ 67; Heymann-*Emmerich*, § 140 RZ 29.

[40] Die Nichtigkeitsklagen gem. § 275 AktG bzw. § 75 GmbHG ziehen ebenfalls die Auflösung der Gesellschaft nach sich, so daß sie lediglich einen Sonderfall der Auflösung bilden, die Klagen sich in ihren Rechtsfolgen also entsprechen, vgl. Geßler-*Hüffer*, § 275 RZ 8; Hachenburg-*Hohner*, § 75 RZ 1. Sie werden hier deshalb gemeinsam untersucht.

nen. Zum anderen zieht die Auflösung eine ganze Reihe vermögensrechtlicher Konsequenzen für die Gesellschaft und Dritte nach sich[41]. Darunter fallen etwa die Beendigung der Geschäfte, die Umsetzung des Gesellschaftsvermögens in Geld, die Einziehung der Restforderungen, die Befriedigung der Gesellschaftsgläubiger und die Verteilung des Liquidationserlöses[42]. Auflösungs- und Nichtigkeitsklage ist deshalb vermögensrechtlicher Charakter zuzusprechen.

II. Gesellschaftsrechtliche Streitigkeiten als „Ansprüche"

Ob die Regelung dem selbstgestellten Erfordernis des klaren Abgrenzungskriteriums genügt, bezweifeln verschiedene Stimmen in der Literatur aufgrund der Anknüpfung des § 1030 Abs. 1 ZPO an den Begriff des „Anspruchs". Manche Autoren fragen, ob zukünftig Feststellungs- und Gestaltungsklagen der Schiedsgerichtsbarkeit entzogen sein sollen. § 194 BGB definiere den Begriff des Anspruchs nämlich als „das Recht, von einem anderen ein Tun oder Unterlassen zu verlangen". Feststellungs- und Gestaltungsklagen fielen dagegen nicht ohne weiteres darunter[43].

Dem ist zuzugeben, daß man bei Anwendung des § 194 BGB Feststellungs- und Gestaltungsklagen nur schwerlich unter § 1030 Abs. 1 ZPO subsumieren kann. Eine derartige Auslegung des Begriffs vermag aber aus verschiedenen Gründen nicht zu überzeugen. Zunächst mißachtet sie den der Regelung zugrundeliegenden Gedanken, der Schiedsgerichtsbarkeit ein möglichst weites Feld zu eröffnen. Es erscheint widersinnig, mit einer materiellrechtlichen Interpretation durch die Hintertür verschiedene Streitigkeiten von der Schiedsfähigkeit auszunehmen. Dies gilt besonders für Dispute, denen man überwiegend schon nach der alten Regelung Schiedsfähigkeit zugestand, wie der Ausschluß- oder der Auflösungsklage. Darüber hinaus will auch die Begründung des neuen Rechts Feststellungs- und Gestaltungsklage nicht ausschließen. Sie führt im Gegenteil ausdrücklich verschiedene Streitigkeiten auf, die bei wörtlicher Interpretation zwar nicht unter den Begriff des Anspruchs fallen, aber zukünftig grundsätzlich schiedsgerichtlicher Erledigung zugänglich sein sollen. So diskutiert sie unter § 1030 ZPO sowohl die gesellschaftsrechtliche Anfechtungs- und Nichtigkeitsklage als auch Ehescheidungs- und sonstige Statusverfahren sowie die Streitigkeit um einen Vereinsausschluß[44].

Der Begriff ist deshalb vielleicht unglücklich gewählt, aber jedenfalls nicht im Sinne des § 194 BGB zu interpretieren. Zugrundezulegen ist vielmehr der prozessuale Anspruchsbegriff, der sich vom Anspruch im materiellen Sinne[45] darin unterscheidet, daß

[41] Schlegelberger-*K. Schmidt*, § 133 RZ 58 u. § 145 RZ 19ff; Hachenburg-*Ulmer*, § 60 RZ 6; Geßler-*Hüffer*, § 264 RZ 5.
[42] Hachenburg-*Ulmer*, § 60 RZ 6
[43] *de Lousanoff*, Schiedsklauseln in Gesellschaftsverträgen, ASA Special Series Nr. 8 (1994), 89 (113); ähnlich *Raeschke-Kessler/Berger/Lehne*, Schiedsverfahrensrecht, 2. Aufl., RZ 194.
[44] RegE, BT-Drucks. 13/5274, 35.
[45] MK-*Lüke*, ZPO, vor § 253 RZ 31; Zöller-*Vollkommer*, Einl. RZ 62; Baumbach-*Hartmann*, ZPO, Einl. III RZ 73.

er nicht auf § 194 BGB basiert, sondern lediglich den weiteren Begriff des Streitgegenstandes umschreibt[46]. Der prozessuale Anspruchsbegriff umfaßt aber auch Feststellungs- und Gestaltungsklagen[47]. Für eine solche Auslegung spricht zudem die Stellung des § 1030 in der ZPO als Teil des Schiedsverfahrens- und damit Prozeßrechts. Es ist nicht anzunehmen, daß der Anspruchsbegriff im zehnten. Buch der ZPO anders ausgelegt wird als in den übrigen Büchern. Und schließlich steht in der Schweiz fest, daß Art. 177 IPRG Feststellungs- und Gestaltungsklagen erfaßt. Dort interpretiert man den Begriff des vermögensrechtlichen Anspruchs ebenfalls nicht wörtlich, sondern legt ihm den allgemeineren Begriff der „Streitigkeit" zugrunde[48].

Alle untersuchten Streitigkeiten sind danach als vermögensrechtlich i.S.d. § 1030 ZPO zu qualifizieren. Dem Begriff des „Anspruchs" liegt nicht der materielle Anspruchsbegriff des § 194 BGB zugrunde, sondern der weitere Begriffs des prozessualen Anspruchs, der auch Feststellungs- und Gestaltungsklagen erfaßt. Die erörterten gesellschaftsrechtlichen Dispute sind mithin objektiv schiedsfähig.

B. Die Schiedsfähigkeit im weiteren Sinne

Judikatur und Schrifttum machten schon nach altem Recht nicht bei der objektiven Schiedsfähigkeit Halt, wenn es darum ging, bestimmte Streitigkeiten schiedsgerichtlich klären zu lassen. Es stellt sich deshalb die Frage, ob das neue Recht sonstige ungeschriebene Hindernisse schiedsgerichtlicher Beurteilung beseitigt hat, also wie es sich auf die Schiedsfähigkeit gesellschaftsrechtlicher Streitigkeiten im weiteren Sinne auswirkt.

I. Die subjektive Schiedsfähigkeit

Zwar kommt es nach dem neuen Recht zunächst nicht mehr auf die Vergleichsbefugnis „der Parteien" an. Es ist jedoch nicht anzunehmen, daß die Neuregelung des Schiedsverfahrensrechts das Erfordernis der subjektiven Schiedsfähigkeit aufgegeben hat[49]. Deshalb haben zum einen die herkömmlich hier diskutierten Probleme der Rechts- und Geschäftsfähigkeit der Parteien Bestand. Zudem hat das Kriterium des vermögensrechtlichen Anspruchs nichts daran geändert, daß nach wie vor nur Parteien einem Schiedsverfahren unterworfen werden können, die ihm zugestimmt haben. Hier-

---

[46] Wieczorek-*Prütting*, Einl. RZ 59; MK-*Lüke*, ZPO, vor § 253 RZ 32; Zöller-*Vollkommer*, Einl. RZ 60ff; Baumbach-*Hartmann*, ZPO, Einl. III RZ 73.

[47] Zöller-*Vollkommer*, Einl. RZ 77ff; Baumbach-*Hartmann*, ZPO, Einl. III RZ 73; nun auch für die Auslegung des § 1030 ZPO Zöller-*Geimer*, § 1030 RZ 4; *Raeschke-Kessler/Berger* (oben FN 25), RZ 208; *K. Schmidt* (oben FN 1), ZHR 162 (1998), 265, 270f.

[48] *Walter/Bosch/Brönnimann* (oben FN 16), 56; *Bucher* (oben FN 16), RZ 91.

[49] Vgl. *Lachmann* (oben FN 25), RZ 97; *Henn*, Schiedsverfahrensrecht Handbuch, RZ 28; dies gilt auch für Art. 177 IPRG, vgl. *Dutoit*, Commentaire de la loi fédérale du 18 décembre 1987, Art. 177 RZ 11.

bei wird man angesichts des neuen Kriteriums in Zukunft jedoch nicht mehr die subjektive Dispositionsbefugnis der Parteien zugrundelegen können[50]. Vielmehr bleibt lediglich darauf abzustellen, ob die Parteien des Schiedsverfahrens an eine gültige Schiedsvereinbarung gebunden sind. Dies ergibt sich aus dem oben zu Sinn und Zweck der subjektiven Schiedsfähigkeit Ausgeführten: Die subjektive Schiedsfähigkeit will verhindern, daß Parteien einem Schiedsverfahren unterworfen werden, die eine Schiedsklausel nicht (mit-)vereinbart haben[51].

Außerdem ist zu beachten, daß das Argument der Parteiidentität von Verfahrens- und Vertragsparteien im Rahmen der subjektiven Schiedsfähigkeit von Gestaltungsklagen unter dem neuen Recht nicht mehr ohne weiteres haltbar ist. War zuvor nach § 1027a ZPO a.F. erforderlich, daß „die Parteien einen Schiedsvertrag geschlossen haben", so läßt § 1032 ZPO es jetzt genügen, daß vor einem Gericht Klage in einer Angelegenheit erhoben wird, „die Gegenstand einer Schiedsvereinbarung ist". Das bedeutet, daß die subjektive Schiedsfähigkeit nicht davon abhängt, welche Parteien die Schiedsvereinbarung ursprünglich einmal abgeschlossen haben, sondern vielmehr, welche im Zeitpunkt des Verfahrens an sie gebunden sind[52]. Daß Schiedsvertrags- und Prozeßparteien bei manchen der untersuchten Streitigkeiten auseinanderfallen, kann dagegen auch das neue Recht nicht verhindern. Es ist aber aus den oben erörterten Gründen überzeugend, dies über die Nachfolgevorschrift des § 1048 ZPO a.F. zu überbrücken, also über die Regelung des § 1066 ZPO. Diese übernimmt § 1048 ZPO a.F. unverändert und begründet daher die Bindung der Gesellschafter an die Schiedsklausel.

Der eingangs dargestellten Auffassung im Schrifttum und der Reformkommission[53], die kapitalgesellschaftsrechtliche Schiedsklauseln nicht unter § 1066 ZPO fassen will, ist gleichfalls nicht zuzustimmen. Einerseits verschiebt sie die Problematik satzungsmäßiger Schiedsklauseln lediglich in den Zusammenhang des § 1031 ZPO und wirft damit eine ganze Reihe schwieriger Formprobleme auf. Andererseits begründet sie die in der Schweiz im Rahmen des Art. 6 Abs. 2 SchwK aufgetretenen Unannehmlichkeiten von Schiedsklauseln in größeren Gesellschaften. Die untersuchten gesellschaftsrechtlichen Auseinandersetzungen sind deshalb auch unter dem neuen Recht subjektiv schiedsfähig.

II. Ausschließliche staatliche Gerichtsstände

Soweit man die fehlende Vergleichsfähigkeit aus einer ausschließlichen Zuständigkeit bestimmter staatlicher Gerichte herleitet, so führt die Begründung der Neuregelung aus, könne dies im neuen Recht nicht mehr als ausschlaggebendes Argument gegen die Schiedsfähigkeit angesehen werden. Solche Zuständigkeitsnormen bezögen sich in der Regel nur auf die Zuständigkeit unter den staatlichen Gerichten innerhalb der ordentlichen Gerichtsbarkeit und sagten folglich nichts darüber aus, ob der Rechtsstreit auch

---

[50] Das übersieht *Ebbing* (oben FN 25), NZG 1998, 281, 284.

[51] Oben § 6 B. II. 1. c).

[52] Ebenso *Lachmann* (oben FN 25), RZ 107.

[53] Vgl. § 1 A. III. 1.

von einem Schiedsgericht entschieden werden könne. Etwas anderes könne nur gelten, wenn der Gesetzgeber bestimmte Gerichte außerhalb der ordentlichen Gerichtsbarkeit als Sondergerichte für die Entscheidung bestimmter Streitigkeiten geschaffen habe, wie etwa im Falle des § 65 PatG. Aus § 246 Abs. 3 S. 1 AktG könne man dagegen künftig nicht mehr Schiedsunfähigkeit herleiten[54].

Damit hat der Gesetzgeber eine klare Aussage getroffen, die die in der Schweiz vielfach erörterte Frage nach dem Verhältnis des Art. 177 IPRG zu ausschließlichen Gerichtsständen vermeidet. Dort besteht zwar noch Einigkeit, daß die Vorschriften des kantonalen Rechts und des Bundesrechts außerhalb des IPRG keine Auswirkungen auf die Schiedsfähigkeit nach Art. 177 IPRG haben[55]. Heftig diskutiert wird jedoch, ob die ausschließlichen Gerichtsstände des IPRG[56] eine Schiedsvereinbarung verbieten. Manche Autoren nehmen dies an, da auch das Kapitel über die Schiedsgerichtsbarkeit Teil des IPRG sei. Eine ausschließliche Gerichtsstandsbestimmung betreffe deshalb nicht nur die Gerichtsstands-, sondern auch die Schiedsvereinbarung[57]. Die Gegenauffassung[58] betont die Selbständigkeit des zwölften Kapitels gegenüber den übrigen Bestimmungen des IPRG. Einziges Kriterium der Schiedsfähigkeit sei der vermögensrechtliche Anspruch, auf zusätzliche Kriterien habe man gerade verzichtet. Schranke der Schiedsfähigkeit bilde deshalb lediglich der Vorbehalt des „ordre public", den der Richter im Einzelfall für jede Vorschrift, die einen ausschließlichen Gerichtsstand anordne, ermitteln müsse[59]. Ähnlich scheint dies auch das Bundesgericht in seiner bisher einzigen Entscheidung zur Auslegung des vermögensrechtlichen Anspruchs i.S.d. Art. 177 Abs. 1 IPRG zu sehen. Danach könne die Schiedsfähigkeit höchstens im Hinblick auf Ansprüche verneint werden, die ausschließlich der Behandlung durch die staatliche Gerichtsbarkeit aufgrund von Vorschriften, die zum „ordre public" gehörten, vorbehalten seien[60].

---

[54] RegE, BT-Drucks. 13/5274, 35; RefE, 92; zustimmend Zöller-*Geimer*, § 1030 RZ 4 u. 15; Baumbach-*Albers*, ZPO, § 1030 RZ 2; *Thomas/Putzo*, § 1030 RZ 2; *Schwab/Walter* (oben FN 25), Kap. 4 RZ 6; *Schütze* (oben FN 25), RZ 95; *Berger*, Das neue Recht der Schiedsgerichtsbarkeit, 25; *Lachmann* (oben FN 25), RZ 100; *Raeschke-Kessler/Berger* (oben FN 25), RZ 178.

[55] IPRG-*Briner*, Art. 177 RZ 12; IPRGKomm-*Vischer*, Art. 177 RZ 15; *Dutoit* (oben FN 49), Art. 177 RZ 7; *Rüede/Hadenfeldt*, Schweizerisches Schiedsgerichtsrecht, 56; *Walter/Bosch/Brönnimann* (oben FN 16), 61; *Lalive/Poudret/Reymond*, Le droit de l'arbitrage interne et international en Suisse, Art. 177 RZ 3; *Bucher* (oben FN 16), RZ 96; *Habscheid*, Das neue schweizerische Recht der internationalen Schiedsgerichtsbarkeit nach dem Bundesgesetz über das Internationale Privatrecht, RIW 1988, 766, 768.

[56] Dies sind Art. 97 (Klagen betreffend dingliche Rechte an Grundstücken in der Schweiz), Art. 114 Abs. 2 (Verbrauchergerichtsstand) und Art 151 Abs. 3 (Klagen aus Verantwortlichkeit infolge öffentlicher Ausgabe von Beteiligungspapieren und Anleihen).

[57] IPRGKomm-*Vischer*, Art. 177 RZ 10; *Dutoit* (oben FN 49), Art. 177 RZ 6; *Rüede/Hadenfeldt* (oben FN 55), 56; *Bucher* (oben FN 16), RZ 94; *Wenger*, Die internationale Schiedsgerichtsbarkeit, BJM 1989, 337, 342; *Knoepfler*, Anmerkung zu BG, Urt. v. 28.4.1992 und 23.6.1992, Rev. arb. 1993, 695, 699.

[58] IPRG-*Briner*, Art. 177 RZ 12; *Walter/Bosch/Brönnimann* (oben FN 16), 61; *Lalive/Poudret/Reymond* (oben FN 55), Art. 177 RZ 3; *Habscheid* (oben FN 55), RIW 1988, 766, 768.

[59] IPRG-*Briner*, Art. 177 RZ 13; *Lalive/Poudret/Reymond* (oben FN 55), Art. 177 RZ 3.

[60] BG, 23.6.1992, BGE 118 II 353, 357.

Die Auffassung des Bundesgerichts harmoniert mit dem neuen deutschen Recht und kann überzeugen. Wenn der Gesetzgeber Sondergerichte normiert, basiert dies auf besonderen öffentlichen Interessen an Streitentscheidung durch ein staatliches Gericht, also an einem staatlichen Rechtsprechungsmonopol. Überträgt man dies auf das neue deutsche Recht, so werden ausschließliche Gerichtsstände in Zukunft nur noch in Form von Sondergerichten relevant. In allen anderen Fällen können sich die Parteien lediglich auf Vorschriften berufen, die schiedsgerichtliche Beurteilung ausdrücklich einschränken oder ausschließen und dann im Rahmen des § 1030 Abs. 3 ZPO zu berücksichtigen sind. Dies leuchtet auch aus Gründen der Rechtsklarheit und Rechtssicherheit ein. Für die untersuchten gesellschaftsrechtlichen Streitigkeiten ergibt sich, daß die erörterten ausschließlichen staatlichen Gerichtsstände schiedsgerichtliche Beurteilung nicht hindern können. Dies entspricht der schon bisher vorherrschenden Auffassung und ist aus den dargelegten Gründen zu begrüßen.

III. Das Verfahren der Freiwilligen Gerichtsbarkeit

Daß manche gesellschaftsrechtliche Streitigkeiten dem Verfahren der Freiwilligen Gerichtsbarkeit zugewiesen sind, verbietet schiedsgerichtliche Entscheidung auch nach neuem Recht nicht[61]. In Zukunft kann man aber bezüglich der Schiedsfähigkeit nicht mehr ohne Umschweife nach echten und unechten Verfahren der Freiwilligen Gerichtsbarkeit und damit nach der Parteidisposition differenzieren[62]. Angesichts des neuen Kriteriums der objektiven Schiedsfähigkeit entscheidet künftig zunächst der vermögensrechtliche Charakter der jeweiligen dem Verfahren der Freiwilligen Gerichtsbarkeit überantworteten Streitigkeit. Erst in einem zweiten Schritt, wenn man den vermögensrechtlichen Charakter verneint, kommt darauf an, ob die einzelne Streitigkeit der Verfügungsbefugnis der Parteien zugänglich ist, was für die echten Streitverfahren im Regelfall zu bejahen war. Große praktische Auswirkungen hat diese Änderung nicht, da bereits festgestellt wurde, daß in den Fällen der Dispositionsbefugnis über den Streitgegenstand regelmäßig auch sein vermögensrechtlicher Charakter vorliegt. Und für den gesellschaftsrechtlichen Informationserzwingungsanspruch ist dieser bereits bejaht worden (oben A. I. 3. c)).

---

[61] Ebenso *Schütze* (oben FN 25), RZ 95.

[62] So aber Musielak-*Voit*, § 1030 RZ 8; *Ebbing* (oben FN 25), NZG 1998, 281, 288; anscheinend auch *Schwab/Walter* (oben FN 25), Kap. 1 RZ 2.

IV. Die Gestaltungswirkung des Schiedsspruchs

Die Begründung der Neuregelung hat keine Bedenken dagegen, daß ein Schiedsgericht Entscheidungen mit rechtsgestaltender Wirkung erlassen kann und führt das Beispiel einer Rechtsstreitigkeit über die Wirksamkeit einer Vertragskündigung an[63].
Die Gestaltungswirkung des Schiedsspruchs sah man schon nach altem Recht einhellig als nicht relevant für die Möglichkeit schiedsgerichtlicher Beurteilung an. Die Neuregelung ändert daher in der Sache nichts daran, daß auch zukünftig die Schiedsfähigkeit von Gestaltungsklagen nicht an der Klageart festzumachen ist. Allerdings kann man dies nicht mehr ohne Umschweife mit der Parteidisposition über die Gestaltung des Rechtsverhältnisses begründen. Das neue Recht erfordert es nun, das jeweilige Gestaltungsrecht zunächst als vermögens- oder nichtvermögensrechtlich zu qualifizieren. In der Praxis dürfte sich freilich ebensowenig ändern wie bei der Schiedsfähigkeit von Klagen, die der Freiwilligen Gerichtsbarkeit zugewiesen sind, da den vermögensrechtlichen Streitigkeiten i.d.R. auch dispositiver Charakter zukommt (vgl. oben § 13 C. III. 2.). Die vermögensrechtliche Natur der erörterten gesellschaftsrechtlichen Gestaltungsklagen ist bereits bejaht worden (vorstehend A. I. 3.). Darüber hinaus gibt das reformierte Recht keine neuen Argumente dafür her, daß die Gestaltungswirkung nicht schon mit Rechtskraft des Schiedsspruches eintritt, ohne daß seine Vollstreckbarerklärung abzuwarten ist. Aus diesem Grunde reicht auch der Schiedsspruch allein als Grundlage handelsregisterlicher Eintragungen aus[64].

V. Die Rechtskraftwirkung des Schiedsspruchs

Skeptisch beurteilt die Begründung des neuen Rechts die Frage, ob ein Schiedsspruch Wirkung für und gegen Dritte haben kann, ein Schiedsspruch über eine aktienrechtliche Anfechtungsklage also beispielsweise für und gegen alle Aktionäre wirken darf. Diese Problematik solle durch die Aussage, daß jeder vermögensrechtliche Anspruch (grundsätzlich) schiedsfähig sei, „nicht in bejahendem Sinne präjudiziert, sondern angesichts ihre Vielschichtigkeit in tatsächlicher und rechtlicher Hinsicht weiterhin der Lösung durch die Rechtsprechung unter Berücksichtigung der konkreten Umstände des Einzelfalles überlassen bleiben“[65]. Zwar hatten manche Autoren schon frohlockt, daß Beschlußmängelstreitigkeiten im Lichte der Neuregelung künftig schiedsfähig seien[66]. Andere Stimmen meinten gar, man könne nach einer Verabschiedung der geplanten Novellierung die grundsätzliche Schiedsfähigkeit von Anfechtungs- und Nichtigkeits-

---

[63] RegE, BT-Drucks. 13/5274, 35; RefE, 92; zustimmend Zöller-*Geimer*, § 1030 RZ 4; *Thomas/Putzo*, § 1030 RZ 2; *Schwab/Walter* (oben FN 25), Kap. 21 RZ 12; *Henn* (oben FN 49), RZ 24.
[64] Vgl. oben § 11 C.; ebenso Zöller-*Geimer*, § 1055 RZ 2; Musielak-*Voit*, § 1055 RZ 11 u. § 1060 RZ 2; *Schwab/Walter* (oben FN 25), Kap. 28 RZ 19ff; a.A. aber ohne neue Argumente Baumbach-*Albers*, ZPO, § 1055 RZ 7; Scholz-*Winter*, § 15 RZ 142; *Lachmann* (oben FN 25), RZ 478.
[65] RegE, BT-Drucks. 13/5274, 35. Der RefE äußerte sich zu dieser Frage noch nicht.
[66] *Rabe*, Reform des deutschen Schiedsverfahrensrechts, FS Rowedder, 399, 404.

klagen gegen Gesellschafterbeschlüsse von Kapitalgesellschaften nicht mehr ernsthaft bezweifeln[67]. Diese Hoffnungen hat die BGH-Entscheidung vom 29.3.1996[68] jedoch zunichte gemacht. Desgleichen sieht das Schrifttum mehrheitlich in der Anwendung des § 248 AktG auch unter dem neuen Recht ein ernsthaftes Hindernis schiedsgerichtlicher Erledigung von Beschlußmängelstreitigkeiten[69].

So löse die Anknüpfung an den vermögensrechtlichen Anspruch nicht die aus der erweiterten Rechtskraftwirkung folgenden Probleme. Der BGH habe nämlich zum Ausdruck gebracht, ohne entsprechende gesetzliche Regelungen im Bereich des § 248 AktG keine Handhabe zur Anerkennung der Schiedsfähigkeit zu besitzen. Er scheine mithin gewillt, auch im Lichte der Neuregelung seinen eingeräumten Freiraum künftig zur Ablehnung der Schiedsfähigkeit zu nutzen[70]. Das Gericht habe den Ball somit an den Gesetzgeber zurückgespielt, so daß sich die Frage stelle, ob dieser die Schiedsfähigkeit von Beschlußmängelstreitigkeiten ausdrücklich klären solle. Dies sei zu verneinen, da der Gesetzgeber ohnehin nur den vom BGH geäußerten Bedenken Rechnung tragen könne und bestimmen müsse, daß ein Schiedsverfahren nur bei Einverständnis aller Gesellschafter oder bei Entscheidung aller gegen einen Beschluß gerichteter Klagen durch ein von neutraler Stelle ernanntes Schiedsgericht zulässig sei. Damit habe man aber gegenüber dem geltenden Recht nichts gewonnen[71].

Desgleichen betont der Rechtsausschuß des Bundestages in seinem Bericht zum neuen Recht, daß man auch nach der Entscheidung des BGH von einer ausdrücklichen Regelung abgesehen habe. Maßgebend dafür sei zum einen, daß die Gesellschafter durch eine entsprechende Gestaltung der Schiedsklausel in der Gesellschaftssatzung oder einer gesonderten Schiedsvereinbarung die gewünschte Inter omnes-Wirkung herbeiführen könnten. Zum anderen bedürfe eine gesetzliche Regelung dieser hochkomplexen Problematik im Anschluß an die BGH-Entscheidung noch eingehender inhaltlicher Vorüberlegungen.

---

[67] *Timm* (oben FN 4), ZIP 1996, 445, 446; mißverständlich auch *Bender*, Schiedsklagen gegen Gesellschafterbeschlüsse im Recht der Kapitalgesellschaften nach der Neuregelung des Schiedsverfahrensrechts, DB 1998, 1900, 1904, der meint, der Gesetzgeber habe in der Neuregelung diese Frage „eindeutig zugunsten der Schiedsfähigkeit geklärt".

[68] BGH, 29.3.1996, BGHZ 132, 278.

[69] Baumbach-*Hartmann*, ZPO, § 1030 RZ 2; *Thomas/Putzo*, § 1030 RZ 2; *Schütze* (oben FN 25), RZ 96; *Lachmann* (oben FN 25), RZ 102; *Raeschke-Kessler/Berger* (oben FN 25), RZ 179; *Berger* (oben FN 54), 25; *ders.*, Das neue deutsche Schiedsverfahrensrecht, DZWiR 1998, 45, 48; *Bork*, Zur Schiedsfähigkeit von Beschlußmängelstreitigkeiten, ZHR 160 (1996), 374, 384; *Ebenroth/Bohne*, Die schiedsgerichtliche Überprüfung von Gesellschafterbeschlüssen in der GmbH, BB 1996, 1393, 1398; *Schlosser*, Anmerkung zu BGH, Urt. v. 29.3.1996, JZ 1996, 1020, 1022; *Jänich*, Anmerkung zu BGH, Urt. v. 29.3.1996, LM § 248 AktG, Nr. 3; *Lüke/Blenske* (oben FN 4), ZGR 1998, 253, 302; *K. Schmidt* (oben FN 1), ZHR 162 (1998), 265, 287; *Gottwald/Adolphsen*, Das neue deutsche Schiedsverfahrensrecht, DStR 1998, 1017, 1018.

[70] *Bork* (oben FN 69), ZHR 1996, 374, 384; *Ebenroth/Bohne* (oben FN 69), BB 1996, 1393, 1398.

[71] *Bork* (oben FN 69), ZHR 1996, 374, 384. Auch *Ebenroth/Bohne* (oben FN 69), BB 1996, 1393, 1398 halten eine Lösung durch den BGH selbst für vorzugswürdig gegenüber einer gesetzlichen Regelung. Anders *Bender* (oben FN 67), DB 1998, 1900, 1904.

Erweise sich eine gesetzliche Normierung danach als sinnvoll, so müsse sie, da es sich um ein spezifisch gesellschaftsrechtliches Problem handele, im Gesellschaftsrecht und nicht bei den allgemeinen Vorschriften des neuen zehnten Buches der ZPO erfolgen[72].

Angesichts der ausführlichen Erörterung der erweiterten Rechtskraftwirkung im Zweiten Teil ist diesen Argumenten nur noch wenig hinzuzufügen. In der Tat erledigt die Anknüpfung an den vermögensrechtlichen Anspruch nicht die Probleme aus der erweiterten Rechtskraftwirkung des § 248 AktG. Das gilt um so mehr, als die Entscheidung des BGH zu einer Zeit ergangen ist, als die Neuregelung schon vorlag und von ihm gar zitiert wird[73]. Es ist somit nicht davon auszugehen, daß das Gericht unter Geltung des § 1030 ZPO, der lediglich die objektive Schiedsfähigkeit betrifft, die Argumentation aus § 248 AktG aufgeben wird. Allerdings läßt sich auch unter dem neuen Recht das Argument der erweiterten Rechtskraft durch satzungsmäßige Ausgestaltung der Konzentrationswirkung mehrerer Klagen und der erwähnten Beteiligungsmöglichkeiten der Gesellschafter an der Konstitution des Schiedsgerichts und am Verfahren ausräumen, was der Rechtsausschuß selbst einräumt. Es erscheint deshalb nicht angebracht, den Gesetzgeber zu einer ausdrücklichen Regelung aufzufordern, weder im Prozeß- noch im Gesellschaftsrecht. Abgesehen von damit verbundenen zeitlichen Verzögerungen könnte er ohnehin nur die hier aufgezeigten Lösungsmöglichkeiten vorsehen.

Schließlich findet sich noch ein interessanter Vorschlag dazu, wie eine Schiedsklausel aufrechtzuerhalten sei, die keinen gleichmäßigen Einfluß der Beteiligten auf die Ernennung der Schiedsrichter vorsehe. So kann eine Partei im Falle von Ungleichgewichtssituationen nach § 1034 Abs. 2 der neuen ZPO bei Gericht beantragen, den oder die Schiedsrichter abweichend von der erfolgten Ernennung oder der vereinbarten Ernennungsregelung zu bestellen. Diese Vorschrift lasse sich entsprechend anwenden: Jede Partei, die an der Einhaltung des „Schiedsrechtswegs" interessiert sei, könne bei Gericht im Hinblick auf betroffene Drittinteressen eine Bestellung des Schiedsgerichts abweichend von der vereinbarten Ernennungsregelung beantragen. Komme es auf diese Weise nicht zu eine Korrektur des Verfahrens zur Konstituierung des Schiedsgerichts, so könnten auch am Schiedsverfahren nicht beteiligte Aktionäre den Aufhebungsantrag nach § 1059 ZPO stellen. Wie § 1041 ZPO a.F. sage die Vorschrift nicht, daß Aufhebung des Schiedsspruch nur begehren könne, wer Partei des Schiedsverfahrens gewesen sei. Man könne den Rechtsbehelf daher schon nach dem Wortlaut der Norm jedem geben, der vom Schiedsspruch materiell betroffen sei[74].

Dieser Vorschlag ist erheblichen theoretischen und praktischen Schwierigkeiten ausgesetzt. Einerseits sollte man im Interesse einer zügigen Abwicklung des Schiedsverfahrens den Einfluß staatlicher Gerichte auf ein laufendes Schiedsverfahren so weit wie möglich zurückdrängen. Die offensichtliche Benachteiligung einer Partei bei der Konstituierung stellt einen berechtigten Ausnahmefall dar, der Interimsmaßnahmen des

---

[72] Rechtsausschuß, BT-Drucks. 13/9124, 146.

[73] BGH, 29.3.1996, BGHZ 132, 278, 283.

[74] *Schlosser* (oben FN 69), JZ 1996, 1020, 1022; zustimmend *Ebbing* (oben FN 25), NZG 1998, 281, 287; *Bender* (oben FN 67), DB 1998, 1900, 1902; kritisch *K. Schmidt* (oben FN 1), ZHR 162 (1998), 265, 281.

staatlichen Richters rechtfertigt. Es erscheint jedoch nicht geboten, die Vorschrift ohne weiteres auf andere Fälle zu erstrecken. Dies muß besonders für Situationen gelten, in denen eine von der Regelung anvisierte Benachteiligung - hier der Gesellschafter - keinesfalls feststeht. Andererseits ermöglicht der Vorschlag jedem Gesellschafter einer größeren Gesellschaft, bei Gericht eine abweichende Konstituierung des Schiedsgerichts zu beantragen. Das verzögert das Verfahren nicht nur ungemein, sondern es ist auch unklar, wie das Gericht über diese Anträge entscheiden soll. Da man nicht jedem Gesellschafter „seinen eigenen Schiedsrichter" zugestehen kann, stellt sich lediglich erneut die bekannte Frage des Einigungszwangs. Diese ist aber mittels einer satzungsmäßigen Regelung zu beantworten.

Es bleibt mithin festzuhalten, daß bei entsprechenden Regelungen in der Satzung die erweiterte Rechtskraftwirkung des Schiedsspruchs schiedsgerichtlicher Erledigung von Beschlußmängelstreitigkeiten sowie Nichtigkeitsklagen nicht entgegensteht. Eine analoge Anwendung des § 1034 Abs. 2 ZPO ist dagegen abzulehnen.

VI. Aktienrechtliche Besonderheiten

K. Schmidt hat seine Auffassung, nach der § 23 Abs. 5 Abs. 1 AktG schiedsgerichtlicher Erledigung bestimmter aktienrechtlicher Streitigkeiten entgegenstehe, auch unter Geltung der neuen ZPO beibehalten[75]. Das reformierte Recht liefert jedoch keine neuen Argumente für seine Ansicht[76]. Es bleibt deshalb dabei, daß eine Schiedsklausel schon keine abweichende Bestimmung i.S.d. Vorschrift darstellt, sondern sie die Satzung lediglich ergänzt. Zudem beziehen sich ausschließliche staatliche Zuständigkeiten auch im Zusammenspiel mit § 23 Abs. 5 AktG nur auf die Zuständigkeitsverteilung innerhalb der staatlichen Gerichtsbarkeit.

C. Ergebnis

Die untersuchten gesellschaftsrechtlichen Streitigkeiten sind unter dem neuen deutschen Schiedsverfahrensrecht sowohl schiedsfähig im engeren als auch im weiteren Sinne. Die Probleme des § 248 AktG hat die Neuregelung jedoch nicht gelöst. Ihnen ist mit den erörterten satzungsrechtlichen Gestaltungsmöglichkeiten zu begegnen.

---

[75] *K. Schmidt* (oben FN 1), ZHR 162 (1998), 265, 282.

[76] Anders *Bender* (oben FN 67), DB 1998, 1900, 1901, der meint, § 23 Abs. 5 S. 1 AktG stehe einer Schiedsklausel künftig nicht mehr entgegen, da im neuen Schiedsverfahrensrecht die Schiedsfähigkeit von Beschlußmängelstreitigkeiten „grundsätzlich unproblematisch" sei.

§ 15 Zusammenfassung und Thesen

I. Schiedsgerichte haben ihre eigentliche Domäne im Bereich des internationalen Wirtschaftsverkehrs. Auf nationaler Ebene ist jedoch auch die schiedsgerichtliche Erledigung gesellschaftsrechtlicher Binnenstreitigkeiten von großer Bedeutung. Etwa ein Drittel aller innerdeutschen Schiedsverfahren ist im Bereich des Gesellschaftsrechts anzusiedeln. Je stärker dabei das personalistische Moment der Gesellschaft ausgeprägt ist, desto eher wird die Gesellschafterversammlung eine Schiedsvereinbarung zur Beilegung etwaiger Streitigkeiten in den Gesellschaftsvertrag aufnehmen. Statutarische Schiedsklauseln sind daher vor allem bei kleineren Personenhandelsgesellschaften und bei von persönlicher Zusammenarbeit geprägten GmbHs und kleinen AGs anzutreffen, seltener hingegen bei Publikumsgesellschaften.

Die Gründe der Vereinbarung einer gesellschaftsrechtlichen Schiedsklausel liegen vor allem in der Möglichkeit, das Verfahren geheimzuhalten und in atmosphärischen Vorteilen. Gesellschaftsrechtliche Schiedsgerichte werfen eine Fülle von Problemen und historischen Eigenheiten auf, unter denen die Schiedsfähigkeit des jeweiligen Binnenstreits das wohl dringendste darstellt.

II. Eine funktionierende Schiedsgerichtsbarkeit kommt nicht ohne ein gewisses Maß an staatlicher Kontrolle aus. Die Schiedsfähigkeit des Streitgegenstandes bietet dem Staat neben dem repressiven Verfahren zur Aufhebung des Schiedsspruchs eine präventive Eingriffs- und Lenkungsmöglichkeit. Die Prüfung der Schiedsfähigkeit dient dazu, das Interesse des Staates an einem Rechtsprechungsmonopol festzulegen und zu begrenzen. Das staatliche Rechtsprechungsmonopol ist oft weniger durch rechtliche als durch verschiedene sozio-ökonomische Vorstellungen unterschiedlich stark ausgeprägt. Das Monopol steht im Schnittpunkt von Privatautonomie, öffentlichen Interessen und privaten Drittinteressen. Die Erledigung gesellschaftsrechtlicher Streitigkeiten durch Schiedsgerichte kann vor allem private Drittinteressen betreffen.

Die Schiedsfähigkeit manifestiert sich in verschiedenen Kriterien, die teilweise ausdrücklich gesetzlich normiert sind und teilweise auf Richterrecht basieren. Dabei ist zu unterscheiden zwischen Schiedsfähigkeit im engeren Sinne, welche die objektive Schiedsfähigkeit umfaßt, und Schiedsfähigkeit im weiteren Sinne, worunter ganz unterschiedliche Gesichtspunkte diskutiert werden, die schiedsgerichtlicher Entscheidung entgegenstehen können.

III. In Deutschland knüpfte § 1025 Abs. 1 ZPO a.F. die objektive Schiedsfähigkeit lange Zeit an die Vergleichsbefugnis der Parteien über den Streitgegenstand. Zur Auslegung der Vorschrift entwickelte sich zunächst die Theorie der materiellrechtlichen Vergleichsbefugnis, die nach der Fähigkeit der Parteien fragte, den Streit im Wege eines materiellrechtlichen Vergleichs beizulegen. Ihr wurde bald die Theorie der verfahrensrechtlichen Verfügungsbefugnis gegenübergestellt, die die Schiedsfähigkeit an einem verfahrensrechtlich motivierten Rechtsprechungsmonopol festmachen wollte.

Neuerdings hat sich die Theorie der objektiven Verfügbarkeit des Rechtsverhältnisses durchgesetzt. Diese prüft, ob sich der Staat für das konkret begehrte Ergebnis im Interesse besonders schutzwürdiger Rechtsgüter ein Rechtsprechungsmonopol derart vorbehalten hat, daß niemand abgesehen vom staatlichen Richter in der Lage sein soll, den angestrebten Rechtszustand herbeizuführen. Ein solches Rechtsprechungsmonopol ist dann verneinen, wenn die Parteien das mit der Klage erstrebte Ziel auch durch eine rechtsgeschäftliche Vereinbarung erreichen können. Dieser Theorie ist grundsätzlich zuzustimmen, sie ist allerdings dahingehend zu präzisieren, daß sich ein staatliches Rechtsprechungsmonopol auch aus Gesichtspunkten ergeben kann, die über die rechtsgeschäftliche Dispositionsbefugnis der Parteien über den Streitgegenstand hinausgehen. Dazu ist anhand der streitentscheidenden Normen zu ermitteln, ob sich ein staatliches Rechtsprechungsmonopol aus den durch sie geschützten Interessen ergibt.

IV. Im Unterschied zum anglo-amerikanischen Rechtskreises finden sich in vielen europäischen Ländern ausdrückliche gesetzliche Regelungen der Schiedsfähigkeit. Diese stellen zumeist auf die Vergleichs- oder Verfügungsbefugnis der Parteien über den Streitgegenstand ab. Andere Ansätze fragen, ob im Einzelfall aufgrund besondere öffentlicher Interessen schiedsgerichtlicher Entscheidung der „ordre public“ bzw. die „public policy“ entgegensteht. In jüngerer Zeit verlagert sich die „ordre public“ bzw. „public policy“ - Prüfung aber zunehmend auf die nachträgliche Kontrolle des Schiedsspruchs im Rahmen eines Aufhebungs- oder Anerkennungsverfahrens. Neuere Gesetze orientieren die Schiedsfähigkeit am vermögensrechtlichen Charakter des in Frage stehenden Anspruchs. Der Maßstab der Verfügungsbefugnis der Parteien erscheint jedenfalls der Vergleichsbefugnis bzw. den Kriterien des „ordre public“ und der „public policy“ überlegen.

V. Streitigkeiten um die Erbringung der Stammeinlage in der Kapitalgesellschaft können vor einem Schiedsgericht ausgetragen werden. Zwar schließen die in verschiedenen Ländern normierten gesellschaftsrechtlichen Befreiungsverbote auch einen Vergleich über die Einlageforderung aus. Sie verhindern aber nicht den Abschluß eines Schiedsvertrages, mit dem nicht über die Einlage verfügt wird. Einlagestreitigkeiten sind vielmehr objektiv schiedsfähig, da die Parteien grundsätzlich im Sinne der Theorie der objektiven Verfügbarkeit des Rechtsverhältnisses über die Einlageforderung disponieren können. Ein staatliches Rechtsprechungsmonopol ergibt sich außerdem nicht aus dem Gesichtspunkt des Gläubigerschutzes. Auch die subjektive Schiedsfähigkeit ist zu bejahen, da sich im Prozeß die Gesellschaft und der Einlageschuldner als verfügungsberechtigte Parteien gegenüberstehen.

VI. Die Schiedsfähigkeit kapitalgesellschaftsrechtlicher Beschlußmängelstreitigkeiten bildet die wohl umstrittenste Frage der gesellschaftsrechtlichen Schiedsgerichtsbarkeit. Ihr steht nicht die objektive Schiedsfähigkeit entgegen, da sich die Dispositionsbefugnis aus der Möglichkeit der Gesellschaftsversammlung ergibt, den in Frage stehenden Beschluß durch actus contrarius wieder aufzuheben. Ein Rechtsprechungsmonopol ergibt sich auch nicht aus dem Gesichtspunkt von Rechtssicherheit und Kontrolle, die Anfechtungs- und Nichtigkeitsklage bezwecken. Desgleichen ist die subjektive

Schiedsfähigkeit zu bejahen, die über § 1048 ZPO a.F. bzw. § 1066 ZPO aus dem Verbandsrecht folgt. Zwar fallen die Prozeß- und die Schiedsvertragsparteien im Falle einer statutarischen Schiedsklausel auseinander. Aufgrund des § 1066 ZPO ist dem Zweck der subjektiven Schiedsfähigkeit, nur Parteien einem Schiedsverfahren zu unterwerfen, die der Bindung an eine Schiedsklausel unterliegen, aber Genüge getan. Die ausschließliche landgerichtliche Zuständigkeit zur Entscheidung des Beschlußstreits regelt nur die Zuständigkeitsverteilung unter den staatlichen Gerichten, nicht aber die Kompetenzen zwischen staatlichen- und Schiedsgerichten. Für die Schiedsfähigkeit kommt es nicht auf Gestaltungswirkung des Schiedsspruchs bzw. den Gestaltungscharakter der Klage an, sondern darauf, ob die Parteien die Gestaltungswirkung auch durch Disposition herbeiführen können, was bei Beschlußmängeldisputen der Fall ist.

Die Bedenken des BGH im Hinblick auf die erweiterte Rechtskraftwirkung des Schiedsspruchs können aufgrund der prozessualen Gleichstellung von Urteil und Schiedsspruch in § 1055 ZPO nicht überzeugen. Jedenfalls kann ihnen aber durch entsprechende Regelungen in der Satzung Rechnung getragen werden. Diese müssen zunächst die von § 246 Abs. 3 S. 3 AktG bezweckte Konzentrationswirkung der Klagen erzielen, um Parallelverfahren bei staatlichen Gerichten oder Schiedsgerichten zu vermeiden. Für viele Fälle verhindert aber schon das Institut der „Schiedshängigkeit“ mehrere anhängige Verfahren. Zudem müssen die Satzungsregelungen die Beteiligung der Gesellschafter an der Konstituierung des Schiedsgerichts dergestalt sicherstellen, daß jeder Gesellschafter vor Beginn des Schiedsverfahrens Gelegenheit zur Einflußnahme auf die Schiedsrichterwahl hat. Gelingt unter mehreren Klägern eine Einigung auf einen Schiedsrichter nicht, ist er durch eine neutrale Stelle zu ernennen. Denkbar ist aber auch die Ernennung des gesamten Schiedsgerichts durch eine neutrale Stelle. Nach Beginn des Verfahrens ist das Beteiligungsrecht der Gesellschafter durch die Möglichkeit zur streitgenössischen Nebenintervention gewährleistet, die in jedem Fall zuzulassen ist. Für die AG steht schiedsgerichtlicher Erledigung das Prinzip der aktienrechtlichen Satzungsstrenge nicht entgegen, da eine Schiedsklausel keine abweichende, sondern lediglich eine satzungsergänzende Bestimmung i.S.d. § 23 Abs. 5 S. 2 AktG darstellt.

VII. Schiedsgerichte können Dispute um die Erteilung einer Information in der Gesellschafterversammlung der AG bzw. der GmbH entscheiden. Die Streitigkeiten sind objektiv und subjektiv schiedsfähig, da eine Schiedsklausel keinen Verzicht auf das Informationsrecht bedeutet, sondern nur das Verfahren regelt, und der Gesellschafter als Kläger und die Gesellschaft als Beklagte sich über die Auskunftserteilung einigen können. Ein Rechtsprechungsmonopol läßt sich auch nicht auf den durch den Informationsanspruch bezweckten Individualschutz stützen. Desgleichen hindern die ausschließliche landgerichtliche Zuständigkeit und die Tatsache, daß die Ansprüche im Verfahren der Freiwilligen Gerichtsbarkeit geltend zu machen sind, schiedsgerichtliche Erledigung nicht. Der Streit um die Auskunftserteilung ist eine „echte“ Streitsache der Freiwilligen Gerichtsbarkeit und als solcher schiedsgerichtlicher Entscheidung zugänglich. Im Rahmen der AG verbietet auch die aktienrechtliche Satzungsstrenge diese nicht

VIII. Schiedsgerichte sind zur Beurteilung kapitalgesellschaftsrechtlicher Klagen im Rahmen der Gründerhaftung und der Haftung für pflichtwidrige Geschäftsführung berufen. Die in diesem Zusammenhang angeordneten gesellschaftsrechtlichen Vergleichsbeschränkungen verbieten einen Schiedsvertrag nicht, da mit diesem nicht materiell über die Klageforderung verfügt wird. Es besteht vielmehr grundsätzliche Dispositionsbefugnis über diese Dispute, weshalb die objektive Schiedsfähigkeit des Streitgegenstandes vorliegt. Ein staatliches Rechtsprechungsmonopol läßt sich zudem nicht aus dem von den Vorschriften bezweckten Schutz der Gläubiger und der Gesellschaft ableiten. Desgleichen ist auch die subjektive Schiedsfähigkeit zu bejahen, da sich als verfügungsbefugte Parteien der klagende Gesellschafter und die Gesellschaft gegenüberstehen.

IX. Streitigkeiten um die Abberufung von Leitungsorganen sind schiedsgerichtlicher Erledigung zugänglich. So kann ein Schiedsgericht die Wirksamkeit eines Abberufungbeschlusses der Personengesellschaft und der GmbH überprüfen. Der Beschluß ist objektiv und subjektiv schiedsfähig, da die betroffenen Parteien den Abberufungsstreit auch einvernehmlich beilegen können, wobei sich für die GmbH im Gegensatz zur Personengesellschaft die bei den Beschlußmängelstreitigkeiten erörterten Fragen der Rechtskraftwirkung des Schiedsspruchs stellen. Darüber hinaus kann das Schiedsgericht bei der Personengesellschaft ein gerichtliches Abberufungsverfahren durchführen. Die objektive und subjektive Schiedsfähigkeit ergibt sich ebenfalls aus der Möglichkeit der betroffenen Parteien zur rechtsgeschäftlichen Beilegung des Disputs, dessen Gestaltungscharakter nicht hinderlich ist.

Schließlich ist auch der Streit um die Abberufung des Vorstands einer AG objektiv und subjektiv schiedsfähig, da der klagende Vorstand und der Aufsichtsrat als verfügungsbefugte Parteien in der Lage sind, die Abberufung auch einvernehmlich zu regeln. Dem steht die aktienrechtliche Satzungsstrenge nicht entgegen, da eine Schiedsvereinbarung die aktienrechtliche Hierarchieordnung nicht durch Einführung eines weiteren Organs berührt. Als Maßnahme, die die Organstellung des Vorstands in der Gesellschaft berührt, reicht dafür aber eine anstellungsvertragliche Schiedsklausel nicht aus, sondern es ist eine satzungsmäßige Schiedsklausel zu fordern. Schließlich ergibt sich in allen Fällen ein staatliches Rechtsprechungsmonopol auch nicht aus dem von der Abberufung bezweckten Gesichtspunkt der Rechtssicherheit.

X. Die Klage auf Ausschließung eines Gesellschafters aus wichtigem Grund kann bei Personengesellschaft und GmbH schiedsgerichtlich entschieden werden. Objektive und subjektive Schiedsfähigkeit ergeben sich aus der Möglichkeit des klagenden Gesellschafters und der übrigen Gesellschafter, den Ausschluß und seine Folgen auch im Wege einer rechtsgeschäftlichen Vereinbarung zu erledigen. Ein Rechtsprechungsmonopol ergibt sich nicht aus dem von der Klage geschützten Interesse der Gesellschafter am Fortbestand der Gesellschaft. Auch der Gestaltungsklagecharakter verbietet die schiedsgerichtliche Entscheidung nicht.

XI. Die Klage auf Auflösung einer Personengesellschaft und einer GmbH aus wichtigem Grund kann vor einem Schiedsgericht verhandelt werden. Die objektive Schiedsfähigkeit drückt sich in der Möglichkeit der Gesellschafter aus, die Auflösung auch durch Beschluß herbeizuführen oder sich auf andere Weise darüber zu einigen. Zudem schränkt eine Schiedsklausel das Auflösungsrecht nicht materiell ein. Ein staatliches Rechtsprechungsmonopol wird von den durch die Auflösung geschützten Interessen, der Vermeidung unzumutbarer Bindung an die Gesellschaft sowie Rechtssicherheit und -klarheit, nicht verfolgt. Die subjektive Schiedsfähigkeit ergibt sich bei der Personengesellschaft aus der Dispositionsbefugnis des oder der klagenden Gesellschafter(s) und der übrigen Gesellschafter. Im Rahmen der GmbH bringen sie § 1048 ZPO a.F. bzw. § 1066 ZPO wie bei den Beschlußmängelstreitigkeiten über das Verbandsrecht zustande.

Der Gestaltungsklagecharakter entscheidet ebensowenig über schiedsgerichtliche Erledigung der Auflösung wie die für sie angeordnete ausschließliche landgerichtliche Entscheidungszuständigkeit. Da dem Auflösungsschiedsspruch nur Gestaltungswirkung inter omnes, aber im Unterschied zum Beschlußmängelstreit keine erweiterte Rechtskraftwirkung zukommt, sind lediglich die Rechte der Gesellschafter auf Information und Nebenintervention im Verfahren sicherzustellen. Die Gestaltungswirkung des Schiedsspruchs tritt aufgrund der prozessualen Gleichstellung mit dem Urteil bereits mit seiner Rechtskraft ein, ohne daß es einer Vollstreckbarerklärung bedarf. Er kann allein die Grundlage handelsregisterlicher Eintragungen bilden.

XII. Die Klage auf Nichtigerklärung einer Kapitalgesellschaft wegen Gründungsmängeln ist schiedsrichterlicher Erledigung zugänglich. Sie ist objektiv schiedsfähig, da die Gesellschafter die Rechtsfolge der Auflösung der Gesellschaft auch durch Beschluß erzielen können. Ein staatliches Rechtsprechungsmonopol läßt sich nicht aus dem von der Klage bezweckten Vertrauens- und Bestandsschutz herleiten. Die subjektive Schiedsfähigkeit folgt aus § 1048 ZPO a.F. bzw. § 1066 ZPO über das Verbandsrecht. Die ausschließliche landgerichtliche Zuständigkeit und die Gestaltungsnatur des Verfahrens können schiedsgerichtliche Entscheidung nicht hindern. Da der Nichtigkeitsschiedsspruch aufgrund der Anwendbarkeit des § 248 AktG erweiterte Rechtskraft zeitigt, sind jedoch die bei den Beschlußmängelstreitigkeiten erörterten Regelungen in der Satzung zu treffen. Die aktienrechtliche Satzungsstrenge steht schiedsgerichtlicher Erledigung nicht entgegen.

XIII. Das neue deutsche Schiedsverfahrensrecht knüpft die objektive Schiedsfähigkeit in § 1030 Abs. 1 ZPO an den vermögensrechtlichen Charakter des streitigen Anspruchs. Für Streitigkeiten nichtvermögensrechtlicher Art hat es das Kriterium der Vergleichsbefugnis beibehalten. Das UNCITRAL-Modellgesetz über die Schiedsgerichtsbarkeit, das das deutsche Recht in großen Teilen rezipiert hat, hält keine Regelung der Schiedsfähigkeit bereit, sondern regelt nur seinen Anwendungsbereich. Mit der Einführung des vermögensrechtlichen Anspruchs wollte der deutsche Gesetzgeber das Interesse des Staates an einem Rechtsprechungsmonopol kennzeichnen und hat dazu das Vorbild des Art. 177 Abs. 1 des schweizerischen IPRG übernommen. In der Schweiz wurde das Kriterium des Vermögensrechts in verschiedenen Normen des OG verwendet, gerichtliche Auslegung hat es speziell im Zusammenhang mit Berufungsstreitigkeiten erfahren. Im IPRG findet es sich nun insbesondere in den Vorschriften betreffend Gerichtsstands- und Schiedsvereinbarung. Der schweizerische Gesetzgeber wollte damit bewußt vom Kriterium der Verfügbarkeit des Rechtsverhältnisses Abstand nehmen. Letzteres hat in der Schweiz verschiedene Fragen aufgeworfen, darunter das Problem der Schiedsfähigkeit nichtvermögensrechtlicher Ansprüche.

In Deutschland ist das Kriterium des Vermögensrechts aus verschiedenen Vorschriften der ZPO bekannt und hat, wie in der Schweiz, besondere Beachtung im Rahmen des Rechtsmittelrechts gefunden. Die Neuregelung gibt die Privatautonomie als Grundlage der Schiedsgerichtsbarkeit nicht auf, da auch das Kriterium des vermögensrechtlichen Anspruchs nur Ausdruck der Privatautonomie ist, sie aber nicht selbst legitimiert. Bei der Auslegung des Begriffs kann man einerseits auf die in der Schweiz ergangene Rechtsprechung und Literatur zu Art. 177 Abs. 1 IPRG zurückgreifen. Andererseits ist die Interpretation der deutschen Vorschriften, die den Begriff des vermögensrechtlichen Anspruchs bereits kennen, heranzuziehen, obwohl er in den verschiedenen Normen ganz unterschiedlichen Zwecken dient.

Die neue Anknüpfung ist insbesondere auf dem Gebiet der internationalen Handelsschiedsgerichtsbarkeit den Kriterien der Vergleichs- und Verfügungsbefugnis überlegen, da sie für den internationalen Rechtsanwender leichter faßbar ist. Dabei ist zu berücksichtigen, daß das Kriterium anders als in der Schweiz auch für nationale Schiedsverfahren Geltung hat. Vermögensrechtlich sind die meisten Bereiche, die auch nach altem Recht der Disposition der Parteien zugänglich waren. Zusätzlich ist künftig für verschiedene wirtschaftsrechtliche Gebiete grundsätzlich von Schiedsfähigkeit auszugehen, wenn diesen geldwerte Rechtsverhältnisse zugrunde liegen. Ausnahmen werden in Zukunft weniger von den Gerichten entwickelt, sondern ergeben sich vor allem aus ausdrücklichen gesetzlichen Regelungen. Die subsidiäre Anknüpfung nichtvermögensrechtlicher Ansprüche an die Vergleichsbefugnis der Parteien ist im Sinne der Theorie der objektiven Verfügbarkeit des Rechtsverhältnisses auszulegen. In internationalen Verfahren ist sie nicht frei von Bedenken, aber angesichts des für nationale und internationale Verfahren einheitlichen Rechts zu begrüßen.

XIV. Allen untersuchten gesellschaftsrechtlichen Streitigkeiten kommt vermögensrechtlicher Charakter und damit objektive Schiedsfähigkeit zu. Teilweise ergibt sich dieser bereits aus dem Charakter des gesellschaftsrechtlichen Rechtsverhältnisses, das der jeweiligen Streitigkeiten zugrunde liegt, teilweise ist aber auf die mit der Klage bezweckte Rechtsfolge abzustellen. Der Begriff des „Anspruchs“ ist i.S.d. prozessualen Anspruchs zu verstehen und umfaßt daher auch Feststellungs- und Gestaltungsklagen. Die sonstigen im Rahmen der Schiedsfähigkeit im weiteren Sinne diskutierten Gesichtspunkte haben auch unter dem neuen Recht ihre Bedeutung behalten, können die schiedsgerichtliche Erledigung gesellschaftsrechtlicher Dispute jedoch nicht grundsätzlich verbieten.

Die subjektive Schiedsfähigkeit folgt in den Fällen des Auseinanderfallens von Prozeß- und Schiedsvertragsparteien aus § 1066 ZPO, der § 1048 ZPO a.F. übernommen hat und ebenso auszulegen ist. Ausschließliche staatliche Zuständigkeiten können schiedsgerichtliche Beurteilung künftig nur noch im Falle von Sondergerichten hindern. Der Charakter einer Klage als Gestaltungsrecht steht der Schiedsfähigkeit ebensowenig entgegen wie die Tatsache, daß eine Entscheidung im Verfahren der Freiwilligen Gerichtsbarkeit erfolgt . Dabei ist unter dem neuen Recht aber nicht mehr auf die Dispositionsbefugnis der Parteien über die Gestaltung oder auf den Gesichtspunkt des „echtes Streitverfahrens“ abzustellen, sondern zunächst der vermögensrechtliche Charakter der Streitigkeit zu prüfen. Das Problem der erweiterten Rechtskraftwirkung des Schiedsspruchs hat die Neuregelung des Schiedsverfahrens nicht gelöst. Abhilfe bringen nur die erörterten satzungsmäßigen Regelungen. Eine Lösung durch den Gesetzgeber erscheint nicht erstrebenswert. Der Grundsatz der aktienrechtlichen Satzungsstrenge verbietet schiedsgerichtliche Entscheidung hingegen auch künftig nicht.

Literaturverzeichnis

Alternativkommentar, Kommentar zur Zivilprozeßordnung, Hrsg. Rudolf Wassermann, Neuwied/Darmstadt 1987 (zit. AK-Bearbeiter nach § und RZ).

Aubert, Jean-Luc: La révocation des organes d'administration des sociétés commerciales, Rev. trim. dr. com. 1968, 977.

Backhausen, Georg: Schiedsgerichtsbarkeit unter besonderer Berücksichtigung des Schiedsvertragsrechts, Wien 1990.

Bärmann, Johannes: Schiedsfähigkeit, in: Festschrift für Friedrich Weber, Berlin/New York 1975, S. 1.

Barber, Horst: Objektive Schiedsfähigkeit und Ordre public in der internationalen Schiedsgerichtsbarkeit, Münster 1994.

Bartl, Harald, / Henkes, Ulrich / Schlarb, Eberhard / Schulze, Hans-Jürgen: GmbH-Recht, 4. Auflage Heidelberg 1998.

Basedow, Jürgen: Vertragsstatut und Arbitrage nach neuem IPR, in: Jahrbuch für die Praxis der Schiedsgerichtsbarkeit, Band 1 (1987), S. 3.

Baumbach, Adolf / Lauterbach, Wolfgang / Albers, Jan / Hartmann, Peter: Zivilprozeßordnung Kommentar, 58. Auflage München 2000 (zit. Baumbach-Bearbeiter, ZPO, nach § und RZ).

ders. / Duden, Konrad / Hopt, Klaus J.: Handelsgesetzbuch Kommentar, 30. Auflage München 2000 (zit. Baumbach-Bearbeiter, HGB, nach § und RZ).

ders. / Hueck, Alfred / Schulze-Osterloh, Joachim: GmbH-Gesetz Kommentar, 16. Auflage München 1995 (zit. Baumbach-Bearbeiter, GmbHG, nach § und RZ).

Baur, Fritz: Rechtshängig Schiedshängig, in: Festschrift für Hans W. Fasching, Wien 1988, S. 81.

Becker, Michael: Typologie und Probleme der (handelsrechtlichen) Gestaltungsklagen unter besonderer Berücksichtigung der GmbH-rechtlichen Auflösungsklage (§ 61 GmbHG), ZZP 97 (1984), 314.

Bender, Gregor: Schiedsklagen gegen Gesellschafterbeschlüsse im Recht der Kapitalgesellschaften nach der Neuregelung des Schiedsverfahrensrechts, DB 1998, 1900.

Benoit-Moury, A. / Matray, D.: L'arbitrage et le droit des sociétés, Rev. arb. 1978, 130.

Berg van den, Albert / Delden R. van / Snijders, H. J.: Netherlands Arbitration Law, Deventer 1993.

Berger, Klaus Peter: Wirtschaftsschiedsgerichtsbarkeit, Berlin 1992.

ders.: Das neue Recht der Schiedsgerichtsbarkeit, Köln 1998.

ders.: Das neue deutsche Schiedsverfahrensrecht, DZWiR 1998, 45.

Bericht der Kommission zur Neuordnung des Schiedsverfahrensrechts mit einem Diskussionsentwurf zur Neuregelung des zehnten Buches der ZPO und Begründung zu den einzelnen Vorschriften, herausgegeben vom Bundesministerium der Justiz, Februar 1994 (zit. RefE).

Bericht des Rechtsausschusses zur Reform des Schiedsverfahrensrechts, BT-Drucksache 13/9124 vom 24.11.1997, S. 48.

Berner Kommentar zum Schweizerischen Privatrecht, Kommentar zum Obligationenrecht, Band 7, Abt. 1: Art. 552-619 (Bern 1943), Band 7, Abt. 3: Art. 772-827 (Bern 1939) (zit. BernerKomm-Bearbeiter nach Art. und RZ).

Bernini, Giorgio: Report Italy, Y.C.A. 1981, 24.

Böckli, Peter: Schweizer Aktienrecht, 2. Auflage Zürich 1996.

Böckstiegel, Karl-Heinz: Vorwort und Einführung, in: Schriftenreihe der Deutschen Institution für Schiedsgerichtsbarkeit, Band 11: Schiedsgerichtsbarkeit in gesellschaftsrechtlichen und erbrechtlichen Angelegenheiten, Köln/Berlin/Bonn/München 1996, S, 1.

Boehm, Peter: Zur Rechtsnatur des Schiedsvertrags unter nationalen und internationalen Gesichtspunkten, ZfRV 1968, 262.

Boisséson, Matthieu de: Le droit français de l´arbitrage interne et international, 2e édition Paris 1990.

Bork, Reinhard: Der Begriff der objektiven Schiedsfähigkeit, ZZP 100 (1987), 249.

ders.: Anmerkung zu LG Mönchengladbach, Beschl.v. 15.1.1986, JZ 1987, 100.

ders.: Zur Schiedsfähigkeit von Beschlußmängelstreitigkeiten, ZHR 160 (1996), 374.

Born, Gary: International Commercial Arbitration in the United States, Deventer 1994.

Bosch, Wolfgang: Rechtskraft und Rechtshängigkeit im Schiedsverfahren, Konstanz 1990.

ders.: Anfechtung von Gesellschafterbeschlüssen in der GmbH vor dem Schiedsgericht ?, WiB 1996, 718.

Botschaft zum Bundesgesetz über das internationale Privatrecht der Schweiz vom 10.11.1982, Bern 1983 (zit. Botschaft IPRG).

Bratschi, Peter / Briner, Robert: Bemerkungen zum Konkordat über die Schiedsgerichtsbarkeit, SJZ 1976, 101.

Bredow, Günther M.: Die Zukunft der Schiedsklausel für GmbH-Beschlußmängelklagen, DStR 1996, 1653.

Bromberg, Alan R. / Ribstein, Larry B.: On Partnership, Volume 2: § 5.01-§ 7.22, New York, Loseblatt Stand Juli 2000.

Brunner, Max: Streifzug durch die Statuten schweizerischer Publikumsaktiengesellschaften, Bern 1976.

Bucher, Andreas: Die neue international Schiedsgerichtsbarkeit in der Schweiz, Basel 1988.

Butler, David / Finsen, Eyvind: Arbitration in South Africa - Law and Practice, Kapstadt 1993.

Cahn, Andreas: Vergleichsverbote im Gesellschaftsrecht, Frankfurt 1996.

Carmody-Wait: Cyclopedia of New York Civil Practice, Volume 23, 2nd edition, New York 1991

Casper, Matthias / Risse, Jörg: Mediation von Beschlussmängelstreitigkeiten, ZIP 2000, 437.

Chambre de Commerce International: Le droit de l´arbitrage en Europe, Paris 1981.

Coffee, John C.: No Exit ?: Opting Out, the Contractual Theory of the Corporation, and the Special Case of Remedies, 53 Brooklyn L. Rev. 919 (1988).
Clère, Jean-Jacques: L`arbitrage révolutionnaire: apogeé et déclin d´une institution (1790-1806), Rev. arb. 1981, 3.
Cohen, Daniel: Arbitrage et Société, Paris 1993.
Cozian, Maurice / Viandier, Maurice: Droit des sociétés, 7e édition Paris 1994.
Cremades, Bernardo M.: Arbitration in Spain, Madrid 1991.

Dardel, Jean: Jurisclasseurs Sociétés Traité, Band I, Fascicule 30/1: Compétence et procédure.
David, René: L´arbitrage dans le commerce international, Paris 1982.
Davidson, Fraser P.: International Commercial Arbitration - Scotland and the UNCITRAL Model Law, Edinburgh 1991.
Deimbacher, Otto: Schiedsverträge und Schiedsklauseln in anderen Verträgen und in Allgemeinen Geschäftsbedingungen, GesRZ 1995, 12.
Domke, Martin: The Law and Practice of Commercial Arbitration, St. Paul, Minnesota, Loseblatt Stand Juli 2000.
Dutoit, Bernard: Commentaire de la loi fédérale du 18 décembre 1987, 2. Auflage Basel/Frankfurt a.M. 1997
ders. / Knoepfler, François / Lalive, Pierre / Mercier, Pierre: Répertoire de droit international privé suisse, Band 1, Bern 1982.

Eager, Samuel W.: The Arbitration Contract and Proceedings, New York 1971.
Ebbing, Frank: Schiedsvereinbarungen in Gesellschaftsverträgen, NZG 1998, 281.
Ebenroth, Carsten Thomas / Bohne, Michael: Die schiedsgerichtliche Überprüfung von Gesellschafterbeschlüssen in der GmbH, BB 1996, 1393.
ders. / Müller, Andreas: Anfechtung von GmbH-Gesellschafterbeschlüssen: Effiziente Gestaltung der Beschlußüberprüfung, DB 1992, 361.
El-Ahdab, Abdul-Hamid: L´arbitrage dans les pays arabes, Paris 1988.
Elsing, Siegfried H.: Alternative Dispute Resolution - geeignet zur Streitbeilegung in Gesellschaften ?, in: Festschrift für Otto Sandrock, Heidelberg 2000, S. 267.
Engelhardt, Hanns: Aus der neueren Rechtsprechung zur Schiedsgerichtsbarkeit, JZ 1987, 227.
Ensthaler, Jürgen: Gemeinschaftskommentar zum Handelsgesetzbuch, 6. Auflage Neuwied, Kriftel, Berlin 1999 (zit. Ensthaler-Bearbeiter nach § und RZ).
Entwurf eines Gesetzes zur Neuregelung des Schiedsverfahrensrechts nebst Regierungsbegründung, BT-Drucksache 13/5274 vom 12.7.1996 (zit. RegE)
Escarra, Jean / Rault, Jean: Les sociétés commerciales, Tome I, Paris 1950, Tome IV, Paris 1959.

Fasching, Hans W.: Kommentar zu den Zivilprozeßgesetzen, Band IV: §§ 461-602, Wien 1971 (zit, Fasching nach § und RZ).
ders.: Schiedsgericht und Schiedsverfahren im österreichischen und im internationalen Recht, Wien 1973.
ders.: Lehrbuch des österreichischen Zivilprozeßrechts, 2.Auflage Wien 1990.

ders.: Internationale Schiedsgerichtsbarkeit in Österreich, in Gottwald, Peter (Hrsg.), Internationale Schiedsgerichtsbarkeit, S. 729, Bielefeld 1997.
Firsching, Karl / v. Hoffmann, Bernd: Internationales Privatrecht einschließlich der Grundzüge des Internationalen Zivilverfahrensrechts, 6. Auflage München 1999.
Fischer, Robert: Anmerkung zu BGH, Urt. v. 4.7.1951, LM § 199 Nr. 1 AktG 1937.
Flume, Werner: „Hinauskündigung" aus der Personengesellschaft und Abfindung, DB 1986, 629.
Forde, Michael: Arbitration Law and Procedure, Dublin 1994.
Forstmoser, Peter: Schweizerisches Aktienrecht, Band I, Lieferung 1, Zürich 1981.
ders.: Die aktienrechtliche Verantwortlichkeit, 2. Auflage Zürich 1987.
ders.: Vom alten zum neuen Aktienrecht, SJZ 1992, 157.
ders.: Handlungsbedarf bei altrechtlichen Aktiengesellschaften, SJZ 1997, 86.
ders. / Meyer-Hayoz, Arthur / Nobel, Peter: Schweizerisches Aktienrecht, 4. Auflage Bern 1996.
Fouchard, Philippe / Gaillard, Emmanuel / Goldman, Berthold: Traité de l'arbitrage commercial international, Paris 1996.

Geimer, Reinhold: Anmerkung zu BGH, Urt. v. 29.3.1996, DZWiR 1997, 119.
Geist, Reinhard: Allgemeines Informationsrecht des GmbH-Gesellschafters ?, ÖJZ 1993, 641.
Gellis, Max / Feil, Erich: Kommentar zum GmbH-Gesetz, 3. Auflage Wien 1995 (zit. Gellis/Feil nach § und RZ).
Gentinetta, Jörg: Die lex fori internationaler Handelsschiedsgerichte, Bern 1973.
Gerkan, Hartwin von: Kurzkommentar zu LG Möchengladbach, Beschl. v. 15.1.1986, EWiR 1986, 803.
Geßler, Ernst / Hefermehl, Wolfgang / Eckardt, Ulrich / Kropff, Bruno: Aktiengesetz Kommentar, Band I: §§ 1-75, München 1973-1984,
Band II: §§ 76-147, München 1974,
Band V: §§ 241-290, München 1984-1986
(zit. Geßler-Bearbeiter nach § und RZ).
Gottwald, Peter: Die sachliche Kontrolle internationaler Schiedssprüche durch staatliche Gerichte, in: Festschrift für Heinrich Nagel, Münster 1987, S. 54
ders. / Adolphsen, Jens: Das neue deutsche Schiedsverfahrensrecht, DStR 1998, 1017.
Grave, Judson A. / Bromberg, Alan R.: On Partnership, St. Paul, Minnesota 1968.
Greyerz, Christoph von: Schweizerisches Privatrecht Band VIII, 2. Teilband: Die Kapitalgesellschaften, Basel/Frankfurt a.M. 1982.
Großkommentar zum Aktiengesetz, Hrsg. Klaus J. Hopt, Herbert Wiedemann,
6. Lieferung: §§ 241-255, 4. Auflage Berlin/New York 1996
11. Lieferung §§ 92-94, 4. Auflage Berlin New York, 1999
(zit. Großkomm-Bearbeiter, AktG, nach § und RZ).
Großkommentar zum HGB, Hrsg. Claus-Wilhelm Canaris, Wolfgang Schilling, Peter Ulmer,
2. Band, 1. Halbband: §§ 105-144, 3. Auflage Berlin/New York 1973,
2. Band, 2. Halbband: §§ 145-177, 335-342, 3. Auflage Berlin/New York 1970,
17. Lieferung: §§ 123-130, 4. Auflage Berlin/New York 1997

(zit. Großkomm-Bearbeiter, HGB, nach § und RZ).
Grünwald, Alfons: Grenzen des allgemeinen Informationsrechts des GmbH-Gesellschafters, ecolex 1991, 245.
Günther, Walter: Kurzkommentar zu OLG Hamm, Urt. v. 8.12.1986, EWiR 1987, 371.
Guhl, Theo: Das schweizerische Obligationenrecht, 8. Auflage Zürich 1991.
Guldener, Max: Schweizerisches Zivilprozeßrecht, Zürich 1979.
Guyet, Jacques: L'arbitrage en matière de société et ses sources en droit suisse, Rev. arb. 1960, 2.
Guyon, Yves: Droit des affaires, Band 1: Droit commercial général et sociétés, 7e édition Paris 1992.

Habegger, Philipp: Die Auflösung der AG aus wichtigen Gründen, Bern 1996.
Habscheid, Walther J.: Droit judiciaire privé suisse, Genf 1975.
ders.: Schiedsverfahren und Freiwillige Gerichtsbarkeit, ZZP 66 (1953), 188.
ders.: Schiedsgerichtsbarkeit und Staatsaufsicht, KTS 1959, 113.
ders.: Aus der höchstrichterlichen Rechtsprechung zur Schiedsgerichtsbarkeit, KTS 1963, 1.
ders.: Statutarische Schiedsgerichte und Schiedskonkordat, SAG 1985, 157.
ders.: Das neue schweizerische Recht der internationalen Schiedsgerichtsbarkeit nach dem Bundesgesetz über das Internationale Privatrecht, RIW 1988, 766.
ders.: Internationale Schiedsgerichtsbarkeit in der Schweiz und in Deutschland, in: Festschrift für Hans Hanisch, Köln 1994, S. 109.
Hachenburg, Max: Großkommentar zum GmbHG, Hrsg. Peter Ulmer,
Band 1: §§ 1-34, 8. Auflage Berlin/New York 1992,
Band 2: §§ 35-52, 8. Auflage Berlin/New York 1997,
Band 3: §§ 53-85, 8. Auflage Berlin/New York 1997
(zit. Hachenburg-Bearbeiter nach § und RZ).
Hämmerle, Hermann / Wünsch, Horst: Handelsrecht, Band 2: Personengesellschaften, 4. Auflage Wien 1993.
Hahn, Carl / Mugdan, Benno: Die gesamten Reichsjustizgesetze, Band 2 - Materialien zur ZPO, 2. Auflage Aalen 1983.
Hamel, Joseph / Lagarde, Gaston: Droit commercial, Tome 1: Sociétés, 2e édition Paris 1980.
Hannak, Karl: GmbH - Gesetz und Wirklichkeit am Beispiel der Ausschließung eines Gesellschafters, in: Festschrift für Hermann Hämmerle, Graz 1972, S. 127.
Hanotiau, Bernard: Objective arbitrability, its limits, its problem areas, ASA Special Series Nr. 6 (1994), 26.
Harrer, Friedrich: Ausschließung, Austritt und Kündigung im Recht der GmbH, in: Festschrift für Gerhard Frotz, Wien 1993, S. 275.
Harris, Bruce / Planterose, Rowan / Tecks, Jonathan: The Arbitration Act 1996 - A Commentary, London 1996.
Hausmann, Rainer: Einheitliche Anknüpfung für Gerichtsstands- und Schiedsvereinbarungen, in: Festschrift für Werner Lorenz, Tübingen 1991, S. 359.

Heini, Anton / Keller, Max / Siehr, Kurt / Vischer, Frank / Volken, Paul (Hrsg.): IPRG-Kommentar, Kommentar zum Bundesgesetz über das Internationale Privatrecht vom 1.1.1989, Zürich 1993 (zit. IPRGKomm-Bearbeiter nach Art. und RZ).
Hémard, Jean / Terré, François / Mabilat Pierre: Sociétés commerciales, Tome I: Paris 1972, Tome II: Paris 1974, Tome III: Paris 1978.
Henn, Günter: Schiedsverfahrensrecht Handbuch, 3. Auflage Heidelberg 2000.
ders.: Handbuch des Aktienrechts, 6. Auflage Heidelberg 1998.
Hennerkes, Brun-Hagen / Schiffer, Jan K.: Schiedsgerichtsbarkeit und mittelständische Unternehmen, BB 1992, 1439.
Hentzen, Matthias: Die Schiedsvereinbarung zum Anstellungsvertrag bei Beendigung der Organstellung, zur Reichweite von § 4 ArbGG, in: Festgabe für Otto Sandrock, Heidelberg 1995, S. 181.
Henze, Hartwig: Zur Schiedsfähigkeit von Gesellschafterbeschlüssen im GmbH-Recht, ZGR 1988, 542.
Heymann: Handelsgesetzbuch Kommentar, Band 2: §§ 105-237, Berlin/New York 1989 (zit. Heymann-Bearbeiter nach § und RZ).
Hinderling, Hans: Die private Schiedsgerichtsbarkeit nach Basler ZPO und Konkordat, BJM 1972, 107.
ders., Probleme der privaten Schiedsgerichtsbarkeit, SJZ 1979, 321.
v. Hoffmann, Bernd: Internationale Handelsschiedsgerichtsbarkeit - die Bestimmung des maßgeblichen Rechts, Frankfurt/Berlin 1970.
Hoffmann-Becking, Michael: Zum einverständlichen Ausscheiden von Vorstandsmitgliedern, in: Festschrift für Walter Stimpel, Berlin/New York 1985, S. 589.
Holmbäck, Ulf / Mangard, Nils: Report Sweden, Y.C.A. 1978, 161.
Holtzmann, Howard M. / Neuhaus, Joseph E.: A guide to the UNCITRAL model law on international commercial arbitration, Deventer 1989.
Holzhammer, Richard: Österreichisches Handelsrecht III: Gesellschaftsrecht, Wien 1986.
ders.: Österreichisches Zivilprozeßrecht, 2. Auflage Wien 1976.
Hommelhoff, Peter: Der aktienrechtliche Organstreit, ZHR 143 (1979), 288.
Honsell, Heinrich / Vogt, Nedim Peter / Schnyder, Anton K. (Hrsg.): Kommentar zum schweizerischen Privatrecht, Internationales Privatrecht, Basel 1996, (zit. IPRG-Bearbeiter nach Art. und RZ)
Obligationenrecht Band 2: Art. 530-1186, Basel/Frankfurt a.M. 1994 (zit. OR-Bearbeiter nach Art. und RZ).
Horber, Felix: Die Informationsrechte des Aktionärs, Zürich 1995.
Hornstein, George D.: Stockholder Agreements in the Closely Held Corporation, 59 Yale L. J. 1040 (1950).
ders., Arbitration Provisions in Shareholders' Agreements, 10 Arb. J. 67 (1955).
ders.: Arbitration in the „Incorporated Partnership", 12 Arb. J. 28 (1957).
ders.: Arbitration in Incorporated Partnerships, 18 Arb. J. 229 (1963).
Horsmanns, Guy: Actualité et évolution du droit belge de l'arbitrage, Rev. arb. 1990, 797.

Hüffer, Uwe: Aktiengesetz Kommentar, 4. Auflage München 1999 (zit. Hüffer nach § und RZ).
Hunter, Robert L. C.: The Law of Arbitration in Scotland, Edinburgh 1987.

Janich, Volker M.: Anmerkung zu BGH, Urt. v. 29.3.1996, LM § 248 AktG 1965 Nr. 3.
Jolidon, Pierre: Commentaire du Concordat suisse sur l´arbitrage, Bern 1984.
Justizministerium Frankreich: J.O. Déb. Ass. Nat., 26.11.1975, S. 8951.

Kastner, Walther: Außerstreitverfahren - Schiedsgericht und Schiedsmänner, JBl. 1950, 565.
ders.: Ausschließung eines Gesellschafters einer Gesellschaft m.b.H., ÖJZ 1952, 183.
ders. / Doralt, Peter / Nowotny, Christian: Grundriß des österreichischen Gesellschaftsrechts, 5. Auflage Wien 1990.
Kennedy-Grant, Tómas: Report New Zealand, Y.C.A. 1983, 34.
Kerameus, Konstantin / Kozyris, Phaedon J.: Introduction to Greek Law, 2nd Edition Deventer/Boston 1993
Kessler, Robert A.: Arbitration of Intra-Corporate Disputes under New York Laws, 19 Arb. J. 1 (1964).
Keutgen, Guy: L´arbitrage en droit belge et international, Bruxelles 1981.
Knoepfler, François: Anmerkung zu BG, Urt. v. 28.4.1992 und 23.6.1992, Rev. arb. 1993, 695.
Koch, Harald: Anmerkung zu EuGH, Urt. v. 10.3.1992 (*Powell Duffryn / Petereit*), IPRax 1993, 19.
Kölner Kommentar, Kommentar zum Aktiengesetz, Hrsg. Wolfgang Zöllner,
1. Auflage: Band 1: §§ 1-147, Köln/Berlin/Bonn/München 1985
Band 2: §§ 148-290, Köln/Berlin/Bonn/München 1985
2. Auflage: Band 1: §§ 1-75, Köln/Berlin/Bonn/München 1988
Band 2: §§ 76-117, Köln/Berlin/Bonn/München 1996
Band 5/3 1. Lieferung: §§ 262-277, Köln/Berlin/Bonn/München 1996
(zit. KölnerKomm-Bearbeiter nach § und RZ).
Kohler, Klaus: Die moderne Praxis des Schiedsgerichtswesens in der Wirtschaft, Berlin 1966.
Kommission zur Neuordnung des Schiedsverfahrensrechts: Bericht mit einem Diskussionsentwurf zur Neufassung des 10. Buches der ZPO, Hrsg. Bundesministerium der Justiz, Bonn 1994.
Koppensteiner, Hans-Georg: GmbHG Kommentar, Wien 1994 (zit. Koppensteiner nach § und RZ)
Kornmeier, Udo: Die Schiedsfähigkeit GmbH-rechtlicher Nichtigkeits- und Anfechtungsklagen, Diss. Bochum 1980; zugleich Vergleichsbefugnis und Schiedsfähigkeit, Göttingen 1982.
ders.: Die Schiedsgerichtsvereinbarung in der GmbH-Satzung (zugleich eine Anmerkung zu BGH vom 26.5.1979, DB 1979, 1550), DB 1980, 193.

ders.: Schiedsfähigkeit und materielle Vergleichsbefugnis - Überlegungen zur Auslegung des Merkmals „Vergleich" in § 1025 Abs. 1 ZPO, ZZP 94 (1981), 27.
Kos-Rabcewicz-Zubkowski, L.: Report Canada, Y.C.A. 1977, 16.
Kostner, Alfred: Die Aktiengesellschaft, Wien 1984.
ders. / Umfahrer, Michael: Die GmbH, 4. Auflage 1993.
Kraatz, Klaus-Jürgen: Schiedsfähigkeit von Gesellschafterbeschlüssen, in: Jahrbuch für die Praxis der Schiedsgerichtsbarkeit, Band 3 (1989), S. 47.
Krilyszyn, Rudolf / Bajons, Ena-Marlis: Zur Internationalisierung des österreichischen Schiedsrechts, in: Jahrbuch für die Praxis der Schiedsgerichtsbarkeit Band 1 (1987), S. 234.
Kronke, Herbert: Stiftungstypus und Unternehmensträgerstiftung, eine rechtsvergleichende Untersuchung, Tübingen 1988.
ders.: Internationale Schiedsverfahren nach der Reform, RIW 1998, 257.
Kronstein, Heinrich: Business Arbitration - Instrument of Private Government, 54 Yale L. J. 36 (1944).
Kropholler, Jan: Internationales Privatrecht, 3. Auflage Tübingen 1997.
Kummer, Max: Grundzüge des Zivilprozeßrechts, Bern 1984.
Kurkela, Matti S. / Voti, Petteri: Arbitration in Finland, Helsinki 1994.
Kurschel, Irene / Thiery, Gottfried: Rechtsgestaltungs- und Feststellungsklage bei Auflösung und Ausschluß aus der OHG, KG, EEG und GesbR, GesRZ 1990, 141.

Lachmann, Jens-Peter: Handbuch für die Schiedsgerichtspraxis, Köln 1998.
ders. / Lachmann, Andreas: Schiedsvereinbarungen im Praxistest, BB 2000, 1633.
Lalive, Pierre / Poudret, Jean-François / Reymond, Claude: Le droit de l'arbitrage interne et international en Suisse, Lausanne 1989.
Leffler, Raymond: Dispute Settlement Within Close Corporations, 31 Arb. J. 254 (1976).
Legislative Affairs Commission of the Standing Committee of the National People's Congress of the People's Republic of China: Arbitration Law of the People's Republic of China, Hongkong 1997.
Level, Patrick: L'arbitrabilité, Rev. arb 1992, 213.
Lionnet, Klaus: Handbuch der internationalen und nationalen Schiedsgerichtsbarkeit, Stuttgart/München/Hannover/Berlin/Weimar/Dresden 1996.
Lindacher, Walter F.: Schiedsgerichtliche Kompetenz zur vorläufigen Entziehung der Geschäftsführungs- und Vertretungsbefugnis bei Personengesellschaften, ZGR 1979, 201.
Lord Hacking: UK Arbitration Act (1979) and UK State Immunity Act (1978), Int. Bus. Lawyer 8 (1980), 161.
Loritz, Karl-Georg: Probleme der Rechtskraft von Schiedssprüchen im deutschen Zivilprozeßrecht, ZZP 100 (1992), 1.
Lousanoff, Oleg de: Schiedsklauseln in Gesellschaftsverträgen, ASA Special Series Nr. 8 (1994), S. 89.

ders.: Die Wirksamkeit von Schiedsklauseln in Gesellschaftsverträgen, in: Schriftenreihe der Deutschen Institution für Schiedsgerichtsbarkeit, Band 11: Schiedsgerichtsbarkeit in gesellschaftsrechtlichen und erbrechtlichen Angelegenheiten, Köln/Berlin/Bonn/München 1996, S. 7.
Lüke, Wolfgang / Blenske, Holger: Die Schiedsfähigkeit von Beschlußmängelstreitigkeiten - Möglichkeiten und Grenzen der Rechtsgestaltung, ZGR 1998, 253.
Lüscher, Christoph: Die Auflösung von Handelsgesellschaften aus wichtigen Gründen, Basel 1992.
Lutter, Marcus: Die Funktion der Gerichte im Binnenstreit von Kapitalgesellschaften - ein rechtsvergleichender Überblick, ZGR 1998, 191.
ders. / Hommelhoff, Peter: GmbHG-Kommentar, 15. Auflage Köln 2000 (zit. Lutter-Hommelhoff nach § und RZ).

Maier, Hans Jakob: Handbuch der Schiedsgerichtsbarkeit, Herne/Berlin 1979.
Makens, Hugh H. / Young, Bruce C.: War and Pieces: The Impact of Deadlock in the Michigan Closely Held Corporation, 42 Wayne L. Rev. 1863 (1996).
Malaurie, Philippe: Ordre public et le contrat, Reims, 1953.
Marotta Rangel, Vicente: Report Brazil, Y.C.A. 1978, 31.
Matscher, Franz: Probleme der Schiedsgerichtsbarkeit im österreichischen Recht, JBl. 1975, 412.
Matsopoulou, Haritini: La dissolution pour mésentente entre associés, Rev. soc. 1998, 21.
Meier, Isaak: „Vermögensrechtliche Ansprüche" - ein Schlüsselbegriff des Bundesgesetzes über das Internationale Privatrecht (IPRG) ?, MittIzivVerf 1988, 5.
Melis, Werner: La réforme autrichienne de l'arbitrage, Rev. arb. 1987, 451.
Mercadal, Barthélémy / Janin, Philippe: Sociétés commerciales, Mémento pratique Françis Lefebvre, Paris 1998.
Merkin, Robert: Arbitration Law, London, Loseblatt Stand April 1998.
Merle, Philippe: Sociétés commerciales, 3e édition Paris 1996.
Mertens, Hans-Joachim: Die gesetzlichen Einschränkungen der Disposition über Ersatzansprüche der Gesellschaft durch Verzicht und Vergleich in der aktien- und konzernrechtlichen Organhaftung, in: Festschrift für Hans-Joachim Fleck, Berlin/New York 1988, S. 209.
Meyer-Landrut, Rudolf / Miller, F. Georg / Niehus, Rudolf J.: GmbHG Kommentar, Berlin 1987.
Mezger, Ernst: L'arbitrage commercial et l'ordre public, Rev. trim. dr. com. 1948, 611.
ders.: Überblick über das französische Recht der Schiedsgerichtsbarkeit nach dem Reformdekret vom 14.5.1980, ZZP 94 (1981), 117.
Michalek, Nikolaus: Reform des Außerstreitrechts, NZ 1997, 265.
Miller, James Bennett / Brough, Gordon H.: The Law of Partnership in Scotland, 2nd edition Edinburgh 1994.
Moreau, Bertrand / Bernard, Thiery: Droit interne et droit international de l'arbitrage, 2e édition Paris 1985.

Münchener Handbuch des Gesellschaftsrechts, Band 3: GmbH, Hrsg. Hans-Joachim Priester, Dieter Mayer, München 1996 (zit. Münchener. Hdb. GmbH-Bearbeiter nach § und RZ).
Münchener Handbuch des Gesellschaftsrechts, Band 4: Aktiengesellschaft, Hrsg. Michael Hoffmann-Becking, 2. Auflage München 1999 (zit. Münchener. Hdb. AG-Bearbeiter nach § und RZ).
Münchener Kommentar zum Aktiengesetz, Hrsg. Bruno Kropff, Johannes Semler, Band 1, §§ 1-53, 2. Auflage München 2000 (zit. MK-Bearbeiter, AktG, nach § und RZ).
Münchener Kommentar zum Bürgerlichen Gesetzbuch, Hrsg. Kurt Rebmann, Franz Jürgen Säcker, Roland Rixecker, Band 5: Schuldrecht, Besonderer Teil III, §§ 705-853, 3. Auflage München 1997 (zit. MK-Bearbeiter, BGB, nach § und RZ)
Münchener Kommentar zur ZPO, Hrsg. Gerhard Lüke, Alfred Walchshöfer, Band 1: §§ 1-354, München 1992, Band 3: §§ 803-1048, München 1992 (zit. MK-Bearbeiter, ZPO, nach § und RZ).
Musielak, Hans-Joachim: Kommentar zur Zivilprozeßordnung, 2. Auflage München 2000 (zit. Musielak-Bearbeiter nach § und RZ).
Mustill, Michael J. / Boyd, Stewart C.: The Law and Practice of Commercial Arbitration in England, 2nd edition London 1989.

Note: Arbitration and Unanimity Agreements in the Close Corporation, 30 St. John`s L. Rev. 262 (1956).
Note: Arbitration as a Means of Settling Disputes Within Close Corporations, 63 Colum. L. Rev. 267 (1963).
Note: Mandatory Arbitration as a Remedy for Intra-Close Corporate Disputes, 56 Va. L. Rev. 271 (1970).
Note: Arbitrability of Disputes Under the Federal Arbitration Act, 71 Iowa L. Rev. 1137 (1986).
Note: The Rise of „Shareholder Derivative Arbitration“ in Public Corporations: In Re Salomon Inc. Shareholders` Derivative Litigation, 31 Wake Forest L. Rev. 337 (1996).
Nowotny, Christian: Der „lästige“ Gesellschafter in der GmbH & Co KG, NZ 1982, 81.
Nuber, Juno: Die objektive Schiedsfähigkeit im Zusammenhang mit der Gültigkeit der Schiedsvereinbarung (anwendbares Recht) und mit der Vollstreckung (ordre public), Zürich 1986.

O'Neal, Frank Hodge: Resolving Disputes in Closely Held Corporations: Intra-Institutional Arbitration, 67 Harv. L. Rev. 786 (1954).
ders. / Thompson, Robert B.: Close Corporations, Volume 2, 3rd edition, St. Paul, Minnesota 1997.
Oppetit, Bruno: L`arbitrage en matière de brevets d'invention après la loi du 13.7.1978, Rev. arb. 1979, 83.

Ostheim, Rolf: Zur Abberufung von Gesellschafter-Geschäftsführern bei der Gesellschaft mit beschränkter Haftung, in: Festschrift für Hermann Hämmerle, Graz 1972, S. 245.
Ottolenghi, S.: Report Israel, Y.C.A. 1977, 47.

Painter, William H.: On Close Corporations, Volume 1, St. Paul, Minnesota 1997.
Paschinger, Oskar: Die Gesellschaften und Genossenschaften im Zivilprozeß, Wien 1979.
Patry, Robert: Précis de droit suisse des sociétés, Tome 2, Bern 1977.
ders.: L´action en annulation des decisions de l´assemblée générale, in: Mémoires publiés par la Faculté de Droit de Genève No. 19, Genf 1964.
Pennington, Robert R.: Company Law, 7th edition, London 1995.
Petermann, Dirk: Die Schiedsfähigkeit von Beschlüssen im Recht der GmbH, BB 1996, 277.
Pikò, Rita: Schiedsgerichtsbarkeit in Ungarn, Heidelberg 1998.
Pilot: Anmerkung zu Cass., Urt. v. 21.4.1931, S. 1931 I 377.
Pollock, Frederick / Maitland, Frederick William: The History of English Law, 2nd edition, London 1898.
Poudret, Jean-François / Wurzburger, Alain: Code de procédure civil vaudois et concordat sur l´arbitrage, 2e édition, Lausanne 1980.

Rabe, Hans-Jürgen: Reform des deutschen Schiedsverfahrensrechts, Festschrift für Heinz Rowedder, München 1994, S. 399.
Raeschke-Kessler, Hilmar: Neuere Entwicklungen der deutschen internationalen Schiedsgerichtsbarkeit, AnwBl 1993, 141.
ders.: Zur Schiedsfähigkeit von Auskunftsansprüchen nach §§ 51a, 51b GmbHG, in: Jahrbuch für die Praxis der Schiedsgerichtsbarkeit, Band 3 (1989), S. 208.
ders.: Schiedsfähigkeit von Auskunftsansprüchen nach § 51a GmbHG, in: Jahrbuch für die Praxis der Schiedsgerichtsbarkeit, Band 4 (1990), S. 232.
ders. / Berger, Klaus-Peter: Recht und Praxis des Schiedsverfahrens, 3. Auflage Köln 1999.
Rassi, Jürgen C. T.: Verfahrensrechtliche Fragen der Bucheinsicht, ÖJZ 1997, 891.
Rechberger, Walter H.: Kommentar zur ZPO, Wien 1994.
ders. / Simotta, Daphne Ariane: Grundriß des österreichischen Zivilprozeßrechts, 4. Auflage Wien 1994.
Reich-Rohrwig, Johannes: Das österreichische GmbH-Recht, Wien 1983.
ders.: Gerichtliche Abberufung von GmbH-Geschäftsführern, JBl. 1981, 187.
ders.: Spezielle Fragen der Bucheinsicht und der Sonderprüfung bei der GmbH, JBl. 1987, 364.
ders.: Anmerkung zu OGH, Urt. v. 26.4.1988, WBl. 1988, 235.
ders.: Zur gerichtlichen Abberufung des GmbH-Geschäftsführers, ecolex 1990, 87.
ders.: Tod eines GmbH-Gesellschafters vor Registrierung der GmbH, ecolex 1991, 389.
ders.: Zum Informationsrecht des GmbH-Gesellschafters, ecolex 1992, 334.

Reichert, Jochem: Gesellschaftsrecht im Prozeß, in: Peter Hommelhoff / Peter-Christian Müller-Graff / Peter Ulmer, Die Praxis der rechtsberatenden Berufe, München 1999, S.109

Reiner, Andreas: Die internationale Schiedsgerichtsbarkeit nach österreichischem und französischem Recht, ZfRV 1986, 162.

Reiser, Hans: Gerichtsstandsvereinbarungen nach dem IPR-Gesetz, Zürich 1989.

Reithmann, Christoph / Martiny, Dieter: Internationales Vertragsrecht, 5. Auflage Köln 1996 (zit. Reithmann/Martiny-Bearbeiter nach RZ).

Reuschlein, Harold G. / Gregory, William A.: The Law of Agency and Partnership, 2nd edition, St. Paul, Minnesota 1990.

Riemer, Hans Michael: Anfechtungs- und Nichtigkeitsklage im schweizerischen Gesellschaftsrecht, Bern 1998.

ders.: Schiedsfähigkeit von Klagen des ZGB, in: Festschrift für Hans Ulrich Walder, Zürich 1994, S. 371.

Rigaud: Rapport fait au nom de la Commission chargeé d´examiner le projet de loi relatif à l´arbitrage forcé (1856), D.P. 1856 IV 113.

Ripert, Georges / Roblot, René: Traité de droit commercial, Tome 1: Sociétés commerciales, 6e édition Paris 1993.

Robert, Jean: Encyclopédie Dalloz Procédure I, Nr. 86: Arbitrage.

ders. / Moreau, Bernard: Arbitrage, 6e édition Paris 1993.

Röhricht, Volker / Westphalen, Friedrich Graf von: Handelsgesetzbuch Kommentar, Köln 1998 (zit. Röhricht/v. Westphalen-Bearbeiter nach § und RZ).

Rohrer, Kuno-Walter: Die aktienrechtliche Anfechtungsklage, Bern 1979.

Rosenberg, Leo / Schwab, Karl-Heinz / Gottwald, Peter: Zivilprozeßrecht, 15. Auflage München 1993.

Roth, Günther H.: Schiedsklauseln in Gesellschaftsverträgen, in: Festschrift für Heinrich Nagel, Münster 1987, S. 318.

Rowedder, Heinz: Kommentar zum GmbHG, 3. Auflage München 1997 (zit. Rowedder-Bearbeiter nach § und RZ).

Rüede, Thomas / Hadenfeldt, Reimer: Schweizerisches Schiedsgerichtsrecht, 2. Auflage Zürich 1993.

Saenger, Ingo: Minderheitenschutz und innergesellschaftliche Klagen bei der GmbH, GmbHR 1997, 112.

Schick, Werner: Die Schiedsfähigkeit von Rechtsstreitigkeiten über Gesellschafterbeschlüsse im GmbH-Recht, Münster 1992.

Schiemer, Karl, Kommentar zum Aktiengesetz, 3. Auflage Wien 1993 (zit. Schiemer-Bearbeiter nach § und RZ).

Schima, Georg: Entlastung des Vorstandes (Aufsichtsrates) durch Entlastungsbeschluß sämtlicher Aktionäre ?, GesRZ 1991, 185.

v. Schlabrendorff, Fabian / Rützel, Stephan: Das neue brasilianische Schiedsverfahrensgesetz, IPRax 1998, 376

Schlegelberger: Handelsgesetzbuch Kommentar, Band 3, 1. Halbband: §§ 105-160, 5. Auflage München 1992 (zit. Schlegelberger-Bearbeiter nach § und RZ).

Schlosser, Peter: Das Recht der internationalen privaten Schiedsgerichtsbarkeit, 2. Auflage Tübingen 1989.
ders.: Notwendige Reformen des deutschen Rechts der Schiedsgerichtsbarkeit, ZIP 1987, 492.
ders.: Bald neues Recht der Schiedsgerichtsbarkeit in Deutschland ?, RIW 1994, 723.
ders.: Anmerkung zu BGH, Urt. v. 29.3.1996, JZ 1996, 1020.
Schlußbericht der Expertenkommission zum Schweizerischen IPRG, Zürich 1979 (zit. Schlußbericht IPRG).
Schmidt, Karsten: Gesellschaftsrecht, 3. Auflage Köln/Berlin/Bonn/München 1997.
ders.: Schiedsklausel und Informationsrecht des GmbH-Gesellschafters, ZIP 1987, 218.
ders.: Schiedsfähigkeit von GmbH-Beschlüssen, ZGR 1988, 523.
ders.: Die Bindung von Personengesellschaftern an vertragliche Schiedsklauseln, DB 1989, 2315.
ders.: Statutarische Schiedsklauseln zwischen prozessualer und verbandsrechtlicher Legitimation, JZ 1989, 1077.
ders.: Schiedsklagen gegen Hauptversammlungsbeschlüsse ?, AG 1995, 551.
ders.: Neues Schiedsverfahrensrecht und Gesellschaftsrechtspraxis, ZHR 162 (1998), 265.
Schmidt-Diemitz, Rolf, Internationale Schiedsgerichtsbarkeit - eine empirische Untersuchung, DB 1999, 369.
Schneider, Franz: Ausschluß eines GmbH-Gesellschafters, GesRZ 1983, 191.
Schönherr, Fritz: Streitigkeiten aus dem Gesellschaftsverhältnis und Schiedsgericht, GesRZ 1980, 194.
ders.: Besonderheiten des Schiedsverfahrens in Österreich im Vergleich mit der Bundesrepublik Deutschland, RIW 1980, 813.
ders.: Neuerungen im Schiedsverfahren nach österreichischem Recht, RIW 1983, 745.
Scholz, Franz: Kommentar zum GmbHG, 1. Band: §§ 1-44, 9. Auflage Köln 2000, 2. Band: §§ 45-85, 8. Auflage Köln 1995 (zit. Scholz-Bearbeiter nach § und RZ).
Schubert, Werner: Entstehung und Quellen der Civilprozeßordnung von 1877, 1. Halbband, Frankfurt 1987.
Schubert, Werner / Hommelhoff, Peter: 100 Jahre modernes Aktienrecht, Berlin 1985.
Schucany, Ernst: Kommentar zum schweizerischen Aktienrecht, 2. Auflage Zürich 1960 (zit. Schucany nach Art. und RZ).
Schütte, Hans-Edgar: Die Einsetzung von Schiedsgerichten durch die Satzungen juristischer Personen des Privatrechts, Regensburg 1969.
Schütze, Rolf A.: Schiedsgericht und Schiedsverfahren, 3. Auflage München 1999.
ders.: Zur notariellen Beurkundung von Schiedsvereinbarungen, BB 1992, 1877.
ders. / Tscherning, Dieter / Wais, Walter: Handbuch des Schiedsverfahrens, 2. Auflage Berlin/New York 1990.
Schumacher, Klaus: Fragen zum Anwendungsbereich des künftigen deutschen Schiedsverfahrensrechts, in: Festschrift für Ottoarndt Glossner, Heidelberg 1994, S. 341.
Schwab, Karl Heinz: Das Uncitral-model law und das deutsche Recht, in: Festschrift für Heinrich Nagel, Münster 1987, S. 427.

ders.: Wandlungen der Schiedsfähigkeit, in: Festschrift für Wolfram Henckel, Berlin/New York 1995, S. 803.

ders.: Bemerkungen zur Rechtskraft inter omnes und zur Geltung der Grundrechte im Schiedsverfahren, in: Festschrift für Hans Friedhelm Gaul, Bielefeld 1997, S. 729.

ders. / Walter, Gerhard: Schiedsgerichtsbarkeit Kommentar, 6. Auflage München 2000.

Shell, Richard G.: Arbitration and Corporate Governance, 67 N.C. L. Rev. 517 (1989).

Silingardi, Gabriele: Il compromesso in arbitri nelle società di capitali, Milano 1979.

Smid, Stefan: Schiedsgericht und Rechtserkenntnis, Zur Kritik der Reform des 10. Buches der ZPO, DZWiR 1995, 397.

Soergel: Kommentar zum Bürgerlichen Gesetzbuch, Band 10: EGBGB, 12. Auflage Stuttgart/Berlin/Köln 1996 (zit. Soergel-Bearbeiter nach Art. und RZ).

Solomon, Lewis D. / Solomon, Janet Stern: Using Alternative Dispute Resolution Techniques to Settle Conflicts Among Shareholders of Closely Held Corporations, 22 Wake Forest L. Rev. 105 (1987).

Stangier, Michael / Bork, Reinhard: Das Informationserzwingungsverfahren nach dem neuen GmbH-Gesetz, GmbHR 1982, 169.

Staudinger, Julius von: Kommentar zum BGB, 2. Buch: §§ 779-811, 13. Auflage Berlin 1997 (zit. Staudinger-Bearbeiter nach § und RZ).

Stauffer, Werner: Dürfen Schiedsgerichte Anfechtungsklagen nach Art. 706 OR beurteilen ?, SJZ 1947, 213.

Steiger, Fritz von: Das Recht der Aktiengesellschaft in der Schweiz, 3. Auflage Zürich 1966.

Stein / Jonas: Kommentar zur Zivilprozeßordnung,
Band 1: §§ 1-90, 21. Auflage Tübingen 1993,
Band 7/2: §§ 946-1048, EGZPO, 21. Auflage Tübingen 1994
(zit. Stein/Jonas-Bearbeiter nach § und RZ).

Steiner, E.: Aktiengesellschaft und Schiedsgericht, SAG 1944, 58.

ders., Aktiengesellschaft und Schiedsgericht, SAG 1950, 138.

Sterk, Jonathan: Enforceability of Agreements to Arbitrate: An Examination of the Public Policy Defense, 2 Cardozo L. Rev. 481 (1981).

Stober, Rolf: Staatsgerichtsbarkeit und Schiedsgerichtsbarkeit, NJW 1979, 2001.

Straube, Manfred: Kommentar zum Handelsgesetzbuch, 1. Band: §§ 1-188, 343-453, 2. Auflage Wien 1995 (zit. Straube-Bearbeiter nach § und RZ).

Sträuli, Hans / Messmer, Georg / Wiget, Felix: Kommentar zur Zürcherischen Zivilprozeßordnung, Zürich 1982.

Strigl, Walter: Zweifelfragen zur Neufassung des § 16 GesmbHG, (öst.) AnwBl 1981, 143.

Stürner, Rolf: Das deutsche Zivilprozeßrecht und seine Ausstrahlung auf andere Rechtsordnungen - von Deutschland aus gesehen, Hrsg. Walter J. Habscheid, Bielefeld 1991, S. 1.

Suckewer, Benjamin / Heftler, Thomas E.: Disputes Among Shareholders and Directors in Closely Held Corporations, in: Arbitration: Commercial Disputes, Insurance and Tort Claims, S. 11, Hrsg. Alan I. Widiss, New York 1979.
Sudhoff, Heinrich: Schiedsklausel und Gesellschaftsstatut, GmbHR 1963, 229.
ders. / Sudhoff, Martin: Der Gesellschaftsvertrag der GmbH, 8. Auflage München 1992.
Suter, Hans R.: Der Schiedsvertrag nach schweizerischem Zivilprozeßrecht, ZSR 47 (1928), 8.

Teti, Raffaele: L'arbitrato nelle società, Riv. arb. 1993, 297.
Thiery, Gottfried: Anmerkung zu OGH, Urt. v. 6.9.1990, ecolex 1991, 27.
Thöni, Wilfried: Zur Schiedsfähigkeit des GmbH-rechtlichen Anfechtungsstreits, WBl. 1994, 298.
Thomas, Heinz / Putzo, Hans: Zivilprozeßordnung, 22. Auflage München 1999 (zit. Thomas/Putzo nach § und RZ)
Timm, Wolfram: Beschlußanfechtung und Schiedsfähigkeit im Recht der personalistisch strukturierten Gesellschaften, in: Festschrift für Hans-Joachim Fleck, Berlin/New York 1988, S. 365.
ders.: Vergleichs- und Schiedsfähigkeit der Anfechtungsklage im Kapitalgesellschaftsrecht, ZIP 1996, 445.
ders. / Witzorrek, Dagmar: Kurzkommentar zu BGH, Urt. v. 29.3.1996, EWiR 1996, 481.
Triebel, Volker / Lange, Dieter G. F.: Reform des englischen Schiedsgerichtsrechts, RIW 1980, 616.
Trittmann, Rolf: Die Auswirkungen des Schiedsverfahrens-Neuregelungsgesetzes auf gesellschaftsrechtliche Streitigkeiten, ZGR 1999, 340.

Ude, Cozje / Wedam-Lukic, Dragica: Schiedsgerichtsbarkeit in der Republik Slowenien, Heidelberg 1998.
Umfahrer, Michael: Geplante Änderungen im Gesellschaftsrecht durch das IRÄG 1997, RdW 1997, 2.

Verny, Arsène: Schiedsgerichtsbarkeit in der Tschechischen Republik, Heidelberg 1998.
Vogel, Hermann: Schiedsgerichtsvereinbarungen in GmbH-Verträgen, GmbHR 1952, 33.
Vogel, Oskar: Grundriß des Zivilprozeßrechts, 4. Auflage Bern 1995.
Voit, Wolfgang: Privatisierung der Gerichtsbarkeit, JZ 1997, 120.
Vollmer, Lothar: Satzungsmäßige Schiedsklauseln, Bad Homburg 1970.
ders.: Unternehmensverfassungsrechtliche Schiedsgerichte, ZGR 1982, 15.
ders.: Die Abberufung von Geschäftsführern der mitbestimmten GmbH, GmbHR 1984, 5.
ders.: Die Wirkungen rechtskräftiger Schiedssprüche bei gesellschaftsrechtlichen Gestaltungsklagen, BB 1984, 1774.

Walder, Hans-Ulrich: Zivilprozeßrecht, 3. Auflage Zürich 1991.
Walter, Gerhard: Die internationale Schiedsgerichtsbarkeit in der Schweiz - Offene Fragen zu Kap. 12 des IPR-Gesetzes, ZBJV 126 (1990), 161.
ders.: Die Vollstreckbarerklärung als Voraussetzung bestimmter Wirkungen des Schiedsspruchs, in: Festschrift für Karl Heinz Schwab, München 1990, S. 535.
ders. / Bosch, Wolfgang / Brönnimann, Jürgen: Internationale Schiedsgerichtsbarkeit in der Schweiz, Bern 1991.
Walton, Anthony / Vitoria, Mary: Russell On the Law of Arbitration, 20th edition London 1982.
Weber, Dolf: Die praxisgerechte inhaltliche Ausgestaltung von Schiedsklauseln in Gesellschaftsverträgen, in: Schriftenreihe der Deutschen Institution für Schiedsgerichtsbarkeit, Band 11: Schiedsgerichtsbarkeit in gesellschaftsrechtlichen und erbrechtlichen Angelegenheiten, Köln/Berlin/Bonn/München 1996, S. 49
Weidemann, Helmut: Schiedsgerichtsbestimmungen bei Handelsgesellschaften, Bonn 1956.
Weinstein, Jack B. / Korn, Harold L. / Miller, Arthur R.: New York Civil Practice, New York, Loseblatt Stand Juli 2000.
Wenger, Werner: Die internationale Schiedsgerichtsbarkeit, BJM 1989, 337.
ders.: Das Kapitel 12 IPRG: Erfahrungen der ersten drei Jahre, ASA Bulletin 1992, 5.
Westermann, Harm Peter: Schiedsfähigkeit von gesellschaftsrechtlichen Fragen, in: Schriftenreihe der Deutschen Institution für Schiedsgerichtsbarkeit, Band 11: Schiedsgerichtsbarkeit in gesellschaftsrechtlichen und erbrechtlichen Angelegenheiten, Köln/Berlin/Bonn/München 1996, S. 31.
ders.: Anmerkung zu BGH, Urt. v. 29.3.1996, WuB II C. § 248 AktG 1.96, S. 1290.
Westermann, Harry: Gesellschaftsrechtliche Schiedsgerichte, in: Festschrift für Robert Fischer, Berlin/New York 1979, S. 853.
Wieczorek, Bernhard: Zivilprozeßordnung und Nebengesetze Kommentar, Hrsg. Rolf A. Schütze, 1. Band 1. Teilband: Einleitung, §§ 1-49, 3. Auflage Berlin/New York 1994, 5. Band: §§ 916-1048, EGZPO, GVG, EGGVG, 3. Auflage Berlin/New York 1995 (zit. Wieczorek-Bearbeiter nach § und RZ).
Wiedemann, Herbert: Gesellschaftsrecht, Band 1, Grundlagen, München 1980.
Wünsch, Horst: Schiedsgerichtsbarkeit in Handelssachen, Graz 1968.
ders.: Die Organe der GmbH im Lichte der Novelle 1980, GesRZ 1980, 165.

Zerbe, Götz: Die Reform des deutschen Schiedsverfahrensrechts auf der Grundlage des UNCITRAL Modellgesetzes über die internationale Handelsschiedsgerichtsbarkeit, Baden-Baden 1995.
Zilles, Stephan: Vereinbarung des Schiedsverfahrens über Beschlüsse von GmbH-Gesellschaftern, BB 1999, Beilage 4, 2.
Zimmermann, Klaus: Vereinbarungen über die Erledigung von Ersatzansprüchen gegen Vorstandsmitglieder von Aktiengesellschaften, in: Festschrift für Konrad Duden, München 1977, S. 773.
Zöller, Richard: Zivilprozeßordnung Kommentar, 21. Auflage Köln 1999 (zit. Zöller-Bearbeiter nach § und RZ).

Zürcher Kommentar zum ZGB: Band V/4: Art. 530-619, Zürich 1938, Band V/5a: Art. 620-659, Zürich 1945, Band V/5b/1: Art. 660-697, Zürich 1957, Band V/5b/2: Art. 698-738, Zürich 1969, Band V/5b/3: Art. 739-771, Zürich 1979, Band V/5c: Art. 772-827, Zürich 1965 (zit. ZürchKomm-Bearbeiter nach Art. und RZ).

Zweigert, Konrad / Kötz, Hein: Einführung in die Rechtsvergleichung auf dem Gebiete des Privatrechts, 3. Auflage Tübingen 1996.

Sachregister

Studien zum Europäischen und Internationalen Wirtschaftsrecht
Studies in European and International Economic Law

Herausgeber/Editors: Peter Hay, Meinhard Hilf,
Herbert Kronke und Wolfgang Oehler

Band/Volume 1 Ralf Scheibach: Importrelevante Investitionsauflagen und das GATT. Eine Untersuchung über Investitionsmaßnahmen mit handelspolitischen Auswirkungen und ihre Vereinbarkeit mit dem GATT. 1992.

Band/Volume 2 Ilona Muráti: Gläubigerschützende Maßnahmen zur Sicherung der Kapitalaufbringung und der Kapitalerhaltung im spanischen Aktienrecht. Ein Vergleich mit der Rechtslage nach dem deutschen AktG unter Einbeziehung der EG-Richtlinien zur Koordinierung der Schutzbestimmungen auf dem Gebiet des Gesellschaftsrechts. 1993.

Band/Volume 3 Johannes Zügel: Mitwirkung der Arbeitnehmer nach der EU-Richtlinie über die Einsetzung eines Europäischen Betriebsrats. Eine Untersuchung der Richtlinie 94/45 und der vorangegangenen Richtlinienvorschläge unter Berücksichtigung der Praxis multinationaler Unternehmen. 1995.

Band/Volume 4 Torsten Straub: Zur Rechtswahl im internationalen Wechselrecht. Vergleichende Darstellung der Kollisionsnormen Deutschlands, Englands und der UNCITRAL unter dem Aspekt der Parteiautonomie. 1995.

Band/Volume 5 Andreas Kadletz: Haftung und Versicherung im internationalen Lufttransportrecht. 1998.

Band/Volume 6 Wolfram Bechtel: Umzug von Kapitalgesellschaften unter der Sitztheorie. Zur europarechtskonformen Fortentwicklung des internationalen Gesellschaftsrechts. 1999.

Band/Volume 7 Angela von Falkenhayn: Das Verhältnis von Factor und Debitor beim Factoring. Abtretungsverbot und andere Einwendungen im deutschen und amerikanischen Recht und nach der UNIDROIT-Konvention. 1999.

Band/Volume 8 Bettina Grünwald: Das Verbot der irreführenden Werbung nach § 3 UWG – ein Handelshemmnis? 2000.

Band/Volume 9 Hans-Eric Rasmussen-Bonne: Alternative Rechts- und Forumswahlklauseln. Eine vergleichende Darstellung. 1999.

Band/Volume 10 Werner Meier: Grenzüberschreitender Durchgriff in der Unternehmensgruppe nach US-amerikanischem Recht. Jurisdiktions- und Prozeßrecht, Kollisionsrecht, materielles Recht. 2000.

Band/Volume 11 Heiner Braun: Joint Ventures im amerikanischen und deutschen Internationalen Privatrecht. Inhalt und Grenzen des Vertragsstatuts. 2000.

Band/Volume 12 Hanno Naumann: Der Regelungsbereich des UN-Kaufrechts im Spannungsfeld zwischen Einheitsrecht und Kollisionsrecht. 2000.

Band/Volume 13 Markus A. Papmehl: Die Schiedsfähigkeit gesellschaftsrechtlicher Streitigkeiten. 2001.